# Mass Innovation
## Research on Theory and Method

# 群众性创新
## 理论与方法研究

黄少坚　张琼珂　宋文雅　著

东北财经大学出版社　大连
Dongbei University of Finance & Economics Press

**图书在版编目（CIP）数据**

群众性创新：理论与方法研究 / 黄少坚，张琼珂，宋文雅著. —大连：东北财经大学出版社，2020.4
ISBN 978-7-5654-3751-9

Ⅰ. 群… Ⅱ. ①黄… ②张… ③宋… Ⅲ. 创新管理-研究 Ⅳ. F273.1

中国版本图书馆CIP数据核字（2020）第020861号

东北财经大学出版社出版
（大连市黑石礁尖山街217号 邮政编码 116025）
网 址：http://www.dufep.cn
读者信箱：dufep@dufe.edu.cn

大连雪莲彩印有限公司印刷 东北财经大学出版社发行

幅面尺寸：185mm×260mm 字数：389千字 印张：19 插页：1

2020年4月第1版 2020年4月第1次印刷

责任编辑：石真珍 责任校对：伊 人

封面设计：冀贵收 版式设计：钟福建

定价：45.00元

教学支持 售后服务 联系电话：（0411）84710309

如有印装质量问题，请联系营销部：（0411）84710711

# 前　言

党的十八大以来，我国继提出建设创新型国家的伟大目标后，又提出实施创新驱动经济发展的伟大战略，创新是我国经济可持续发展的根本保证。无论是建设创新型国家还是依靠创新驱动经济发展，都需要调动全国人民的积极性、主动性和创造性，才能完成中华民族伟大复兴的壮举。

我国自2006年开始实施自主创新战略，相继实施的一系列战略举措，包括建设国家创新体系，开展一系列重大科技创新项目，尤其是持续实施企业科研投入的加计扣减政策，使我国在科技领域、经济领域取得了辉煌的成绩，在很多领域实现了自主超越。改革开放使我国经济融入世界经济体系，广大民众能够放眼望世界，全球化使我国人民抓住了发展机遇，我国产品通过勤劳的中国商人分销全世界，近2 000种产品的销量世界第一。改革开放40余年，中国创造了世界经济发展的奇迹，形成了中国经验、中国方案。但是，我国经济也是世界经济的一部分，这些成绩的取得既离不开我国人民的勤劳勇敢与智慧，也离不开世界市场的开放、全球化的产业发展大局。正是我国抓住了全球产业链分工与经济大融合的机会，实施改革开放政策、走上市场经济的发展道路，才有今天举世瞩目的成绩。虽然我国已成为世界第二大经济体、第一大出口国，建立了完善的工业体系，具有很强的制造能力，但是我国的经济仍然存在大而不强、结构不合理的微瑕，我国在高精尖产品、制造业核心技术方面，如半导体芯片、精密仪器设备制造能力，与美、日等发达国家相比仍然存在一些差距。我们现阶段面临的挑战仍然是巨大的：一方面，贸易保护主义盛行，贸易摩擦不断，某些发达国家利用贸易战、科技战遏制我国发展，这势必影响我国制造业的结构调整与产业升级；另一方面，我国正处在传统制造向智慧制造的转型期，制造的精度、品质尚未完全达到世界顶尖水平，还有很多基础工作没有做好，而智慧管理、智能化制造滚滚而来，使我们的产业发展在过渡中存在两难选择。是强化传统制造技术还是改造升级转向智慧制造？这是一个选择问题，恐怕在我国如此巨大且参差不齐的制造水平下，很难有清晰的思路和最优化的方案可选，只能因地制宜，不同产业在不同阶段选择各自的发展进程。但是，中国制造向中国创造过渡、实现全产业链的转型升级是大势所趋。

综观全球制造业的翘楚企业可以发现，它们有一个共同的特点，那就是提供质优物美、价格合理的高品质产品，解决客户的具体问题，为客户提供完善服务，只有这样企业才能赢得市场的青睐，才能具有强大的竞争力。一个企业要做到这一点，不能只依靠几个能人，如优秀的企业家和高层管理团队，而是需要将全体员工的创造性、责任感激发出来，做到在每个细节、每个环节、每个流程都不出错，都能高质量地完成工作，才能满足客户的需求、应对市场的竞争。全球只有少数创新型的企业能做到这一点，我国的华为之所以能够超越竞争对手，发展成为全球最优秀的通信产品供应商，就在于它能够通过股权激励和合理的分配体系将20万知识型员工团结到一个目标上来。华为倡导“小改善大奖励”的文化，倡导员工在一线不断发现问题、解决问题，对员工自己动手、动脑完成的改善给予很高的奖励，将一线员工的精力导向关注工作和客户需求的变化。华为走的是全员创新之路，科技队伍接近10万人，他们通过点点滴滴的创新，30多年来致力于提高产品质量和工作质量，使产品与服务达到世界领先水平，使华为走到了全球通信产业的前列，走出了一条具有中国特色的创新发展之路。我国的海尔也是这样的企业，1984年以来，通过组织创新、机制创新，实施“市场链”“人人都做SBU”“人单合一”“人人创客”等一系列举措，不断激发员工的积极性、创造性，创造了家电企业的奇迹。世界上制造能力强的国家如韩国、日本、美国、德国的企业，无不是采取激励全体员工发挥主观能动性去改善与创新的手法才使得它们的产品为全世界消费者所喜爱。

我们从企业理论发展之初的思想来看，古典管理学家泰罗、法约尔、韦伯等均以提高管理效率作为管理研究的核心。尤其是泰罗，针对现场员工的工作进行研究，通过动作、时间、工具、流程的改善极大地提高了劳动生产率，不仅关注生产方式的改进，而且掀起了一场管理的心灵革命，改变管理者与员工之间的对立态度，实现劳资共赢，这种思想对管理效率的改善产生了巨大的影响。人际关系学派的梅奥也通过实验证明，要提高劳动生产率必须改善管理者的态度和工作方法，善待员工、重视员工的创造性才能提高效率，解决管理的根本问题。20世纪五六十年代兴起的激励理论更是充分地分析了员工的行为和动机，认为管理者需要重视员工的各种需求，尤其是“自我实现”“成就”“公平”等方面的高层次需求，通过满足员工的需求激发员工的主人翁精神和创造性。例如，日本精益生产方式强调全员参与改善，创造了“丰田神话”，为世界企业所仿效。美国理论界也发现，要将企业做大做强，不是企业家、商界精英就可以完成的工作，必须依靠全体员工才能实现伟大的梦想，所以美国企业界提倡六西格玛（6σ）改善、标杆管理等理念，充分发挥全体员工的主人翁精神，共同铸造商业神话。例如，美国的3M公司一直支持员工的创新行为，允许员工在完成公司任务之外有20%的时间干“私活”，对员工的创新成果给予高度支持，支持他们拥有知识产权、股权，通过创新去创业，这一文化使得3M公司长盛不衰。我国学者许庆瑞、陈劲等通过调研中国企业创新创业的实践经验提出“全面创新”思想，提出全员、全过程的创新，认为一个企业要想在今天这种竞争环境下生存下去就必须实施全面创新的战略，不仅要有一支负责研究开发的专业队伍，而且必须调动全体员工在各自的岗位上开展创新活动，这样才能确保公司始终具有创新驱动力。

我国现阶段通过建立国家创新体系、区域创新体系、产业创新体系等一系列举措，基本上将产学研融为一个体系之中，进行协同创新，形成了世界上人数最多、体量最大、专利最多的科研开发队伍，确保我国产业能够不断适应新技术环境，站在产业技术前沿，在一些领域赶超对手，成为行业领跑者。我国也有很多企业进行了一系列现场改善、员工创新等活动，每年耗资千亿元，目的就是实现制造业的转型升级，满足客户日益提高的对品质生活的需求。例如，国家电网公司不仅拥有全球领先的特高压输电技术，还通过倡导员工创新，累计产生13万多项专利。中国500强企业中，有半数以上通过聘请咨询公司开展各种改善活动，包括精益生产、6σ质量改善、现场效率化等一系列的产品质量提升工程，使得我国产品质量总体上得到提升，从20世纪90年代中期不到3σ的水平提高到了现阶段4.5σ以上的水平，这是中国企业、中国产品走向世界的基石。

由国家强力支持的、有体系的创新活动在我国已经家喻户晓，高铁、微信、支付宝、共享单车被称为“新四大发明”，享誉全球。但是，群众性创新活动仍然参差不齐，缺乏组织、缺乏资金支持、缺乏重视、缺乏理论探索和方法的开掘。笔者曾经在海信集团推进群众性创新活动多年，发现投入产出比是1∶40，即企业在群众性创新活动中投入1元将会产生40元的效益（主要是节省成本、提高效率带来的收益），这是一项风险小回报大的投资活动，值得所有中国企业重视。群众性创新需要引导、重视，更需要组织、激励。简单地说，群众性创新活动就是由企业革新部门组织的由一线员工进行的创新与改善活动。普通员工与普通群众的创新，主要集中在工作的改善与好奇心的实现方面。在企业，它主要是由革新部门组织的现场、设备、方法、流程、工具的改善优化活动所产生的新发明、新方法、新程序等；在社会上，它主要是由产业园、企业、图书馆、学校、社区组织的创客中心所提倡的群众性创新活动，主要是科技爱好者所从事的发明创造活动。他们勤于思考、善于观察，自己动手将自己的创想变成产品，只要有社会的组织和支持，也可以产生具有战略意义的新构想、新产品、新著作权等，对促进国家经济发展起着重要作用。群众性创新对于我国创新驱动经济发展具有重大的影响，它可以通过多途径将成果转化为商品，实现产业化，极大地促进我国经济的发展和企业效益的提高。一个国家、一个民族、一个企业只有让最广大的人民群众参与创新、重视创新、投身创新运动，才能形成创新驱动的洪流；只有在我国形成“人人想创新、人人能创新、人人在创新”的局面，才能确保我国创新型经济具有可持续的动力。

本书重点研究群众性创新行为和创新方法，内容分为三个部分：第一部分探讨大中型企业一线员工有组织的创新活动的基本规律；第二部分探讨青少年创客培养的体制机制；第三部分探讨企业组织员工开展岗位改善活动的模式和方法。本书的写作分工如下：第一部分由宋文雅、黄少坚、张琼珂撰写；第二部分由张琼珂、黄少坚撰写；第三部分由黄少坚撰写。

本书既可供各专业研究生、创新研究学者、企业员工学习创新理论与方法之用，也可以作为我国大中型企业有组织地开展群众性创新，以及企业总经理、革新部门经理、革新专家指导企业革新实践的参考用书。

由于时间和水平有限，书中难免存在疏漏之处，欢迎各位读者批评指正！

黄少坚

2020年1月

# 目　录

## 第一部分　大中型企业一线员工的创新

## 第二部分 我国创客的发展与成长机制



## 第三部分 作为运营方法的群众性改善活动

# 第一部分
# 大中型企业一线员工的创新

党的十九大报告强调，“推动国有资本做强做优做大”，“培育具有全球竞争力的一流企业”。为了更好地实现这个目标，我国企业需要不断进行技术创新。今天的技术创新已不再是专业人士的专利，尽管主要创新还是由专业人员完成，但创新呈现出大众创新、全员创新、创客创新、一线员工创新的新趋势。不仅一线员工是技术创新最直接的推动者和技术创新成果最直接的落实者，而且更多的技术创新还要依靠一线员工在实际的工作岗位中提出，因此一线员工技术创新成为整个企业技术创新体系中不可或缺的一环。

如何发挥一线员工的创新热情、提高创新绩效成为今天我国大中型企业的重大课题。到目前为止，理论界关于技术创新已有大量的研究成果，近年来更是有不少学者致力于研究一线员工的技术创新行为，但是关于班组这个特殊主体的技术创新行为的研究较少。在创新驱动的时代背景下，我们更需要在理论上研究这一问题，从而为我国大中型企业充分利用广大员工的创新资源与创新热情提高企业技术创新的整体绩效提供理论支撑和现实指导。

从系统的角度看，技术创新已经不再是单个组织的任务，而是横跨多个组织构成的技术创新生态系统的任务。例如，国家电网公司作为我国大型国有企业，拥有172万名员工，其中80%以上是一线员工，他们分布在8.6万个班组。该企业成立的各类劳模创新工作室、班组创新工作室有3 000多个，创新成果有各类发明、实用新型专利以及软件著作权12.6万项，班组员工的创新堪称创举。但是，国家电网班组创新的资源仍然有限，组织方式也不够完善。因此，班组创新如何发挥更好的作用，急需要理论上的指导。像国家电网这样的央企我国还有100多家，地方国有企业也有数十万家，它们基本上是由企业总工会系统负责班组员工的创新活动，创新成果并没有得到应有的重视。我国大多数国有大中型企业技术创新体系建设并没有包含班组员工的创新，因此在组织和激励力度上均不适应创新驱动经济发展的需要，需进一步从理论上研究班组创新要如何组织、如何获得资源、如何运营、如何激励才能发挥其最大的功能，为企业发展做出贡献。本部分将运用创新生态系统的相关理论，构建我国国有大中型企业班组技术创新生态系统及其运行机制，以此来系统地解决班组员工参与技术创新所面临的系列问题。

# 第1章 群众性创新的理论

## 1.1 开放式技术创新理论

### 1.1.1 开放式技术创新的含义

在知识经济全球化的环境下，各类需求趋于多样化。特别是随着信息传播速度的加快，产品生命周期越来越短，企业对技术创新的要求也越来越高。封闭式的传统技术创新模式已经与社会发展的需求不相适应，因此企业需要寻找新的技术创新模式。开放式创新的概念最初是由哈佛商学院的亨利·切萨布鲁夫（Henry Chesbrough）提出的，随后他又在此基础上进行了完善。在切萨布鲁夫看来，开放式创新是指企业可以同时利用内部和外部各种资源来实现企业的创新。

开放式技术创新与传统的封闭式技术创新不同，它从开发、试制、生产到市场的开发、产品的销售不仅仅依靠自己的力量，而是整合公司内外广大的创新资源开展创新活动。在这样的情况下，企业新产品基本上都是通过资助社会上专业的实验室进行研发从而实现新技术的开发而获得的专利。通过开放式技术创新，企业的边界变得模糊，在这样的创新模式下企业在研发投入上花费同样的资金可以获取多得多的技术创新成果，从而不断推动企业的技术创新和发展。

### 1.1.2 开放式技术创新的特点

开放式技术创新模式不同于传统技术创新模式，它具有开放性、广泛性、多元性、灵活性以及互动性等特点。首先，在开放式技术创新模式下，企业不再是技术创新的唯一主体，所有的利益相关者，如竞争者、合作者、供应商、用户、大学科研院所、政府、中介机构等，都可以成为技术创新的主体，这些创新主体可以通过合作共赢实现风险共担。其次，在开放式技术创新模式下，企业还可以依靠内外部资源的整合，从利益相关者之中获得大量的有用信息和可靠资源，从而开发出新产品，开辟出新市场。最后，在开放式技术创新模式下，企业可以和多个利益主体联合研发，进一步吸纳外部有价值的资源。当然，企业也可以通过技术购买来开展研发，进一步扩展技术创新的途径。

### 1.1.3 开放式技术创新模式的表现形式

相对于一般的技术创新行为，开放式技术创新的途径更加复杂多变。根据开放式技术创新的行为特征、利益相关者、动机等方面的不同，可以形成不同的技术创新表现形式：首先，从行为特征的角度而言，它可以分为纵向型和横向型两种技术创新模式。其次，从利益相关者的角度而言，它可以分为内部与外部两种技术创新模式。最后，从动机的角度而言，它可以分为松散型与紧密型两种技术创新模式。

## 1.2 创新生态系统理论

### 1.2.1 生态系统

生态系统是群落中各个生命体和自然环境所组成的整体体系，它的信息和资源等要素在整个系统内部能够持续地转移，同时通过要素的转移又能够促成生态系统整体的变化发展，最终达到生态系统整体协同发展的目标。生态系统是具有复杂系统、动态系统、区域系统、自维持和自调节功能等特征的系统。

### 1.2.2 生态位

生态位是指不同种群之间的关系以及每一个种群在时间、空间上所占据的主要位置。创新生态系统主体生态位宽度就是指该系统内创新主体可利用的所有创新资源的总和。在创新生态系统中，生态位代表着各个创新要素所拥有的控制和拓展创新资源的能力，因此各个要素的竞争本质上就是对生态位的竞争。在信息化的时代背景下，创新主体想要通过自己的生态资源来满足市场需要还远远不够，创新主体不仅需要占领核心技术生态位，还需要构建虚拟生态位，进一步促进创新生态资源的共享，从而不断拓展创新主体的生态空间。

### 1.2.3 竞合共生与协同进化原理

#### 1.竞争进化

竞争是自然生态系统中最为常见的一种状态，特别是当相同生态的同一种群中出现资源稀缺时，竞争会变得更加激烈。竞争不仅可以使得物种提高自身的综合能力，还能促进该物种的进化。在技术创新生态系统中，每个创新主体都希望建立以自身为主导的技术标准体系，希望在市场上占据主导地位，从而获取更好的收益。因此，竞争的存在使创新主体能够始终保持足够的市场灵敏度，不断提高创新动力，不断实现技术突破，从而推动整个生态系统的技术创新。

#### 2.协同进化

在自然生态系统中，物种通常会通过领域共占以及食物共享等方式来抵御外敌和提升自身能力。对于创新生态系统而言，为减少技术生态位重叠及资源冲突等问题，各个创新主体可以通过领域共占提升整个系统的适合度并不断扩充要素虚拟边界。此外，创新主体还可以通过知识、信息等资源的共享来克服单个要素独立创新的资源不足问题，从而将单个要素整合成“集体防御”，以便进一步加快技术创新扩散。

3.协同竞争进化

生态系统中要素之间的关系既表现为竞争又表现为协同，通过这样的竞争协同又进一步促进生物进化。在技术创新生态系统中，创新主体为了避免技术“短板”、提高系统自身的竞争力，通常都会通过协作创新来共享资源和共担风险，最终实现合作共赢。“背对背”的模块化竞争模式和共同的技术界面引导创新主体在整个系统中通过恰当的“生态位”定位来围绕技术展开协作，这样既有助于保证整个生态系统的技术多样性和系统稳定性，又能够推动技术创新的分工与合作。

### 1.2.4　协调适应性原理

在生态系统中，各个子系统以及系统内部的各元素间都存在相互适应、彼此协调的关系，从而能够保证整个生态系统的发展维持在一种动态平衡和稳定的状态之下。在技术创新生态系统中，各个创新主体在发展过程中都会努力去维持和提高其特定的资源生态位状态，甚至在很多情况下创新主体会尝试去改变需求生态位，其最终目的就是改造和适应环境。

## 1.3　工匠理论

对工匠而言，“制造”完全不同于机器生产，它是指工匠根据自己长期以来形成的经验，对现有的工艺或技术进行改良，从而得到更实用更精致的制品。在班组员工中，工匠是指具有丰富的实践经验、肯钻研、热爱发明创造、将技术做到极致的人。

事实上，工匠精神在今天不仅仅是手工操作的生产方式，它更多的是强调一种创新的精神，这种精神理念在我国由“制造大国”向“制造强国”尤其是“智造强国”迈进的过程中非常重要。德国和日本的一线员工发扬工匠精神在本职岗位上精益求精、不断创新，使得它们的产品得到了世界的认可。中国在转型发展中要讲求高质量就必须发扬工匠精神，这不仅仅是强调创新本身，创新成果只有通过精良的制造技术才能成为一个好产品，这就需要全体员工的努力。

## 1.4　双创理论

“双创”是基于我国特定情境的创新理论的新发展，即普通大众蕴含丰富的创新激情和创新能量。“大众创业、万众创新”存在多重含义：其一是希望并且能够创新的人数众多；其二是企业一线员工发挥聪明才智；其三是普通民众的创新，包括技术天才、创客极客、创新达人等。

“大众创业、万众创新”不仅强调发挥个人创新的热情，也强调有组织的一线员工的创新更能够创造出新的局面，因此就必须营造出“大众创业、万众创新”的环境、文化以及制度。首先，“大众创业、万众创新”应当是一种普适的以变应变的工作、生活理念，也就是说创新不再是知识精英、高端技术人才、企业经营者的专利，创新从金字塔顶端走到普通大众的生活与工作中。其次，“大众创业、万众创新”应当是一种创新的氛围和创新的环境。最后，“大众创业、万众创新”应当是一种文化，是唤起人的创造本质的活动。尽管创新充满风险和失败，但全社会应当不断鼓励创新，能够包容创新失败，正确地评价创新失败。只有对创新包容的文化环境才能促进创新活动的发展。

# 第2章 国有大中型企业班组技术创新生态系统的构建

单个班组力量是弱小的，封闭式班组更是如此，班组必须在一个内外有机协调的生态系统中才能更加活跃，更具有创新性。班组要立足本职工作，从工作中找到创新点，这需要由企业来组织。找到创新点并不能自动自发地完成创新，创新需要资源。如何既能发挥所有员工的创新热情，又能充分利用内外资源？这就需要由企业来筹划建立一个支撑系统来支持班组员工的创新。所以，一个班组员工的技术创新生态系统是发挥班组员工创新作用的载体。

## 2.1 班组技术创新生态系统构建的必要性研究

班组技术创新是我国技术创新相关理论中未受到重视的领域，至今在学术界没有见到比较成熟、比较全面的关于班组员工技术创新的理论体系和运行机制的研究。然而，今天的技术创新已经不再是专业人士的特权，班组员工作为一线的工作担当者，在企业技术创新体系中也扮演十分重要的角色。

第一，从技术创新过程来看，班组员工的技术创新是必要的。研发部门研发的原型样机、技术图纸等都是半成品，需要经过生产部门进行生产组装才能成为可出售的商品，完成出厂前的最后一环。事实上，新产品在生产过程中需要大量的工艺和质量改进，作为最了解生产线上相关问题的班组员工，他们完全有能力解决这些问题。

第二，从企业创新生态系统的完整性来看，班组技术创新也是必要的。一个高效的系统是通过多主体互动的方式来进行运作的，如果在创新生态系统中有一些主体没有响应，那么必然影响整个系统的运行效率。班组是企业创新生态系统中的重要成员，班组员工有时就是其具体执行人，因此必须把班组加入到企业创新生态系统中来，这样才能够完善技术创新系统。

第三，从企业班组技术创新管理现状来看，构建班组创新生态系统是必要的。班组技术创新没有得到应有重视，就会导致内部资源很难保证配置到位，外部资源也很难进入班组创新层面。构建班组创新生态系统，就从组织上、体制上、机制上保障了班组技术创新功能的发挥，能够有效地提升企业创新的整体绩效。

总之，班组员工在企业技术创新体系中起到非常关键的作用，无论是完善产品品质还是促进新产品改进，都离不开班组员工的努力，所以建立班组技术创新生态系统既是必要的也是可能的，是一件事关企业市场竞争力的大事。

## 2.2 班组技术创新生态系统的内涵

班组由同一工种的员工，或者是具有相近性质、相互协作的不同工种的员工组成，它是企业最基层的单位和管理组织。班组和其他组织不同，它的组织结构更小、管理内容更全、任务更加翔实、工作更加细致、群众参与性更强。

班组作为企业最基础的一环，在企业发挥重要的作用。所谓班组创新，就是指以班组为单位有组织地开展各类创新活动，主要技术创新和管理制度方面的创新行为。其中，班组的技术创新主要包括产品质量改善、工艺创新、工作方法创新、工具创新等，并且这些创新行为基本上都以小改革为主要特征。尽管班组的很多创新行为并不起眼，但是它们累积起来会产生非常大的影响力，会对企业发展产生很强的促进作用。

当前我国国有企业在“双创”的浪潮中不断实现全员创新，特别是班组的创新也从原来独立的个体行为逐渐跨出边界，呈现出开放式的特点。就班组的实际作业情况而言，由于作业对象的基础性，班组技术创新的重心更多是在小发明及应用上。因此，本章借鉴相关学者的解析结合我国国有大中型企业班组的实际情况对班组技术创新生态系统进行界定：班组技术创新生态系统是指企业以班组为中心，以创新工作室为平台，基于自身资源（生态位、知识资源、技术资源）与动态能力，超越市场关系与科层组织的长期信任关系，跨越组织边界与其他班组和创新参与者等要素协同进化、共生共存而形成的创新生态体系。这个体系应当包含组织管理者、班组员工、评估者、指导者、创新平台、信息知识提供者、社会制造体系等。只有将体系内这些要素协同起来才能最大限度地发挥班组技术创新的作用。本书中的技术创新生态系统特指国有大中型企业班组的技术创新生态系统。

## 2.3 班组技术创新生态系统的特征

### 2.3.1 系统性

班组技术创新生态系统不是各个要素的简单相加而是多样性创新物种的有机集合，其存在的方式、功能、目标表现出统一的整体性。在各要素的相互作用下，班组技术创新生态系统将具有新的属性和新的整体规律。如果其中一些关键要素存在问题，或者失去一些关键要素，那么就难以发挥班组技术创新生态系统的整体性功能。

### 2.3.2　基础性

在班组技术创新生态系统中，班组作为最基层的作业单位，其工作内容以生产工具的小改革、工艺的改进、效率的提高以及质量的改善为主，它解决的是最直接、最现实的问题。与企业技术创新生态系统相比较，它的视角更加微观，因此在整个技术创新的过程中发挥基础性的作用。

### 2.3.3　演化性

在班组技术创新生态系统中，协同演化是指两个或两个以上的班组在创新过程中相互适应的过程。生态系统中的相互依存关系决定了某一创新主体的行为选择会对其他合作主体的行为选择产生影响，因此班组间、成员间以及各个参与者之间在技术创新的过程中会参考其他创新主体的创新。伴随创新生态系统中环境的动态变化，班组也会不断加强与其他相关参与者的联系，实现信息共享，以达到最大限度的共生演化。

### 2.3.4　生态性

与自然生态系统类似，班组技术创新生态系统自身作为一个整体，存在共生、竞争、协同、寄生和进化等生态特征。在结构上，班组创新生态群落和环境两部分构成了创新生态系统，系统中的各个班组种群、参与者种群、外部种群之间存在相互联系、相互依存以及互利共生的关系的创新。在功能上，不同的创新种群可划分为：班组种群为优势种群；相关参与者为关键种群；外部机构等是冗余种群。在整个班组技术创新生态系统中，无论哪个环节出现问题，都将影响和威胁整个系统的平衡。

### 2.3.5　创新性

班组技术创新生态系统可以最大限度地整合班组技术创新的相关资源，集聚创新项目，吸引更多的班组职工参与创新，对于国有大中型企业而言，成千上万的班组员工可以汇聚技术创新的巨大力量，实现全员创新。

## 2.4　班组技术创新生态系统的边界

边界从本质上来说就是使生态系统维持稳定并最大限度发挥创新主体作用的时空界限。一般来说，识别创新生态系统边界的方法主要有三种：根据地理空间、根据行业部门和根据活动。但是，上述方法具有机械性和模糊性，不能完全作为界定的普遍标准。例如，国家创新生态系统的边界往往是国家的地理边界，但是这对班组技术创新生态系统不一定有效，因为可能出现超越区域、跨越地理边界的情况。此外，由于班组技术创新成果具有基础性、实用性、兼容性、互通性等特征，班组技术创新成果要想在系统内各个班组推广应用就必须协同整合其他班组及相关参与者。因此，班组技术创新生态系统的边界范围会随着整合班组数量的增加而不断扩大，并表现出相对稳定性、动态变化性、开放性、模糊性等一系列特征。

### 2.4.1 边界的相对稳定性

在班组技术创新生态系统中，班组及相关参与者选择是否进入系统通常会以能否降低原有成本和获取资源来作为参考依据。班组技术创新生态系统跨越了传统班组的组织界限，在有效降低系统创新主体之间交易成本的同时又为互补性资源的整合创造了良好的环境，因而能够最大限度地吸引各个班组及相关参与者，从而维持边界的相对稳定性。而班组技术创新生态系统边界的稳定性又有利于增强系统内班组及其他要素的相互信任，最终实现各个创新主体之间的协同进化。

### 2.4.2 边界的动态变化性

当班组面临的政策环境发生变动、技术发生转变、市场需求发生变化时，班组技术创新生态系统的边界也会发生各种变化。例如，当外部环境发生变化时，创新生态系统不可避免地要对原有边界进行突破与调整，并且内外部的边界也会出现各种变化。

### 2.4.3 边界的开放性

我国的国有大中型企业班组众多，它的技术创新生态系统便由成千上万个班组及各种相关要素形成。这个创新生态系统又与外界的环境存在普遍的联系：一方面，外部环境为班组技术创新生态系统提供各种要素资源，并影响班组日常的工作；另一方面，班组技术创新生态系统在向外部环境输出成果的同时也能够适应和改造环境。这就要求创新生态系统的边界具有开放性，能够打破原有封闭的内部组织结构，把成千上万个班组孤岛式的创新资源连接起来，形成跨越单个班组边界的创新互动网络。

### 2.4.4 边界的模糊性

随着班组间交流互动趋势的加强，班组技术创新生态系统边界的模糊性日益增强，这主要表现在地域模糊性和学习行为的跨组织性上。一方面，我国的国有大中型企业基本以地域作为划分依据设立分公司，班组技术创新生态系统不仅涵盖整个企业的各个班组，还在企业之外寻求合作伙伴；另一方面，由于班组创新成果的实用性、普适性特征，单个班组掌握的技术与资源有限，甚至整个班组技术创新生态系统也不可能完全掌握所有的技术与资源，因此班组会通过跨越组织学习来促进技术创新扩散。

## 2.5 班组技术创新生态系统的结构

整体是由部分构成的，一个班组生态系统的结构也会根据企业不同而存在差异。从理论上而言，生态系统的结构分为自组织结构和他组织结构。而班组技术创新生态系统的结构以他组织结构为主体，同时嵌套自组织结构。这种平台组织与虚拟组织的有机结合，就构成了相互协作的开放系统。

### 2.5.1　班组技术创新生态系统的构成要素

从理论上而言，班组技术创新生态系统包括各个创新要素和它们所处的环境要素，各创新要素相互联系、相互支持、互利共赢，形成良好的协作网络关系。因此，国有大中型企业班组技术创新生态系统应当包含如下要素：

**1.创新主体**

国有大中型企业大都存在成千上万个班组以及大量的班组成员，这些班组成员具有较强的创新能力，是班组创新工作的核心力量，但需要构建一个体系将这些分散的、条块分割的力量整合起来。因此，创新主体是指班组以及班组中的创新团队。一方面，所有的自然班组都是创新生态系统中的一员；另一方面，用户也是班组创新生态系统中的一部分。事实上，企业的用户不仅包括各种类型的消费主体，也包括系统内部上下工序之间相互关联的班组本身，它们相互之间也构成用户关系，都是创新的主体。

**2.互补者**

创新生态系统中的互补者主要是系统内部各类不同班组，它们可以从不同角度打破班组界限，以项目为中心参与到创新组织中来。此外，互补者也可以是其他科研单位、个人和创新团队、相关企业，他们通过合作参与到创新系统中来。

**3.支持者与参与者**

支持者、参与者主要是指本企业的科研机构、部分多经公司[①]、劳务外包的合作方、产品制造单位、原料零部件供应单位、中介机构、金融机构、产品使用者等。

**4.创新平台构建者**

创新平台构建者可以是企业工会总部以及各级子、分公司的工会，科技通信部、人力资源部等直接或间接承担组织工作的部门，也可以将班组技术创新纳入整个企业的创新体系，由创新管理部门或者企业管理核心部门构建。

**5.政策环境**

政策环境是班组技术创新平台建设的重要影响因素，良好的政策环境可以提高班组技术创新平台的效率，激发班组的创新热情。因此，相关政策应当包括如何获取资源、如何分配资源、如何评估转化技术创新成果以及如何激励班组创新。

### 2.5.2　班组技术创新生态系统模型

我国国有大中型企业存在成千上万个班组，作为企业最基础的作业单元，单个班组的规模并不大。在这样的情况下，就必须由企业的相关部门，例如企业工会总部以及各级子、分公司的工会，科技通信部、人力资源部等直接或间接承担组织工

① 多经公司或多经企业是指一个企业同时经营两个以上的行业，又称“多样化经营”。采用多样化经营策略的企业，参与多种商品和劳务的生产和销售活动。

作的部门，来构建班组技术创新生态系统。在系统内作为创新主体的班组，一方面与外部要素通过市场机制即契约形成合作关系，进而形成伙伴关系；另一方面又与内部要素通过内部共享网络、项目联动形成合作与协同关系。系统内各个班组、创新参与者、支持者、平台构建者以及政策环境相互联系、相互协调，以平台为中心，以信息为纽带，以项目合作为基础，以评价与转化为路径，实现系统的有效运行，这就构成了班组技术创新生态系统。班组技术创新生态系统模型如图2-1所示。

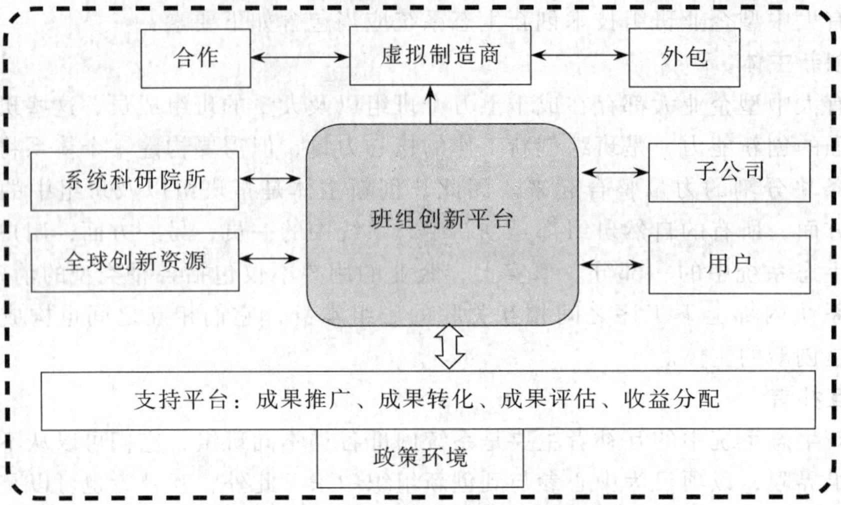


图2-1　班组技术创新生态系统模型

## 2.6　班组技术创新生态系统形成分析

### 2.6.1　创新生态位的形成

从生态位理论角度而言，每个物种的生态位实际上都是个体为获得生存空间和资源而在环境中占据的位置及与环境和其他物种的相互作用关系。班组的创新生态位不同于一般意义上的自然生态位。班组技术创新生态系统是一个具有较强的主观人为因素的系统，可根据不同的现实条件和系统内外环境做出选择，创新生态位的形成是班组技术创新生态系统的环境、系统内的班组成员及两者相互作用的结果。在创新生态系统形成的过程中，各个班组首先根据系统对创新的需求和自身的技术创新能力等情况找到自己的实际创新生态位，然后在此基础上根据整个系统的环境状况及技术创新活动的特点，获得相应的创新资源生态位和创新时空生态位。由于我国国有企业各个班组在技术创新活动中的分工存在差异，对创新资源的需求与利用存在差异，不同的班组形成了不同的创新生态位。总的来说，班组创新生态位的变化是频繁的。创新生态位形成后，各个班组为寻求更多的资源、获得最大的效益、占据更高端的生态位，会根据自身的需求和环境的变化不断地调整自己的位置。此外，班组成员之间的合作和竞争都会带动技术的进步和发展，从而为系统创造出新的资源和新的生态位需求，这也是创新生态位快速变化的一个原因。

### 2.6.2 创新平台的形成

创新平台是由企业工会总部以及各级子、分公司的工会，科技通信部、人力资源部等直接或间接承担组织工作的部门搭建和控制的。创新平台通过整合创新资源来吸引大量班组成员，但事实上我国国有大中型企业班组的技术创新行为出现了大量的重复现象，因此创新平台提出和制定了信息共享系统，班组之间的技术能够互通互用，而不是各自为战。同时，班组成员将信息汇集和共享，能够最大限度地提高信息资源的利用率。此外，各个班组将自己的技术创新信息提供给其他班组及合作伙伴，也能实现优势互补和资源的最优配置。这样，创新平台也从一开始的雏形发展成为成熟稳定的交互平台，成为班组及相关参与者之间沟通联系的纽带。

# 第3章 国有大中型企业班组技术创新生态系统运行机制研究

班组技术创新生态系统的运行是系统内外各要素相互作用的结果。本章从系统的运行原则与运行过程出发，通过对系统的动力机制、竞争与共生机制、扩散和传导机制、协调和保障机制、成果转化机制以及组织运行机制等方面进行研究，进一步探讨班组技术创新生态系统的运行。

## 3.1 班组技术创新生态系统的运行原则

对于我国国有企业而言，如何快速有效地整合创新资源，形成班组技术创新生态系统，实现班组技术创新及其推广转化，将成为班组生存和发展的关键。班组技术创新生态系统是由班组根据自身创新的需要整合资源而形成的，因此班组技术创新生态系统运行的主要原则可以归纳为以下几点：

一是有效整合班组技术创新所需资源。随着班组技术创新工作基础性和系统性的加强，任何班组都不可能占据系统全部的优质资源。要想获取更多的优质资源，班组必须与创新系统中的其他班组以及相关参与者如高校、科研院所、中介机构、用户建立资源共享、风险共担的合作创新机制。

二是减少技术创新的风险。随着技术转型升级的加速，班组技术创新的不确定性日益增强，同时创新费用也不是班组和班组员工能承担得起的，因此班组技术创新生态系统要能有效地共担风险。

三是避免重复创新。班组的技术创新一般具有问题导向性，都是根据班组日常工作中出现的问题进行的创新，因此大部分技术创新成果都具有普适性。然而，缺乏整体性与系统性的创新组织将会造成创新重复导致资源浪费，而班组的创新生态系统能够协调不同创新成果，合理配置资源。

四是促进知识流动。合作创新远远比班组自身单打独斗式的创新具有更大的知识深度和知识广度。

## 3.2 班组技术创新生态系统的运行模式

创新生态系统的构成要素包括创新主体、互补者、支持者、合作者、用户、虚拟制造商、创新平台以及相关政策等，一个班组技术创新生态系统也可以将支持者、合作者、用户、虚拟制造商等纳入其中。他们之间以创新为导向，通过战略—计划—项目申报—实施—评审—结果奖励—成果转化，形成年度评价的运行模式。

在班组技术创新生态系统的运行中，系统内外通过创新区块链建立网络连接关系，每一个节点就是一个创新的实体，一个一个的实体构建成为一个系统，这个系统就可以依靠有组织的行为持续开展创新活动。创新活动的系统性、班组作业的问题导向性和基础性是班组技术创新生态系统运行的内在动力，创新环境、政策环境以及其他外部参与者是创新生态系统运行的外部因素，在内外部两种因素的共同作用下班组技术创新生态系统实现有序运行。

## 3.3 班组技术创新生态系统的运行机制

### 3.3.1 动力机制

所谓技术创新动力，是指促使系统内创新主体产生创新欲望的相关因素和条件。本章在总结相关学者研究结论的基础上，结合我国国有大中型企业班组技术创新生态系统的实际运行情况，得出班组技术创新生态系统的动力要素如下：

**1.企业认可**

班组作为生态系统内最重要的创新主体，它本身的活动在促进技术创新的过程中具有举足轻重的作用。我国的国有企业不同于一般的民营企业，班组员工作为体制内的成员，其技术创新行为首先受到企业相关规定最直接的影响，因此只有班组员工的创新行为得到企业的认可，他们才会有更加强烈的技术创新欲望，才会在自己的本职岗位上大胆地去发明创造，勇敢面对创新的不确定性和风险。

**2.政策引导支持**

虽然市场机制直接推动了技术创新活动，但是我国的国有企业天生就受到体制内相关政策的约束。在这种情况下，市场这只看不见的手就无法有效地推动班组进行技术创新，因此这个时候就更加需要政府的政策导向和宏观调控。

**3.资源保障**

创新资源是班组进行技术创新活动的基础，特别是人才、资金和信息等的获得是班组进行技术创新的重要保障。班组的创新人才基本来自一线现场，他们能够直接感知技术创新的方向，而通过与高校、科研机构的合作又可以培养班组员工的专业素养，进而推动班组技术创新生态系统的持续发展。此外，班组技术创新生态系统通过信息交换，可以推动系统内的班组及时开展技术创新活动。可见，班组技术创新生态系统内对创新资源的合理配置能够保证技术创新活动的开展。

**4.时间保障**

班组员工作为一线的工作人员，在日常工作中面临较重的工作任务，特别是随着国有企业改革的深入，班组日常工作增加、绩效考核更加严格，班组员工没有足够的时间和精力去进行技术创新活动。事实上，技术创新不同于一般的创新活动，它需要班组员工投入大量的时间和精力，因此为班组员工提供充足的时间开展创新工作，成为其进行技术创新的重要保障。

**5.创新收益驱动**

追求利润是班组最主要的创新动力。在班组技术创新生态系统内，一个班组的小发明小创造在很多班组具有通用性，因此将班组的技术创新成果在大范围内推广转化就会产生大规模的利润。同时，随着技术创新成果的不断推广，其他班组或者系统外的其他竞争者通过模仿或者自主创新也得到了相似或更先进的创新产品时，为了追求更多的利润，班组就会展开新一轮的技术创新活动，并不断增强自身的竞争优势。

**6.精神激励驱动**

班组员工进行技术创新不仅要受到物质激励的驱动，也应受到精神激励的驱动。特别是在我国国有企业中，类似于“技能大师”“创新大师”这样的荣誉称号不仅对员工评优晋升有着较大的影响，也能够极大地提升班组员工的自豪感，使其获得精神上的满足。

### 3.3.2 竞争与共生机制

班组技术创新生态系统的各个创新要素之间是相互联系而不是孤立存在的。在班组技术创新生态系统创新动力机制的驱动下，系统内创新种群间相互交流与协作，使得系统内创新资源能够有序流动，同时也形成了各式各样的竞争与合作关系。

班组技术创新生态系统中的种群关系在一定程度上与自然生态系统中的种群关系存在相似之处，因此可以将生态位的概念引入班组技术创新生态系统的研究中。在班组技术创新生态系统中，各个班组是最主要的技术创新主体，也占据着最主要的生态位，而其中的创新资源成为各个班组及相关参与者生态位的一个决定性因素。在现实情况中，为了获得更多的创新资源，提高其创新能力和生存能力，占据更高的生态位，班组之间必须争夺有限的资源。事实上，除了竞争，班组之间也可以是互利共生的。在班组技术创新生态系统中，各班组之间、班组与相关参与者之间都具有各自独特的优势，且在相同的业务领域内，很容易形成合作的关系。比如，班组和科研机构可以形成技术的合作关系，班组与班组之间，班组与中介机构、金融机构、产品使用者之间可以形成技术成果转化的合作关系。

在班组技术创新生态系统中，不存在完全意义上的竞争，也不存在完全意义上的合作，班组之间、班组与相关参与者之间的竞争与合作往往是并存的，是可以相互转化的。竞争是推动班组进行技术创新的动力，可以使班组更加了解自身的优势和市场需求，同时也能够更加了解其他班组的优势。而合作是技术创新得以发展、实现的途径，竞争班组及相关参与者通过建立合作关系，可以实现资源共享与合作共赢。因此，可以说竞争与合作的协同作用是促使班组技术创新生态系统有序运行的催化剂。

### 3.3.3　扩散和传导机制

**1.扩散机制**

随着技术创新活动的不断展开，创新资源在班组技术创新生态系统各个要素之间扩散。技术创新的扩散实质上是系统内各个创新主体对技术创新的模仿和学习。班组的技术创新行为基本都是针对作业现场的需求而进行的，今天的班组作业日益朝着智能化的方向发展，形成实用性更强的产品。而其他班组通过模仿和学习将这些技术在整个系统内扩散，也加快了智能化的发展进程。可见，只要班组的技术创新成果具有实用性，其他相关班组就会通过学习和模仿实现技术和标准在系统内的扩散。

在班组技术创新生态系统内，班组及相关参与者主要通过改进自身的技术实现技术的扩散。这种创新主体的自组织行为，一方面加快了技术在班组之间的扩散，另一方面也促进了具有一定相似性的创新主体的集聚。在班组技术创新生态系统内，除了班组自发的学习和模仿有利于技术创新的扩散之外，多经公司、中介机构等相关参与者在创新扩散中也具有举足轻重的作用。多经公司、中介机构将班组技术创新成果的信息及时、准确地传递给用户及其他相关群体，加速了技术创新在班组技术创新生态系统内的扩散，促进了技术创新的推广、转化。

**2.传导机制**

班组技术创新生态系统的传导机制是指创新成果在班组之间，班组与用户、其他科研单位、个人、创新团队以及相关企业之间，通过直接或间接的方式实现创新转移的过程。班组技术创新生态系统内创新的传导既要求传导的及时性和准确性，也要求传导渠道的多元性和畅通性。多元化的传导渠道既可以保证技术创新成果在班组之间顺畅的交流，也可以保障技术创新的传导速度。传导渠道一般包含两种：一种是正式的渠道，比如通过班组创新平台进行传递；另一种是非正式的渠道，比如通过用户、中介机构、多经公司等的各种活动将创新成果进行传播。

在班组技术创新生态系统内，创新技术、产品或能力在不同的班组之间发展不均衡而形成的创新势差是创新能够传导的必要动力，处于高位势的班组通常会成为创新的输送者，而处于低位势的班组为了提高自身的创新能力和竞争实力愿意并且会积极地吸纳创新的相关成果。班组技术创新生态系统内创新的巨大市场需求和创新成果能够经推广转化获得收益，成为创新传导的驱动力。因此，只有在班组间强烈的传导意愿、创新需求和创新收益的驱动下，班组技术创新生态系统的传导才能够实现。

### 3.3.4 协调和保障机制

**1. 协调机制**

在自然界，生态系统通过系统内部各种食物链网络以及具有物质循环、能量转化功能的有序结构来实现自我调节的功能，从而维持整个生态系统的平衡。与生态系统相似，班组技术创新生态系统也能够进行自我调节。

班组技术创新生态系统是一个开放的系统，这个系统在正负反馈不断的交替作用中进行自我调节，维持整个班组技术创新生态系统的动态平衡。班组技术创新生态系统的调节机制既包括每个班组的自我调节，也包括班组之间，班组与相关参与者、支持者之间的集中调节。班组的自我调节是指班组技术创新生态系统内每个单独的班组都是通过自己的判断和选择，在遵守技术创新生态系统的规律和国有企业的相关规定的前提下，对其技术创新行为进行自我调节和控制的过程。尽管班组的自我调节非常重要，但从长远来看，班组之间，班组与相关参与者、支持者之间的集中调节才是系统协调发展的核心。班组之间的集中调节指班组技术创新生态系统内所有班组及其他相关参与者可以通过协作形成集中协调网络，一旦生态系统出现任何问题，他们能够在第一时间做出调整，使得系统回归平衡状态。在班组技术创新生态系统集中调节过程中，参与资源分配、管理、评审、技术支持的相关部门等将新的国有企业规定、相关法律法规、激励制度等传递给系统内的所有班组，同时又将班组在技术创新过程中的相关信息反馈给企业。在这个过程中企业在宏观上把控整个班组技术创新的方向，企业的部分多经公司、合作方、产品制造单位、原料零部件供应单位、中介机构、金融机构、产品使用者等充当沟通桥梁的作用。在企业的宏观把控、相关支持者和参与者的沟通调节以及市场需求的引导下，班组之间可以形成网络式的集中调节机制，从而促进整个班组技术创新生态系统的健康发展。

**2. 保障机制**

在班组技术创新生态系统内，创新主体及相关参与者主要借助环境和资源等要素的支持来实现其保障机制，主要通过政策保障、基础设施保障、资金投入保障、成果推广转化保障等功能来确保生态系统有序运行。班组技术创新生态系统的保障机制具有多元化的特征，它不仅涉及系统内的各个班组，也涉及技术创新活动所必需的各种资源。因此，班组技术创新生态系统的保障机制不仅能够提供系统运行所必需的资金、信息，维护系统内所有班组的创新收益，还可以通过风险共担降低单个班组创新的风险。

班组技术创新生态系统的保障机制包括班组的自我保障，班组之间，班组与相关参与者、支持者以及相关要素之间的联合保障。班组的自我保障机制要求班组对技术创新所需的资金、技术、信息、生产要素以及市场需求等方面有一定的控制力。但是，由于单个班组的资源与权力有限，事实上班组技术创新生态系统内的大多数班组既无法承担过高的自我保障成本，也无法在资金、技术、信息、生产要素以及市场需求等各方面达到一定的控制力。因此，班组技术创新生态系统就需要建立联合保障机制。联合保障机制是指班组与班组之间、班组与相关的支持者和参与者之间通过合作，实现创新发明、生产、管理、成果评估、成果推广、成果转化的专业化分工，从而实现创新活动与创新保障体系的合理化分工。联合保障机制既减少了单个班组自我保障的成本，又为系统内的各个参与者的发展提供了更多的可能性。由于我国国有企业的独特性，企业成为系统保障机制的主要构建者。在企业的统筹下，班组技术创新生态系统的创新平台逐渐形成并发挥作用，同时在相关政策的支持和调节下，保障体系也能够更好地发挥其保障功能。

### 3.3.5　成果转化与组织运行机制

**1.成果转化机制**

班组员工加入技术创新生态系统中进行技术创新的目的之一就是实现某种利益目标，例如晋升、获得收入、实现人生价值等。事实上，班组员工个人难以将创新成果进行大规模的转化，所以建立合理的班组技术创新生态系统成果转化机制就成了系统能否成功运行的关键要素。而班组技术创新生态系统在制定成果转化的相关规定时，必然要遵循一定的原则。

第一，合理性原则。我国的国有企业不同于一般意义上的民营企业，它的成果转化特别是利益分配都受到相关规定的影响，缺乏一定的自主性。在制定成果转化政策的时候必须符合相关规定，尤其是政策要具有可操作性。第二，满意度最大原则。所谓满意度最大原则是指班组员工的付出与最终获得之间要成正比。因此，要不断寻找满意度最佳的成果转化方案，以实现对班组员工技术创新的激励。第三，多渠道原则。国有企业班组员工技术创新的成果转化方式大多较为单一，因此班组技术创新生态系统的重要工作就是完善成果转化方式。一方面，要不断改进现有的内部行政推广转化方式；另一方面，要不断拓宽市场化转化的渠道。

**2.组织运行机制**

班组技术创新生态系统最大的特点就是打破传统班组单独创新的局限，将所有要素尽可能地纳入生态系统中，这使得整个系统复杂多变。在复杂多变的生态系统中，只有建立起完善的组织运行机制才能促使系统有序运行。

一方面，要建立生成机制，这是生态系统能够运行的前提。只有通过平台的设置、资源的完善、政策的激励等才能吸引班组员工及相关参与者自发加入。另一方面，要建立维持机制，这是班组技术创新生态系统运行的核心。只有设立专门的管理机构管理系统技术创新的日常活动、资金循环、利润分配，才能维持系统的长期稳定发展。

## 3.4　班组技术创新生态系统运行机制耦合研究

班组技术创新生态系统是由班组员工和相关支持者、参与者及相关创新要素构成的，不同的创新要素在系统中发挥着各自的优势和特长。因此，整个系统在动力机制、竞争与共生机制、扩散和传导机制、协调和保障机制、组织运行机制以及成果转化机制等的协同作用下，才能实现有序运行（如图3-1所示）。同时，班组技术创新生态系统的有序运行，又进一步完善和巩固了系统内班组及相关参与者之间的协作关系，进一步整合了创新资源，从而提高系统的整体创新能力。

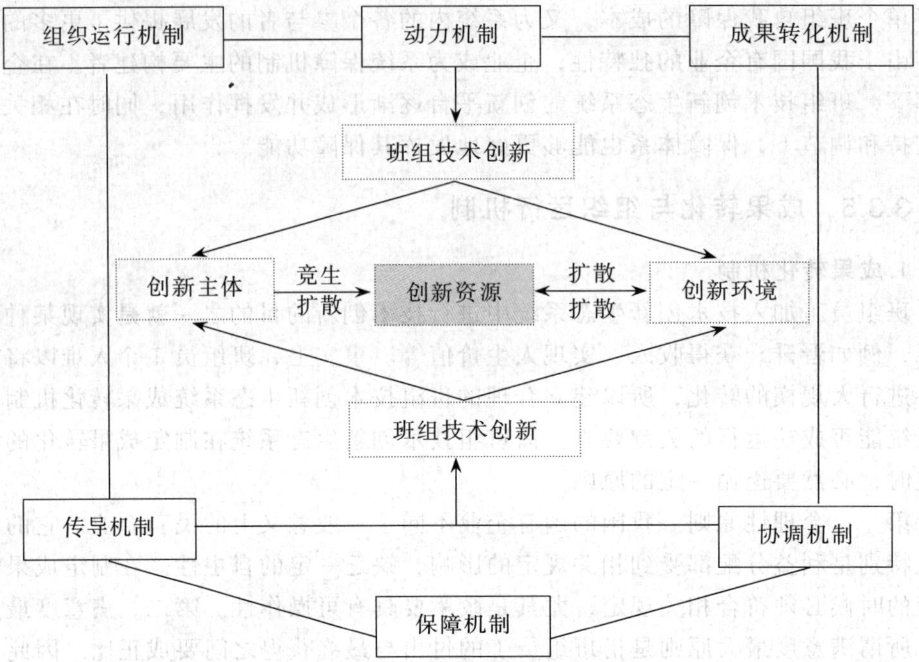


图3-1　班组技术创新生态系统运行机制耦合关系图

班组技术创新生态系统各个机制各自发挥着不同的作用：第一，动力机制促使班组技术创新生态系统形成强劲的发展力，创新动力机制能够释放巨大的创新活力。第二，扩散和传导机制为系统提供知识和信息，同时知识共享和信息流动又为其他机制的运行创造了条件。第三，竞争与共生机制促使系统内各成员之间建立良好的竞合关系和信任关系，在此基础上又进一步促使其他机制的有效运行。第四，协调和保障机制协调系统的整体发展，提高系统的创新效率。第五，成果转化机制与组织运行机制的建立，满足班组员工的需求，确保系统的有序运行。

# 第4章 国家电网湖南公司班组技术创新生态系统运行案例研究

本章将对国家电网湖南省电力公司（下文简称国网湖南公司）班组技术创新生态系统运行案例进行深入探讨，从而验证上文所构建的班组技术创新生态系统及运行理论，并在此基础上为我国国有大中型企业的班组技术创新提供重要的借鉴。

## 4.1 研究设计

本章采用单案例研究方法以确保研究的深入，基于对案例典型性的要求，选择国网湖南公司作为研究对象。国家电网作为我国大型能源供应企业，其企业和行业具有特殊性，相关统计数据无法直接获取，同时涉及班组技术创新生态系统的数据也不易从现有资料中获取，因此本章主要通过在湖南省各市县班组内发放问卷的方法获取基础数据。同时，通过座谈会、一对一访谈、资料收集等方式深入基层调研，由此发现目前班组技术创新活动中存在的系列问题。

为了确保研究的信度和效度，在数据收集、数据分析等环节都遵循了案例研究常见信息来源的界定。此次调查所采样本来自国网湖南公司下属长沙、娄底、岳阳供电公司、检修公司、送变电工程公司、带电作业中心、技能技术培训中心、湘能公司。具体调查范围涉及各单位本部职能部室、分公司等各个班组。调研过程中，召开领导、员工代表座谈会30场次，个别走访谈话345人次，同时在调研范围内随机抽取30个班组发放员工调查问卷300份，收回问卷274份，其中有效问卷261份，有效率达到95%。

## 4.2 国网湖南公司介绍

国网湖南公司是我国国有特大型能源供应企业，公司共有发电、供电、科研培训等直属单位33家，代管县电力公司24家，范围覆盖全省14个市州和116个市县。公司作业班组涉及输电、变电、配电、检修、用电、营销等各个领域，全公司有2 000多个班组，有4万名以上班组员工。

## 4.3 国网湖南公司班组技术创新存在的问题

通过实地调研访谈、问卷调查以及国网湖南公司各工会提供的相关数据可以看出，国网湖南公司各级单位重视群众性创新工作，建立了多口径创新支持渠道，产生了大量创新成果，见表4-1和图4-1至图4-4。

表4-1 湖南省各单位创新工作室成果统计

| 单位 | 工作室名称 | 成果项数 | 国网推广（项） | 省公司推广（项） | 班内推广（项） | 外部推广（项） |
|---|---|---|---|---|---|---|
| 常德 | 周海斌劳模创新工作室 | 10 | 0 | 1 | 3 | 0 |
| 常德 | 张杰劳模创新工作室 | 8 | 0 | 2 | 4 | 0 |
| 郴州 | 输电创新工作室 | 24 | 0 | 0 | 3 | 0 |
| 郴州 | 巾帼创新工作室 | 6 | 0 | 2 | 4 | 0 |
| 带电作业中心 | 捷明创新工作室 | 105 | 4 | 12 | 64 | 12 |
| 邵阳 | 飞莲劳模创新工作室 | 47 | 0 | 43 | 43 | 0 |
| 益阳 | 王国斌创新工作室 | 60 | 12 | 12 | 56 | 0 |
| 益阳 | 调度创新工作室 | 16 | 6 | 6 | 16 | 0 |
| 怀化 | 职工创新工作室 | 8 | 0 | 1 | 7 | 0 |
| 怀化 | 家元劳模创新工作室 | 5 | 0 | 1 | 0 | 0 |
| 娄底 | 老虎/党员创新工作室 | 23 | 2 | 3 | 0 | 0 |
| 娄底 | 方陟亨劳模工作室 | 11 | 0 | 0 | 0 | 0 |
| 湘西 | 李友益劳模创新工作室 | 5 | 0 | 2 | 5 | 0 |
| 湘西 | 李峰劳模创新工作室 | 3 | 0 | 0 | 3 | 0 |
| 永州 | 光明创新工作室 | 11 | 0 | 3 | 11 | 1 |
| 永州 | 永电联合创新工作室 | 8 | 2 | 2 | 6 | 0 |
| 柘溪 | 罗莽劳模工作室 | 23 | 1 | 0 | 60 | 0 |
| 株洲 | 爱元劳模工作室 | 23 | 1 | 1 | 10 | 0 |
| 株洲 | 计量技能大师工作室 | 22 | 4 | 7 | 8 | 0 |
| 株洲 | 廖丽萍劳模工作室 | 132 | 0 | 15 | 50 | 0 |
| | 合计 | 550 | 32 | 113 | 353 | 13 |

资料来源 根据《国网湖南公司技术创新成果集》制作而成。

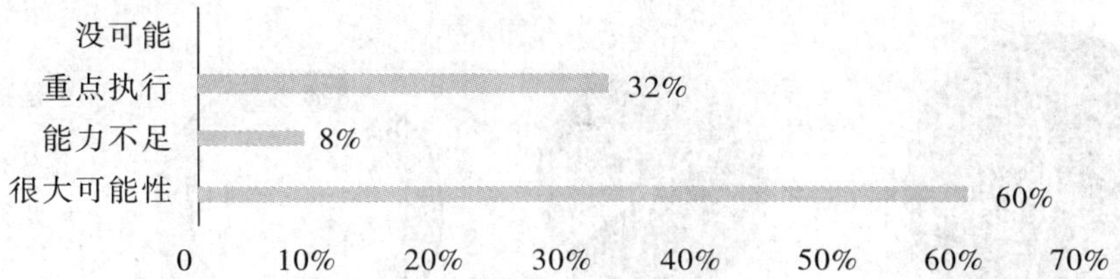


图4-1 领导对班组技术创新重视程度

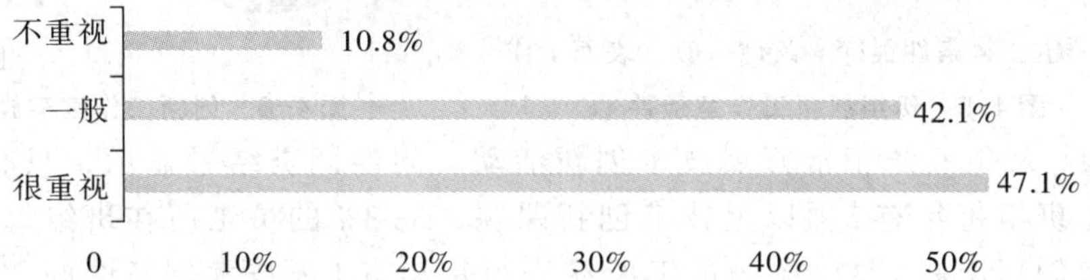


图4-2 领导对班组员工技术创新认可度

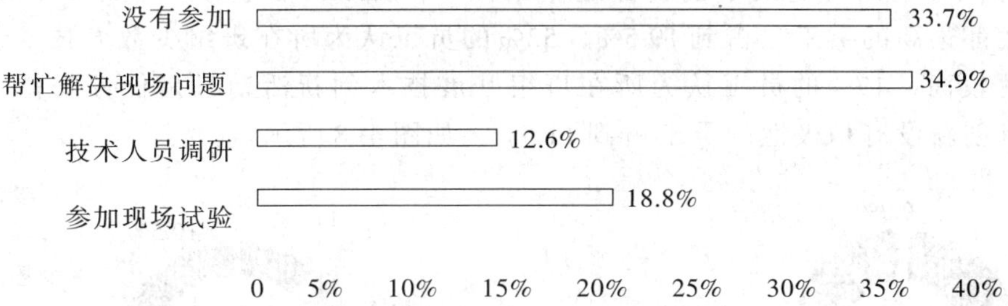


图4-3 班组参与创新领域占比

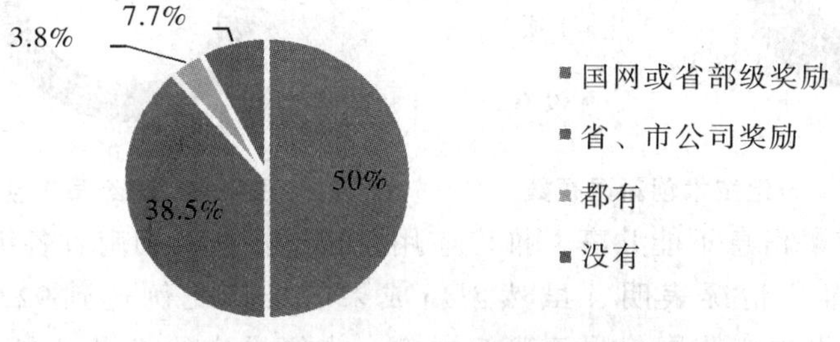


图4-4 创新成果所获奖励比例

但是，班组技术创新工作中还存在一些问题：

（1）创新工作室在支持班组技术创新中并未发挥良好作用。问卷调查结果显示，42.1%的员工所在班组有创新工作室，其中只有15.7%的员工认为班组的创新工作室条件较好，资源有保障，21.8%的员工认为创新工作室条件一般，4.6%的员工认为创新工作室只是表面工作，没有发挥其在员工技术创新中的作用，如图4-5所示。此外，尽管有44.1%的领导认为创新工作室建立以来产生了不少创新成果，是一种很好的鼓励创新的方式，但是也有44.1%的领导认为只有少数人积极参与创新，班组其他成员的参与度不高，需要完善机制，甚至还有11.8%的领导认为创新工作室容易形成圈子文化，对其他班组成员产生隔离效应，如图4-6所示。

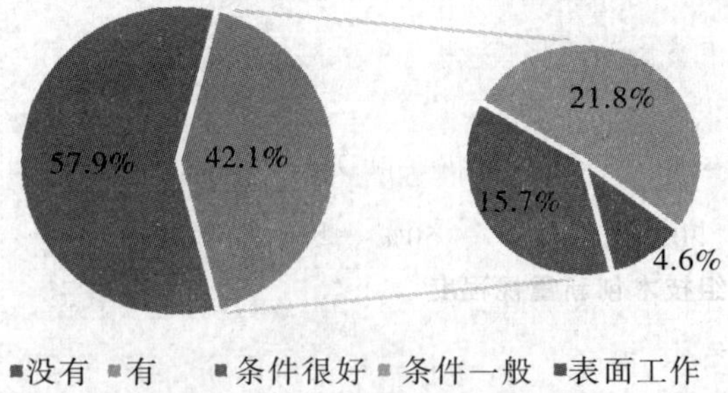


图 4-5 班组创新工作室条件

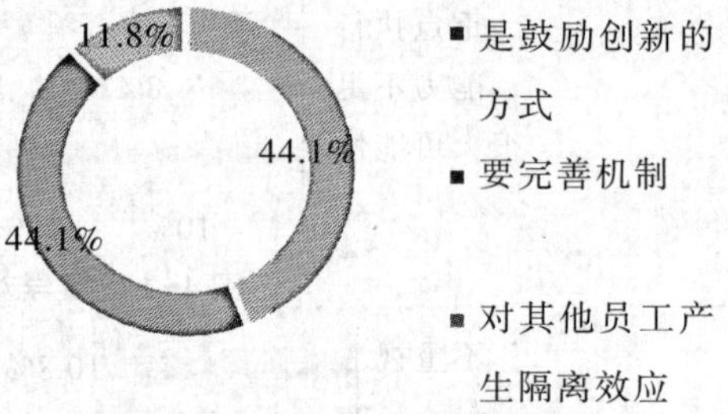


图 4-6 创新工作室实施效果

（2）班组并未正常开展技术创新活动。问卷调查结果显示，只有 9.2% 的员工所在班组每年有 2 项以上技术创新课题，38.3% 的员工所在班组每年有 1 项以上技术创新课题，27.2% 的员工所在班组每年有 1 项技术创新课题，而 25.3% 的员工所在班组没有过技术创新课题，如图 4-7 所示。在整个调查中，认为班组积极性都很高的员工只占到 19.5%，52% 的员工认为所在班组少数人技术创新的积极性较高，17% 的员工认为所在班组开展技术创新活动只是任务安排，而认为班组创新没有积极性的员工占到 11.5%，如图 4-8 所示。

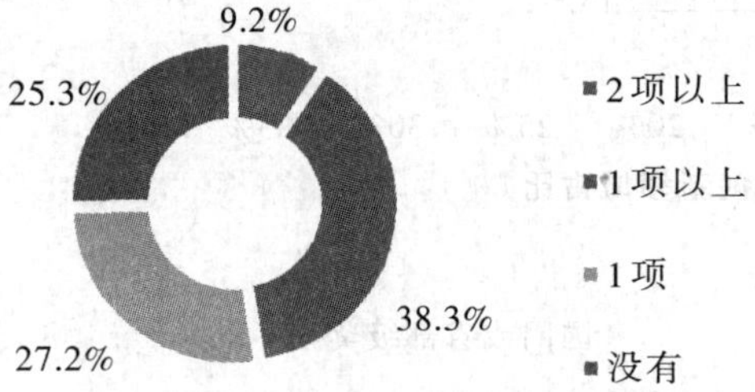


图 4-7 班组技术创新课题数

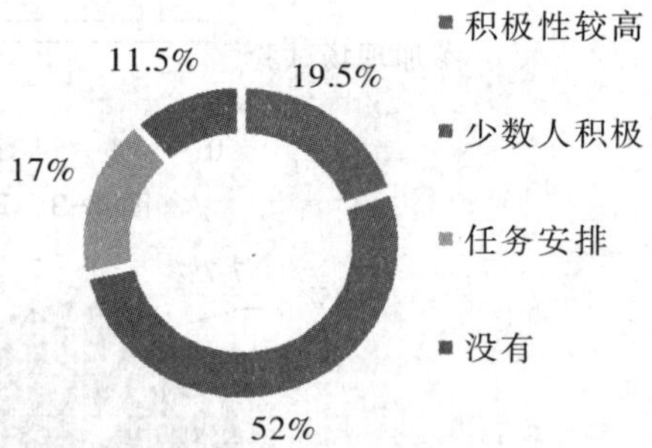


图 4-8 班组员工创新积极性

（3）创新成果信息不能共享，推广应用路径不畅通。湖南省各级创新工作室统计的创新成果推广情况表明，虽然创新成果的推广比例达到 92.9%，但其中有 64.2% 的创新成果推广范围仅限于班组内部，省级推广的成果只有 20.6%，而在国网公司推广的成果比例只占 5.8%，如图 4-9 所示。

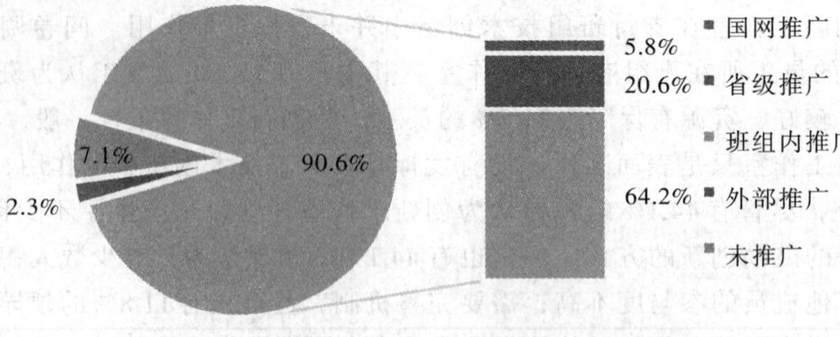


图 4-9 湖南省各级创新工作室成果推广情况

（4）班组一线员工创新制度不完善。60.9%的领导认为技术创新管理制度还比较零散，有些公司已有相关制度，但还未形成一线员工技术创新的管理体系，如图4-10所示。此外，班组技术创新激励措施并不统一，公司还未形成完善统一的创新激励制度。如图4-11所示，物质奖励的占比较高，达到62.1%；其次是公开表扬，达到56.3%；接下来依次是创新培训、创新行为合理评价、成果推广和职称评定优先，分别占44.4%、41.8%、40.6%和39.8%；职位晋升占比最低，只有18.4%。这充分表明，各班组在创新激励措施方面并不统一。

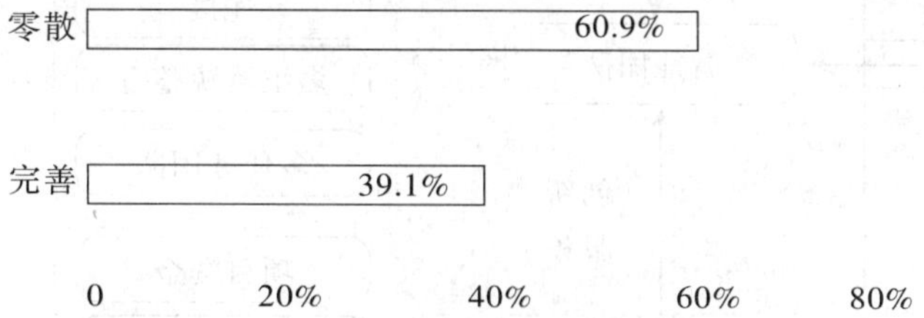


图4-10 班组员工技术创新制度

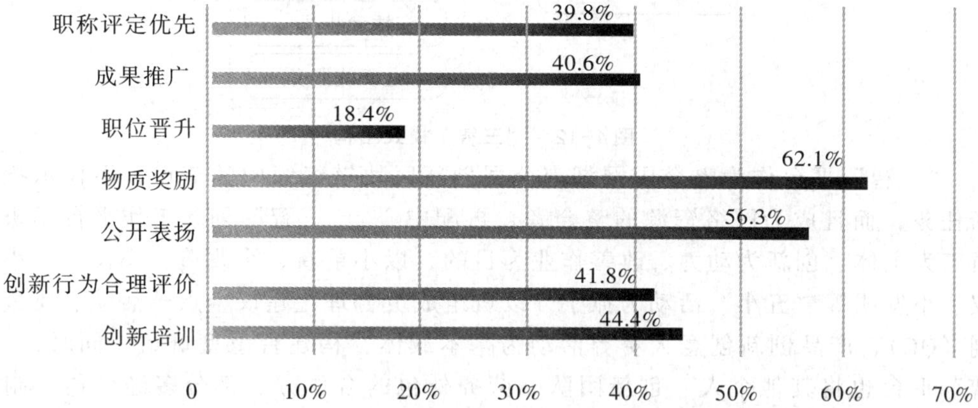


图4-11 不同班组各项创新激励措施占比

## 4.4 国网湖南公司班组技术创新生态系统的形成

为了解决班组技术创新存在的问题，实现国网公司全球能源互联网的战略目标，国网湖南公司不断鼓励班组进行技术创新。国网湖南公司通过信息物理网络系统，将全省各市州的班组纵横向集成、点端集成，构建起班组技术创新生态系统。在班组技术创新生态系统内，班组员工不断进行技术创新，创新热情高涨。

### 4.4.1 生态系统创新要素的集聚

国网湖南公司建立了以智慧型班组、智创空间和智能团队为基础的“三智”创新平台（如图4-12所示）。通过“三智”平台，国网湖南公司实现了班组技术创新生态系统内各种要素的快速集聚。

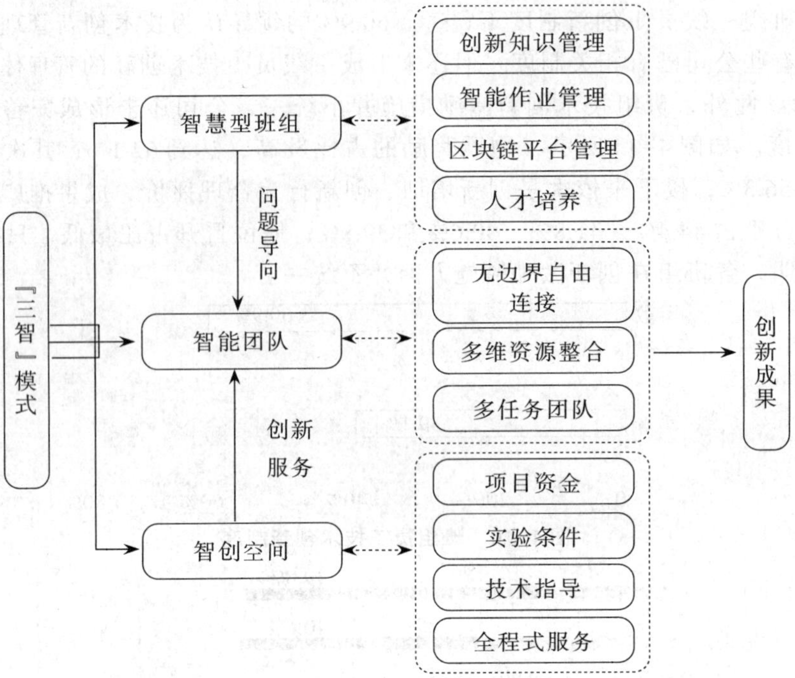


图4-12 “三智”模式结构

“三智”平台作为整个国网湖南公司创新区块链组织中的节点，不仅承担创新任务，而且成为网络资源的整合者、再配中心。“三智”创新工作平台以班组员工为主体、创新为动力、改善作业为目的，以小革新、小改造、小设计、小建议、小发明等“五小”活动为抓手，以班组成员合理化建议金点子活动、质量控制（QC）、产品创新创意大赛等活动为基本载体，构建智慧型班组。同时，“三智”平台也将其他个人、创新团队、劳务外包的合作方、部分多经公司、制造商、供应商、中介机构、金融机构以及用户等融入班组的技术创新活动中，整合形成班组技术创新生态系统，并建立起完善的评价指标。“三智”平台评价指标见表4-2。

表4-2 “三智”平台评价指标

| “三智”平台 | 一级评价指标 | 二级评价指标 |
|---|---|---|
| 智慧型班组<br>智能团队<br>智创空间 | 创新组织 | 管理组织、智能团队、创新资源 |
| | 创新管理 | 管理制度与计划、过程管理、网络平台、知识管理 |
| | 创新人才 | 资格技能证书、人才结构、创新培训 |
| | 创新活动 | QC、合理化建议、“五小”项目、立项项目、宣传 |
| | 创新成果 | 专利、论文、著作、成果推广交易孵化、技能比武 |

### 4.4.2　生态系统技术创新环境

创新环境也是班组技术创新生态系统的主要构成要素，对班组技术创新的发展有重要的影响。国网湖南公司班组技术创新生态系统的创新环境包括政策环境、市场环境、资源环境和科技环境等。

政策环境为班组技术创新生态系统指明了方向。在国家“双创战略”的宏观指导下，各行各业不断开展技术创新工作。国家电网总工会也适时提出了“加快建设我国能源互联网任务下的班组建设创新模式”的战略方针，不断提高班组技术创新水平。

市场环境是班组技术创新生态系统的重要环境因素。尽管国家电网是我国超大型的国有垄断企业，没有市场竞争，但是随着我国国有企业市场化体制改革的深化，系统内部班组之间也存在竞争。特别是随着我国经济的发展，市场需求愈发多样化，市场对服务水平与服务质量的要求越来越高，这种市场环境促使班组不断地开展创新活动，提高技术创新能力。

资源环境是班组技术创新生态系统的关键要素。政府相关部门、国网总公司、高校、科研院所、中介机构、创新组织等不断为班组技术创新提供资金、技术和物质资源，大大提高了班组技术创新的效率。

科技环境为班组技术创新生态系统提供了基础。全球能源互联网建设尤其是第四次工业革命将对我国能源技术与管理产生双重影响。技术上需要国网湖南公司全面智能化、绿色化、高效化使用清洁能源。以特高压、智能电网、清洁能源为主题的能源互联网，也对员工能力和员工创新工作提出了新的要求。未来班组员工将从目前的流程上的工作者转变为核心环节的控制者，利用信息技术、人工智能、机器人技术等代替传统工作，这就要求他们具备高超的技术创新能力。

## 4.5　国网湖南公司班组技术创新生态系统的运行

### 4.5.1　生态系统管理模式

国网湖南公司是以区域为中心的事业部体制，属于分权体制，但是国网总公司通过“三集五大”[①]实现了收支两条线，各生产单位采取预算体制进行计划管理，无论是生产用电还是生活用电，价格基本上由政府制定，没有市场竞争。在这种运营模式下，国网湖南公司不断创新班组技术创新生态系统的管理模式。

**1.“战略—计划—发表—落实”管理模式**

国网湖南公司将班组技术创新纳入公司创新总体战略之中，同时公司也将创新创效纳入经营班子的年度考核之中，形成年度的创新创效计划，将“三智”模式建

① “三集五大”指人力资源集约化管理、财务集约化管理、物资集约化管理，大规划、大建设、大运行、大检修、大营销体系。

设、创新项目申报、日常改善工作作为公司经营管理的重点。各个市公司建立季度发表制度，由创新团队成员发表创新成果的进度、阶段性成果，通过评估后，对优秀成果进行分级，决定向上报送项目和本区域推荐使用项目。县公司班组创新团队形成月度报告制度，由创新团队汇报进展情况。国网湖南公司通过“战略—计划—发表—落实”管理模式将班组技术创新活动纳入生产经营管理之中。

**2.“年度两运转、三年一评价、季度一发表”运营模式**

国网湖南公司班组技术创新生态系统以“三智”创新平台为核心，智创空间每年在年初和年中组织两次智创团队的立项项目研讨会，将半年度的改善项目确定下来，并在月度进行具体实施。项目一旦确立，就必须参加市电力公司每季度召开的成果发表大会，发表大会将对各班组智创团队在研发过程中存在的问题给予指导、协助，对问题进行梳理，将一些难点、关键点作为下一次发表的重点进行督促、指导。各县级电力公司每年根据“三智”标准，选择适合的班组进行智慧型班组建设立项及备案。在市级公司备案后国网湖南公司核准进入三年建设期：第一步建设学习型班组；第二步建设创新型班组；第三步建设智慧型班组。智慧型班组由省公司组织专家进行评估、验收，首次评审合格后，每三年进行一次复审，复审合格者可每年按照制度规定拨付建设费用。

**3.“合理化建议—QC成果—群众性创新项目—科技攻关项目”阶梯式“创新链”**

国网湖南公司班组技术创新是多层面的，既有较高层次的创新项目，也有一线员工的小创新。小创新尽管很实用却不一定能成为有经费支持的大的创新项目。事实上，小创新对形成创新型、智慧型班组很有意义。因此，国网湖南公司班组创新分为两个层次：一是可以向省公司、总公司甚至是科技部申报的创新项目；二是成本低，可操作性强，源于一线岗位的小革新、小改进、小建议、小节约、小经验即“五小”革新活动。各县级电力公司按照“合理化建议—QC成果—群众性创新项目—科技攻关项目”的模式，逐渐累积创新成果，集小项目为大项目，各级公司也调动全体班组成员的创新积极性，激发其创新潜能和创新意志，将班组创新工作从合理化建议开始逐层升级，最后上升为科技攻关项目。

**4.多渠道资金保障机制**

国网湖南公司将班组技术创新纳入公司的R&D投入体系中。另外，市、县级创新型班组建设经费、创新空间办公经费也进入预算体系，也根据建设情况适当给予未能立项建设的班组创新启动项目经费。创新创效经费实行专款专用制度，主要经费包括差旅费、材料费、劳务外包费、会议费、资料费、设备工具购置费等。允许各县级工会设立创新基金，同时人力资源部培训经费向班组创新培训、师带徒项目倾斜。

### 4.5.2 生态系统创新创效机制

班组技术创新在国网湖南公司发展中起着重要的作用，是其具有持续竞争力的保障。为了鼓励班组技术创新，使得班组技术创新生态系统富有活力，国网湖南公司制定了班组技术创新生态系统的创新创效机制。

**1.创新成果评价机制**

国网湖南公司将班组创新项目评估分为立项评估、验收评审、推广应用评估以及市场化推广评估四个环节。立项、验收、推广应用评估以内部行政手段为主，市场化推广评估以第三方评估为主。对于以内部行政手段进行评估的创新项目实行"三级评估"制度，遵循县、市级—省级—总公司的顺序逐级进行申报评估、限额推荐。

**2.创新成果转化机制**

国网湖南公司班组创新成果转化方式分为内部行政化推广应用和市场化转化两种。任何项目都可以选择采用哪种方式，由成果发明人和各级公司创新办公室共同协商确定。无论何种方式都要充分考虑发明人、团队、班组、公司以及协作单位的利益，以实现共赢为目的。

（1）内部推广方式

班组技术创新成果具有专业性、针对性强的特点，一般以内部行政手段推广为主。强调技术创新在国网系统内部推广的重要性，可以引导班组直接面向一线工作的技术创新活动。在内部推广中，国网多经公司扮演制造商角色，成果优先由内部多经公司转化。国网供应商参与成果制造，可以在互利互惠基础上，使产品优先进入本公司系统推广。其他各级电力公司整合社会资源参与创新成果研制，可以按照劳务外包方式组织和实施。因此，班组创新成果在进行内部推广时要建立内部分级推广机制，具体的推广实施过程如图4-13所示。

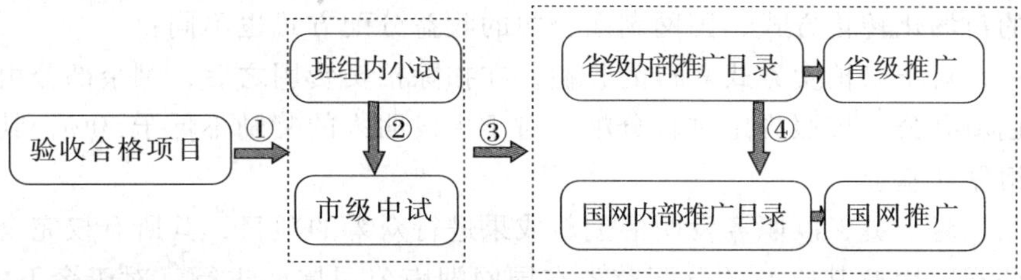


注：①表示内部推广评估；
②表示由市公司工会创新办公室组织评估；
③表示由省公司工会创新办公室组织评估；
④表示由国网总工会创新办公室组织评估。

**图4-13　创新成果内部推广示意图**

如图4-13所示，内部推广转化很重要的一个环节就是逐级试点，然后根据试点的情况再进行推广。班组技术创新项目经过成果验收评审后，决定推广的，原则上首先在项目小组所在班组进行试用。在班组内小试取得成功的项目，由创新空间负责向市电力公司推荐，市电力公司工会创新办公室组织专家对创新成果进行评审，评审合格的产品，在全市进行推广应用，市级评审合格后向国网湖南公司工会创新办公室推荐，国网湖南公司工会创新办公室经评估后将符合全省推广的项目直接编入内部推广目录，推广费用进入全省推广费用预算体系，同时该项目向国网总工会创新办公室推荐，评审后具有内部推广价值的项目可以进入国网推广目录。

（2）市场化转化

班组技术创新成果的推广不仅要立足于系统内，还要充分发挥市场这只“看不见的手”的作用，以市场对创新成果“作价”，利用开放、共享的社会资源，利用众筹和众创等方式实现系统内的技术创新和资本的“联姻”。班组员工技术创新的成果经评估后，具备市场化转化条件的，由成果的所属单位或个人来组织，利用多种方式进入外部市场，例如拍卖、孵化、众筹等。

（3）利润分配机制

按照班组技术创新生态建立的创新成果推广转化方案，国网湖南公司参照《中华人民共和国促进科技成果转化法》和国网总公司的有关规定，建立了相应的利润分配机制。

①内部推广的收益分配

对于内部推广项目的收益分配，国网湖南公司引入影子价格的概念计算收益，即通过项目投资额、推广的使用量、制造成本来确定其成本，通过成本加利润的方式计算其市场价格，再按照使用量来估算总价值。在此基础上，国网湖南公司确立了推广奖励机制：按量折价，按使用套数形成的利润总额的一定比例奖励成果的发明团队；如果市场没有同类产品，就由验收机构或第三方估价。

②市场化转化的效益分配

创新成果市场化转化所涉及的利益群体更多更复杂，转化方式多样化，因此对于不同的市场化转化方式，国网湖南公司的收益分配方式也不同：

第一，对于以拍卖方式获得的收益，在扣除拍卖费用之后，剩余部分由所在公司工会创新办公室按照规定进行分配。对于主发明人的奖励不低于50%，其余作为工会班组创新基金。

第二，对于员工以职务发明的创新成果进行众筹的项目，其所有权完全属于国网湖南公司，因此其收益的分配首先在国网湖南公司层面进行。对于余下的利润，按职务发明人、内部投资人以及外部投资人的顺序进行分配。

第三，对于孵化项目，国网湖南公司则以股权方式进行利润分配。

### 4.5.3 生态系统创新人才培育

创新人才的培育是一个长期的过程，也是一个系统工程，它与班组发展的需要密切相关。如果没有创新人才，则很难构建创新驱动体制，因此国网湖南公司为了实现班组技术创新生态系统的持续运行，建立起了创新人才的培育机制。

**1.建立“赛马”机制**

班组技术创新工作离不开创新人才，创新人才的识别与培育是班组技术创新生态系统的重要内容。长期以来，在“伯乐相马”思维的支配下，国有企业的普通员工完全依靠领导来慧眼识才。国网湖南公司建立了班组技术创新工作“赛马”机制。其最大的特点就是公平，通过实行创新工作竞争上岗，盘活了班组内的现有创新人才，实现了人才在班组之间的合理流动，发挥了人才潜能。

**2.建立多通道发展模式**

国网湖南公司根据班组自身的工作特点，按照“纵向多通道、横向多路径”的理念设计了多条发展路径，以满足不同类型班组员工的成长需求。“纵向多通道”是指根据班组员工在创新活动中担任的岗位不同，为其划分出设计人员、实验人员及现场操作人员等多条平等的成长阶梯。“横向多路径”是指在保证班组员工本职岗位创新能力的前提下，满足其跨专业、跨序列的发展要求。事实上，国网湖南公司设计的多通道模式允许班组员工在两条路径之间自行选择、自由转换，如图4-14所示。

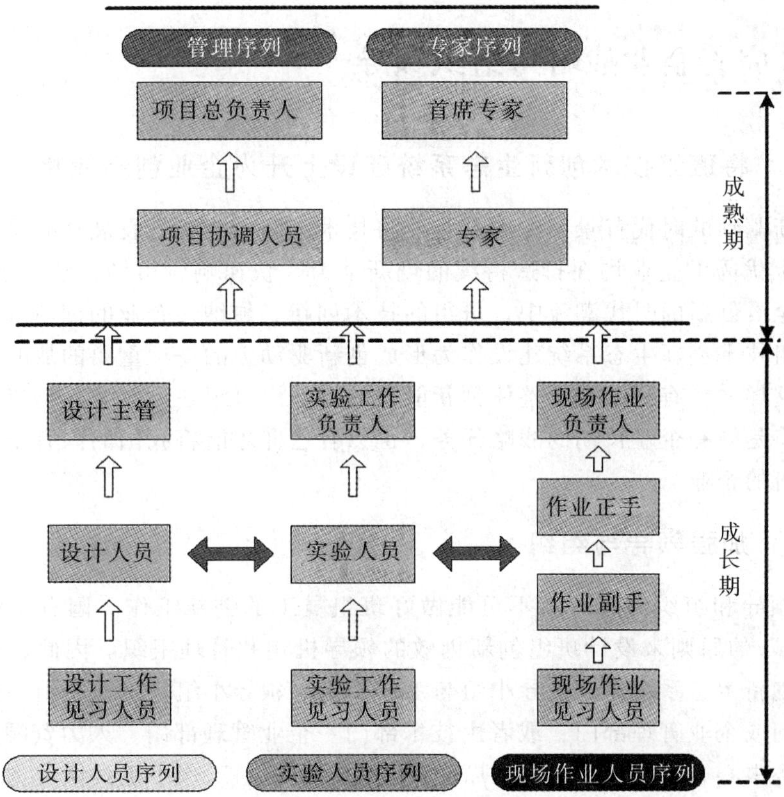


图4-14 班组创新人才多通道发展成长模式

# 第5章 国有大中型企业班组技术创新生态系统运行的保障措施

本章基于我国国有大中型企业班组技术创新生态系统的运行提出相关的保障措施，以期为我国国有大中型企业班组技术创新提供理论依据和决策借鉴。

## 5.1 完善企业战略与组织领导

### 5.1.1 将班组技术创新生态系统建设上升为企业创新战略

在创新驱动的时代背景下，国有企业将技术创新定为长远发展战略是必然的趋势。世界上优秀的企业均在打造持续的创新动力，快速响应市场，整合创新资源。因此，在全员创新的时代潮流中，班组的技术创新必须纳入企业的创新战略中，企业应将班组技术创新生态系统建设作为形成创新驱动力的一项重要的战略任务来对待，只有这样才能有利于企业整体创新能力的培养。班组建设，尤其是班组创新能力的建设将是国有企业长期的战略任务，也只有这样才能将我国的国有企业打造成为世界一流的企业。

### 5.1.2 加强领导与组织

没有领导和组织保障，就不可能做好班组员工的创新工作。国有企业要按照“统一领导”的原则来设计班组创新创效的领导机构和管理组织。因此，可以成立班组技术创新生态系统建设领导小组与工作小组。领导小组与工作小组一般可以设在技术部门或企业管理部门，或者由技术部门、企业管理部门、人力资源部门、IT中心、财务中心、工会领导组成联席会议。领导小组与工作小组具体负责体系构建工作，同时在不同层次可以设立专干或办公室来负责具体的组织工作。

## 5.2 构建开放有序的班组技术创新平台

班组技术创新生态系统的核心是班组创新平台，这一平台可以由智慧型班组、智创空间两个实体平台和智能型团队一个虚拟平台组成（本书将其称为“三智”创新平台）。以“三智”创新平台建设为核心，将创新主体、互补者、支持者、参与者融入“三智”创新平台，从而构建起一个开放式的班组技术创新生态系统。

### 5.2.1 构建智慧型班组

智慧型班组的主要功能是培育员工的学习能力和创新感知能力，培养团队意识，为班组成员创新提供资源保障。因此，班组应当不断增强“自觉提升、自主发展、自我规范、自强活力”四个方面的特征，不断进行改革，逐渐成为自主经营、自主管理的智慧型班组。

### 5.2.2 构建智创空间

智创空间作为一个实体，可以从国有企业中现有的班组创新工作室转化而来，它应当核定人员与岗位并担负起组织管理职能，为班组创新团队提供项目申报、文字整理、成果发表、交流培训等一系列的服务。目前我国大中型国有企业拥有大量的创新工作室，这些创新工作室为创新团队提供了技能支撑、交流平台、基本设备、工具、软件系统等，同时也为班组创新的外包、合作提供支持。

### 5.2.3 构建智能型创新团队

智能型创新团队可以打破现有班组边界，实现全网整合创新资源，因此可以根据兴趣和创新需要，将处于不同班组中的人员组织到创新团队中来，这样可以充分利用内外部资源开展创新活动，极大地增强创新的灵活性和创新的能力。

## 5.3 构建以创新区块链为核心的网络系统

移动互联网、大数据、云计算的发展，为创新生态系统建设提供了技术基础。班组技术创新可以依靠大数据库将所有班组的创新活动以及整个系统的创新活动在网上实现互联互通，资源自动整合，团队自愿构成。因此，从创新区块链角度来看，企业应建立以下系统：

### 5.3.1 立项管理系统

通过搭建立项管理系统，班组创新团队可以直接在系统中申请立项，并进行项目管理，可以节省大量的成本。通过组织专家对立项成果进行评审，可以在缩短评审立项时间的同时最大限度地确保评审的公正性。

### 5.3.2 创新交流系统

创新交流系统应当包括网上交流和有组织的会议交流两种主要形式。网上交流是随机的，创新项目组和班组创新人员随时随地都可以在网上进行项目交流，从而整合创新资源。会议交流系统可以包括班组内部的创新创效交流会议和班组之间的年度交流会议两种形式，重点介绍创新成果、创新心得。两种交流方式相互补充，为班组技术创新提供更广阔的空间。

### 5.3.3 成果共享系统

成果共享系统主要是集成企业各个创新实体的创新成果，为已经完成的创新项目在创新区块链上建立专门的网上展示和网络查询系统。各级创新主体可以在立项申报的时候参考已有的创新成果，避免重复创新、浪费资源的现象。这个系统的功能应包括以下模块：创新成果展示；专利信息发布；创新成果推广；创新成果交易；创新立项查重；创新方法培训；班组评估动态；创新人物专栏等。

### 5.3.4 创新管理系统

班组创新生态系统建设本质上是班组创新的网络构建，既包括将现有的自然班组用互联网联系起来，实现办公自动化、智能化，也包括通过网络系统连接虚拟制造商、科研院所、中介机构等开展网络合作与网上交流，依靠网络平台各个要素之间的无缝连接，使创新合作、劳务外包、虚拟制造全部实现网络化与智能化。因此，班组创新智能化管理可以分为两个步骤：第一步，将原来的创新工作室转化为创新空间，实现网络化连接；第二步，将成千上万个班组联系起来，形成智能办公、智能指挥、智能监控、智能课堂、远程诊断与合作的网络系统。

## 5.4 完善创新成果评价与激励机制

### 5.4.1 创新成果评价

由于国有企业的班组所属层级不同，因而经常存在重复申报项目、分层推进等问题。面对这样的情况，对创新成果的评价就必须要涉及不同的层别。按照国有大中型企业体系的设计，可以对其立项、验收、推广应用建立起规范的评估标准并进行地域分级评价。

**1.立项评估**

首先应当由智创空间评估小组对智能团队申报的项目进行初步评价，然后由智创空间统一组织送市县公司进行评估，并将通过评估的项目，上报省公司进行评估，由省公司组织科信部、财务部、运维部、人力资源部等有关部门进行评估。在省级立项环节通过评估的班组员工技术创新项目，可进入全国进行立项评估。

**2.验收评估**

对于班组的技术创新项目，可以根据班组提出的申请首先在市县进行成果验收。通过市县验收评估的创新项目，可以申报省级验收评估，由省公司组织科信部、财务部、运维部、人力资源部等对项目进行验收评估。而对于省级推荐的立项项目，可组织国家相关部门以及技术专家进行验收评估。

**3.推广应用评估**

创新成果的立项层次不同，内部推广应用也应当由低一级公司向更高一级公司推进，因此可以按照立项评估的方式在不同层级进行推广应用评估。此外，对于可以市场化推广的创新项目，可由第三方科技成果评估机构进行评估，也可以采用内外部技术专家相结合的网上盲评系统。

### 5.4.2　创新成果激励

虽然班组员工技术创新成果众多，特别是班组小革新一直持续不断，但是只有对创新成果进行公平合理的效益分配才能激发班组员工创新的积极性。

一方面，对于内部推广的创新成果的激励，要依据法律的相关规定，在职务科技成果完成转化后，严格按照企业规定或者双方的约定执行。同时，由于利润随着使用量的增加而增加，在不同层次推广成果所获利润的分配比例也要不同。另一方面，对于市场化推广的创新成果的激励，由于其所涉及的利益群体更多更复杂，因此，在符合国有企业相关规定的同时也要参照市场化的方式，例如以股权作为激励。

## 5.5　培养班组技术创新能力

在国有大中型企业班组技术创新生态系统中，班组员工毫无疑问是最关键的一环。技术创新生态系统能否健康高效地运转，关键在于班组员工能否利用系统内外部的有利条件不断创新，因此要大力培养班组员工的技术创新能力。

### 5.5.1　班组技术创新能力的构成

国有大中型企业班组技术创新能力一般包括创新感知能力、创新驾驭能力和创新转化能力。

**1.创新感知能力**

创新感知能力是指班组基于经验对工作现场、操作工具和操作方法等可能创新的信息进行综合判断和认知的能力。培养班组员工的创新感知能力主要是培养其问题发现能力、学习能力和联想能力，见表5-1。

表5-1　**创新感知能力的构成**

| 创新感知能力 | 具体构成 |
|---|---|
| 问题发现能力 | 合理化建议数 |
| | QC课题提报数 |
| | “五小”课题提报数 |
| | 市县级创新课题申报数 |
| | 省级创新课题申报数 |
| | 国家级创新课题申报数 |

续表

| 创新感知能力 | 具体构成 |
| --- | --- |
| 学习能力 | 年专业知识培训课时 |
| | 专业知识掌握度 |
| | 自编培训教材、讲义数 |
| | 专业知识资料库完善度 |
| | 技能鉴定合格率 |
| | 高级工程师职称评定率 |
| | 工程师职称评定率 |
| | 专家人才资格评定率 |
| | 技能大师资格评定率 |
| | 作业标准制定完善率 |
| 联想能力 | 创新方法熟悉度 |

**2.创新驾驭能力**

创新驾驭能力是指班组拥有丰富的专业知识和实践经验，掌握创新的方法，具有融会贯通的再创造能力。培养班组员工的创新驾驭能力主要是培养其产品设计与试制能力和团队协作能力，见表5-2。

表5-2　　创新驾驭能力的构成

| 创新驾驭能力 | 具体构成 |
| --- | --- |
| 设计与试制能力 | 创新项目图纸库完善度 |
| | 自主设计绘图率 |
| | 自主制作样机样品率 |
| | 产品型试一次通过率 |
| | 技术改造项目成功率 |
| | 自主产品替代率 |
| | 改进类产品数 |
| | 原创性产品发明数 |
| | 原创性产品替代率 |
| 团队协作能力 | 参加市成果月度发表会次数 |
| | 参加省级以上交流会次数 |
| | 参加省级及以上创新成果展次数 |
| | 参加智创空间活动次数 |
| | 参加技能大赛、劳动竞赛次数 |

### 3.创新转化能力

创新转化能力主要指班组通过实验设计将创意转化为样品，并通过验证、改进和进一步定型，组织成批生产从而创造经济效益的能力，也就是新产品推广应用、形成专利，或者转化为商品的能力。培养班组员工的创新转化能力主要是培养其资源整合能力、专利申请能力、成果应用能力和成果转化能力，见表5-3。

表5-3　**创新转化能力的构成**

| 创新转化能力 | 具体构成 |
|---|---|
| 资源整合能力 | 移动创新平台活跃度 |
| | 合作项目数 |
| | 资金来源数 |
| | 发表专业论文及论著数 |
| 专利申请能力 | 软件著作权授权数 |
| | 发明专利授权数 |
| | 实用新型专利授权数 |
| | 外观设计专利授权数 |
| 成果应用能力 | 全国及以上使用件数 |
| | 本省使用件数 |
| | 本市使用件数 |
| | 本班使用件数 |
| 成果转化能力 | 获国家级奖励项目数 |
| | 获省部级奖励项目数 |
| | 获地市级奖励项目数 |
| | 获县级奖励项目数 |
| | 成果转化获利金额 |

## 5.5.2　班组技术创新能力的培养

根据我国国有大中型企业班组员工技术创新能力的构成情况，可以从以下几个方面培养班组的技术创新能力：

（1）定期开展技术交流活动，培养班组技术创新感知能力。搭建员工创新交流平台，让员工可以随意发表想法，促使不同地域、不同专业领域的员工交流思想，同时也要不断加强团队合作，鼓励员工参与平台交流，使广大员工真正意识到创新其实并不难，从而增强创新意识和创新能力。此外，要督促员工多发问，可以定期进行班组内交流讨论，要求每个人提出2～3个问题，记录并汇总所有问题，并对有改进可能的问题由问题提出者组织创新团队进行改进。

（2）加大对员工的专业知识和技能的培训，培养班组技术创新驾驭能力。可以经常组织班组员工学习与本岗位相关的技术知识，也可以外聘创新专家或邀请内部创新人才讲授技术创新的方法和技能，同时也要鼓励班组员工继续学习深造，为继续深造的班组员工保留岗位，并给予一定的补贴。

（3）提升班组员工的实践经验，培养班组技术创新转化能力。在理论培训的同时可以鼓励班组员工进行轮岗，去不同的工作岗位锻炼学习，掌握实验方法、实施步骤、过程管理、结果验证以及创新成果推广转化途径，从而提高员工的创新转化能力。

# 第二部分
# 我国创客的发展与成长机制

2014年，李克强总理在夏季达沃斯论坛上向公众发出“大众创业、万众创新”的号召，提出要在960万平方千米土地上掀起“大众创业”“草根创业”的新浪潮，形成“万众创新”“人人创新”的新态势。此时恰逢我国首批创客空间在深圳、杭州、北京等地创办起来，我们对“创客”这一新的创新主体和创新模式产生了浓厚的兴趣，一直关注这一问题，最后，决定以此为主题研究我国创客性普罗大众的创新运动。

2015年，“创客”一词首次出现在我国政府工作报告中，报告指出要让“众多创客脱颖而出”，“全社会要厚植创业创新文化”。在党的十八届五中全会上，创新排在五大发展理念之首，全会强调要“不断推进理论创新、制度创新、科技创新、文化创新等各方面创新，让创新贯穿党和国家一切工作，让创新在全社会蔚然成风”。国务院办公厅于2015年3月印发的《关于发展众创空间推进大众创新创业的指导意见》也力图为大众创业营造良好环境，之后于2016年3月出台的《中华人民共和国国民经济和社会发展第十三个五年规划纲要》再次明确提出，要“把创新摆在国家发展全局的核心位置”，“推进科教融合发展，促进高等学校、职业院校和科研院所全面参与国家创新体系建设”。

在一系列政策和“双创”大潮的助推下，2015年，各地创客空间、孵化器出现井喷式增长，名目众多，基本分为四类：政府产业园、民间创客空间、高校图书馆创客角以及大企业创客空间。虽然发展势头喜人，但效果并不尽如人意，很大一部分创客空间由于政策扶持不到位、管理方式不成熟、盈利模式与资金周转问题等没有很好地解决而出现开张即关门的现象。此外，创客空间、孵化器多于创客是目前出现的另一大问题。创客是社会创新中新生的巨大力量，对社会进步、经济发展有重要的促进作用，但我国的创新体系以企业为主体、以市场为导向、产学研结合，主要政策均以鼓励组织创新为核心，对个人创新缺乏激励，导致创新主要出现在大企业和组织，个人创新并没有发挥其应有作用。

在这样的背景下，有必要深入研究我国创客成长的相关环境及其机制，为政府构建创客成长环境以及制定政策提出相关对策和建议，以使我国能够发挥各主体创新的动能，保持强大的发展动力，加快进入创新型国家行列。

创新驱动发展，那么什么驱动创新？就一个国家来说，驱动创新的无疑是国家的意志、企业家的意志、创客的意志及其背后的国家关于创新的体制机制。在当今世界，网络发达，信息传递迅猛，科技研究的基本知识和条件对普通人来说触手可及，只要从小培养青少年的科技梦想，热爱科学技术、勤于思考、潜心钻研的科学精神，就能够激发更广泛的科技热情和发明创造的能力。但是，要形成“万众创新”的浪潮，要培养创客群体，就必须构建支撑创客培育与发展的体制机制，普及创客文化，转变社会对创客这一群体的认识，将创客运动纳入国家创新体系，这样才能有资源、有组织地保障和支持创客的成长。因此，探讨我国创客群体健康成长的相关环境及成长机制，优化创客成长的环境具有重要的理论意义和实践意义。

# 第6章 创客运动与创新理论

学术界对于创客的相关研究才刚刚起步，而有关创客群体成长环境及其优化问题的研究更是少有，大多数学者对于创客的研究集中在创客的发展背景、演化趋势、创客空间的发展阶段、运营模式、案例研究，以及创客教育的概念界定和新模式上，本章致力于研究创客群体的成长环境及其优化问题，并着重从创客、创客成长环境两方面来对国内外相关主题文献进行梳理。

## 6.1 关于创客的研究

“创客”一词是由英文单词“Maker”翻译而来，最早使用这一词语的是加拿大的科幻作家科利·多克托罗，他在小说中写道：“通用电气、通用磨坊以及通用汽车等大公司的时代已经终结。桌面上的钱就像小小的磷虾：无数的创业机会等待着有创意的聪明人去发现、去探索。”他把创客定义为有创意的聪明人。徐思彦（2014）则强调了创客的创造能力，他认为创客泛指那些喜欢自己动手，通过创造与分析将想法变为现实的行动者。克里斯·安德森（2012）认为创客还应具有开放的态度，他在《创客：新工业革命》一书中提到：“创客是指不以营利为目标，出于兴趣和爱好，把具备相当的技术挑战的创意转变为现实的人，应具备一定的知识基础和创新、实践、共享、交流的能力与意识。”

现在普遍认为创客起源于欧美国家广泛普及的DIY（Do it yourself）文化，其精神在于不依靠专业工匠，自己利用各种工具和材料制作或修缮需要的东西，后来发展成为制作各种个性化的创意物品。随着新技术在各行业取得重大突破，克里斯·安德森（2012）认为制造业将会转型，即新工业革命将到来，它将模糊实物产品和数字产品的界限，同时在这场革命中，互联网的力量将使人人制造实物产品成为可能，而创新的主体也会从科研技术人员拓展到普罗大众，创客文化逐渐兴起。

DIY文化延伸到制造业和智能硬件领域逐渐转变为多元文化，包括车库文化、黑客文化和反主流文化，在这种背景下发展起来的硅谷创新文化颠覆了传统的创新模式，被认为是当代创客运动的文化基因（徐思彦，2014）。列维（2011）认为，黑客文化的核心精神是“共享、开放、分散、免费和创造”，而现在创客运动中相互协作、开放共享的特征就是黑客文化的延续和发扬。Maxigas（2012）认为当代创客运动的创新环境在空间地理位置上表现出差异性，但相同的是都重视硬件设施，这在一定程度上受到了反主流文化运动的影响。McCall（2009）将创客文化定义为：致力于个人制造的专业人士与爱好者形成社群并不断壮大的景象；其制作的作品，可以是技术装置、开源硬件或软件、时装、家庭装饰，乃至任何可用于现实生活中的作品。换言之，创客文化的使命在于使更多的人参与到创新中来，并把新的技术带到人们的日常生活中去。

其实，从人类历史文明的发展来看，创客精神古已有之，只是其更多体现为一种工匠精神。战国时期，墨家创始人墨子出身工匠家庭，其门徒也大多是工农背景，该学派不仅重视文史知识的掌握，还注重逻辑思维能力的培养以及实用技术的传习，有许多发明创造，同时也是“法”“利”“技”思想的重要起源，其后期学派在认识论、逻辑学等领域同样成绩斐然。明代科学家宋应星所著《天工开物》一书收录了明朝中叶以前农业和手工业相关的130多项技术，涉及30多个行业，包括材料的使用、制作工序、工具名称和形状等，被外国学者誉为“中国17世纪的工艺百科全书”。美国著名物理学家本杰明·富兰克林曾多次进行关于电的实验，并由此发明了避雷针，还发明了双焦点眼镜等；美国《独立宣言》主要起草人托马斯·杰斐逊除了政治事业，对农业学、建筑学等多学科均有涉猎，发明了坡地犁、旋转椅等，与华盛顿总统同样重视创新发明，美国也因此于1790年通过了保护创新和发明的专利法。日本的职人精神也强调永不满足自己的技术，致力于追求精进。工匠精神是一种“破坏性行为”，最初没有明确的目的，就算有也和当时确定好的目的有很大不同，能够激发人们的激情和对它的迷恋（亚历克·福奇，2014）。从某种程度上讲，创客精神是工匠精神在新时代的继承者，强调个性开放、协作创新、共享交流。

由此可见，学术界对于“创客”这一概念并没有严格统一的界定，但学者们都强调了创客的共同特征：有创意，并将创意转化为现实的能力。多数学者认为创客与创业者并不能完全对等，创客是一群热爱科技、热衷实践的人，创业者则更加注重新技术或新发明的商业价值，需要具备管理能力、风险意识等，能将新技术推向市场，但两者有相似之处，即都关注创意和新技术，并致力于研发新产品。

从某种程度上来说，创业者在活跃新兴市场、激发全社会创新创业的热情，进而推动我国经济社会发展等方面能够发挥更大的积极作用，承担着更重的社会责任。因此，要将创业者也纳入我国创客群体的研究范围，深入研究如何促使民众由对科技的爱好和热衷转化为致力于将创新成果商品化，并成功创业。基于此，本书认为应把创业者归为创客，将其划分为创客群体中的一类，即广义上的创客。由此，本书对创客进行以下定义：创客是推崇并热爱科技实践，能够将创意转化为现实，并乐于通过合作将创新成果市场化的人。

因此，从广义上来讲，可以将创客划分为三类：

一是科技迷，重点在锻炼动手能力，疯狂地不计成本地将梦想转化为现实的人；

二是缺乏一定经济头脑的发明者，这种人爱好探索和创新，很有发明头脑，但对将发明成果转化为商品并不精通；

三是既关注创新成果，又重视其背后的经济价值，致力于开发新产品并成功创业的人。

现阶段，我国创客的绝大部分都属于第三类，即怀抱着创业梦想，通过发明创新最终创业的人，因此，我国目前重点扶持的也是这种带有创业性质的平民英雄。但是，从小培养国民进行科技发明的梦想和意识，培养其对科学技术的爱好与兴趣，进而提升国民的科技素养，才是培育创新动力的主要源泉，对我国长远发展和建设创新型国家才更有意义。

## 6.2 关于创客成长环境的研究

国内外学者并没有提出创客成长环境这一概念，多数围绕创客空间和创客教育进行研究，以期营造良好的创造氛围，提高创客的创新意识和创造能力，由此可见，其最终目的也就是为创客群体的发展提供更好的成长环境，因此关于创客成长环境的文献研究主要包括创客空间和创客教育两方面。

### 6.2.1 关于创客空间的研究

在信息时代的今天，互联网与新工业技术的融合与广泛应用进一步推动了创客运动的发展，进而催生了创新2.0。创新2.0更加注重用户参与创新，强调以用户为中心，以社会实践为平台，是一种适应知识社会的开放协同的创新形态（宋刚，2012）。而作为创客运动的载体，创客空间在创新2.0模式的实践中发挥了重要作用。

创客空间最早由《创客杂志》提出，它认为创客空间是一个真实存在的物理场所，一个具有加工车间、工作室功能，可开放交流的实验室、工作室、机械加工室，这里的人们有着不同的经验，可以共享资料和知识来制作他们想要的东西。加西亚·洛佩斯（2014）认为创客空间是科学实验室、计算机实验室、艺术实验室和木工房的结合。陶蕾（2013）则认为应该从三个层面来理解创客空间：首先是环境层面，能共享所有资源，具备分享特质；其次是精神层面，代表着协作、分享、创造的人生理念；最后是功能层面，能够促进技能学习和人类知识创新。

王佑镁（2015）研究了创客空间的发展脉络后，将其划分为四个发展阶段。第一阶段是“私家车库”空间。“车库”作为个体生产制作的空间推动了DIY精神工业化，但因私密性、试验性等特点，缺乏社会分享功能。第二阶段是“兴趣俱乐部”空间，也称为“黑客空间”，与前者相比，它更强调“免费、共享、分散、创造”，也更接近今天的创客空间开放共享的特点。第三阶段是“创新实验室”空间，它的产生是基于互联网和数字技术的飞速发展，以社区化的形式呈现，具有无边界的特点，打造了人们制作、共享、交流、协作的网络。第四阶段是“众创空间”，它是一种低成本、便利化、全要素、开放式的新型创业服务平台的统称（刘志迎等，2015），将创客空间和孵化器结合，满足了互联网时代人们对创新创业的新要求，顺应了创新2.0模式下协同创新、开放创新的新趋势。

杭州市政府研究室的范海霞（2015）通过对北京、上海、广东等省、直辖市关于众创空间概念的界定进行对比，进一步研究了各省、直辖市众创空间的发展政策。陈夙（2015）从生态系统的角度出发，认为众创空间具有无边界、自组织及客户化等创业生态系统特征，因此众创空间的基本构成应包括众创精神、创客生态圈、资源生态圈以及基础平台与创业政策四个子系统，并分析了众创空间生态系统的五大核心机制。

除研究创客空间的发展历程、运营模式、发展政策等以外，学术界对于创客空间的研究大多聚焦于图书馆创客空间。

国外关于公共图书馆的案例研究较多，关于高校图书馆的研究较少，而对中小学图书馆则鲜有涉及，但随着图书馆创客空间的发展，其研究范围日渐广泛，如图书馆创客空间模型探讨、发展历程梳理、未来发展趋势展望、图书馆创客空间与社区的联系、图书馆创客空间对促进学习和改革教育的影响等。Heather Michele（2014）对6个配有3D打印机和创客空间的图书馆进行案例研究，深入探讨了如何使3D打印机和创客空间真正融入图书馆的服务中。Diana L. H. Chan和Edward Spodick（2014）提出高校图书馆创客空间通过整合技术和灵活设计，能够提供良好的学习氛围，吸引学生、老师，甚至行政人员，从而转变为学习共享空间。Michael A. Crumpton（2015）深入研究了图书馆创客空间的可持续发展能力，认为资金支持只能作为启动图书馆创客空间项目的必要条件，适当的罚款和收费能够支持图书馆创客空间更好的发展。Heather Michele（2015）研究了公共图书馆和高校图书馆创客空间的用户协议，并结合NVivo定性数据分析软件对用户协议的条款、主题和目的的共性进行分析，发现大多数创客空间的用户协议才实施了半年到一年，而其一致性普遍表现在责任豁免、未成年人权限、安全、版权以及技术替换成本方面。Ida Mae Louise Craddock（2015）调查了美国弗吉尼亚州一所公立学校的流动创客空间，认为流动创客空间能够促进创客文化在各高校的快速传播和发展。

我国对图书馆创客空间的研究近几年才兴起，由于起步较晚，研究成果较少，大多是对国外创客空间的成功案例进行研究。我国学者李恺（2012）通过研究美国公共图书馆创客空间的兴起背景、发展情况、相关案例及重要作用，向国内引入了创客空间的概念。杜瑾和杨志萍（2013）向国内学者介绍了美国图书馆通过引进3D打印机提供创客空间服务，从而改变传统服务模式的新动态。王敏和徐宽（2013）介绍了美国图书馆创客空间的发展现状，并探讨了创客空间的概念、价值及图书馆创客空间在新形势下的重要作用，对我国图书馆创客空间的构建提供了建设性建议。吕亚娟和张兴（2014）是最先把创客空间和高校图书馆结合起来的中国学者，他们提出了在高校图书馆创办创客空间的实现路径：配备基础设施和基础设备、创建网络社区和网络平台、开设创客研讨教室。除此之外，他们还对高校图书馆创办创客空间的知识产权、人力资源、设备环境和成长环境问题进行了深入研究。陶蕾（2014）主要是从创客空间的概念、一些常见类型和创客工作流程的角度解释了创客空间的概念，她还对美国的图书馆创客空间的发展过程进行了研究，总结了美国图书馆方面对图书馆创客空间的大致规划，包括定义图书馆创客空间的性质、估算未来的收益和预算运作成本等内容。

### 6.2.2　关于创客教育的研究

创客空间的迅速发展，将“创客”这一新兴群体引入大众的视野，同时创客精神的培育也引起了国内外学者和教育家的广泛关注。美国《地平线报告》(New Horizon Report)2014年高等教育版中明确提出，要在高校实施创客教育，力求三至五年内培养出“知行合一”的创新型大学生。美国白宫颁布的《创客教育行动》（Maker Education Initiative，MEI）（2014）中强调创客空间要在创客教育中发挥应有的作用，拓宽创客项目支持渠道，为培养创客服务。《Make》杂志创始人兼创客运动的发起者戴尔·多尔蒂认为，创客运动将在教育领域掀起颠覆性的浪潮，使教育体系更加完善充实。

学者们对于“创客教育”的概念界定至今还未形成一个统一的认知。祝智庭（2015）从创客教育的本质出发，认为创客教育是在已有的实践教育基础上，向创新教育方向的深入，并指出针对不同的创新主体，创客教育的含义也不同，针对民众的创客教育强调民众创客精神的培养，而针对学生尤其是青少年的创客教育则应注重其创新素养和能力的培养，两者在教育理念和方式上要相互衔接，贯穿个人发展的全过程。

郑燕林等（2014）在对美国中小学及高校创客教育深入研究的基础上，从“创造性学习”的角度出发，认为创客教育的实现应重视对其过程的资源投入和支持。杨现民等（2015）对国内外学者的观点进行梳理归纳，提出创客教育是现有教育模式在新时期的创新发展。吴俊杰（2015）根据自己在创客教育工作中的经验总结，对创客教育过程中所需的要素条件进行归纳，并提出创客教育是创客行为、创新活动和创新创造课程等的总和。傅骞等（2014）认为创客教育对于学校创新教育体系的改进和完善具有重要作用，要强调创客教育在学校教育中的地位。李大维（2015）从真实性和探究性的视角出发，认为创客教育的重点是培养民众探究性学习的思维习惯和解决问题的能力。王佑镁（2015）提出创客教育要面向人的全面发展，是一种培养民众创造能力、解决实际问题能力和分享协作精神的终身教育。

# 第7章 我国创客运动发展现状及问题

创客文化的兴起源于国外，随着家用3D打印设备的普及和开源软硬件平台的出现，创客群体逐渐壮大。当前我国经济增速放缓，进入战略机遇期，迫切需要依靠创新这一新引擎来提高增长的质量和效益，驱动未来经济健康发展，释放经济新潜力。在这一背景下，我国各级政府部门推行一系列新举措深化体制机制改革，完善相关扶持政策，优化创新创业服务和创业环境。由此可见，我国创客群体的迅速崛起可谓占据“天时、地利、人和”。

## 7.1 我国创客运动发展现状

在我国，先是少数硬件发烧友接触国外开源硬件平台，步入创客圈，而后创客文化开始活跃起来，逐渐形成了以北京、上海、深圳为中心的三大创客文化圈，创客群体的发展日益壮大，社会、企业，甚至高校都积极建立创客空间，组织各种创新创业活动。由于创客的小众性，其主要依赖创客空间来进行创意活动。创客空间是兼具工作室和加工车间功能的开放型实验室，拥有较多开放资源，支持创客们实现自己的创意，并交流想法，因此，创客文化的活跃和创客运动的蓬勃发展与创客空间的健康发展密切相关。

### 7.1.1 我国创客空间发展基本情况

2015年，李克强总理在国务院常务会议上提出：“要顺应网络时代推动大众创业、万众创新的形势，构建面向人人的众创空间等创业服务平台。”“众创空间”是一个具有中国特色的新词，国外并没有这样的表述，这是科技部在对北京、深圳等地的创客空间、孵化器等创业服务平台进行调研的基础上总结提炼出来的，其与传统的创客空间相比，聚集了更加丰富的科技创新创业资源，更强调孵化功能。截至2016年9月29日，科技部公布了三批国家级众创空间，并将其纳入国家级科技企业孵化器管理服务体系，其具体发展和分布情况如图7-1和图7-2所示。

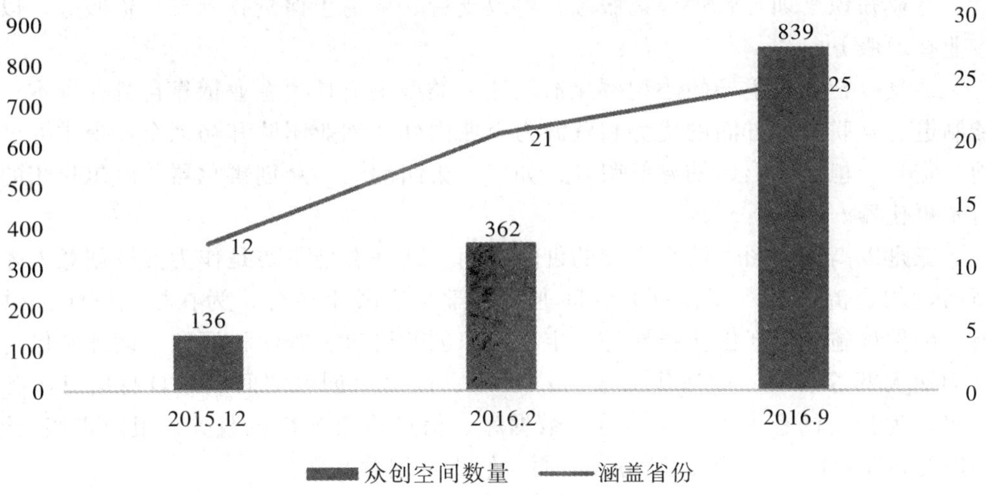


图7-1　我国国家级众创空间发展情况

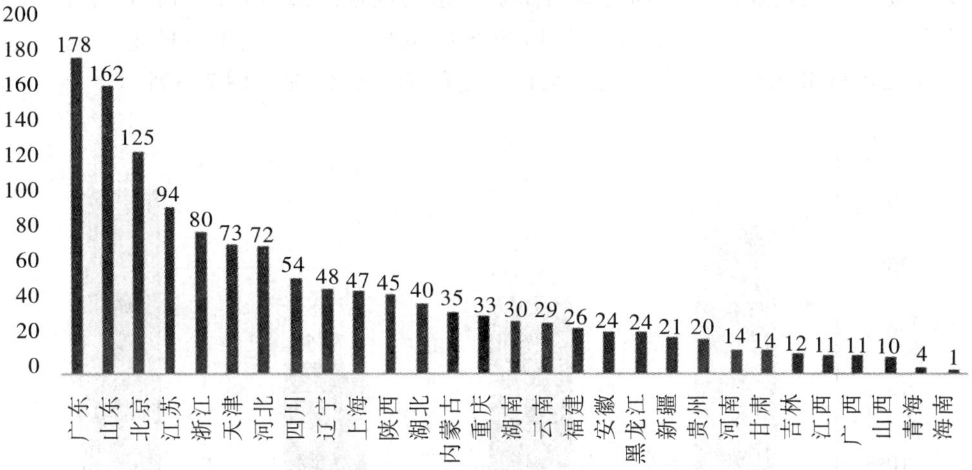


图7-2　我国国家级众创空间分布情况

根据科技部数据，我国国家级众创空间共计1 337家，聚集了中小微企业、高校、科研院所等多类创客群体，涵盖29个省、自治区、直辖市，各城市中以北京、天津、深圳、青岛、上海5个城市发展最快，众创空间规模迅速扩大，创客数量不断增加。

### 7.1.2　我国创客空间发展的现有模式

2010年是我国创客空间的元年，当年10月我国首个创客空间——上海“新空间”诞生。其后5年间我国陆续出现一批较为正式并具有一定规模的创客空间。依据创客空间的组织主体，目前国内的创客空间主要分为四类：

一是以政府为主导的科技企业孵化器。这一类型主要为高新科技成果、科技型中小企业和创业企业提供培育服务，包括场地、基础设施等一般性服务，管理制度、专业知识培训等管理咨询服务，财政支持、申请担保贷款等投融资服务，以及专业技术服务。

二是以企业为主导的小型孵化器。这一类型主要是大企业依靠自身在资本、智能制造、互联网等方面的优势和资源为企业内外部创业团队和初创企业提供办公场地、贷款、担保、上市辅导等服务，如三一集团的三一众创孵化器、海尔集团的倪帮尔孵化器。

三是以高校和图书馆为主导的创客空间。这一类型主要是作为支持创意人才创新活动的交流平台。高校创客空间通过教学与实践相结合，为在校大学生提供场所、硬件设施、创新创业指导等，定期组织创意研讨、跨学科研究、设计制作、创新创业大赛等活动，如清华大学的i.Center；图书馆创客空间利用自身信息服务的优势，为社会创意人才提供阅览、数据库、信息检索等特色服务，组织讲座交流，同时配备3D打印机等硬件设备，方便人们进行创意制作。

四是以金融服务平台为主导的民间创客空间。这一类型主要服务于已有产品但缺少资金支持的创业团队，通过项目融资，帮助创业团队进行产品和管理团队的进一步升级，直至成功上市，完成风险资金的退出，如36氪旗下的氪空间。根据2016年艾媒咨询的统计数据，这四类创客空间的占比情况如图7-3所示。

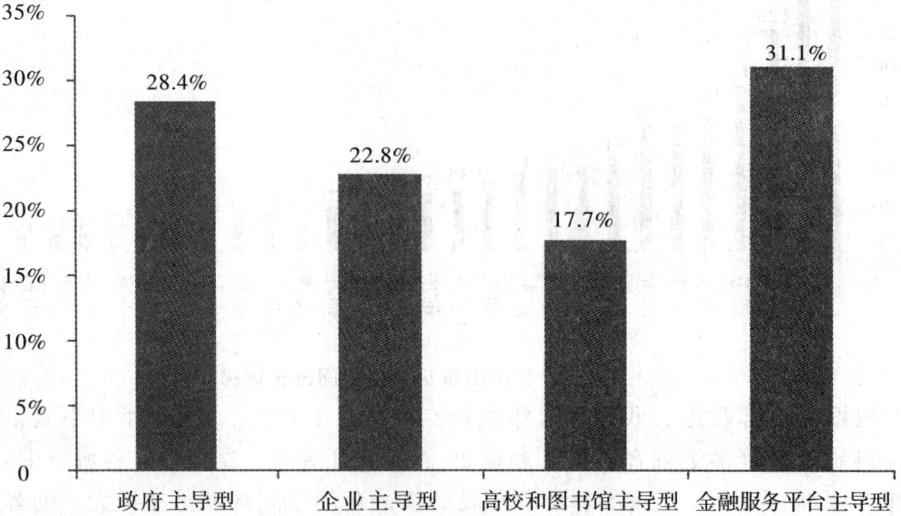


**图7-3 2016年四类创客空间占比**

### 7.1.3 我国创客空间的空间分布

根据全球创客空间维基站点的统计，截至2015年5月，我国在该网站注册的创客空间有21家，主要分布于北京、上海、深圳、南京、杭州、成都和武汉等地。国内目前实际正式运行并处于较为活跃状态的创客空间约有28处，辐射区域主要为华北地区、长三角地区、珠三角地区、华中地区、西部地区和东北地区。这些区域各有优势和特色，如华北地区工程类院校较多，原材料供给充足，加之政府定向扶持力度较大，资本比较密集；长三角地区的优势在于开源硬件企业较多，能够为创客提供资金和技术上的支持，国际化程度也比较高；珠三角地区的互联网企业比较多，加上硬件设施的原材料供应链比较完善，在政府的定向扶持下聚集了众多信息化人才。

目前，我国创客空间的发展格局包括以下三个层面：

一是北京、上海、广州和深圳等特大型城市的创客空间。这些城市经济发展水平较高，拥有众多资源，信息化、科技化程度相对较高，科研力量强大，政府扶持力度也较大，营造了良好的创新创业生态环境，创客文化相对活跃。

二是科技基础较好的中心城市的创客空间。例如武汉、杭州、成都等城市的创客空间开始发展，政府制定相关政策支持创客空间的建设，鼓励民众参与创新创业活动，但由于刚刚起步，加之这些城市的科技服务能力有限，创客空间产业配套支持有待完善，其发展与第一层面的相比相对滞后。

三是依托高校及科技园区发展的创客空间。高校及科技园区内的科研资源丰富，软硬件设施比较完备，拥有较好的科研基础和能力，能够发挥学生的专业优势，因此这类创客空间的发展前景较为广阔。

## 7.2　我国支持创新创业发展的相关政策

自2014年9月李克强总理在夏季达沃斯论坛上发出“大众创业、万众创新”的号召以来，国家相继出台了一系列政策激活社会资源，鼓励全社会创新创业。各地也纷纷制定相关政策来支持创客创新创业，营造良好的创业公共环境和创业氛围。因此，我国创客相关政策其实是创新创业政策，主要包括创新创业教育政策和社会创新创业相关政策。

### 7.2.1　我国创新创业教育政策

我国的创新创业教育政策主要针对高等院校学生，其体系的形成和发展大致经历了四个阶段。第一个阶段是1998—2002年的探索阶段，由教育部独自发布，主要表现为创业教育政策，内容较为笼统单一，没有全方位的实施措施；第二个阶段是2003—2007年的初建阶段，高等学校扩招导致大学毕业生就业压力急剧增加，这一时期的创业政策涉及除教育部外的多个部门，并延伸到融资、创业环境等相关领域；第三个阶段是2008—2012年的发展阶段，金融危机的影响使大学生就业形势更加严峻，国家将促进大学生就业创业纳入重要日程，并在多个部门的协调配合下共同制定创业政策；第四个阶段是2013年至今的完善阶段，这一时期国家将创业纳入经济发展的战略规划，政策制定基本涉及创业活动的各个环节，地方政策法规也已基本完善（刘军，2015）。表7-1对我国1998年至今的创新创业教育相关政策文件进行了梳理。

表7-1 我国创新创业教育相关政策文件

| 时间 | 发布单位 | 文件名称 |
|---|---|---|
| 1998.12 | 教育部 | 面向21世纪教育振兴行动计划 |
| 1999.6 | 国务院 | 关于深化教育改革全面推进素质教育的决定 |
| 2003.10 | 国务院 | 关于完善社会主义市场经济体制若干问题的决定 |
| 2004.7 | 劳动和社会保障部、教育部 | 关于在部分高等院校开展“创办你的企业”(SYB)培训课程试点的通知 |
| 2005.6 | 国务院 | 关于引导和鼓励高校毕业生面向基层就业的意见 |
| 2006.2 | 国务院 | 国家中长期科学和技术发展规划纲要(2006—2020) |
| 2007.12 | 教育部 | 大学生职业发展与就业指导课程教学要求 |
| 2010.4 | 教育部、科技部 | 高校学生科技创业实习基地认定办法(试行) |
| 2010.6 | 教育部 | 关于大力推进高等学校创新创业教育和大学生自主创业工作的意见 |
| 2010.7 | 国务院 | 国家中长期教育改革和发展规划纲要(2010—2020) |
| 2012.2 | 教育部 | 关于做好“本科教学工程”国家级大学生创新创业训练计划实施工作的通知 |
| 2012.3 | 教育部 | 关于全面提高高等教育质量的若干意见 |
| 2012.8 | 教育部 | 普通本科学校创业教育教学基本要求(试行) |
| 2014.1 | 共青团中央 | 关于加强共青团促进教育创业就业服务体系建设的实施意见 |
| 2014.5 | 人力资源和社会保障部等九部门 | 关于实施大学生创业引领计划的通知 |
| 2015.1 | 共青团中央 | 关于高校共青团积极促进大学生创业工作的实施意见 |
| 2015.5 | 国务院 | 关于深化高等学校创新创业教育改革的实施意见 |
| 2015.10 | 国务院 | 关于印发《统筹推进世界一流大学和一流学科建设总体方案》的通知 |
| 2016.5 | 教育部 | 关于进一步做好高校毕业生就业创业工作的通知 |
| 2016.7 | 教育部 | 关于中央部门所属高校深化教育教学改革的指导意见 |
| 2016.8 | 教育部、科技部 | 关于加强高等学校科技成果转移转化工作的若干意见 |

除此之外，教育部还发布了创新创业大赛、高校实践育人创新创业基地建设等各类创新创业活动的文件，丰富了创新创业教育的形式和内容，全方面培养大学生的创新创业意识和能力。总体来看，我国的创新创业教育政策经历了从整体统筹到细化扩展的变化，注重大学生创新意识和创业实践能力的培养，形式多样，目前主要以创新创业大赛等项目活动的形式来引导大学生深入了解创客群体，增强创新创业意识和能力。

### 7.2.2 社会创新创业相关政策

我国自2002年以来，一直提倡以创业带动就业，鼓励下岗失业人员和青年投身创新驱动发展战略，积极创业，发布了一系列金融、财政税收优惠政策。尤其是

2015年，国务院连续颁布推进创新创业的政策文件，降低创新创业门槛，建立技术创新市场导向机制，完善成果转化激励政策，以期营造良好的创新创业环境，激发全社会创新创业的热情和活力。我国社会创新创业相关政策文件梳理见表7-2。

表7-2　　我国社会创新创业相关政策文件

| 时间 | 发布单位 | 文件名称 |
|---|---|---|
| 2002.6 | 全国人民代表大会常务委员会 | 中华人民共和国中小企业促进法 |
| 2003.6 | 国家工商行政管理总局 | 关于2003年普通高等学校毕业生从事个体经营有关收费优惠政策的通知 |
| 2003.10 | 国务院 | 关于完善社会主义市场经济体制若干问题的决定 |
| 2004.4 | 共青团中央、劳动和社会保障部 | 关于深入实施“中国青年创业行动”促进青年就业工作的意见 |
| 2005.2 | 国务院 | 关于鼓励支持和引导个体私营等非公有制经济发展的若干意见 |
| 2005.11 | 国务院 | 关于加强就业和再就业工作的通知 |
| 2006.1 | 财政部、国家发展改革委 | 关于对从事个体经营的下岗失业人员和高校毕业生实行收费优惠政策的通知 |
| 2006.2 | 国务院 | 国家中长期科学和技术发展规划纲要(2006—2020) |
| 2007.8 | 劳动和社会保障部 | 关于进一步加强创业培训推进创业促就业工作的通知 |
| 2008.8 | 财政部、人力资源和社会保障部、中国人民银行 | 关于进一步改进小额担保贷款管理积极推动创业促就业的通知 |
| 2010.10 | 财政部、国家税务总局 | 关于支持和促进就业有关税收政策的通知 |
| 2012.4 | 国务院 | 关于进一步支持小型微型企业健康发展的意见 |
| 2014.1 | 国务院 | 关于促进信息消费扩大内需的若干意见 |
| 2014.1 | 共青团中央 | 关于加强共青团促进青年创业就业服务体系建设的实施意见 |
| 2014.5 | 人力资源和社会保障部等九部门 | 关于实施大学生创业引领计划的通知 |
| 2015.2 | 国务院 | 关于取消和调整一批行政审批项目等事项的决定 |
| 2015.3 | 国务院 | 关于发展众创空间推进大众创新创业的指导意见 |
| 2015.3 | 国务院 | 关于深化体制机制改革加快实施创新驱动发展战略的若干意见 |
| 2015.3 | 共青团中央、农业部、中国农业银行 | 关于实施大学生返乡创业行动的通知 |
| 2015.4 | 国务院 | 关于进一步做好新形势下就业创业工作的意见 |
| 2015.5 | 国务院 | 关于印发2015年推进简政放权放管结合转变政府职能工作方案的通知 |
| 2015.6 | 国务院 | 关于大力推进大众创业万众创新若干政策实施的意见 |
| 2015.6 | 国务院 | 关于加快推进“三证合一”登记制度改革的意见 |
| 2015.9 | 国务院 | 关于加快构建大众创业万众创新支撑平台的指导意见 |
| 2015.9 | 国家工商行政管理总局 | 关于进一步推动企业简易注销改革试点有关工作的通知 |
| 2015.12 | 共青团中央等五部委 | 关于引领职业青年投身创新驱动发展战略的实施意见 |
| 2016.2 | 国务院 | 关于加快众创空间发展服务实体经济转型升级的指导意见 |
| 2016.2 | 国务院 | 实施《中华人民共和国促进科技成果转化法》若干规定 |
| 2016.3 | 国务院 | 中华人民共和国国民经济和社会发展第十三个五年规划纲要 |

此外，为推进“大众创业、万众创新”，各省、自治区、直辖市大力建设各具特色的创客空间，并出台相关政策法规促进其发展，包括投融资服务、创业服务、创新创业平台建设、创新创业人才培养、知识产权保护等。根据国家发展和改革委员会发布的《2015年中国大众创业万众创新发展报告》，表7-3列出了我国一些主要城市出台的相关政策扶持方向。

表7-3 **我国部分主要城市相关政策扶持方向**

| 城市 | 政策方向 |
| --- | --- |
| 北京 | 跨界融合创新、科研收益改革、科技资源融合、创新型企业培育、创业投资支持 |
| 天津 | 投融资、创新创业服务、“双创特区”建设 |
| 深圳 | 投融资、互联网金融、科技创新券、创新创业人才培养、知识产权保护、商事制度改革 |
| 上海 | 投贷联动金融服务、创业投资、大学生科技创业、众创空间建设、创业教育、科技成果转化 |
| 杭州 | 创新创业平台建设、创业公共服务、税收优惠、知识产权保护、创业风险投资、创新创业人才培养 |
| 青岛 | 创投引导基金、科技金融风险补偿补贴、创客教育、创业服务、商事制度改革、企业研发投入奖励、科技成果转化收益分享 |

由表7-3可知，这些城市的政策扶持主要向技术资源、创业服务、创客空间建设等方面倾斜，为广大创客提供了技术、资金、补贴、税收优惠等创业扶持，解决了场地、融资、借贷等问题，在一定程度上降低了创业风险，推动了我国创新创业支撑平台的构建，完善了创新创业服务，对促进“大众创业、万众创新”起到了积极作用。

### 7.2.3 我国创客相关政策的不足

近几年我国陆续出台的一系列支持创新创业的政策举措，在一定程度上激发了全社会创新创业的热情，降低了创业风险，但是相关政策的设计和实施还存在一些问题，导致创业的成功率并没有达到预期效果，创业的文化氛围也并不浓厚。

首先，我国创客相关政策缺乏整体性，各部门独自发布创业政策，没有从政策体系的整体角度进行规划，难免出现各自为政、职责不明的问题，无法体现政策的内在统一性，也不利于人们完整地了解创业政策。

其次，创新创业教育政策存在功利性，忽略了中小学学生群体，只偏重于大学生群体创新创业能力的培养，使高校创业教育的实施目的更多地倾向于掌握创业的技能，而不是促进学生高层次的发展，这无异于拔苗助长，对于促进大学生成长为创客并成功创业进而创造经济价值和社会价值收效甚微，同时，社会创新创业教育理念缺失，创业文化氛围不浓，增加了大学生创业的心理压力，容易产生负面影响。

最后，创业环境政策缺乏对创业文化的培育。创业环境政策主要集中在硬件设施等方面，对创业文化的培育不够重视，使全社会对创业的价值认同不够，大多数人崇尚安稳，比较保守，尊重创业的氛围不够浓厚。

## 7.3　我国创客空间发展困局

目前，我国各地创客空间的规模及水平参差不齐，其中一些创客空间运营情况比较艰难，创客群体发展还不成熟，由于个人能力、政策以及社会环境的原因，大多数创客创业的成功率并不高，创客文化还未得到广泛认同和尊重，其对于带动创业就业、营造良好的创新创业文化氛围、推动我国经济社会发展等方面的作用还不是很突出（段浩等，2015）。而孵化器作为从创意到成果产品化、市场化的关键角色，在经过2015年的井喷式发展之后，出现了诸如跟风、同质化、管理不善等问题纷纷倒闭，导致多数人对创客的发展前景并不看好。通过前期的调查和数据搜集整理，本书认为我国创客空间的发展存在以下问题：

### 7.3.1　创客空间发展能力有限

我国创客空间的发展目前还处于初期阶段，没有明确的标准和运行模式作为指导，大多数创客空间的服务体系还不完善，只能提供办公空间，缺乏专业创业服务咨询、培训、融资、资源对接等条件，团队经营能力和经验不足，一般以收取租金为主要收入来源，只能维持日常基本运转，资金链容易断裂，使资金流转陷入困境，因此可持续发展具有较大不确定性。而对于资金不足以支撑长期运行的创客空间来说，依靠股权变现模式只会让其面临运营维护艰难的困境。

同时，由于创业投资机构往往注重大众市场，对薄利多销的产品创意更为感兴趣，而目前硬件创业大多针对细分人群，所以创业投资机构对其投资较为谨慎。这导致创客空间行业资源对接不足，加上自身资源有限，无法依托大企业、高校的丰富资源和经验优势，无法帮助创业团队取得关键性的发展，进而导致入驻率低，陷入恶性循环。

### 7.3.2　创业项目同质化严重

很多创客空间的盈利模式主要是租让办公空间，为尽快获取租金以维持自身运营，其往往会盲目引进创业团队。缺乏针对创业团队和创业项目的筛选机制，将导致项目团队质量良莠不齐。很多项目空有想法，缺少明确的盈利模式和运营规划，欠缺商品模式选择、市场理念、生产和人才管理方面的经验，容易导致项目同质化，没有核心竞争力，无法吸引创投机构的投资，进而使创客空间同样失去核心竞争力和优势资源。

### 7.3.3　创业文化认同度不高

国外的创客文化拥有广泛的群众基础，因为国外家庭大多拥有自己的车库，他们从小就能够直接接触到硬件机械设备，并动手体验，尝试制作一些实用的小工具，这对于培养兴趣和积累相关知识很有帮助。与之相反，我国大多数的家庭和学校教育对于学生动手能力的培养并不重视，缺乏对学生创新意识的教育，也没有适合的场所供他们进行实践，创客群体只是产生在少数“技术宅”中。

此外，我国社会文化崇尚稳定，较为保守，并不提倡冒险精神，对创业的价值观认同感不强，这在很大程度上会导致创客们放弃创新创业的念头，转而寻找安稳的工作，这对于创客群体的自身发展有较大影响。

### 7.3.4 知识产权保护不足

创客的产品具有开源的性质，前期要投入大量精力和资金，在进行项目分享之后，如果被大多数人认可，会引起大规模复制，容易导致山寨产品的出现，产生一些无法预知的问题和纠纷，这无疑是对原创产品和团队的打击，会削弱创业团队的积极性。因此，急需规范知识产权管理，在“开源”和“保护”之间找到平衡点，既维护创客群体的知识产权和利益，又不降低社会创新创业活力。

作为推动“大众创业、万众创新”的星星之火，创客们被寄予厚望，促进这一群体健康成长、发挥创新创业优势是我国建设创新型国家的关键。在这一过程中，科学制定国家政策、完善政策体系，对创客的发展起到积极作用。因此，应当在研究创客群体的成长规律的基础上，结合我国创客成长环境，对我国创客成长的机制进行科学合理设计，进而完善国家相关政策，加强政策引导，建立完善的创客孵化链，以降低创新的不确定性和风险性，促进创客群体健康发展，为我国创新实力的提升贡献更大力量。

# 第8章 我国创客成长的一般规律与孵化模式研究

创客群体的蓬勃发展能够改变人们的生活，推动我国科技进步，推进创业就业，对我国未来经济社会的发展有着重要的促进作用。如何促进创客群体健康发展，使其发挥更大的潜能是本章的研究重点，但在此之前应先探讨几个问题：一是一个普通人怎样才能成为创客，或者什么样的人才是创客？二是创客是天生的，还是可以通过后天培养的？三是创客群体的成长与其教育和成长环境之间存在怎样的关系？四是创客如果是后天教育培养而成的，那么培养模式应该是什么？下文对此进行深入研究探讨。

## 8.1 创客成长的一般规律

创客并不是天生就对科技有浓厚的兴趣，而是要经过引导、教育、培养，才能从普通人成功蜕变。结合前文的研究，本书认为创客应该具有以下四个方面的特质：一是对新奇事物的感知能力。好奇心是一切创新的来源，在对新奇事物的好奇中发现问题才能获得灵感和创新的可能，这是作为创客最基本的特质。二是获取科学知识的能力较强。他们会潜心钻研自己感兴趣的问题，具有刨根问底的精神，是某个领域的通才，而且大多数知识都是自学的。学习了科学知识才会有将创意转化为现实的可能，没有知识作为支撑，所有的灵感都只是空想。这一特质是创客的基础能力。三是动手实践的能力很强。“创客”这一名词本身就包含创造的含义，而创造则是通过动手实践来实现的，发明创造是创客的本质所在，创客一定是某个方面的能手。四是从事创造性工作的意志坚定。意志是从事某项工作的决心和毅力，带有意向性和愿望的特点，即个体内心所产生的必须实现某个目标的长期决心和因此而产生的动力，这一特质是创客能够持续创新的重要支撑，一方面来自于自身对科学的热爱和向往，另一方面则归因于周围多种环境因素的指向和引导，包括教育、文化、政策制度等。

因此，我国的创客教育要不断强化特质教育，在青少年成长的不同时期对其进行教育引导，促进其形成并拥有以上四种特质，逐渐发展成为创客。创客群体本质上是自然人，一个人能否成为创客不是先天决定的，而是后天教育、环境影响的结果。因此，结合自然人的成长发育过程，可以将创客的成长划分为三个阶段：前创客培育阶段、创客发展阶段和后创客创业阶段。表8-1为创客成长各阶段的对应时期及其特点。

表8-1 创客成长各阶段的对应时期及其特点

| 创客成长阶段 | 个人成长阶段 | 特点 |
| --- | --- | --- |
| 前创客培育阶段 | 学前及中小学阶段 | 好奇心强烈，善于观察模仿，乐于尝试新事物，常参加各种科技发明活动 |
| 创客发展阶段 | 高等教育阶段 | 已经有了专业的科学知识和梦想，对创新创业有实质性理解，并将发明付诸行动 |
| 后创客创业阶段 | 社会化阶段 | 热爱发明、创新，具有创新创业冲动，梦想成就一番事业，寻找和探索创业之路特征明显 |

其中，前创客培育阶段是创客成长的基础阶段，这一阶段的创客包括处于学前阶段的幼儿和中小学阶段的青少年。这一时期的孩子通常向往新奇事物，容易对科学技术产生好奇心，同时善于观察生活，喜欢与周围的事物发生互动，常常会产生新颖的想法，在此基础上，对其进行正确的教育引导，如开设动手实践课程、举办趣味创意比赛、建立青少年活动中心和DIY活动中心等，激发他们的创新意识和创新热情，培养他们形成良好的创新思维方式，为后一阶段的成长奠定重要基础。

创客发展阶段是创客成长的重要转折阶段，主要对应于高等教育阶段。这一阶段的创客心智已经发育成熟，理解能力、学习能力和逻辑思维能力较前一阶段有很大提高，对于未来的发展有比较明确的目标和方向。在此基础上，通过开设创业教育课程、组织各类创新创业活动等方式，培养他们的创业意识，以及团队协作能力、风险判断能力和创业管理能力，同时针对不同类别的高校学生宜侧重不同的创新创业活动，如职业技术学院开展的创业活动适宜以动手能力为主，理工科高校应注重研究型创业活动，而其他高校则可以侧重以创意为主，在团队协作开展活动的过程中，无论哪一类创客都可以展示和锻炼自身的才能，并顺利进入下一成长阶段，即后创客创业阶段。

后创客创业阶段是创客成长的最后一个阶段，也是创业团队进入社会的创业孵化阶段。这一时期的创客思想已经比较成熟，相比前两个阶段，个性更加冷静沉稳，不易冲动，能够明辨各项决策的利弊关系，增加了创业成功的可能性。同时，各类创客空间及孵化基地能够为其提供场地、硬件设施、政策咨询、金融服务、上市辅导等创业服务，帮助其完善各种管理制度，实现从创业团队到上市企业的顺利晋级，至此，创客成长孵化完成。

由此可见，创客群体的成长和发展遵循一定的规律，其成长的三个阶段是相互联系、相互依存、循序渐进的。前创客培育阶段是基础，对创客的后续发展具有重要的指导作用；创客发展阶段是转折点，具有承上启下的作用；后创客创业阶段是关键，对于能否创业成功具有决定意义。在遵循创客成长规律的基础上探讨适应我国创客群体的孵化模式，分析我国创客群体的成长环境，并研究如何对成长环境进行改善和优化，才能够为创客群体提供更好的成长资源条件，促进我国创客快速健康发展，发挥应有的潜力。

## 8.2　我国创客群体孵化模式

从前文的分析可知，对创客群体的培育，尤其是创新思维和创新精神的培植要从学前和中小学教育阶段开始，并贯穿个体社会发展的全过程，同时在不同的成长阶段承载不同的教育目标，选择不同的孵化模式和教育方式方法。基于此认识，本书提出三种主要的孵化模式，即校社政协同孵化模式、校政研协同孵化模式和产学研政协同孵化模式。图8-1为我国创客群体孵化模式。

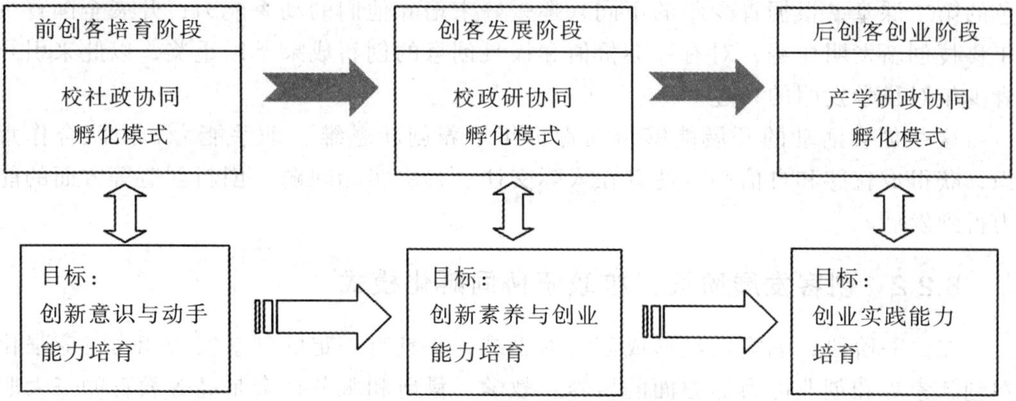


图8-1　我国创客群体孵化模式

首先，在前创客培育阶段，应注重对学生创新意识、思维方式和动手能力的培养。创新思想在创客成长过程中具有关键作用，需要从小开始培养，而对这一阶段的学生来说，基本的动手实践是培养创新精神的一种有效途径。其次，要通过专业知识和能力的教育来培养学生的创新技能和创造能力，进而提高创新素养。这主要在创客发展阶段完成，同时，基本的创业意识和能力教育也应融入其中。最后，在后创客创业阶段，重点是创业实践能力的培育，通过创客空间等孵化基地的支持来进行项目孵化，实现创新成果商品化和市场化。上述阶段是循序渐进的，需要不断学习和强化，这样才能活跃创客文化，使创客群体成功孵化，在全社会形成“大众创业，万众创新”的新景观。

### 8.2.1　前创客培育阶段：校社政协同孵化模式

前创客培育阶段主要是指从幼儿时期到中小学时期这一成长阶段，主要为基础教育阶段。1977年，联合国教科文组织对基础教育做出如下定义：“基础教育是向每个人提供并为一切人所共有的最低限度的知识、观点、社会准则和经验的教育，目的是使每个人能够发挥自己的潜力、创造性和批判精神。”（王晋，2011）因此，对创客的培育应从基础教育阶段开始，其目标为对创新意识和动手能力进行培养，形成创新的习惯。

同时，创客的培育是一项系统工程，需要多方参与和组织，相互配合，发挥各自的优势，在协同中形成合力效应。前创客培育阶段宜采用校社政协同的孵化模式，以学校创客教育为主要载体，社会、政府参与其中，形成协同效应。

在有条件的中小学建立科学活动中心，并对周围学校开放，定期组织科技展览和制作活动，激发孩子对科技的兴趣；在市级以上的城市建立青少年宫性质的科技创新活动中心，由政府进行补贴和资助，对青少年免费开放，也可与当地高校和科研院所合作，定期派科技人员开展科普和指导工作。

同时，制定合理的免税制度，吸引当地的社会资本创建针对中小学生的各具特色的第二课堂，根据青少年的不同兴趣爱好来培养他们的动手能力；开展全国青少年科技创新发明比赛，对有社会价值和极具创意的创新成果予以重奖，以此来引导青少年对科学发明的兴趣。

这些创客活动的开展能够帮助青少年培养创新思维、动手能力和团队合作意识，获得成就感和自信心，使其在人际交往、解决实际问题、创新创造等方面的能力得到发展。

### 8.2.2 创客发展阶段：校政研协同孵化模式

在这一阶段，创客已经形成创新的思维，并具有一定的创新实践能力，应强化在创新素养和创业能力等方面的培养。教学、科研和服务社会是高等教育的三大职能，高校要履行这三大职能离不开创新型人才的培养。高校作为我国创新体系的重要组成部分，要根据国家发展形势转变人才培养方式，在现有教育体系中融入创新创业教育，致力于兼具专业知识和创业能力、善于捕捉新技术和新工艺、能够将创新成果市场化的具有社会责任感的高素质人才的培养（李志义，2014）。

创客发展阶段宜采用校政研协同的孵化模式，以高校为培育阵地，利用政府和科研单位的力量和资源，对高校大学生的创新创业能力进行深入培养。具体可从四个方面入手：

一是开发创新创业课程，将创新创业教育融入专业人才培养的全过程，突出“新理论、新技术、新工具、新方法”，在专业化知识的教育体系中融入创新创业思想；

二是建立大学生科创中心，并依据学科领域分别创建创客工作室，为大学生提供创新创业方面的指导和资源支持；

三是开展创新创业活动，宣传创客文化，如举办全国大学生创客嘉年华，调动大学生参与的积极性，也可适当与企业合作，对活动成果进行拍卖和奖励；

四是构建产学研合作模式，加大国家和省级重点实验室有关资源对大学生的开放程度，由科研人员带领大学生参与一些项目的研发，使其创新素养得到提升。

### 8.2.3　后创客创业阶段：产学研政协同孵化模式

与前创客培育阶段和创客发展阶段相比，这一阶段主要是面向社会个体的创新，其培育目标主要是创业实践能力的培养。创客活动的开展主要依托众创空间等孵化基地进行，这些场所能够为创客群体提供办公场地、软硬件基础设施、创业导师、创业服务、行业对接资源等开展创客活动必需的资源环境，进而构建面向大众开展创意分享、创新设计与简单产品制作，方便创客交流、学习与协作的开放空间。

因此，这一阶段应采用社政研协同的孵化模式，重点针对社会上成熟期之前的产品设立相应的众创空间和孵化器。

政府要督促新闻媒体发挥宣传引导效应，加大财政支持力度，完善相关政策制度，以保证资源有效共享，平衡创新创业活动各个参与主体的利益；社会民间资本如创投机构、天使投资等的资金、行业资源的支持也尤为重要；此外，科研院所也可以参与其中，使创新成果的各项功能和实用价值得到完善和提高，确保创新成果成功商品化。

## 8.3　形成我国创客培养的新体制

我国原有的创新体系都是以产学研、政府、中介组织所形成的网络为主体，忽视了个人的、大众的、免费的创新在创新体系、国家经济发展中的作用。因此，国家提出一系列的政策促进创新创业，希望形成“大众创业、万众创新”的浪潮，调动全国人民的创新创业热情，更好地落实创新驱动战略。这样就需要完善我国的创新体系，将创客纳入国家创新体系中，支持个人的创新创业。为此，我国创客群体的成长需要不同主体，如政府、企业、学校、科研机构、家庭、个人等采取联合行动，而各主体的信息是不对称的，因此应构建一个以政府为主导的平台、其他各方积极参与的体制，促进创客群体的成长。

### 8.3.1　构建创客培养主体

创客群体的成长和发展需要多主体协同培育，个人、家庭、学校、企业、科研单位和政府，每一主体都承担着不同的责任和使命，所追求的目标也不尽相同。

对创客来说，在这一成长过程中，个人能力的提升和事业的发展是所要达到的高层次目标，基本目标是获得认同感、成就感和经济收益；对于家庭而言，其所追求的目标主要是提高家庭的经济收入，改善经济条件，提高幸福感；在学校层面，其所承担的责任和追求的目标则是培养适应社会发展需要的高素质人才，并使自身的规模和实力得到提升；对于企业而言，经济收益是其所追求的直接目标，而这一目标的实现离不开企业规模的扩大和整体实力的提高；对科研单位而言，优秀的科研创新能力是其追求的第一目标；对于政府而言，对创客群体进行培育、促进其更好地成长是建设创新型国家的总目标中极为重要的一个分目标。一方面，这些目标的实现需要以上各主体的良好互动和配合，通过良好的机制运作激励各主体积极参与其中，形成联动效应；另一方面，实现创客群体的良好发展这一目标，可以间接促进各主体向各自的目标靠拢，达到利益最优。因此，创客成长体制是可执行体制，能够成为社会选择。

目前，我国创客运动虽发展迅速，但创客空间、孵化器运营管理不善、成效平平甚至倒闭等问题逐渐增多，引起人们对创客群体的质疑，这对于创客群体的发展极为不利。究其根本，这一问题在很大程度上与创客成长体制的不完善有关。因此，必须进一步根据不同主体的特点改进和完善相应的体制机制设计，使各个主体在创客培养过程中找到自己的定位，为创客群体的成长提供良好的环境和资源条件。

### 8.3.2 创客培养的体制机制设计

创客培养是一个系统工程，也是一个复杂的工程，必须上升为国家战略。从国家创新体系角度来看，它包括家庭、中小学、大学、社会化的创客空间、政府和企业等主体，形成一个横向包括全国各省、自治区、直辖市，纵向从中央到地方各级政府、学校、产业园区、企业广泛参与，相互联系、相互协作的巨大系统，其中的运营机制就是国家政府为此设计的政策制度支撑系统。系统各要素以培育创客为中心，各个要素之间除了需要建立相应的协同机制、联动机制、评价机制和成果转换机制等外，还应包括检查督导机制、考核机制、舆论监督机制、激励机制等。只有将责任落实到各主体，将资源配置到各主体，才能形成培养创客群体的合力。为此，各主体应按照以下机制具体运行：

**1.形成多主体协同机制**

创客群体的成长和培育是一项系统工程，不是创客个人或者某一其他主体依靠自己的力量就能完成的，需要个体、家庭、学校、企业、社会和政府等方方面面的支持。政府要制定合理可行的政策和相关措施，营造良好的成长环境；家庭要重视对孩子的好奇心、模仿意识和动手能力的启蒙，通过家庭环境的熏陶为创客的成长奠定良好基础；中小学和高校要在不同的教育阶段侧重不同的创新创业教育内容和方式，培养学生各方面的创新创业能力和创新创业素养；企业要利用自身资源优势，与高校、政府合作开发创新项目等，为创客的培育提供新的场地；社会资本要向创新创业项目倾斜，保证创客群体有创业实践场所，融资渠道通畅。这样，通过多主体投入，将与创客成长有关的主体都纳入其中，共同协作，为创客群体提供良好的成长环境和资源生态。

**2.形成多主体联动机制**

创客群体的成长是一个持续的发展过程，不能一蹴而就，必须根据其成长规律在不同的发展阶段采用不同的培养方式和激励手段。在多主体协同作用下，由政府制定多方政策；在前创客培育阶段，学校、社会组织等建立创新活动场所，开展科技知识讲座等活动，旨在培养孩子对科技的兴趣、创新意识和动手能力；在创客发展阶段，高校开设大学生职业生涯教育和创业讲座，邀请各行业名师主讲，满足学生不同的创业需求，并与科研单位和企业合作开展创新创业项目，使学生的创业能力和创业素养得到提高；在后创客创业阶段，创客空间为创客提供创业实践场所和各项创业服务，社会资本和银行等金融机构为其提供小额贷款和创业资金等，各地政府落实创业补贴和各项优惠政策，使创业团队平稳渡过初创期，顺利创业。基于此联动机制，创客群体能够在不同的成长阶段得到相应合理的支持方式，从而更好地发展。

**3.确立科学的评价机制**

评价机制是创客成长机制中不可或缺的一部分，对各主体进行客观合理的评价才能更好地优化资源配置，指导创客群体的成长。首先，对中小学的动手实践活动成果进行评价，根据其成效给予不同的奖励，并督促其重视对学生的动手能力和创新意识的培养；其次，对高校大学生的创新成果进行评价，根据其优秀程度给予不同的学分奖励和物质奖励等多种形式的奖励，提高大学生参与创新创业活动的积极性，同时，建立创新创业导师评价制度，优者奖励，劣者淘汰，保证创新创业活动正常开展；最后，对创客空间、孵化器等创业实践场所的效益进行评价，督促其加强运营管理和项目筛选，避免项目同质化和资源浪费。评价机制的建立能够从侧面激励各主体显示真实信息，有利于营造良好的创客成长环境。

**4.实施科学的成果转换机制**

成果转换机制是从创新成果的角度对各主体进行激励，通过制定各种政策、制度促进创新成果商品化、市场化，从而获得经济收益和社会效益，同时使创客群体获得成就感，其他参与主体也能够从中获得相应的经济收益和新技术等。这在一定程度上能够活跃创客文化，提高各主体的参与积极性，尤其是创客群体的创新创业热情。如对于已取得社会价值较高的创新成果的高校大学生，可以通过奖励和各种优惠制度对其给予创业补贴，高校则可以通过让其入驻创客空间，为其提供办公场所、创业导师、项目孵化等创业服务，帮助其对接行业社会资源，使其平稳渡过初创期。

**5.各级政府落实检查督导、考核机制**

检查督导是指各级政府对所辖区域的各个主体的行为进行定期检查和监督，督促其正常开展活动。通过建立检查督导机制，各个主体能够正常有序地在各自的职责范围内对创客群体进行培育，尽职尽责地组织活动，为创客群体提供所需的资源和条件。

考核机制与检查督导机制有相似之处，都是对创客群体成长过程中的参与主体进行评价和监督。建立考核机制，首先要将各个主体作为考核对象，构建考核评价指标，并建立考核标准，对各个主体的效益进行科学合理的评价，同时建立奖惩制度，根据考核结果进行相应的奖励或惩罚，促使各个主体优化配置资源，积极有效地开展活动，为创客群体营造良好的成长环境。

**6.正确的舆论监督机制**

舆论监督是指新闻媒体通过采访、记录、宣传报道等手段向公众公开政府事务、社会事务等一切有关公众利益的事务，并督促其整体运行遵循法制和社会生活公共准则的一种社会行为。建立舆论监督机制，通过新闻媒体和社会媒体的力量对各地创新创业活动进行宣传报道，一方面，使公众更加了解创客运动，接受并推崇创客文化，有利于创新创业活动的开展；另一方面，使政府更加全面地了解各地创新创业活动的开展情况，对创客群体成长过程中存在的问题有所体察，从而采取相应措施解决问题，有助于为创客群体创造良好的成长环境，促进其健康发展。

**7.各级政府建立针对各主体的激励机制**

激励机制主要表现为国家设立相关的财政、税收、金融政策对相关主体，如各级政府、学校、企业、个人等进行支持和鼓励，引导各主体参与到创客的培育、孵化过程中来，这里不再赘述。

# 第9章 我国创客成长环境研究

根据西方国家的经验，创客并不是在任何环境下都能够自动生长、发展成为一个群体的，它需要温床。它的产生需要社会、经济、文化、技术环境满足一定的条件。西方的DIY运动也是在工业化尤其是互联网背景下，经过媒体的不断宣传、倡导，才逐渐形成气候的。因此，我国创客群体要成为国家创新体系中的重要力量，也需要环境的支撑。本章重点研究我国创客产生和培养的一般环境和特殊环境。

## 9.1 创客成长环境的定义

目前关于创客成长环境的研究成果不多，大多数学者较为关注创业环境，探讨创业环境的维度、总体网络系统及影响因素等。

Gartner最早探究创业企业建立的理论框架，并从个体、组织、过程和环境四个层面进行研究，他认为创业环境包括政府支持、创业文化氛围、易获取的资源、科研单位及大学的支持等因素（朱燕空等，2008）。创业环境由多种要素组成，国内外学者从理论层面和实践层面对创业环境的组成要素进行了归纳总结。从理论层面来讲，《全球创业观察中国报告——基于2005年的数据分析》提出，“创业环境包括金融支持、政府政策、政府项目支持、教育与培训、研究开发转移、商业和专业基础设施、进入壁垒、有形基础设施、文化与社会规范”（高勇等，2006）；池仁勇（2002）则从生态系统的角度阐述创业环境的构成，他认为创业环境生态系统应由创业者培育系统、企业孵化系统、企业培育系统、风险管理系统、成功报酬系统和创业网络系统这六个部分共同组成；蔡莉等（2007）认为创业环境的完整构架离不开政策法规环境、文化环境、人才环境、科技环境、融资环境和市场环境这几类环境的相互作用。从实践层面来讲，学者们主要对创业环境的影响因素进行了研究，包括整体影响因素研究和单一影响因素研究。其中，周丽（2006）和杨晔（2007）运用创业环境分析模型（GEM）分别对珠三角地区欠发达城市和长三角地区的创业环境进行了整体评价，并提出政策建议；马建珍（2004）从政策法规环境的影响角度提出完善政策、制度，打造高效政府以对创业环境进行优化等建议；张二震等（2004）认为要促进南京市产业集群，发挥集聚效应，必须重视投资创业环境的优化。

创客成长的最终目的是成功创业，只有成功创业才能带动就业，促进科技进步，推动我国社会经济发展，因此创客的培育环境就显得尤为重要。本书借鉴Gartner的观点，认为创客群体的成长环境是指在创客各个阶段的成长过程中对其发展产生影响的要素的总和。结合前文所研究的创客成长规律，本书认为创客成长环境在创客成长的不同阶段有所差异，主要分为一般环境和特殊环境，模型如图9-1所示。

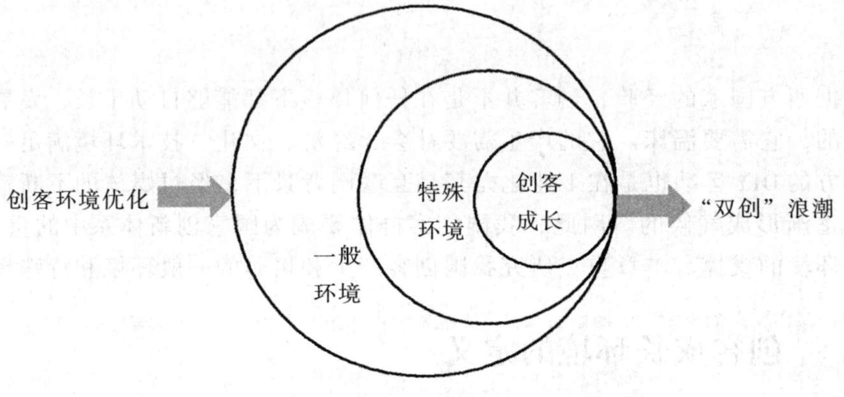


图9-1 我国创客成长环境模型

从图9-1可以看出，创客成长环境通过促进创客群体成长来实现创新创业的社会景观，带动“双创”浪潮，对国家和社会进步起到积极作用。当然，创客群体的成长环境不是一成不变的，随着国家和社会的发展，各级政府在不同阶段应对创客群体的培养政策进行相应的完善和优化，确保在创客的不同成长阶段提供充足有效的资源条件，促进其健康发展。创客成长环境有效性的发挥离不开其构成要素即一般环境和特殊环境的相互联系和作用。下文将对创客成长环境的构成要素进行具体分析。

## 9.2 一般环境

创客成长环境的首要构成要素是一般环境，包括制度环境、教育环境、社会环境、技术环境、基础设施等硬环境，文化价值观等软环境，这些因素相互融合、相互渗透，对创客群体的培育和成长产生重要影响。

### 9.2.1 制度环境

创客作为新生的创新力量应该纳入国家创新体系之中，同时，对创客的培养和支持也应该纳入国家创新体系的各个环节之中，尤其是对于这样一个特殊群体，应该根据其不同的成长阶段设立不同的政策、制度，如相应的财税政策等。

目前，随着创客运动的深入开展，我国出台了一系列相关政策，鼓励大众创业、万众创新，其中包括高校大学生自主创业政策、商事制度改革、投融资政策、补贴优惠政策等。与此同时，各级政府也纷纷响应国家号召，对所辖地区的创客空间、孵化基地、创业园等实施一系列优惠措施，激发了人们，尤其是高校大学生创新创业的热情和积极性，社会创新创业氛围愈加浓厚。同时，在国家政策的鼓励下，创业投资和天使投资市场持续火热；新三板市场逐渐扩大，这大大增强了社会创新创业的活力。

但同时，我们应该认识到目前我国政策支持较偏重于创新创业阶段，对于促进创客成长的前两个阶段的相关政策设计是不足的，还需要进一步完善。

### 9.2.2 教育环境

幼时的习惯和观念意识总是在人的大脑中根深蒂固，并随着经历和实践不断强化，因此创新意识和创新素养的培育应该从小开始，从娃娃抓起。教育部门应全程开展创客教育，在中小学直至大学的教育体系中植入创新意识和能力的培育，同时在高校建立一定的评价标准对创业大学生的创新创业成果进行评价，并与高校专业知识考核标准并轨，使大学生创客消除后顾之忧，更加积极地参与创业活动，培养大量的创客人才队伍，最终形成创客群体，并形成活跃的创客文化，达到良性循环，不断为我国建设创新型国家输送高素质人才。

### 9.2.3 社会环境

社会环境因素包括社会形态和社会制度、人们的受教育程度和文化水平、宗教信仰、风俗习惯以及价值观念等。这些因素影响着创客创新创业的价值取向和创业方向。如果创客所处的环境中大多数人追求稳定，认为创业所承担的风险较大，不崇尚创业，那么创客创新创业的行为就会较少，创客数量也相对较低；相反，社会文化推崇创新创业，提倡实现自我价值，全民认同并支持创客群体的行为，重视创客教育，那么创客群体将会在各类社会组织中得到重视，其创新行为能够产生更大的社会价值，将会更容易创业，从而带动就业，产生巨大的效应。

因此，我国要形成一种什么样的社会环境对创客群体的成长来说至关重要。在后创客创业阶段，由于政府的大力支持，各地纷纷建立多种形式的孵化基地，为创客群体开展创新创业活动提供了场地和硬件设施。但是，创客群体的发展是循序渐进的，需要对其进行前期的创新思维意识和动手实践能力的培养。目前，我国培育青少年动手能力的科技活动场所严重不足，这是我国创客群体不足的原因之一。国家制定相关政策鼓励社会组织、民营企业和个人投资青少年成长学习基地，能够给青少年创造第二课堂。要培育民众的创新创业精神，必须从全社会的角度出发，从创客成长的全过程进行探索，完善青少年创新意识和能力培养，提供相关的成长环境，为广大民众提供多渠道就业创业的路径。

### 9.2.4 技术环境

创新创业是经济发展的动力和源泉，创客成长的技术环境反映了社会对创业行为的技术支持能力，以及为创客提供的科技创业机会，因此，技术环境是直接影响创客创新创业方向选择和成果转化的重要因素。技术环境因素包括科技发达程度、对科技开发的投资和支持重点、技术转移和技术商品化的速度以及专利及其保护情况等。第三次科技革命的兴起使得新技术、新材料、新工艺不断涌现，刺激了新兴企业的出现，对创客群体的发展十分有利。

科技教育是技术环境的主要因素，青少年阶段的科学技术能力最难培育，目前我国社会对青少年科技能力的培养不足，也缺乏相应的教育场所和基础设施。在九年义务教育以及高中、高职教育阶段，我国青少年很难获得技术指导，如对加工工具、设备、软件等的认知，因此，对基本原理和专业技术的教育成为我国青少年教育中最缺乏的部分，这就决定了我国现阶段的技术环境很难在前期对青少年进行创客精神的培育，而没有技术基因的植入，青少年就会缺乏对新奇事物的感知能力，很难激发青少年对科技的兴趣。加强科学技术的普及，提供相应的教育基地，培育青少年的动手动脑能力，成为促进创客群体成长的技术环境因素。

### 9.2.5 基础设施等硬环境

目前我国建设有各类创客园、创客空间、创业孵化基地，基本都会配备硬件设备，包括办公空间、3D打印机、磨具、器具等，还包括创业服务，如创业导师指导、项目沙龙、创业融资、行业资源对接等，但中小学、职业院校等的创新创业基础设施建设有很大不足。从某种程度上讲，学校肩负着人才培养的重任，拥有多种知识教育体系和众多参与者，通过开展创新创业活动，能够促进不同领域知识和技能的融合渗透，充分利用资源，创造更大价值。因此，应重视学校对创客活动的支持，在学校投入活动场地、基础设施等硬件资源，以及指导老师、创业咨询、行业对接等其他资源，尤其是对于中小学校，还要加强对科技知识讲座、制作比赛等活动的投入。同时，应充分利用互联网技术，搭建资源共享平台，建设创意交流、创新成果展示等板块，最大限度地利用创新资源，开展创新活动。

### 9.2.6 文化价值观软环境

全社会认同创新价值观，树立科教兴国战略，创新驱动社会经济发展，营建“大众创业、万众创新”的良好氛围；认同创业英雄、企业家精神，引导青年创业，不害怕失败，敢冒风险，培养青年人的开拓精神，形成全社会都认同创新、认可失败、支持创业的社会氛围；构建健全的创新创业教育体系，从小培养青少年对科学发明的兴趣和创新精神：这些都有助于创客的培养和成长。

## 9.3　特殊环境

除了前文所述的一般环境因素，要促进创客成长，还应根据其所处的成长阶段创造适合其发展的特殊环境。特殊环境主要是创客成长的不同阶段所需要的制度、政策、设施等具体的能够落地的环境要素。下文将分阶段进行具体探讨。

### 9.3.1　前创客培育阶段环境

这一阶段主要是从小培养创客的创新意识和创新素养。在良好的基础环境影响下，学校积极开设各类手工制作、小工艺品设计等课程和实践活动，营造良好的创新意识教育氛围，同时，各地政府或社会组织建立青少年DIY活动中心等活动场所，并定期举办创意活动，吸引青少年前来参加，锻炼他们的动手能力和团队协作能力。家庭教育在这一阶段有着举足轻重的作用，家庭的经济条件、家长的受教育程度以及对创新的重视程度在一定程度上对青少年的创新意识和能力有重要影响。具体来说，应从以下几个方面构建这一阶段的创客成长环境：

（1）以学校为中心构建第二课堂系统。有条件的小学、初级中学、高级中学都应该建立各种类型的技术室、活动室、发明室等，同时开展各种创意类的教育活动。

（2）构建科技入校体系。引导高校科研机构、企业科研人员与经过申请的中小学建立合作关系，协助学校开展技术教育和科学技术普及活动。

（3）构建青少年活动中心体系。将各级政府设立的青少年宫、社会组织投资建立的各类青少年技能培育中心纳入国家教育体系，共同开展青少年科技教育活动。

通过政策的引导，增加各级政府对教育的投入，同时引导社会组织投入青少年科技活动，将教育产业作为现代服务业来发展，将有利于完善创客群体的成长环境。

### 9.3.2　创客发展阶段环境

这一阶段的创客处于高等教育阶段，其成长与高校教育和社会、经济、科技发展水平有密切联系。国家应鼓励高校大学生积极参加创新创业活动，对高校的创客空间及创新创业活动建设给予财政资助和专项拨款，高校应开设创业课程，邀请有经验的各行业人才给学生授课，培养学生的创业实践能力，并积极组织各类创新创业活动，允许创业学分计入总学分，调动大学生创新创业的热情。同时，社会、经济、科技环境在这一阶段也会直接影响大学生创新创业的目标选择和发展方向。具体来说，应构建以下具体环境：

（1）高校图书馆应转变功能，设立创客中心，为大学生创客提供发明的场所、软硬件设施以及技术指导；

（2）高校各类实验室应免费向大学生开放，同时安排实验室指导老师对大学生自发的发明创新活动给予指导，使大学生能够利用实验室资源和条件从事发明创造工作；

（3）构建真正意义上的大学生实践基地，大学生只有在企业的实践活动中才能迅速成长，有条件的理工类高校还应建立一定的实验工厂和中试线，方便学生参与生产和检验产品工艺与质量活动，更好地将所学理论与实践结合，提高解决实际问题的能力；

（4）有条件的高校可以建立科学产业园，引导科研人员与大学生联合创新，如采用导师制，将培育创客计入工作量，构建新的高校职称评定方式，使培育创客成为大学的基本职能。

### 9.3.3 后创客创业阶段环境

创业阶段是创客成长的最后一个阶段，创客处于社会创业时期，其成长与社会的创业环境有直接关系。社会的总体投融资环境是其中较为重要的因素，各地创客空间的硬件设施、创业服务、行业对接资源等条件也对创客的成功创业有重要影响。此外，国家对知识产权的保护措施在这一阶段十分关键，其直接影响创业团队的创业积极性。此阶段应构建以下具体环境：

（1）各地创业中心增加创客孵化职能，加大财政支持力度，以便为创客提供产业化前的再创造的空间；

（2）将企业创办的创客空间视作技术创新，允许其享受国家技术创新的相关政策；

（3）构建社会图书馆创客空间，为爱好发明的创客提供基本的设施、资源和条件；

（4）鼓励各类社会资本建设众创空间，吸引创客带产品入驻，制定相关政策，使出资者和创客建立和谐关系，并开展创业辅导，共同发展新技术、新材料、新设备，为国家落实创新驱动发展战略提供动力。

一般环境与特殊环境是相互影响的，只有大环境好起来，国家从战略层面重视创客这一创新主体，才可能去调整相关的政策，营造好的特殊环境，整个社会才能形成良好的风气以促进创客的成长。

# 第10章 我国创客群体成长环境优化研究

创客在我国已经得到社会的广泛认同，并且涌现出成千上万的人进入各个创客空间开展创新创业活动的现象。在国家政策驱动下，各地进行大胆尝试，创办了不少的创客室和创客空间，但更多的是注重硬件设施的建设。从笔者的采访调查来看，我国创客成长的软环境仍存在一些亟待解决的问题，需要不断予以优化才能促进创客的成长。本章将进行具体阐述。

## 10.1 我国创客成长环境存在的不足

我国创客成长环境存在的不足主要表现在以下几个方面：

**1.没有形成创客孵化链**

我国创客空间接纳的只是已经成长为创客的群体，对成为创客之前的创客群体的培养不成体系，主要表现为各地的中小学第二课堂和青少年宫以及社会上创办的营利性辅导班、基地或公司，并未形成从小学、中学到大学到社会的孵化体系。

**2.没有形成创客孵化的政策链**

针对不同阶段需要不同的政策支持，调动全社会力量参与到创客培养体系中来，我国尚未形成支撑创客成长的政策链。

**3.没有形成支持创客创新创业的文化**

现有的企业办创客空间是以本企业产业为基础，以本企业员工为主体，开展创新创业的机制。社会上民办的创客空间未形成比较好的运营模式，在融资方面存在较大的困难。全社会并没有看好创客作为一种存在方式的前景，因此，很难从精神上给予创客们支持。

创客作为一股力量已经势不可挡，可是与之相适应的环境并没有完善起来，甚至研究创客成长环境的成果都很少，可见，创客成长环境建设将成为下一个阶段国家创新体系调整和建设的一项重要任务。如果不进行创客成长环境的优化，我国创客不可能成为创新驱动的社会主体，也很难得到国家的重点支持，所以本章提出创客成长环境优化的问题。

## 10.2 将创客政策纳入我国创新体系

从传统意义上看，自熊彼特创立创新理论以来，历经百年，创新尤其是技术创新逐步成为有组织的社会精英们的社会活动，企业技术创新能力成为衡量一个国家竞争优势的重要因素，创新型国家更将GDP的2.5%以上投入R&D活动来支持企业、科研院所和大学的创新活动。所以，全世界都认为创新主要依靠大企业、科研院所、大学，很少认识到普通群众也是创新的主体，也需要国家的大力支持，尤其是创新型国家尤其如此。

目前，我国创新体系主要由政府、企业、科研院所及高校、技术创新支撑服务体系四者构成，其中以企业为创新主体，而个人对科学的追求、向往以及创新能力则一度被忽视。实际上我国创新需求巨大，创新能力还急需提升，仅仅依靠企业、科研院所和高校的研究力量是不够的，尤其是这些研究机构在创新方面存在一个短板，那就是基于操作实践层面的工艺改进、质量改进、工具改进等隶属于“工匠”所从事的有关产品品质改进的工作。这些方面的创新活动需要培养广大一线员工来开展。同样，创新型国家的建设也并不能只将知识精英有组织的创新作为唯一的创新形式。

因此，每一个创新型国家都不能忽视群众性科技创新运动在国家创新体系中的作用。创客运动正是在广大群众追求创新的社会思潮和趋势中孕育而生的，人民群众通过创客空间的支持，实现发明创造的梦想，既是国家发展的需要也是个人发展的需要。作为增强创新活力的重要助推力量，创客也应该纳入我国创新体系中。关于创客的相关作用力，包括创客空间、创客成长机制、创客相关政策等，也应该与现有创新体系融合，形成创新合力，为我国加快进入创新型国家行列贡献重要力量。

## 10.3 我国创客相关政策的阶段性选择

前文将创客成长过程划分为前创客培育阶段、创客发展阶段和后创客创业阶段，要对创客进行培育，使其健康发展，就要在不同的成长阶段选择不同的培育方式，同样，政策扶持也应该根据创客成长的不同阶段选择不同的方式。不同阶段的政策扶持方式见表10-1。

表10-1 不同阶段的政策扶持方式

| 个人成长阶段 | 创客成长阶段 | 扶持方式 | | | | | | | |
|---|---|---|---|---|---|---|---|---|---|
| | | 创新活动场所建设 | 创新创业意识教育 | 创新创业能力教育 | 众创空间建设 | 创业补贴 | 融资 | 贷款担保 | 税收优惠 |
| 学前和中小学 | 前创客培育阶段 | √ | √ | | | | | | |
| 大学 | 创客发展阶段 | | √ | √ | √ | √ | | | |
| 社会 | 后创客创业阶段 | | | | √ | √ | √ | √ | √ |

## 10.4 各阶段政策设计

### 10.4.1 前创客培育阶段

前创客培育阶段处于学前和中小学教育时期，这一时期的学生好奇心比较强，善于模仿，是对学生进行创新创业意识教育的黄金时期。创新创业教育政策要摆脱功利性，就要转变创新创业教育理念，不能一味地为就业而创业，而要注重学生的个人发展，将创新创业理念贯穿教育的全过程，从学前和中小学阶段开始，通过勤观察、善思考、多发问等方式提高学生的创新意识，同时加大对青少年创新活动的支持，如鼓励各地政府创办青少年活动中心，对社会资本建立的青少年DIY中心给予财政支持等，以此加强对中小学生动手实践能力的培养，为后续阶段的发展奠定良好的基础。

因此在政策设计方面，首先，应将创客教育融入学前和中小学教育体系，并确保师资、经费、实验器材等软硬件设施的支持；其次，在青少年活动中心的筹建方面，应按每万名学生配备一个活动中心的比例来建设，并给予一定的资金、设备、导师等的支持，而对于社会资本资助的青少年创客活动室等应该给予财政税收上的支持，如果活动室的成效突出，还应给予相应的奖励，同时要对资源进行限制和管理，避免浪费；最后，在科技创新活动方面，可以开展青少年科学知识竞赛、科学发明展览、科普教育讲座等，开阔青少年的科技视野，激发他们对科学技术的向往和兴趣。

### 10.4.2 创客发展阶段

创客发展阶段的群体主要是指进入高等学校接受高等教育的大学生，他们一般具有较强的自主意识和自我管理能力，对创新创业的可行性有一定的判断能力。这一阶段需要加强创业教育学科建设，实施对创新创业意识和能力的双重培养，提高学生的逻辑思维能力、团队协作能力和风险判断能力，并通过各类创新创业活动，如培训、实践、创业大赛等锻炼学生的创业管理能力。对于有创业能力的学生应该提供相应的资金补贴、技术和场地等创业服务，降低创业风险。

在政策设计方面，首先，要全面开展和推广创新和创业教育，实现传统教育模式的转变，把创新和创业作为教育的目标，如可以进行不同专业之间的教育融合、基础课程教育间的内在渗透等，把创新创业教育理念通过教学融入到学生的知识框架中，引导学生形成良好的创新性思维，并具备相应的创业能力。其次，要重视教师和学生评价与激励机制建设，鼓励学生积极参与创新创业活动，如制定科研基金管理制度，规范学生的科研活动，并设立一定的奖惩机制，调动学生的创新积极性和热情，同时落实学生实习与实践教育基地建设，促使学生将专业知识运用到实践中去，提高学生解决实际问题的能力，进而培养其创新创业能力。对于创新实践活动的指导老师，要采用科学合理的考核方式对其工作进行评价考核，建立相应的奖惩制度，这能够对导师起到一定的监督作用，提高其专业性和工作积极性。最后，各级政府和学校可以每年专门划拨一定经费，组织学生自立课题，并形成申报、立项、开发、评审结题等一系列规范的运作程序和管理办法，对于创新成果突出的学生，学校除了给予一定的物质奖励之外，还应给予其他形式的奖励，以此来激发学生的创新创业热情，形成良好的创新创业活动氛围。

### 10.4.3 后创客创业阶段

后创客创业阶段主要针对有创业能力或者已经成立小型工作室的创业群体。这一阶段，企业刚刚成立，创新成果只是一个有创意的方案，还未实现产品化和市场化，由于各种不确定因素的存在，企业的运营存在较高风险，需要政府以创业补贴、融资或风险投资、税收优惠等方式对其进行扶持，帮助其渡过初创的危险期。

在政策设计方面，首先政府以风险投资的方式注资以及给予财政拨款是该阶段主要的政策支持手段，同时，重要设备或仪器的进口需要税收优惠政策的支持；其次，在创业初期为了创造中试及生产条件，加快速度抢占市场，资金需求量非常大，这一阶段政府补贴会有所减少，而政府风险投资和贷款担保的重要性进一步凸显出来；最后，创业企业成功步入成长期后，其销售市场打开，市场风险和管理风险降低，如果企业的产品销往国外，那么出口信贷、出口保险、出口退税等政策支持十分重要，同时，相关税收优惠也会给企业进一步发展带来很大益处。

国家政策对于促进创客成长发挥重要作用，只有依据创客的成长阶段进行相应的政策设计与选择才能更好地促进创客成长。通过整体的政策设计和实施，形成完善的创客政策链，从而构建一个贯穿教育全过程的创新创业教育体系，有利于活跃创客文化，促进创客群体的健康成长。同时，创客文化的培育需要政府、学校以及社会的共同参与，政府要发挥主导性作用，通过网站等媒体宣传创新创业政策以及创业典范等信息，汇聚社会力量开展创业培训、创业活动等，学校要加强对学生创业素质的培养，使学生树立正确的创业理念，降低创业风险，进而营造崇尚创新、勇于创业的文化氛围，推动创客群体为经济和社会发展贡献巨大力量。

通过三阶段制度、政策环境的设计，可以使我国创客孵化形成链条，政策分层分级更具有可行性。新的体系能够利用国家引导资金、教育资金投向创客群体的培养，吸引大批的民间资本投向创客空间等孵化器，投向青少年的艺术素养、科技素养、创造素养的培养，使我国成千上万的民众能够成为创客，依靠体制机制保障创客群体的可持续成长。

# 第三部分
# 作为运营方法的群众性改善活动

从经营者的角度来看，谁都想做最优秀的公司，但是公司作为一个复杂的系统总是出问题，因此，每年总有公司从优到良到差甚至破产，也有公司从差到良到优，这其中精细化的运营方法起到了重要作用。在不出战略错误的前提下，公司经营得好坏的关键在于是否能发挥全体员工的积极性和创造性，引导全员朝向一个目标去富有创新性地工作。稻盛和夫提倡的阿米巴经营，其核心思想就是在员工认同公司理念的基础上发挥每个人的创造性，员工努力为自己工作，经营好自己的岗位从而为公司做出贡献，使公司与个人都得到发展，将公司打造成为发展员工事业和创造性的平台。一线员工最了解公司的弊端和潜在的危机与风险，开展有组织的改善活动一直是日韩企业提高效率、降低成本、增强竞争力的利器。我国制造业现阶段仍然处于全球制造业的峰值，产能大，制造能力强，世界上大部分消费品主要集中在中国制造，因此在制造业开展卓有成效的改善活动，仍然是成本最低、最有效的方法。

虽然说智慧制造、一对一制造、柔性制造、3D打印技术等新概念不断走进我们的视野，但是我国现阶段仍处于智慧制造的前夜，仍然需要加强基础管理，开展大规模的改善活动仍是提高产品竞争力、促进产业转型升级的良方。

根据以往的经验，优秀企业走向衰落时往往出现以下迹象：

- 公司想鼓励创新，但是广大员工“不求有功，但求无过”，不思进取；
- 每年都制订计划，但是具体的执行情况与计划总是相差很远；
- 强调全员参与管理，而事实上员工并不知道如何做；
- 想快速发展，却总是不尽如人意；
- 大家都知道要改善，实际上却一点也不改变；
- 每年都搞招标比价，但是每年的成本仍然居高不下；
- 每年都强调开发适销对路的产品，可每年产品总是有问题；
- 每年都讲基础管理薄弱，但是每年仍然没有人去扎实工作，加以改进；
- 想要进一步控制费用，但是每年费用都在不合实际地增长；
- 员工总是牢骚满腹，公司指令总是执行不到位。

面对败绩的出现，经营者怎么办？如不及时采取措施，3年之内必然出现大问题。要拯救公司，经营者必须花大力气审视公司的战略、组织、流程，找出问题进行变革。公司是一个很复杂的系统，既要解决生存问题，又要解决发展问题，“治病健体”，工作千头万绪，因此经营者需要建立一个专门的部门来协助工作。这个部门就是经营革新部，作为参谋机构，它也是新经营思想、方法、措施的推进机构，其主要责任是发动全体员工参与革新活动，制定激励机制与运营方法，使全体员工将眼光投向生产经营的每个角落去消除问题，保证最佳运营。

经营革新也好，新经营也好，核心是更好地解决经营问题。解决经营问题，一个是战略，一个是战术。从战略上来看，它是决定做什么的问题；从战术上来看，它是决定怎样做的问题。无论是战略还是战术的谋划，经营革新始终是追求投入产出比，力求最佳，在同行业中使自己的产品最具竞争力。产品从原材料经过加工变成顾客需要的商品，实现价值的过程并不复杂，但是企业对过程的控制能力却相差甚远，从而导致不同的结果。经营革新就是要对实现价值的过程进行最优化选择与管理，达到同行中最优的目的。

为了寻找最优化的方法，经营革新者首先要对照竞争对手找问题，然后想办法加以改进，这是经营革新的全部工作。使经营往好的方向转化的方法，往往不是立竿见影的，需要长期坚持，这是一场持久战，因此需要耐心，也需要坚强的意志。

解决问题的方法很多，关键是如何取舍，如何使方法得到贯彻、与不同的业务形成最佳组合以达到理想效果。方法是用来改善业务的，只有适合与不适合的区别，没有好与坏的区别。即使是同样的方法，也可能对A适合而对B不适合。真正的新方法很少，同样的方法别人用了很长时间，你的企业没有用过，现在用起来，那对你的企业来说就是新方法。有时最古老的方法也能在经营实践中发挥意想不到的作用。如田忌赛马，在一场整体实力不如对手但又想取胜的比赛中就很有用，当然关键是游戏规则先定好了，并且对手并没有觉察到，也没有防着你，只有出其不意才能起作用。这就说明好的方法是死的，但如何运用却具有灵活性，正是这样才使得商战变幻莫测。因此，革新的方法没有固定模式，好的方法好在它是一个开放的系统，能修正自己，也能包容其他方法，不断引入、连接新的方法，完善、补充原先的体系，或者扬弃原先的体系建立一个新的更合适的体系。总之，原先使用的方法，两三年以后就必须审视是否适用，如果出现上面讲的那些问题，那肯定已经不适用了，必须寻找新的合适的方法。因此，经营革新主要是方法的革新。

全员生产改善活动被称为TPM（Total Productivity Maintenance）活动，我们根据中国企业特点，将TPM活动分为两个阶段共5个Step（步骤）来进行，其中每个Step需要6~12个月。这5个Step分别是：0Step是革新工作的基础，开展“两整三清”工作，为后面的改善做好充分的准备；1Step使生产条件最优化，确保为顾客生产最好的产品的条件；2Step建立标准质量生产体系，确保为顾客提供高质量的产品；3Step着手生产成本最小化，为公司创造更多的利润；4Step开展员工自主管理，形成改善创新的文化，增强公司“体质”，确保竞争力。另外，推进经营革新关键在于员工培训，因此本书专门设立了一章讲培训工作。同时，根据管理改善工作的需要，还专门准备了一章讲考核评价体系。没有考核就没有管理，经营者希望员工怎么做，就必须在评价体系中反映经营者的要求，将薪酬与改善绩效联系起来，管理者做到要什么就考核什么，这是高绩效的原则。

# 第11章 TPM支持体系

公司的目标管理体系为我们做什么指明了方向、树立了目标。TPM就是解决经营革新怎么做的问题。公司如何才能实现盈利的目的？在信息化时代，竞争异常激烈，各方面讨价还价能力都很强，公司要实现利润计划，必须将眼光回转、仔细研究内部的管理工作。

TPM就是一个审视自身管理工作、从内部挖掘利润来源的系统的管理体系。TPM着眼于企业3P（People、Process、Product）的改善，其中关键是人的能力与水平的提高，只有员工的业务能力提高了，才能确保业务的质量。要确保业务水平，关键是从事业务的方法要得当，因此，TPM技法在注重人的能力与水平的同时，也注意方法的标准化、规范化，真正做到简单的错误、同样的错误不再犯，从而提高业务水平。只有按照规范去做业务，才能确保产品的质量，只有为顾客提供高质量的产品，企业才能立于不败之地。

总而言之，TPM活动就是通过人、业务、产品或服务的改善，改善公司的“体质”，确保公司具有强大竞争力的管理方法。这对于改革发展中的中国企业来说，特别有意义。

## 11.1 TPM的发展与传播

管理学理论大多诞生于美国，TPM也一样，要追寻它的源头，也必须回到美国20世纪40—50年代的产业发展中去探究一番。

第二次世界大战以后，美国设备制造业取得长足发展，设备制造企业对设备制造以及保养做了很多研究。设备是有生命的，从生产出来到投入使用再到最后报废，整个过程就是设备的生命周期。企业为了使购买的设备发挥最大的作用，就要经常保养设备。起初，企业只是在设备出问题以后才进行保养，这叫事后保全（Break-down Maintenance，BM）。1950年以前半自动、手动操作设备多，结构也简单，常采用这种事后保全的方法，在设备出现故障后再维修。1950年以后，人们发现设备的许多故障是周期性出现的，于是对这类故障提出了预防保全（Preventive Maintenance，PM）的维护方法。1955年前后，人们发现设备故障总在某个部位出现，因此在维护时主要去查找薄弱部位并对其进行改良，于是又出现了改良保全（Corrective Maintenance，CM）方法。1960年前后，工业技术不断进步，人们开始需要不发生故障的设备，尤其是飞机制造，不能出现任何问题，于是维护从设计、制作、安装开始，产生了保全预防（Maintenance Prevention，MP）的理论。1960年前后，美国GE公司综合上述维护方法，提出了一套系统的维护方案，即TPM的前身——生产保全（Productive Maintenance，PM）。但是，PM并没有在美国发展成为企业管理的主要方法。

20世纪60年代，日本企业开始向美国学习，从美国引进了PM活动。日本人不是亦步亦趋地学习，而是创新、发展式地学习。日本人不断丰富PM的内涵，尤其是将PM活动发展成为全员参与的改善活动，这是日本的贡献。为了推进PM活动在日本企业普及，日本社团法人还设立了PM奖，奖励那些在PM活动中成果卓著的企业。1971年，日本丰田汽车公司下属的一个关联企业，即日本电装公司，将PM活动发展成为全员参与的TPM活动，并以卓越的TPM成果获得了社团法人的PM奖。同时，日本社团法人制定了统一的TPM定义，1982年又出版了第一本专著——《TPM活动程序》。同时，TPM活动在日本得到了广泛推广，并取得了显著成果，使日本制造业超过了美国。

当日本人将工厂建到美国本土时，美国人才发现日本人原来是靠美国人发明的管理技法取得成功的。于是，美国反过来学习日本式的TPM管理，并使之流传到亚洲其他国家和欧洲。东亚即以韩国、中国台湾地区的企业运用较多，尤其是韩国三星、LG等企业，一方面学习日本企业的TPM，另一方面学习美国企业的6σ管理，并将两者结合起来，使企业迅速崛起。它们称之为“新经营”的TPM技法，这一技法在企业走向世界的过程中起到了巨大的作用。2002年中国海信集团率先导入经营革新，向韩国三星学习TPI（Total Productivity Innovation，即全员生产革新）、TPM管理技法，应该说这是中国企业走向世界的基本功，谁先做好了，谁就能够脱颖而出成为世界级企业。

TPM发展起来以后，尽管保留了对设备进行保全的内容，但是它的主体已经变成确保生产正常进行，以最少的投入获得最大产出。它也不仅仅局限在制造企业中推进，而是迅速向其他领域发展。它的发展有两种态势：一是从日本向世界各地扩散。亚洲代表公司有韩国的三星、LG、现代汽车，日本的丰田、松下、三洋，中国的海信、台湾中华映管等；欧洲代表公司有英国的NEC、挪威的北海油田、法国的Sollac-Fos等；美洲代表公司有美国的福特、宝洁等。二是向不同的产业扩散。从汽车到飞机，从机械到电子，全球70%以上的制造系统均实施全员改善活动。

## 11.2 TPM的定义与内涵

由于TPM一直处于发展中，因此要给TPM下一个准确的定义不是很容易的事，我们只能说明它现有的特性与内涵。一般认为TPM是“Total Productive

Maintenance”的缩写，译成中文是“全员生产保全”的意思。

TPM概念经过几十年的发展，已经成为企业从事经营革新活动的专有名词，它的内涵十分丰富。其中T（Total）代表公司全体员工，既包括公司经营层的领导，也包括生产一线的工人以及开发、营销、管理等其他部门的员工。经营是大事，没有公司全体参与，没有全员团结一致，就很难取得成功。TPM活动特别强调全员性、民主性，集大家的智慧，依靠全体员工完成经营使命。P（Productive）是指公司业务的生产性，它强调的是经济性、效益性、效率性，即投入要最少，产出要最大。因此，生产性肯定是依靠方法来保证的，没有方法就不可能保证效率。M（Maintenance）是保全的意思，就是要面向生产管理系统的生命周期，以对效率的极限追求为目的，将生产体系维持在理想状态的活动。TPM可以概括为以下几个方面的经营革新活动：

（1）TPM是一种以改善企业“体质”为目标，追求企业生产系统效率（综合效率）极限的经营挑战活动。

（2）TPM是在现场、现物的架构下，以生产系统生命周期为对象，追求灾害“0”化、不良“0”化、故障“0化、浪费“0”化，并将所有损失在事先加以防止的活动。

（3）TPM是从最高经营者到现场一线员工全员参与的改善活动，高层的参与和支持是关键。

（4）TPM是依靠小集团活动即以一线班组为单位的小组活动，达成损失“0”化目标的团队经营活动。

可见，TPM就是一种以小集团为基础的、全员参与的经营革新活动，是一种改善企业“体质”、提高经营效益、实现企业极限挑战目标的管理方法。

## 11.3 TPM的主要思想

TPM体系导入容易，成功难，难在不能坚持上。它强调扎扎实实做工作，要有耐性，它的效果并不是短期能够看得见的，因此，TPM不能医急病，它强调先治本后治标，增强企业“体质”，以提升竞争力。很多企业开始时兴趣很大，经过三两个月看不到效果，就松懈下来，甚至会怀疑自己不适于推进它。韩国人用佛教徒的虔诚来比喻推进TPM工作的过程，提倡“一字三拜”精神，意思就是要虔诚地相信它并坚持下去，自然能够修成正果。

企业自然是要赚钱的，TPM必须能够赚钱才会有用，因此在不同的阶段它被赋予不同的角色。在导入期，它被喻为“看得见的TPM活动”，确实，一般企业在推进初期很容易接受TPM的形式，因为TPM强调运用可视化的手段来引起大家兴趣，便于识别与操作，常常被反对者讥讽为“形式主义”。没错，TPM就是利用人最能接受的视觉冲击来使大家感到愉悦，感到简化，使任何人一看便知道如何做，当然也提高了效率。通过一两年的努力以后，企业进入成长期，有人就形象地称它为“赚钱的TPM活动”。开展TPM活动，可以消除各种浪费，提高效率，加快反应速度，提高产品品质，减少外部损失，这一切都是在为企业赚钱。日本丰田、韩国三星、中国海尔在激烈的市场竞争中能够赚钱，就是因为内部管理达到了完善的地步。

2002年，丰田集团年度中期决算报告显示，4—9月，丰田集团销售总额为7.88万亿日元（100日元约合人民币6.74元），比2001年同期增长了1.4%。这6个月丰田集团的营业收入增长了44.3%，纯利润增长了90.2%，达到5 537亿日元。所有这些数字均为丰田集团历史最高纪录。一个引人注目的事实是，丰田多赚的这些钱并不是靠多卖车取得的，而是通过降低成本实现的。丰田集团总经理张富士夫在会见记者时表示，增长的2 243亿日元收入中，1 500亿日元来自降低成本的努力，900亿日元来自汇率的变化，只有800亿日元来自销售市场的扩大。也就是说，在增长的营业收入中，丰田集团“抠”出来的钱几乎是卖车收入的两倍！丰田集团在设计产品时，就把生产、销售和零部件采购等要求考虑进去。从2000年6月开始，丰田集团开展大规模成本压缩运动（即21世纪成本竞争力建设计划，CCC21），计划实施3年，节约成本1万亿日元。CCC21计划主要有4个方面：设计、生产、采购和固定费用。在设计方面，丰田集团改变原先由各车型团队自主开发的思路，负责开发某一车型的总设计师在设计过程中，必须把生产、零部件采购、销售等方面的要求反映进去，形成互动。比如一款皇冠车，在没有完成设计时就去征求以下部门的意见：生产部门可能提出车模不用重新铸造；采购部门可能提出某些零部件太贵；销售部门可能提出该款式目前不流行等意见。针对以上种种不同意见，设计团队利用计算机对原先的设计进行改造。这种实时设计（Simultanous Engineering）模式最早是美国的通用电气公司发明的，但目前丰田集团运用得最为娴熟。以前丰田集团推出一款新车需要3~4年时间，现在已经缩短至15个月。开发时间的缩短，有利于集团更准确地把握市场脉搏和进行技术革新。在生产方面，丰田集团推出了“通用平台”的概念，即尽可能用相同的平台生产多种款式的车型。本来丰田集团在推出新车型时必定使用新的平台，现在设计师们从一开始就考虑如何利用现有平台。比如，丰田集团的East和Witz这两款车使用的就是同一平台。这样，丰田集团就大大节省了新车投产或车型变更时的前期投入，而且“节省了能源”。不过最值得一提的还是采购，丰田集团找出构成采购费用90%的170种零部件，组成170个工作小组，责成他们和供应商共同商量降低成本的方法，通过提高生产率、降低成本，保证供应商的利润。如假设一个产品的售价是100日元，厂家成本为90日元，通过努力后，他们把价格降到70日元，但同时一定要保证厂家的成本不高于60日元，不让供应商吃亏，这样大家都赚钱。应该说，丰田集团是世界上推进TPM活动最好的公司之一。

到了成熟期，TPM活动被称为“哲学的TPM”，成为一种经营指导思想，是以实践为基础的应用管理学思想。甚至有人认为TPM不是理论，而是实践活动。但是经过长期实践，人们还是将其最主要的思想概括出来，形成三大思想：

（1）TPM是“预防哲学”。它要求生产、设备等都要维持正常的状态，操作者通过日常的清扫、点检、注油、紧固、状态检查等防止劣化。操作者及保全人员早期发现异常、定期检查器械，对异常状态进行检查，及时采取对策。

（2）“0”化思想。向灾害“0”化、故障“0”化、不良“0”化、浪费“0”化挑战，体现“‘0’化不是可能性，而是必要性”的工作意志。只有不断追求灾害、故障、不良、浪费的“0”化，才能确保最好的生产性，为企业创造最大的利润。

（3）全员参与的思想。作为一种文化，TPM要求企业从上到下达到思想、行为的高度统一，紧紧围绕企业的经营目标展开各种改善活动，将员工组织起来，以小组活动的方式确保员工百分之百能够参与到TPM改善活动中来。形成革新文化氛围是最重要的。

## 11.4 TPM的主要体系

TPM活动主要是围绕企业员工、业务、产品进行的改善活动。方法是将员工根据生产与管理的需要分成小组，然后通过教育训练提高员工技能，组织员工进行业务改善，提高效率，为企业创造利润。主要改善活动可以根据业务的特点进行符合企业自身特色的开发。按照人类认识事物的规律，可以按从简到繁的思维方式进行策划，主要内容可以分成不同的阶段。根据心理学家George Miller的发现，人们记住事物的数量不超过7，因此日本人、韩国人喜欢按照7步来规划改善内容。其实不一定都是7步，可多可少，关键是实用，但是不能投机取巧，本来需要7步才能做完的工作，为了省事简化为2步或者3步，质量则不能保证，因此一定要在保证质量的前提下来进行规划。中国企业开展TPM活动，至少要包括以下几个方面的内容：

（1）基础性革新活动。任何革新都是有基础的，推进经营革新的基础工作可以称为TPM-0Step活动，包括“两整三清”与可视化、提案改善、自主保全，消除浪费、业务改善、小组活动等内容。

（2）生产条件最适化活动。构筑适应小批量、多品种生产，零库存生产等条件的生产线体，达到生产的效率化改善等，这可以概括为TPM-1Step。

（3）标准品质管理活动（Standard Quality Method，SQM）。它包括QC工具、标准质量生产体系、质量攻关等内容。这可以概括为TPM-2Step。

（4）生产费用最小化活动。它包括降低成本与费用、设备的计划保全等内容。这可以概括为TPM-3Step。

（5）开展员工多技能培养活动。它指员工提高技能水平与培养多技能以适应变化的环境、提高效率等内容。这可以概括为TPM-4Step。

## 11.5 TPM展开的4个阶段

TPM活动在日本、韩国已经成为制造企业的基准，近年来我国企业也广泛开展此项管理活动。但是，很多企业或浅尝辄止，或断断续续，使TPM成为表面文章。这不是因为这套方法本身不好，不适合企业的特点，而是中国企业的领导班子经常变动，尤其是集团公司下属子公司的变动比较大，因此推动此项工作有一定的难度。要系统地推进TPM活动，至少经过4个阶段，大约3年才能见到实际效果。每个阶段的具体工作大致如下：

### 11.5.1 导入准备阶段（需要2~3个月的时间）

导入准备阶段其实就是一个为开展TPM活动做准备的阶段，因为它有一个体系、一套技法，如果前期对TPM没有一个系统的了解，那么很难让员工都参与到改善工作中去。开展经营革新工作，领导意志是成功的关键，全员参与是成功的基础，尤其重要的是要强力推进，那就必须同公司各部门的职能职责紧密结合起来，通过考核体系的调整从导向上来引导员工向着革新的方向前进。具体来说，导入准备阶段应该做好以下几项工作：

**1.造势活动**

公司总经理召开办公会，做出正式导入决定，最好是以公司文件的形式下发各部门，让员工了解情况。总经理还要在全体员工会议上进一步做动员报告，讲明导入TPM的必要性、意义以及目的。公司报刊宣传必须跟上，还可以利用板报、专栏以及专门的简报等，对导入工作进行详细的报道，形成舆论与氛围。

**2.进行TPM知识的导入教育**

在导入初期，重点是教育工作，要系统地介绍TPM理论体系。教育可以分层级进行，首先是经营层与中层接受培训，明确其体系与基本技法。其次是从事TPM工作的专职人员接受培训，要培养TPM专家，可以根据公司的需要确定专家数量。一般来说，TPM工作主要在现场进行指导，最好是一个车间有一个能够做TPM指导的专职人员。最后是员工的教育。员工的教育一般需要专家进行，员工应百分之百接受教育。TPM教育不单单是理论教育，重点是实践，是现场的改善能力，是动手能力。一个TPM专家如果没有动手能力那就不能指导员工从事改善工作，就不能称为专家。关于教育的时间，经理级教育大概需要一周，专家教育需要2个月，而理论教育只需要两周，重点是实践能力的培养。员工的教育可以是集中教育，也可以是工作间隙或者班前的10分钟教育，这种形式在日韩企业都叫OPL（One Point Lesson）教育，也就是点滴教育。员工在岗位上进行点滴学习，日积月累形成习惯，使水平得到提升，使组织发展成为学习型组织。

**3.成立TPM推进机构，形成管理体系**

公司推进TPM工作，应该成立以总经理为核心的推进委员会，在总经理属下设立经营革新部TPM推进组，然后在各部门尤其是制造部门设立专门的员工组织，指导该部门的TPM活动。经营革新部每月定期召开TPM推进会议，在开始阶段总经理最好能参加，以便及时解决推进中存在的问题，如干部的意识、推进的方向、相关的工具、新制度的建立等都需要总经理拍板。

如果是集团公司组织推进这项工作，集团应成立相应的推进组织，各子公司成立革新部，各部门成立革新小组，这样形成管理网络，定期发表成果，不断促进工作，才能达到良好的效果。

4.确立TPM的基本方针与目标

在推进TPM整个活动的过程中，高层领导的主要作用首先是决策，树立信心，以坚定的意志领导员工开展改善活动；其次是确立指导思想与目标，为活动开展指明方向。指导思想是指在经营方面我们应该怎样做才能达成目标，就推进TPM来说，就是为了提高效益与效率，运用TPM的技法来提升公司的竞争力，实现全球行业模范公司的最高目标。

要增强行业竞争力，必须运用比较分析的方法，对全球同一行业的优秀企业进行分析，找出差距然后着力改善。追赶目标确立后，就可以分阶段去实现最终目标。成为全球最有竞争力的公司就像一场长跑竞赛，不能像短跑那样依靠爆发力获胜，而是要依靠体能与耐力，TPM技法就是通过不断改善、增强公司“体质”来提高竞争力，最终赢得比赛胜利。

以上4个方面的工作都做好以后，可以进入下一个阶段。

### 11.5.2 导入开始阶段（需要1个月的时间）

想要一项工作轰轰烈烈地开展，并不断注入活力，那么在开头就要高度重视。在前期通过大量的宣传教育后，员工的积极性、热情被充分激活，大家都跃跃欲试。此时，公司推进委员会可以召开一个由全公司员工参加的誓师大会，在韩国这被称为Kick Off大会（我国习惯称之为动员大会），意思是足球比赛开始。Kick Off就是告诉全体员工，公司正式推进TPM活动，通过誓师大会起到宣传教育和造势的作用。召开会议的目的是让员工都明确公司的一项新的管理开始了，全体员工都要投入到改善工作中去。

召开Kick Off大会需要做好充分的准备。首要的工作是准备推进计划，韩国人称之为Master Plan计划（推进TPM主计划）。这个计划就是告诉员工我们为什么要做，怎么做，做了会有什么结果。主计划应出台相应的激励机制，让员工看到努力工作会有回报。另一个准备就是会议本身的准备，包括会议的议程、拟邀请参加的客人、场景布置等，要充分造势，给员工留下深刻印象，这样便于激发员工的热情。在TPM的Kick Off大会上，可以安排一个授旗仪式，公司董事长将经营革新的旗帜授予公司总经理，这个仪式代表着责任与荣誉，进一步激发员工的积极性，增强团队意识，使员工能够全身心地投入到公司业务的改善中去，为公司发展而努力拼搏。

Kick Off大会表示公司推进TPM的工作正式开始。

### 11.5.3　导入实施阶段（需要6～12个月的时间）

全面推进TPM活动需要构建很多新的体系，开展一系列的改善活动，因此初步建立TPM体系需要6～12个月的时间。这些体系是整个活动的基础，可以一个一个开始做而不必要同时展开。新导入TPM的公司一般都从制造现场开始，如果流水线很大的话，可以先选一个或者两个工段作为样板，在样板线上率先开始改善活动，边做边总结经验，并且形成本公司的相关评价制度，然后逐步向其他部门推进，最后整个公司包括间接部门也可以推进TPM活动。概括起来，应该在5个方面建立初步改善的基础：

**1.构筑高效率生产体系，追求生产效率化的极限目标**

高效率的生产体系就是要投入最少、产出最多的体系。构筑这个体系需要员工开展以下活动：

①现场小组活动与个别改善活动。

②对设备的自主保全活动，让员工自己清扫、点检保养设备。

③设备动力部门开展计划保全活动，对设备的生命周期进行管理，在员工的配合下开展一系列的改良保全、定期保全、预防保全活动，以降低运行费用，提高使用率，从而提高生产效率。

④使设备运转、保全的技能提高活动。

**2.构筑新产品、新设备的初期管理体系**

产品与设备都有生命周期，研究部门与设备保全部门应根据各自的职责，开发容易生产的产品和制造容易使用的设备，这样生产效率就会大大提高。研究部门必须熟悉工艺，经常在现场与操作者和设备管理者沟通，使研制的产品最容易操作、最适合设备本身的性能，这样生产出来的产品才能是良品，因此建立新产品、新设备的初期管理体制非常重要。

**3.构筑品质保全体系**

既要提高效率，更要生产良品。TPM强调构筑一个品质保全的体系，全面落实IS09000/14000/18000标准。要做到不良“0”化，就要设定不产生不良因素的条件，只要建立了标准，员工都按照标准生产，那么生产出来的就是良品。因此，建立标准质量管理体系（SQM）特别重要。

**4.构筑间接管理部门的效率化体系**

生产是一个复杂的系统，它不仅仅是生产部门的事，一般来说生产效率不高往往是由生产支援部门如人力资源、计划、物流、采购、工艺等方面出了问题造成的，而由操作者技术水平及素养不高造成的效率低下问题是很少的。因此，为了提高生产效率，必须构筑生产支援、事务间接部门的效率化体系，只有整个系统配合起来产生协同效应才能真正提高效率。TPM强调全员参与就是这个道理。

5.构筑安全保健与环境的管理体系

TPM活动追求的是公司整体的效率化，而不仅仅在于追求生产设备的效率化。企业本身的存在会产生安全、环境方面的问题，不仅可能对员工有伤害，对公司利益有影响，而且可能污染自然环境、破坏生态平衡，对社会产生公害，影响人类的生存与发展。因此，任何一个有责任感的企业都必须追求社会利益的最大化，这样才能保护本企业的利益与员工的利益。所以，TPM活动特别构筑了灾害“0”化、公害“0”化的管理体系。

以上是在导入实施阶段需要构筑的5大体系，这些体系初步建立后，还需要不断推出主题活动进行维持。TPM是一个持续改进的体系，而不是一个一个孤立的改善活动，因此操作起来比较费心，如果没有维持很可能就会回到原来开始的位置上。

### 11.5.4 稳定发展阶段（需要12~36个月的时间）

为了鼓励企业潜心从事提高效率的TPM活动，日本、韩国设立了TPM奖，每年评选一次，对做得优秀的企业给予奖励，目的是鼓励其他企业都开展此项管理活动。但是，企业必须开展此项活动3年以上才能参评。当然企业不是为了拿奖才进行改善的，目的是获得更好的声誉与效益，这样可以提升企业的美誉度，赢得更多的顾客。评上奖的企业不仅成为学习的楷模，而且自发地挑战更高的目标，使企业能够成为全球最优秀的公司。

改善是无止境的，很多人认为企业的痼疾都消除了、没有不良可以改善了，TPM活动也可以结束了，事实并非如此，我们生存的环境是经常变化的，每一年都不一样，竞争对手也不一样，技术水平在不断提高，新问题会不断产生，因此改善工作也是持续进行的。美国管理学大师德鲁克说过，一个企业要健康发展，每隔两三年就必须依次对自身的产品、技术、管理、顾客、竞争对手进行重新审视来发现问题、找到机会，并充分利用机会才能成功。三星搞了15年TPM活动，使得5个产品在世界上处于一流水平，当被问到TPM什么时候结束时，三星的管理层说三星不存在了TPM就结束了。其言下之意就是，不仅用于改善公司“体质”、增强竞争力的TPM活动本身是在不断发展的，而且公司要持续发展就应该始终坚持运用TPM的改善技法来提升公司“体质”，只有这样才能确保强大的竞争力。

## 11.6 如何推进TPM改善工作

TPM各阶段的重点工作在正式开始后会遇到一些阻力，尤其是推进初期的那股热情也慢慢消退，甚至会出现一些不和谐的声音，对TPM能否真正促进公司发展产生怀疑。这都是很正常的，公司领导应该有恒心、有毅力来推进这项工作，但是靠压制是不行的，一定是用改善的成果来教育大家，并且要做到以下几点：

**1.要自觉参与，使它成为一种革新文化**

TPM小组活动要成为与本职工作连为一体的工作，为员工参与改善工作提供适当的条件。如员工改善生产环境需要的经费、工具、指导等，都必须保证到位。员工每天上班很忙，下班后还要进行改善活动是很累的，公司领导应将改善活动视为员工加班给予其一定的补贴。这样才能激励员工自觉参与活动、交流信息，解决工作中遇到的难题。如果只靠少数人员的活动而没有全员参与，只搞一时的活动而不能持之以恒，根本就不能形成TPM的体系化运作。因此，干部要把活动时间安排到一周一次，并且要提示方向、树立主题、准备资料，尤其要积极支援和指导不成熟的小组开展活动，使每位员工都从改善工作中受益，提高素质与能力，这样就会使TPM活动成为员工的生活方式，成为固化在员工心目中的文化。

**2.要开展重视基本和原则的TPM活动**

很多制造企业多年都没有建立起基本制度与管理知识体系。TPM强调彻底的实践，在改善过程中特别强调基本遵守的活动。如果为了改善而追求省略过程、只顾结果，那么在现场作业中要遵守的基本和原则就会倒塌，因此要把整理（Seiri）、整顿（Seiton）、清扫（Seiso）即“3S”活动生活化，始终维持干净的作业环境，将制定和遵守明确标准的活动以及维持TPM基本条件的活动作为重点并使之常态化。很多企业不太愿意做这些简单的工作，只想快出成果，其实那是很难的，也是不可能的。没有基础，即使将一个活动搞好了，也会因为没有维持又回到原地，因此TPM特别强调基础工作。

**3.TPM活动要与目前的工作直接连接起来，要重视改善结果**

在推进TPM的初期，很多人将TPM改善理解为日常工作之外的负担，因此产生畏难情绪，觉得多干了工作而没有报酬。其实应该将TPM改善与日常工作紧密联系起来，将TPM看成改进工作的工具，而不是工作之外的一项工作。它的目的就是使目前做的工作更容易、更方便、更有效、更安全地推进下去。进行与目前要做的工作直接连接的TPM时，各小组的特色和开展活动的价值就会呈现出来。在明确工作的目标和获得改善之后，应将改善点反映于工作程序中，而不能仅仅为了改善而改善，或者为了拿奖而改善，如果改善后工作程序没有变化，工作效率没有提高，员工就会不满，久而久之员工看不到自己改善的成果，没有成就感，就会停止改善工作。因此，推进小组必须要进行跟踪管理，及时将员工的改善成果运用于日常工作中，体现改善工作的效果，提高公司的效益。

**4.把要达成的目标（水准）按TPM-Step要求规划出来，并分解为不同水平的活动**

TPM的推进组织，要做一项很重要的工作：研究本公司的实际情况与TPM理论的差异，根据TPM理论以及公司的需要来规划TPM体系，将它变成自己的知识体系。对于每一个Step，都要设想改变到什么水平，实现怎样的面貌，而且把未来的面貌定为目标，基于现状把目标分解为一个一个的活动。要为实现目标设定一个方向，开展有深度、真实的活动，而且要使每一个Step的活动都有差异，难度越大产生的效果越好。只有构筑一个持续改善的体系，才能激励员工不断地往上超越。

**5.为了个人和组织的成长去推进TPM活动**

TPM活动原来的改善对象是设备，后来逐步发展到公司的各项业务，但最关键的是通过业务的改善来培育专家，因此要开展以人为中心的TPM，将培育多技能的员工作为公司追求的目标，使员工与公司都能得到发展。每个人都有潜力，因此TPM活动要成为能使每个人都爆发出潜力的实践活动。如果员工能够获得TPM所期待的效果而且增进实力，那么改善就会有明显的效果。最后，要把安全TPM活动生活化，创造安全的无灾害工场，使员工能够更好地工作、学习、生活。

**6.要建立相应的考核激励机制，促进员工的改善工作**

在推进TPM活动时，要求员工长时间完全自觉地开展是困难的。为此，公司必须运用机制来保证，热情、觉悟只能短期起作用，只有机制能长期起作用。因此，要想真正改变员工的态度，就应该改变原来考核评价的方向，建立以公司业绩、岗位业绩、革新业绩为主导的机制，尤其是要建立员工发展的通道，如使员工成长为专家型员工，只有这样才能长期激励员工。

# 第12章 TPM-0Step：基本改善活动

TPM-0Step是一切改善活动的基础，具体包括“两整三清”与可视化、自主保全、提案改善、消除浪费、课题改善、间接部门改善等主要内容。0Step内容较多，为了打好基础，需要6～12个月的时间。只有当全公司有60%以上的改善小组通过专家、部长、总经理三级诊断后才能进入下一个Step活动。

## 12.1 “两整三清”与可视化管理

### 12.1.1 “两整三清”的概念以及对效率的影响

“两整三清”就是“整理（Seiri）、整顿（Seiton）、清扫（Seiso）、清洁（Seiketsu）、清心（Shitsuke）”的简称，俗称“5S”。“两整三清”要消除现场中的无秩序问题，实现可视化管理的生活化、常态化，以实现明亮、整洁的环境，构建一个便于工作及管理的制造现场。

如果不进行“两整三清”活动，会产生以下影响：

（1）降低作业效率，造成浪费。具体来说，会造成以下5个方面的浪费，从而降低效率和间接影响产品品质：

①寻找和取出物品需要很多的时间，造成浪费。

②修理陈旧部件需要太多的时间。

③要保管不必要的物品，作业积极性下降。

④必要的物品需要过多的作业空间。

⑤库存调查需要过多的时间。

（2）增加不良品，造成质量损失。没有“两整三清”活动，现场容易出现以下5种影响质量的现象，造成质量的损失，影响公司盈利：

①由于倒塌及摩擦等而导致破损及不良的发生。

②由于混入异物和使用异常部件而导致不良的发生。

③由于合格品和不良品混合存在，需要重新进行分选作业。

④由于不能进行先入先出，所以会使长期保管物品遭腐蚀。

⑤由于变形变质等造成工具精度下降、腐旧。

(3) 存在安全隐患，增加经营风险。安全生产是公司盈利的保证，混乱的职场容易产生以下3种安全隐患，形成经营风险：

①作业现场的空间变小，现场秩序变得混乱。

②由于有害环境而危害健康（有倒塌、倒下、妨碍、滑落等危险）。

③在出现紧急情况时不能立即躲避而造成另外的危险等。

(4) 降低办公效率，滋生大企业病。具体表现为以下几点：

①办公环境不整洁，基础清扫条件差。

②文件存放无秩序，寻找和取出文件需要很多的时间。

③会议多且长，会议无效果。

④办公设备安全维护差，能源损耗多。

## 12.1.2 “两整三清”的具体要求以及可视化管理

**1.整理**

根据使用的频度和时间区别必要的东西和不必要的东西，并果断地去掉不必要的东西，通过去掉不必要的和并不急需的东西来消除作业空间的浪费，缩短寻找物品所需要的时间，并事先预防制造工艺所需的物品的短缺。

(1) 整理的目的：把“空间”节省出来。其范围不仅仅包括物品，还包括物品的一部分或一些不必要的动作。

(2) 整理的对象：产品、地面、通道、作业区域、办公区域、墙壁、车床、设备、仓库、物品等。

(3) 推行要领：

①所在工作场所（范围）全面检查，包括看得到的和看不到的；

②制定“必要”和“不必要”的标准；

③清除不必要品；

④调查必要品的使用频率，决定日常用量；

⑤制定废弃物处理方法；

⑥每日自我检查。

(4) 整理基准见表12-1。

表12-1 **整理基准**

| 区分 | 判断基准 | 处理方法 | 存放区域 |
|---|---|---|---|
| 必要品A | 一周内使用一次以上 | 在作业区内保管 | 划区域放置 |
| 必要品B | 一周至六个月内使用一次 | 办公室或工程场地内保管 | 搬到合适的场所 |
| 必要品C | 六个月至一年内使用一次 | 部门内的仓库或资料室内保管 | 搬到仓库或资料室内 |
| 不必要品 | A.一年内一次都没使用的<br>B.超过保管期的<br>C.不可能使用的 | A.返还<br>B.废弃<br>C.返还、废弃 | 交给免责区域 |

（5）免责区的设立。免责区不是不管区，经验告诉我们，免责区容易变成垃圾场。如果事先不将责任划清楚，各部门都将不必要品往免责区存放，对其又缺乏管理，那么免责区肯定会变成不管区。因此，设立免责区前应先确立管理者、不必要品处理流程以及相关制度，并将物品调节使用，这样才能节约，达到降低成本的目的。

**2.整顿**

整顿是指为了将放置物品的方法标准化，使每个人都容易了解和找到所需要的物品，而进行的确立用眼观察（可视）的管理活动。

（1）整顿的目的：整齐、有标识，不用浪费时间找东西。

（2）推行要领：

①要落实前一步骤的整理工作；

②布置流程，确定置放场所；

③规定放置方法；

④划线定位、定置；

⑤标示场所物品（可视化管理的重点），明确数量、频次、责任人。

（3）整顿推行的方法："三定"与"定点摄影"管理法。

①"三定"管理法。

"三定"是指定品、定量、定位，是为了使人可以一眼看清什么物品在哪里、有多少、处在什么状态，确定用眼观察的管理活动。

定品：确定需要保管的物品，决定保管方法，并标示物品名。

定量：掌握在制造现场使用的物品的情况，定下适当的数量，设定管理极限（标示最大量、最小量）的活动。

定位：标示保管地址和号码，以指定所存放的位置。

②"定点摄影"管理法。

定点摄影是使用同一相机、在同一位置、向同一方向做改善前后的照相的方法。

定点摄影的注意事项：

A.使用带日期的自动照相机或智能手机；

B.改善后的定点摄影是携带改善前的照片在同一位置同一方向照相。

"定点摄影"管理法主要是为了增强管理的视觉效果，因为眼睛看到的事物是最能引起关注、使人产生深刻印象的事物。

**3.清扫**

清扫是为保持没有杂物和污垢的制造环境，并发现现场的多种小缺陷，以事先预防问题的发生的管理活动。

通过仔细擦拭地板、墙壁、设备、备件等作业现场的各个角落，不仅可以保持作业现场没有杂物和污垢，还可以发现现场存在的小缺陷，譬如螺母螺杆松动，空气和油泄漏，器具变形、生锈和裂缝等，从而可以预防问题的发生。如果对污垢和污染物视而不见、弃之不理，则会由于灰尘的积累和生锈等而导致设备的功能及性能下降，制造现场的环境不良，以及作业者的作业效率下降，从而导致浪费。

（1）目的：清除脏污，保持工作场所干净、明亮。

（2）推行要领：

①建立清扫责任区；

②执行例行扫除，清理脏污；

③调查污染源，予以清除；

④ 建立清扫基准作为规范。

（3）清扫基准见表12-2。

表12-2 清扫基准

| 清扫部位 | 清扫工具 | 污染对象 | 清扫方法 | 污染清扫顺序 | 注意事项 | 周期 | 时间 |
|---|---|---|---|---|---|---|---|
| | | | | | | | |

（4）清扫要领：预防为主，提高效率。

①“无尘”：一切物品不能有异物，如使用无尘清扫工具、防尘手套、防尘鞋、无尘纸、一般工具、无尘材料、不锈钢、塑料等。

②“防尘”：为防止灰尘（污染物）飞舞，预先采取措施，如使用防尘膜、防尘帘、防尘液等。

③“扫尘”：彻底去除锈、污垢、灰尘、渣滓等。

④“蓄尘”：用撮箕、垃圾桶等收集灰尘、渣滓等。

⑤“除尘”：用垃圾袋收集灰尘并到室外处理。

⑥“预尘”：彻底清洁锈、渣滓后刷漆防止再发。

**4.清洁**

保持整理、整顿、清扫的状态，将实施整理、整顿、清扫的做法制度化、规范化，并贯彻执行及维持成果，从根本上改善污染的发生原因。

使员工各自在作业现场的整理、整顿及清洁工作日常化，以始终保持良好的作业现场。为了更有效地开展活动，需要通过周期性的检查与评价使其形成习惯。为了确立清洁活动，“全员参与活动”“整理、整顿、清扫的日常化”“活动的持续性评价与指导”是不可少的。

（1）目的：通过制度化来维持成果，并显现“异常”之所在。

（2）推行要领：

①落实前面阶段的整理、整顿、清扫工作；

②制定可视化管理、颜色管理的基准；

③制定考核方法；

④制定奖惩制度，加强执行；

⑤增强“两整三清”意识；

⑥高层主管经常带头巡查、引起重视。

5.清心

通过教育来改变员工的习惯和倾向以维持已规定或指定的事项、打造有规则的作业现场。

（1）目的：提高人的素质，使人人依规定行事，养成认真遵守工作规范的习惯。

（2）推行要领：

①持续推动前面阶段的整理、整顿、清扫、清洁工作并使之形成习惯；

②制定共同遵守的有关规则、规定；

③制定礼仪守则；

④教育训练（特别是新进人员须加强）；

⑤推行各种精神提升活动（早会、礼貌运动等）。

（3）活动不成功的表现：

①即使做了整理、整顿、清扫等活动，但是现场随后还是被弄脏；

②整理后不必要品继续出现，使保留的通道和空间被占用；

③只在活动时有效果，对现场运作没有多大的帮助；

④由于没有适当的整顿，出现错误连接等作业失误；

⑤由于夹具、切削工具等不在应有的位置，寻找这些需要时间；

⑥即使设备很脏也要一直等到定期清扫时才处理；

⑦由于污染物和污垢被弃之不理，导致故障频繁发生；

⑧由于没有穿戴好保护装具，在活动时发生安全事故；

⑨由于将工作攒到一起进行，在活动时费时费力且员工积极性下降；

⑩管理者和现场作业者之间互不信任，不指示则不行动，工作被动。

6.“两整三清”检查要点

检查控制工作由改善小组负责，具体分为自检、互检、专检，由推进小组每周进行一次考评，需要定点摄影，便于改善。要事先确定检查要点，并组织员工学习，使每一个员工都掌握检查的要点，其实这些也是改善的重点所在。具体基准可参照表12-3中的不合理检查要点进行。

表12-3 “两整三清”不合理检查要点

| 区分 | 分类 | 内 容 |
|---|---|---|
| 整理 | | （1）是否有不必要的工具 |
| | | （2）是否有不必要的个人物品及资料 |
| | | （3）个人桌面上是否有不必要的物品 |
| | | （4）不必要的物品上是否有“不必要”标记 |
| | | （5）是否有不必要的设备或机械 |
| | | （6）是否有关于不必要、必要的判断基准 |

续表

| 区分 | 分类 | 内容 |
|---|---|---|
| 整顿 | 通道 | （1）作业场所与通道之间是否区分 |
| | | （2）作业人员与步行者之间有无碰撞过的事例 |
| | | （3）排管、排线是否突出来了 |
| | | （4）桌子、机床、机械等是否有突出来的情况 |
| | | （5）是否放着箱子类的物品 |
| | 存放场所 | （1）物品柜上是否标示品名、地址 |
| | | （2）是否存放着与标识相异的物品 |
| | | （3）物品柜上是否明确设置隔板 |
| | | （4）物品是否放置在容易取出的位置 |
| | | （5）不把堆放的物品移开是否也能把物品取出来 |
| | | （6）物品柜用手推时会不会晃动 |
| | 作业场所 | （1）必要物品是否在方便使用的就近位置 |
| | | （2）管理的物品是否能够看清楚 |
| | | （3）走来走去是否方便 |
| | | （4）物品取放是否方便 |
| | | （5）物品能使用吗 |
| | | （6）物品的数量是不是必要量 |
| | | （7）物品是否保管在合适的容器内 |
| | | （8）物品、人是否安全 |
| | 加工备件 | （1）存放场所是否有指定挂牌 |
| | | （2）定量标识是否能一眼认出 |
| | | （3）物品是否按照水平、直角、直线的原则放置 |
| | | （4）配置场所可否进行立体化 |
| | | （5）能否做到先入先出 |
| | | （6）不良品的配置场所是否有明确的规定 |

续表

| 区分 | 分类 | 内　容 |
|---|---|---|
| 整顿 | 工器具 | (1) 配置场所是否有指定挂牌 |
| | | (2) 工器具摆放是否凌乱，是否在其场所一眼就能认出 |
| | | (3) 使用率高的工器具是否放置在作业场所的近处 |
| | | (4) 是否按作业顺序配置了 |
| | | (5) 是否考虑了容易存放的问题 |
| | | (6) 能否存放在离使用场所10米以内的位置 |
| | | (7) 配置场所是否位置太低，不弯腰就拿不到 |
| | | (8) 能否挂上 |
| | 安全 | (1) 通道上是否放置物品 |
| | | (2) 物品是否依靠在容易倒下的其他物品上 |
| | | (3) 物品是否因堆放方法不良容易坍塌 |
| | | (4) 物品是否以没必要的高位形式堆放着 |
| | | (5) 危险区域是否有防护栏 |
| | | (6) 危险标识是否明显、容易看到 |
| | | (7) 灭火器标识在任何位置都能看得见吗 |
| | | (8) 灭火器的存放方法是否准确 |
| | | (9) 灭火器、消防栓前面是否堆放物品 |
| | | (10) 交叉地点是否标有减速标识 |
| 清扫 | 加工备件 | (1) 产品、部件、材料上是否沾有灰尘及污物 |
| | | (2) 物品柜上的污渍清除了吗 |
| | | (3) 搬运车是否脏乱 |
| | 车间 | (1) 地面、通道上是否有灰尘 |
| | | (2) 墙壁、天花板、窗户玻璃上是否有灰尘 |
| | | (3) 照明工具上是否有灰尘 |
| | 空间 | (1) 垃圾桶等是否清理干净 |
| | | (2) 垃圾桶等是否周期性地进行处理 |
| | 器具 | (1) 器具上是否沾有灰尘与污垢 |
| | | (2) 是否设置有防止物品之间相互冲撞的隔板与缓冲材料 |
| | 切割研磨工具 | (1) 砂轮、磨石等是否叠放着 |
| | | (2) 是否有切割工具的防噪声对策 |
| | 计测工具 | (1) 是否有防止计测器发生冲撞的措施 |
| | | (2) 是否有防止角尺变形的对策 |
| | | (3) 针对稍有震动的情况，是否垫了海绵 |

**7.可视化管理**

可视化管理是将保管的方法标准化，使任何人都容易找到并使用物品，一眼就可以看清什么物品在哪里、有多少、处在什么状态，以确定用眼观察的管理。

（1）油漆作战：

①地板油漆作战：作业区域、通道、休息室、仓库等。

②划线作战：区域划分、出入口、门的开闭、积载场、安全区域等。

（2）标识板作战：

①“三定”活动标识：定品、定量、定位。

②机械标示板及库存标示板。

（3）其他：

①限制标示：测量仪表、检验窗口等。

②留下位置：工具、办公用品等。

③润滑管理：根据润滑油类型以指定颜色进行管理。

④管路：根据管路用途类型以指定颜色进行管理。

**8.“两整三清”实施流程和实施手册**

“两整三清”实施流程和实施手册分别见图12-1和表12-4。

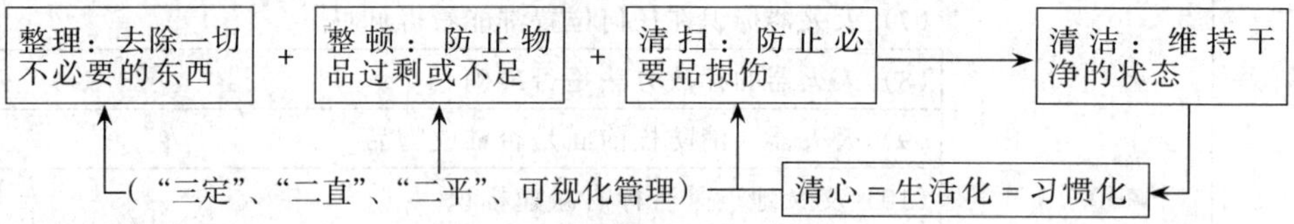


**图12-1 “两整三清”实施流程**

表12-4 **“两整三清”实施手册**

| | 开展顺序 | 开展内容 | 担当者 | 开展方法 | 必要工具 | 要点 |
|---|---|---|---|---|---|---|
| 整理、整顿、清扫和可视化管理 | “两整三清”活动准备 | ①“两整三清”及TPM教育 | 革新科 | 比较各自的目的、要点、与TPM的关系 | 工作指导 | 明确“两整三清”是一切活动的基础 |
| | | ②建立推进小组及设定负责区域 | 全员 | 选定组长，指定负责区域 | 定点摄影 | 无条件全员参加 |
| | | ③记录现场状态（现象） | 组长、组员 | 记录现场不合理的状态 | 改善前后对照表 | 改善前后能比较效果 |
| | | ④制订推进计划及准备现况板 | 组长、组员 | 关于活动的记录、变化、反馈要一目了然 | 现况板（例） | 全员记录，追求每天改善1件 |

续表

<table>
<tr><th></th><th>开展顺序</th><th>开展内容</th><th>担当者</th><th>开展方法</th><th>必要工具</th><th>要点</th></tr>
<tr><td rowspan="11">整理、整顿、清扫和可视化管理</td><td rowspan="7">“两整三清”活动实施</td><td>①以发现不合理点为中心进行清扫</td><td>组长、组员</td><td>清扫前强调安全对策，准备清扫工具</td><td>清扫六尘法、不合理检查要点</td><td>从上往下、从里到外、从脏到干净</td></tr>
<tr><td>②开会讨论发现的不合理点，并制定对策</td><td>组长、组员</td><td>对不合理项目立案及制定对策</td><td>不合理发现要点</td><td>先理解不合理点，再发掘不合理点</td></tr>
<tr><td>③去除不必要品</td><td>组长、组员</td><td>去除1个月以上不使用品</td><td>整理、整顿项目图表</td><td>转移、返还、废弃</td></tr>
<tr><td>④布置效率性空间</td><td>各工程专家</td><td>根据使用频率规划、布置空间</td><td>布置规划图</td><td>布置规划图有2个以上选择</td></tr>
<tr><td>⑤制作必要品整顿目录</td><td>各工程专家</td><td>决定在库量，规划可视化管理</td><td>必要品整顿目录</td><td>防止必要品过剩或不足</td></tr>
<tr><td>⑥改善按品种类别存放的场所</td><td>组长、组员</td><td>改善存取容易、点数困难部位</td><td>存放场所循环分析</td><td>先入先出原则</td></tr>
<tr><td>⑦改善可视化管理</td><td>组长、组员</td><td>以标签、颜色、管理界限标示</td><td>可视化管理基准</td><td>不必问人就能看清楚</td></tr>
<tr><td rowspan="4">“两整三清”活动检查</td><td>①制定维持管理基准书</td><td>科长、组长、组员</td><td>（变更点、周期）反映到基准书里</td><td>维持管理基准书</td><td>制定自我诊断基准</td></tr>
<tr><td>②自我诊断与申请诊断</td><td>诊断委员</td><td>根据诊断表进行自我诊断后申请</td><td>诊断表、诊断申请书</td><td>活动小组申请总经理诊断</td></tr>
<tr><td>③实施诊断</td><td>科长、组长</td><td>专家诊断、部长诊断</td><td>诊断表</td><td>每次活动会议</td></tr>
<tr><td>④处理指出的事项</td><td>组长、组员</td><td>根据诊断表诊断，把结果整理在意见书里，1个月内处理</td><td>诊断意见书</td><td>纪要管理</td></tr>
</table>

# 12.2 自主保全活动

## 12.2.1 自主保全的目的和阶段

自主保全就是通过操作人员自己维持、改善设备、工程、品质、工作环境，从而实现和维持正常状态的管理活动。

**1.自主保全的目的**

人的方面：体现工程、设备、作业操作人员的作用，培养操作能力强的人员。

设备、工程、品质、环境方面：使公司有规则、产品品质好、工程效率高、设备正常化。

**2.自主保全活动的四个阶段**

自主保全活动可以分为4个阶段，即准备阶段、设备改善阶段、人的改善阶段、现场发生变化的阶段。

(1) 准备阶段：目的是为下一步改善做好思想上、行动上、理论上的准备。

要搞清楚改善的动机，需要问几个“为什么”：现场革新的基本内容为什么是“两整三清”？设备为什么会发生强制老化？为什么要做自主保全？只有让员工明白了道理，解决了思想问题，员工才会自觉去行动。

(2) 设备改善阶段：目的是使设备正常运转、恢复原状，以减少不良问题与故障。具体思路是：

①改善问题点。

②清扫就是点检。

③点检就是发现问题（包括疑问点、缺陷、发生源、困难部位）。

④问题点复原、改善。

⑤提高问题点发现能力，改善方向设定能力。

(3) 人的改善阶段：目的是使员工积极参与改善，彻底维持管理，将故障、不良问题看成现场的耻辱，彻底达成故障的“0”化。

改变人的习惯是很难的，公司应该树立一种新的价值导向，让员工看得到什么是公司鼓励的、肯定的，从而引导员工努力去做。要通过自主保全活动来改善经营的环境条件，就要让员工知道：

①对设备复原、改善就是成果。

②工作上的成果被公司认可能够产生成就感。公司经常肯定员工的成果就会改变员工的思考方式，最后使员工养成良好的习惯。当然，员工的改变还需要大量的培训。

(4) 现场发生变化的阶段：自主保全的最终目的是使现场管理发生质的变化，推行高效率的生产方式。

①现场整洁、干净、明亮，没有多余的杂物。

②设备运转正常，使故障、不良问题“0”化。

③人的操作水平与改善问题的能力提高。

通过以上工作的开展，达到设备、产品、环境、方法、人的高度统一的境界，只有这样才能出精品，为客户创造真正的附加价值。

### 12.2.2 自主保全活动的展开路径

自主保全以“两整三清”为基础，是“两整三清”工作的深化，集中于设备的保全复原、防止劣化。因此，保全活动从清扫开始，具体路径如图12-2所示。

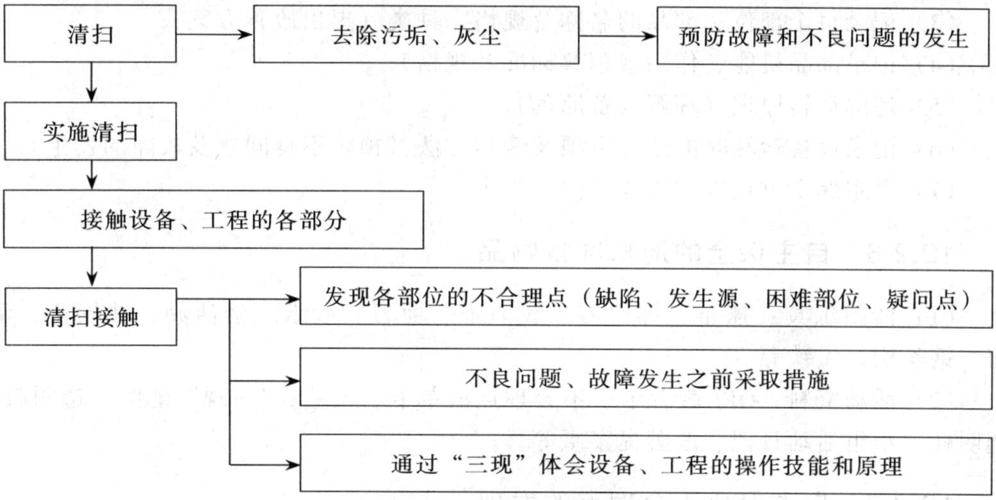


图12-2 自主保全活动路径图

### 12.2.3 “两整三清”与自主保全的区别

“两整三清”与自主保全的区别见表12-5。

表12-5 “两整三清”与自主保全的区别

| 项目 | 对象 | 重点 | 不合理 | 原则 |
|---|---|---|---|---|
| “两整三清” | 物品 | 以环境为中心 | 明显的缺陷（大、中缺陷）与不合理点<br>（仅限于肉眼能看得到的） | “三现”主义：<br>①现场<br>②现物<br>③现时 |
| 自主保全 | 设备 | 以机能为中心 | 潜在缺陷显在化<br>（简单地去除大缺陷、中缺陷，缺陷不会减少，反而在增加）<br>按照微缺陷→中缺陷→大缺陷顺序进行改善，彻底消除缺陷 | “三现”主义：<br>①现场<br>②现物<br>③现状 |

### 12.2.4 自主保全的清扫分类以及要求

自主保全的清扫分为日常清扫与机能清扫两类，具体要求如下：

（1）日常清扫：指日常的扫地和拿着抹布进行表面的清扫。

（2）机能清扫：指设备方面的清扫，以加工点为中心进行清扫。（加工点：设备和产品接触的地方、设备和设备部品接触的地方）。

（3）清扫方法：从上到下、从里到外、从复杂到简单。

### 12.2.5 自主保全的清扫方法技能

（1）区分设备的每一个部位（按部位指出不合理点）；

（2）画设备的每个部位状态图（理解设备构造）；

（3）记录每个部位、部品的名称及规格、种类（提出改善方案）；

（4）记录部品机能、作用（理解标准及规格）；

（5）理解运转原理（理解设备原理）；

（6）记录设备运转时的注意事项及清扫方法（预防不良问题及故障的发生）；

（7）自主保全重点以“机能清扫”为主。

### 12.2.6 自主保全的清扫准备物品

（1）清扫工具：抹布、螺丝刀、线卡子、剪刀、砂纸、洁洁灵、铁刨花、刮刀、钢丝刷、磁铁等。

（2）活动资料：OPL教育卡、不合理点清单卡、铅笔、“三现”地图、透明胶、透明杯、小组活动日记、改善提案纸等。

### 12.2.7 自主保全不合理点的发现

不合理点具体见表12-6。

表12-6 不合理点

| 区分 | 不合理点 | 不合理详细事项 |
|---|---|---|
| 1.整理 | 物品分类 | 无法判断物品的种类及数量 |
| | 不必要品 | 过期品、过量品、废品 |
| 2.整顿 | 定品 | 明确标示 |
| | 定位 | 指定具体的位置 |
| | 定量 | 标示出大小量订货点 |
| 3.微小缺陷 | 脏污 | 残渣、灰尘、油、锈渍、涂料 |
| | 疵点 | 破裂、弯曲、变形 |
| | 振荡 | 晃动、脱离、倾斜、磨损、腐蚀 |
| | 松动 | 皮带、链条 |
| | 异常 | 异常音、发热、振动、变色、压力、电流 |
| | 黏着 | 堵塞、固化、积累、脱落 |

续表

| 区分 | 不合理点 | 不合理详细事项 |
|---|---|---|
| 4.基本条件 | 润滑<br>给油<br>油量计 | 油量不足、油污染、油种不明、油种不适、漏油<br>供油嘴污染、油桶污染、油桶破损及变形、保管不良<br>污染、破损、泄漏、水平标示不良 |
| 5.发生源 | 产品<br>原料<br>油<br>气体<br>液体<br>其他 | 泄漏、流淌、溢流、飞散<br>泄漏、流淌、溢流、飞散<br>润滑油、作动油、燃料油的泄漏、流淌、溢流<br>空气、气体、蒸汽的排气及泄漏、飞散<br>水、温水、半成品、冷却水、废水的泄漏、溢流<br>包装材料，不良品，切面不均，人、叉车等待，建筑物之间的侵入 |
| 6.困难部位 | 清扫<br>检查<br>给油<br>锁紧<br>操作<br>调整 | 机器结构、罩子、配置、空间<br>罩子、槽子、配置、器械位置、方向、界限（正常范围）标识<br>给油孔位置、结构、配置、高度、废油口、空间<br>罩子、结构、配置、规格、空间<br>机械配置、阀门类、开关、手柄位置<br>压力表、温度表、油量表、水分表、真空表等的位置不良 |
| 7.不安全部位 | 圆盘<br>裁断机<br>照明<br>旋转物<br>起重机<br>其他 | 凹凸、石柱、损伤、破损、磨损<br>急倾斜、扭曲、防滑条脱落、腐蚀、手把<br>亮度不够、位置不良、罩子污染、保护设施等破损、防暴装置不适合<br>保护罩脱落、露出、并联安全装置、紧急刹车<br>吊车、起重机类的钢绳、挂钩、刹车等<br>特殊物品、溶剂、有毒气体、隔热材料、危险标识、保护工具 |
| 8.其他 | | 业务复杂、麻烦，程序复杂，顾客不满，顾客不便 |

### 12.2.8 现场自主保全管理方法

#### 1. TPM活动对象

（1）人。改善工作的重点在于人，应认真组织员工学习，然后去实践，理论和实践紧密结合。TPM是实践活动，必须亲自动手去做，经理人员必须会操作，而且必须带头操作。

（2）机。这主要是指设备、流水线、仪器仪表等。员工必须学习掌握工程设备的有关知识，只有了解设备、掌握设备原理与结构才能驾驭设备。

（3）法：这主要是指各类标准、规范以及改善方法，包括工作方法、标准、修理方法、点检方法。方法是很重要的，方法不对，结果肯定不好，所以必须掌握方法。

（4）料。员工在生产中使用的、接触的材料很多，包括原材料、辅助材料，必须掌握材料的性能、数量、质量、保管方法、使用寿命等。

**2.清扫时不合理点查找要领**

（1）每个人都有“五感”：视、听、嗅、味、触。

（2）要利用这“五感”加上直觉来查找不合理点。“五感”中用得最多的应是：触、视。

（3）用手查找不合理点方法：摇动、敲、挠、压、扒、拧、翻开、拉、擦、推。

（4）用眼睛查找不合理的方法：动静、变形、变色、正常、安全、移动、疑问点。

**3.清扫时要达到的目标**

（1）彻底除去污染（开发有效的清扫工具）；

（2）复原及改善不合理点（整理、整顿、去除微缺陷）；

（3）查找发生源、困难部位（一部分解决）；

（4）解决疑问点。

**4.在过程中注意体会的方面**

（1）对设备的基本结构、原理的理解；

（2）对设备安全的确保；

（3）对清扫工具的开发；

（4）有效的清扫方法；

（5）不合理点判断能力的提高；

（6）不合理点复原、改善能力的提高；

（7）特殊区域的清扫技术。

**5.清扫进行阶段**

（1）1阶段：去除污染（以清洁为目的）——习惯化。

（2）2阶段：感知点检（机能清扫）——清扫即点检。

（3）3阶段：改善（即实践）——有效的清扫。

### 12.2.9 设备六大损失介绍

**1.故障损失**

故障损失指因为设备出现不合理点而需要修理所产生的损失，包括设备的停止时间、修理的工时、购买预备品等导致的损失。

**2.准备交换、调整损失**

准备交换、调整损失指引起制品的交换、运转条件的变更而导致的损失，包括设备的停止时间，准备交换、调整工时等导致的损失。

**3.瞬间停止损失**

瞬间停止损失指设备停止、空转导致的损失。瞬间停止的回数、时间很难测定，所以一般利用计测器进行自动计测，损失用性能开动率计算，计算公式为：100%-性能开动率。

**4.速度损失**

速度损失指设备的机能劣化、运转速度不能达到理论值而导致的损失。要提高速度的话，瞬间停止等不良问题会发生；要降低速度的话，只能小心翼翼地操作。比较基准速度和实际的运转速度可掌握损失的大小。

**5.不良、修正损失**

不良、修正损失指在正常运转中制造出不符合规定品质的不良品而导致的损失。如果不良品无法修正，就要当作废品处理。修正工时、废品都是损失。要特别区分，这样的“不良”是指工程内不良。

**6.效率损失**

效率损失包括材料效率损失和物量效率损失。材料效率损失指原材料没有得到有效使用而导致的损失。物量效率损失指初期试生产时产品不出售而产生的损失。

### 12.2.10　理解设备各组成部位的检查要点

**1.螺丝类检查要点，见表12-7**

表12-7　**螺丝类检查要点**

| | |
|---|---|
| 微小缺陷 | 有没有松动，有没有脱落 |
| 螺杆长度 | 螺杆是否留有2～3个螺母程度的余长 |
| 扳手 | 长孔是否使用活用扳手<br>有振动的情况时是否使用弹簧扳手<br>同场所是否没人使用多种扳手 |
| 螺丝、螺母的使用方法 | 是否从下面穿进螺丝，并把螺母放到可看到处<br>限制开关是否用4个以上的螺母检查固定<br>双螺母是否使用了内径小、外径大的<br>旋转体、振动体是否使用了垫片 |

**2.给油类检查要点，见表12-8**

表12-8　**给油类检查要点**

| | |
|---|---|
| 给油口 | 黄油嘴与减速弹簧的给油口是否经常保持干净<br>给油口是否有防尘对策<br>给油口上是否标有相应的油种与油量<br>是否供了油 |
| 油量表 | 加油表或油量计是否保持清洁并容易确认油量<br>是否标示有相应的油面高度<br>漏油或给油管通孔是否被堵塞 |
| 自动给油装置 | 是否正常运转，给油量是否恰当<br>供油管、黄油管是否有泄漏、压贬、弯曲等问题 |
| 润滑状态 | 旋转、传动链条是否经常保持清洁并且有油<br>是否因以上必要的供油环节而给周边造成污染 |

**3.驱动类检查要点，见表12-9**

表12-9 驱动类检查要点

| | |
|---|---|
| 三角皮带与轮轴 | 皮带是否出现龟裂、膨胀、磨损与油类附着<br>皮带是否被拉长及缠绕<br>几条皮带的张力是否一致、有没有与其他类型的皮带误用<br>轮轴槽面是否闪闪发光<br>皮带或轮轴是否磨损<br>轮轴的中心是否相称 |
| 滚子链条 | 链条是否被拉长（销轴、套筒的磨损）<br>链轮齿的齿轮有没有磨损、掉落、疵点<br>链钉与链条间的润滑是否充分<br>链轮齿的中心相不相称 |
| 轴和轴承的连接 | 是否有因松动、缺油而出现发热、振动、异常音<br>销子或固定螺丝是否松动、晃动、掉落<br>连接对中是否准确<br>连接橡胶是否磨损、螺丝是否松动<br>连接部位是否有黄油 |
| 齿轮 | 润滑是否适当，是否因多余的油而使周围发生污染<br>齿轮是否有磨损、疵点、残屑等<br>齿轮是否有异常音、振动 |

**4.空压类检查要点，见表12-10**

表12-10 空压类检查要点

| | |
|---|---|
| 3点装置（校准器、注油壶、过滤器） | 是否始终保持干净，并且能够清晰地看到<br>设置方向是否正确<br>油的滴落量是否适当（约5秒1滴）<br>3点装置到空压机的距离是否在3米以内<br>是否断冲（缺油） |
| 空压、机器 | 气缸或电子阀门有没有空气泄漏<br>气缸或电子阀门是否牢固固定<br>是否用铁丝、绳、胶带做了临时性措施<br>是否有空气污染、疵点、磨损<br>速度控制器设置方向是否正确<br>电子阀是否有异常音、发热、读取线的缠绕<br>托架是否破损 |
| 排管、排线 | 空气排管或软管上是否有容易积水的地方<br>排管与软管固定线是否牢固<br>有无气体泄漏，软管上是否有疵点或磨损<br>阀门类有没有异常，是否有开闭标识<br>是否有不必要的排管、排线、阀门等 |

## 5. 油压类检查要点，见表 12-11

表 12-11　**油压类检查要点**

| | |
|---|---|
| 油压装置（动力设备） | 油槽的油量是否恰当，是否有油量标识<br>油温是否恰当，是否有正常温度的界限标识<br>油是否变得浑浊（混入空气）<br>加油口是否清洁、干净<br>是否有油的吸入、过滤棒的堵塞<br>油箱的供、排气过滤棒是否堵塞<br>油泵是否正常，是否有异常音、振动等 |
| 热交换器 | 油冷却器或排管是否漏水<br>是否有冷却水泄漏<br>油与水的出口、入口的温度差是否恰当<br>是否有管子的堵塞 |
| 油压机器 | 机器类有没有油漏出<br>机器类的固定是否牢固<br>机器类的运转是否良好，有没有瞬间停止、速度低下的问题<br>油压是否恰当，压力表的运行是否正常<br>气缸的警示装置是否正常 |
| 排管、排线 | 排管与软管带的固定是否牢固<br>有没有油泄漏，软管上是否有疵点或磨伤<br>阀门类有没有异常，是否有开闭标识<br>有没有不必要的排管、排线及阀门<br>软管或铜管是否有缠绕或摩擦 |

## 6. 电子器械类检查要点，见表 12-12

表 12-12　**电子器械类检查要点**

| | |
|---|---|
| 控制面板类 | 配电板、操作板、控制面板内部的整理、整顿、清扫是否良好<br>是否存放有不必要物品或可燃性物品<br>面板内部的排线整顿是否良好，是否有混乱的排线<br>电流表、电压表是否正常，是否有正常范围标识<br>仪器或指示灯（Lamp）有无破损，指示灯有无断线<br>开关类有无破损，作用是否正常<br>门锁有没有破损，开闭状况是否良好<br>是否有多余的孔，防水、防尘是否良好 |
| 电子器械 | 马达是否有发热、异常音、异味、振动等现象<br>马达罩子与排热扇是否有污染<br>器械的设置、螺丝的固定状态是否正常，螺丝是否断裂或弯曲 |
| 传感器 | 限幅器开关是否有污染、晃动<br>限制器开关内部是否清洁，读取线是否松动，罩子是否正常<br>限制器开关的安装方法是否正确<br>夹头形状是否正常，有没有磨损或变形<br>光电管开关、相邻开关是否有污染、晃动<br>传感器与器械间的位置是否矛盾<br>器械的排线是否因接触读取而被覆盖、被剥落 |
| 排管、排线 | 排管排线的固定是否牢固<br>电线有没有被剥落或断线<br>排管是否腐蚀、破损，排线的被覆是否被剥落或有疵点<br>地面上是否有混乱的排线、从空中垂直下来的排线 |

**7.常用机械类检查要点，见表12-13**

表12-13 **常用机械类检查要点**

| | |
|---|---|
| 泵 | 泵或支架上是否存在异常音、振动、晃动<br>地基螺丝有没有松动、腐蚀或破损<br>支架基础有没有腐蚀或龟裂、破损等<br>格栅是否漏出液体<br>排管或阀门是否漏液<br>排管或阀门是否被堵塞<br>压力表、真空表、油量表、温度表是否正常，并有正常界限标识<br>起动电流值、运转电流值是否正常，有没有正常范围标识<br>阀门是否正常运转，是否有开闭标识 |
| 排风扇 | 排风扇与支架上是否有异常音、振动、晃动等<br>地脚螺丝有没有松动或腐蚀、破损<br>固定螺丝是否松动、腐蚀或破损<br>格栅是否有气体（或空气）泄漏等<br>输送管或阻尼器是否有气体（或空气）泄漏<br>槽子有没有被堵塞或冰冻 |

**8.水蒸气类检查要点，见表12-14**

表12-14 **水蒸气类检查要点**

| | |
|---|---|
| 排管计量表 | 有没有蒸气及水的泄漏<br>蒸气压、水压等的压力表有没有污垢、破损界限标识<br>是否标有内装物的流动方向<br>保温类排管计量表是否破损或松动 |
| 阀门类 | 是否有阀门手柄掉落、固定螺丝松动的现象<br>是否有关不紧的阀门<br>是否容易开闭<br>是否有开闭标识<br>需要调节流量的地方是否有相应的流量标识 |

## 12.3 提案改善活动

提案改善活动已经广为人知了，但是很少有组织将它作为一项正常业务来开展，有些单位鼓励员工提出合理化建议，一般一年由工会统计两次，但大部分不实施，时效性很差，激励作用很有限，对公司改善作用不大。日本、韩国的大公司非常重视员工的提案改善工作，它们将提案活动作为经营革新工作的一项重要内容来抓，并有专人负责，每月发表一次。它们坚持“小提案大奖励，大建议只鼓励”的指导思想，目的在于鼓励全员参与公司的改善活动，鼓励员工自己动脑、动手开展提案活动，只有这样才能发挥巨大的改善作用，为公司创造效益。这里对公司如何开展提案活动做一个简单的介绍。

### 12.3.1 提案的定义与特点

提案就是个人或小组为比现在更准确、更快、更方便、更简单、更有效地做好工作，将构思及创意性的研究结果记录在规定用纸上，向公司提出，并亲自组织实施的管理活动。

提案改善有几个特点：

（1）强调制度化的奖励措施，只有制度化才能引导员工去改善。

（2）鼓励员工自主实施改善提案。自主实施会使员工获得成就感，因此要为员工提供条件，如建立自主制造室、购置工具、提供经费等。

（3）不限定提案内容。提案可大可小，一般应从自己的业务改善着手，凡是使业务比原先有提高的改善都属于提案。推进提案改善时总有人提出不同的意见，认为这不是提案，那也不是提案，这样只会产生消极作用，打击大家的热情。

（4）不单纯以追求经济效益为目标，主要目的在于激发员工热爱公司之情，形成乐于改善工作的氛围。

### 12.3.2 提案的分类与方向

对提案进行分类有两个好处：一是便于管理；二是起到引导作用。分类的方法很多，但不必太复杂，简单为好，这里主要介绍两种：

（1）提案按提出与实施的范围可分为个人提案与团体提案。

（2）提案按性质可分为开发性提案、技术性提案、一般性提案、问题点提案。

提案的方向很重要，公司在管理过程中应该主动引导。一是引导员工关心公司，通过全员参与提高关心度，引导员工通过规定方式向公司提出富有创意的构思和想法。二是引导员工主动改善公司，通过自我的不断完善提高个人及整个公司的素质。只有不断变化才能达到改善的目的。

### 12.3.3 提案的推行与管理

海信集团推进提案制度时计算了一个回报率：一年下来对奖励和改善的投入与产生效益的比是1：26。可见，推进提案活动并使它制度化不仅能对公司产生很大的改善作用，带来直接的经济利益，而且能大幅度提高员工的改善意识、素质，进而提高公司的效益。因此，大力推进提案制度并加强管理是十分必要的。

第一，要树立全员改善意识，通过事例对员工进行培训，但提案工作绝不只是员工的事，领导要率先垂范。第二，要建立推行组织，公司革新部门有专人管理、培训、主持月度发表会。第三，要制定提案改善管理办法，用制度来保证员工的利益。第四，要实施跟踪管理，及时进行成果统计、评价、奖励，并不断深化提案的质量。第五，将成果巩固、推广、标准化。如果不进行推广，其作用是有限的，并且员工受到的激励作用也会打折扣。为了激励员工，对员工提出的改善应以员工的名字命名，并举行简单的命名仪式。第六，推进提案的网络化管理，这样可以减轻工作量，同时使提案不因部门分割而重复。这是高级阶段的管理，尚未实现网络化的公司没有必要过于追求这一条。

### 12.3.4 员工提出提案的方法

其实，在日常工作中，环境、设备、产品、技术、质量、流程等各个方面需要改善的地方有很多。提出提案的难度并不大，但是由于员工理解不透彻，或者因为习以为常的做法，他们往往看不出存在的问题。因此，在提案工作初期需要教给员工方法：第一，仔细观察。身边的一切都可能存在需要改善的地方，首先要用眼睛看，看到问题就去改。第二，进行调查。员工可能对一些现象、问题不太明确，通过了解、调查可以弄清其原委，找到改善点。第三，仔细思考，想出改善的方法。第四，对问题点以及改善的方法进行整理、形成方案，经过上级同意后付诸实施。第五，将自己的提案写在纸上，向公司提出。一般来说，小提案经过小组长同意就可以实施，如果提案较大，个人力量不能完全解决，应将方案报给相应的职能管理部门，由其协助实施，以增强可靠性。

### 12.3.5 提案的目标以及改善项目

提案虽小，意义却不小，因此提案工作需要长期坚持，积小改善为大改善，使公司的“体质”得到根本改善，提升公司的竞争力。长城不是一天筑好的，一家公司要成为世界级的强大公司，有很多工作要做，提案改善是基础工作。但是，提案改善的具体目标应着眼于程序、环境、设备等的改善，并应该将工作变得简单愉快，使工作环境变得清洁明亮，使设备始终保持原来的状态。提案应该成为员工自己的活动，改善自己的业务是其根本的任务，所以要从小事情开始改善，让全员参与改善自己的业务。具体来说包括：

（1）提高办公效率及改善管理方式的提案；

（2）业务改善方面的提案；

（3）提高质量和提高生产率的提案；

（4）预防灾害、安全、环境改善方面的提案；

（5）降低成本、节约经费的提案；

（6）开拓市场及促进销售的提案；

（7）生产设备及工艺革新的提案。

如果员工提出一些不属于提案改善的项目，应予以正确处理，如：

（1）人事、劳动条件等有关公司基本制度的事项；

（2）单纯地指出缺陷，缺乏具体的内容（突发性想法）；
（3）个人的不满事项；
（4）与过去的提案相同的内容；
（5）在自己所属部门不可能实行的提案；
（6）上司的指示、部门的课题、会议当中已公开的对策及内容；
（7）其他对公司造成损失或违反秩序的内容。

### 12.3.6　提案改善活动的作用

提案的作用首先是对员工产生的作用，其次是对公司产生的作用，无论哪个方面应该都是正向的作用，因而是积极的、向上的。具体来说有以下几点：

（1）长期坚持能培养员工的问题意识和改善意识。
（2）可以改善员工的精神面貌，创建积极进取、文明健康的企业文化。
（3）可以改善员工发现问题和解决问题的能力，提高员工的技能水平。
（4）能够改善员工工作环境，促进员工满意。
（5）通过改善设备的运行条件，提高设备运行效率，从而提高劳动生产率。
（6）引导员工从细微处着眼消除各种浪费、损耗，降低成本，提高效率。
（7）长期坚持不仅可以产生巨大的经济效益，而且可以提升公司的竞争力。

### 12.3.7　影响提案改善者的心态与习惯

初期导入提案改善工作，对于员工来说并不是一件很容易的事，引导不好就会产生消极的心态，最典型的是奖励也不要，提案也不提，嫌麻烦。还有一种典型的心态是我干活，我拿钱，公司好不好无所谓。针对这种心态，必须运用制度与培训来矫正。具体来说有几种心态需要注意：

（1）怕别人嘲笑自己写的提案或写作能力差而不敢拿给别人看；
（2）希望用一次改善提案就完全达到期待的效果；
（3）别人的提案获得很高评价，可自己却认为不过如此，不值得奖励那么多；
（4）写出的提案不被采纳，心里感到很难过，因而丧失信心；
（5）不以我负责的业务范围我最棒的心态去写提案，总想到其他方面的提案。

习惯也会影响提案改善工作。如果企业长期以来不思进取，则会使员工产生惰性，并形成一些固定的思考方式，使员工不能参与到改善活动中去。因此，企业必须经常求变才能保持活力。

### 12.3.8　培养新想法的方法

人人都可以发挥创造力、观察力、想象力，关键是从对未知事物的恐惧中摆脱出来，驱逐懒惰心理，要具有持续强烈的意愿（动机）才能够去探求事物的奥妙。要培养新的想法，首先应将问题明确化，多问问题，如，导致某个问题的许多原因中最重要的是什么？要做到什么地步才能解决？解决指的是何种状态？要用什么样的方法解决问题？会问问题是一个方面，会把握现状、做现象分析更重要，全面观察事物、收集准确的信息，然后进行详细的分析就可能得出新的看法。当然，培养新的想法的方法有很多，这里介绍几种：

**1.头脑风暴法**

头脑风暴法是几个人一起开会想主意的方法。这个方法与会议的区别就是必须遵守下面的4个原则：

（1）对对方的意见不加批评。对于别人的想法或发言的内容，绝对不加“好、正确、错误、坏”等评价；人一般觉得自己正在受批评的话，原来想说的话也不会再说了。

（2）自由奔放地想问题。人往往习惯性地凭主观看事物。我们应该改变这样的观念。觉得无聊的、可笑的提案也可能发展成好的想法。

（3）想法要足够多。很多新的想法当中毕竟会有好的想法。在限定的时间内要求大家多提想法，也就没有时间去批评别人的意见，同时一个想法可以引发出更多的想法，几个小想法又可以产生出更大的想法。

（4）发展别人的想法。利用基于别人的想法所联想的东西，再结合其他想法创造出更好的想法。

注意事项：进行头脑风暴法时，确定一名记录员，由组长说明问题点，尽量引导参加人员的思考方向。

**2.检查清单法**

检查清单是在想问题或评价、检查时，为避免漏掉应该考虑的项目而整理制成的一览表。它的基本方法是5W1H，即从原因（何因Why）、对象（何事What）、地点（何地Where）、时间（何时When）、人员（何人Who）、方法（何法How）等6个方面提出问题进行思考。

检查清单法是必须掌握的现场工作方法。

其优点是：（1）检查简单，节省人工和费用；（2）在现场更容易收集数据；（3）能够正确地一个不漏地核对必要的项目；（4）增加联想活动。

**3.联想法**

联想法是一种很重要的方法，就是由甲事物想到乙事物的心理活动过程。具体来说，是借助想象，对于形似的、相连的、相对的、相关的或某一点上有相通之处的事物，选取其沟通点加以联结。在改善活动中，联想法是员工发挥想象力就眼前工作中存在的问题通过与已有的经验和知识进行联想，创造性地解决制造问题，以提高工作能力和水平的方法。

### 12.3.9 各组织的作用

**1.经营革新部、提案负责人的作用**

（1）提案的统计、评价及表彰等；

（2）提案推进方向的建立和实行；

（3）年度、半年提案活动目标的设定和管理；
（4）关于提案的各种活动的实施；
（5）活动状况的分析和宣传；
（6）对于推进部门的支援方案的建立、实施；
（7）关于提案标准化的推进。

**2. 提案评价委员会的作用**

（1）对优秀提案的评价；
（2）提案活动常态化方案的制订；
（3）制度的研究；
（4）提案奖励活动的推进；
（5）提案活动的整体推进。

**3. 中层管理者（部门领导）的作用**

（1）提案气氛的营造；
（2）为下属指明提案方向；
（3）提案顺序及填写方法的指导；
（4）部门内提案实绩的分析，目标达成方案的建立；
（5）优秀员工的表彰。

## 12.4　消除浪费的活动

经营革新主要从两个方面为企业创造效益：一是开源，引进新的业务，开发新的产品，开拓新市场，提供新服务，这是一个很重要的方面；二是节流，在产品、技术、服务等越来越同质化的今天，企业竞争关键看管理，理顺、缩短流程，消除各种浪费，提高效率是企业赢利最主要的途径。因此，经营革新活动将消除浪费、提高效率作为一项基本活动展开，不是仅仅从道德意义上提倡节约、反对浪费，而是高度强调经营思路、经营方法、经营措施，消除各种浪费。

### 12.4.1　对浪费的认识

**1. 如何理解浪费**

浪费是指在生产经营过程中不能产生附加价值的任何行为。

研究较多的是制造过程中的浪费，其实在其他管理活动中资金的低效率使用、市场机会的丧失、低质量的工作都是浪费，从实际情况来看，管理的低效是一个企业最大的浪费。

原则上大家都希望利用最少的设备、材料、部件、空间、作业时间等投入创造最大的附加价值，但是如果这些不能使产品生成附加价值，则会产生浪费。

制造过程中存在的浪费如表12-15所示。

表 12-15 制造过程中的浪费

| 项目 | 定义 | 设备 | 人 | 评价因素 |
|---|---|---|---|---|
| 无效动作（非标准） | 与作业无关系的动作 | — | 等待作业<br>聊天<br>随意走动（流动） | 时间 |
| 无效动作（附加动作） | 为了创造附加价值不得不伴随的动作 | 感知（加工物）<br>装入<br>取下 | 寻找（延迟）<br>搬运<br>移动<br>开关操作 | 时间 |
| 低效附加价值动作 | 效率低下的附加价值的动作 | 性能低下<br>部件磨损<br>不良品生产 | 手工紧固<br>不良品生产<br>设计变更 | 效率（性能）<br>质量（良品） |
| 纯附加价值动作 | 只创造附加价值的动作 | 组装、焊接、涂装、加工 | | 综合 |

**2.为什么会发生浪费**

在制造过程中由于规划不合理、计划不科学，或者操作不熟练，常常出现实际操作与理想状态不一致、不均衡、不合理的现象，因而存在无数的浪费。

“不一致”是指实际与标准不一致，不一致就产生浪费；

“不均衡”是指制作不均衡，出现这种状态就会使有些人停下来处于等待状态，因而产生浪费；

“不合理”是指生产管理中计划、物流、工艺、操作方法等出现不合理的现象，从而产生浪费。

**3.制造现场的七种浪费**

（1）过量生产的浪费。由于过量生产造成库存增加、处理费用增加、人员增加、不良品增加、利息增加（降低资金周转率）。

（2）等待的浪费。由于安排不好经常出现材料的等待、产品的等待、空闲的时间、作业等待等。

（3）搬运的浪费。因不合理的布置（Lay Out）发生的不必要的搬运、过量生产造成的多次搬运等。

（4）加工本身的浪费。因作业方法不是最合适的，而产生材料、时间、品质等方面的浪费。

（5）库存浪费。由于计划不周造成材料、部品、组装品、完成品等的积压，降低资金周转率。

（6）动作的浪费。作业中不产生附加价值的动作。

（7）不良生产的浪费。材料不良、加工不良、检查不良。

## 12.4.2 发现浪费的活动

开展TPM活动的一个重要的主题就是消除浪费，即发动全体员工认识浪费的危害性，掌握消除浪费的方法，开展消除浪费的主题活动，全员消除浪费。

**1.发现浪费的要点**

发现浪费从改变认识开始，具体应遵守到现场、看现场、掌握现场的“三现”原则，运用5W1H、5M1E（人（Man）、机器（Machine）、物料（Material）、方法（Method）、测量（Measure）、环境（Environment））的方法，利用ECRS（消除（Eliminate）、合并（Combine）、重排（Rearrange）、简化（Simplify））的改善措施。

**2.观察现场的方法**

（1）看得见的浪费。

烦琐的动作（非标准）和无效的动作（附加动作）是容易被发现和改善的。搬运重物、忙乱活动、分选合格品与不合格品、等待材料的到来、修理故障设备、堆积库存货物、寻找部件等都是看得见的浪费。

（2）看不见的浪费。

在制造现场，实际上会发生无数的无效工作和低效工作现象，所以不容易观察到浪费。如一个人或一台设备会扰乱整个工作流程，物资的流通会产生工序之间的库存，投入过多的作业人员和过多生产会导致库存，作业空间过大等，由于这些活动是潜在的而不易发现，所以叫看不见的浪费。

（3）分类。

以上两种浪费现象按照它们的内容可分为三大类：

①运转损失的类型：机械故障、移动、搬运、材料等待。

②编排损失的类型：作业中分拣材料、作业不均衡、生产线不平均。

③操作损失的类型：未掌握技巧、作业困难、作业不熟练、作业状态不佳。

**3.通过“两整三清”活动进行浪费的可视化管理**

“两整三清”不仅是制造现场最为基础的活动，而且通过确立可视化管理来实现安全与舒适的制造活动。通过“两整三清”活动可消除现场的无秩序问题，创造明亮、清洁、便于工作的制造现场，进一步将浪费可视化，并逐个加以改善。

## 12.4.3 对消除浪费的认识（思想）

**1.何为消除浪费**

消除浪费是将用眼睛看不见的问题（被隐藏的问题）变为看得到（可视）的问题并加以改善的活动。

在企业活动中所发生的浪费，很多是看不见的，仿佛一座大部分被隐藏的冰山，其种类和发生原因以多种形态存在于各种地方，如图12-3所示。我们用眼睛可以观察到的浪费容易被发现，但是看不见的浪费只有具备较强的观察能力才能发现。因此，使这些浪费显露出来并不断改善问题就是消除浪费的活动。

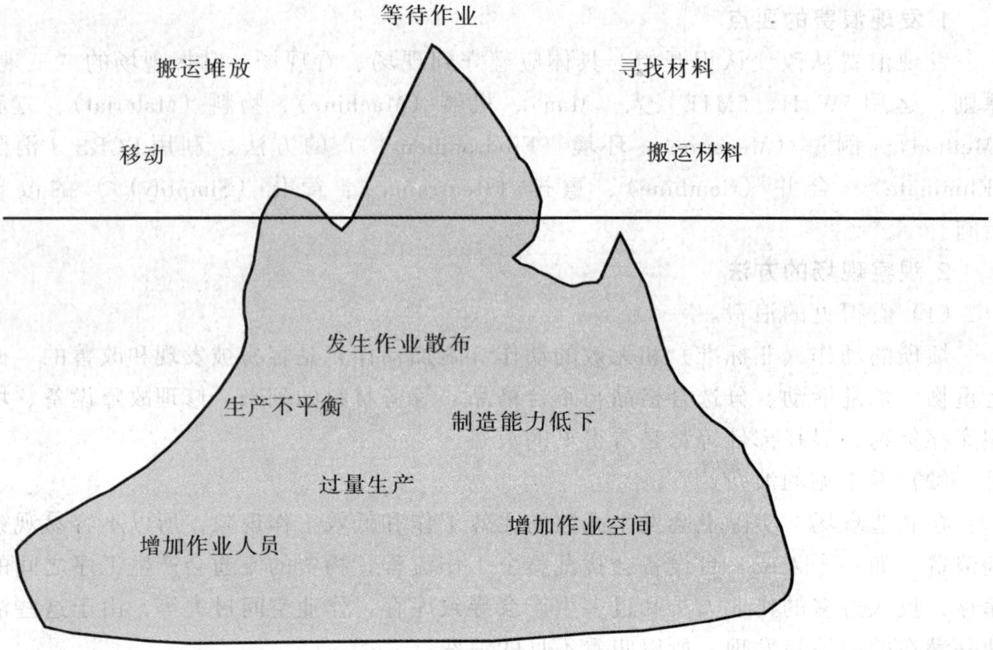


图12-3 浪费的冰山

**2.消除浪费活动的要素**

为了使制造活动的主体（人、设备）在安全状态下容易、方便地进行制造活动，持续地创造和管理变化的活动，必须消除浪费。

在消除浪费的活动中，思考的方向应以从事制造的主体（人和设备）为中心，而不是以实施改善的执行者为中心，所以要充分重视制造活动主体的认识，以制造活动主体制造产品时的合理思考为框架，分析在制造产品的过程中潜在的各种浪费要素并予以消除。

只有“持续不断地”创造和管理变化的活动，以使作业者能够“在安全的状态下”“容易”“方便”“稳定”地进行制造活动，才能实现改善；如果无法做到这些，则会导致“改恶”的结果。所以，我们把“持续”“安全”“容易”“方便”“稳定”5种要素定义为消除浪费活动必须遵守的一个“改善循环”。

**3.消除浪费的方法**

（1）令人满意的制造现场的面貌：

①灵活应对生产品种和生产量的变化；

②灵活应对作业人员的变化；

③始终保持一定的开工率并予以提高；

④以非正规作业“0”化为方向；

⑤以作业散布“0”化为方向；

⑥以作业量偏差“0”化为方向；

⑦以工艺间的同步化为方向；

⑧对器具、工具、工装开展自我制作和保全；

⑨对现场活动制定规范和标准。

（2）改善方法：

①开展“三定”和“两整三清”活动。

②通过生产线的平衡分析，找出瓶颈工序。

③通过动作分析，找出时间的分散和浪费问题。

④通过分析工艺间的物资流动，找出影响作业的时间的分散和浪费问题。

⑤遵循ECRS原理：第一步，是否可以消除？第二步，是否可以简化？第三步，如果消除会发生什么？可以合并吗？第四步，到达这种程度后，怎样变好？需要重排吗？

## 12.5　课题改善活动

课题改善是经营革新最主要的手段，是指通过做课题改善业务。盛行于美国的6σ管理策略，最主要的就是依靠黑带[①]做改善课题来提升经营质量。韩国三星、LG都将课题改善作为支持公司发展的主要方法。一般来说，公司的课题项目分为3种类型，即TFT[②]课题、个别改善和小组提案。这3种课题是根据公司的不同层面的业务改善来划分的：TFT课题为公司级的跨部门的课题改善，解决影响公司发展的重大问题；个别改善为部门级的课题，解决业务流程中各个环节存在的不合理现象；小组提案是小组级的课题改善，主要是针对个人岗位进行的业务改善活动。这3种课题从点、线、面构筑了公司的改善体系。关于TFT运作，下文有专章介绍，提案在前面已经介绍了，这里重点介绍个别改善的有关内容。

### 12.5.1　个别改善的定义

个别改善就是以部门或个人的业务为主要对象，对业务范围、内容、过程、从事业务的方法、能力、水平进行检讨、改善与创新，以降低成本、提高效率为目的的改善活动。

---

①　黑带（Black Belts）：在企业全面推行6σ的中坚力量，负责具体执行和推广6σ，同时肩负培训绿带的任务。一般情况下1位黑带一年需培训100位绿带。该职位为全职6σ人员。

②　TFT(Task Force Team)：围绕某一改善主题而组建的攻关小组（以跨部门为主），一般由3～10人组成。

## 12.5.2 个别改善的运作管理

个别改善的运作近似于小的TFT运作，与TFT不同的是，个别改善组为部门内由经理指挥的攻关小组，并且它也可以负责TFT项目中的分支项目。具体的流程可参考第17章中“TFT运营规则”的相关内容。

下面针对个别改善的活动推进方法和活动范围进行简要说明：

### 1.个别改善的推进方法

个别改善的推进方法（设备保全篇）如图12-4所示。

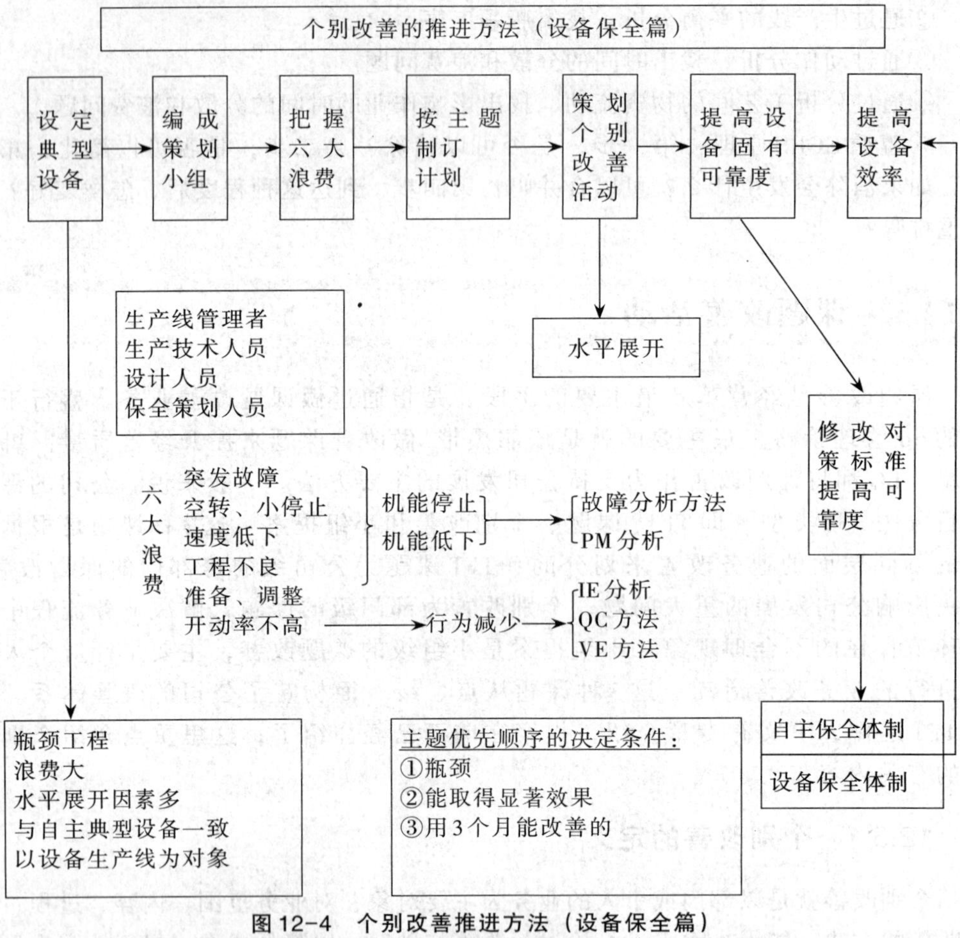


图12-4 个别改善推进方法（设备保全篇）

### 2.个别改善的活动范围以及改善方法

个别改善的活动范围相当广泛，这里以表格方式列举一些作为参考，见表12-16。我们在推进经营革新时，可以将这些方面作为课题来做，但并不能完全照搬，应根据各公司的具体情况来确定。

表12-16　**个别改善的活动内容及改善方法（部分）**

| 项目 | | 内容 | 改善方法（参考） |
|---|---|---|---|
| 设备管理 | 关键项目控制 | 提高设备综合效率 | 提高关键设备生产性能、稳定性，减少设备故障、不良和性能低下问题 |
| | | 延长平均故障间隔时间（Mean Time between Failures，MTBF），缩短最长修理时间（Maximum Time to Repair，MTTR） | 提高设备操作及维修人员素质和自主保全能力 |
| | | 降低设备平均故障率 | |
| | 消除设备的根本浪费 | 减少设备调整成本 | 改善设备，减少调整时间，寻找最优批量，增加生产柔性 |
| | | 消除设备故障发生源 | 改善点检工作（标准、方法、实施跟踪）、PM分析应用、设备LCC（生命周期）管理 |
| | | 消除性能低下、不良损耗和能源损耗 | 找出性能低下和不良的原因，改善设备三大系统，提高设计能力，减少突发和慢性不良问题 |
| | | 改善设备自动化程度 | 省力化（运转集中、持续、无人化） |
| | | 改善设备中心设计 | 设备整体布置合理，设计参数匹配合理 |
| 生产 | 工艺改善 | 改善工艺流程 | 流程顺畅合理（包括新品），提高作业效率和减少作业复杂性 |
| | | 改善工序平衡率 | 提高作业均衡性和设备利用率，标准时间制定合理，减少工序在制品库存 |
| | | 改善工艺参数 | 对各工艺参数进行验证分析，找出最优 |
| | | 工艺标准化 | 工艺要求及监督到位，做好工艺标准化 |
| | 作业效率改善 | 作业顺序合理，要求明确 | 严格执行标准作业书的内容，改进标准时间内的要求内容，提高质量水平 |
| | | 作业经济（动作经济原则） | 减少过大动作，合理利用双手，减少移动，合理进行并行作业 |
| | | 作业均衡化 | 提高人和设备的综合利用率，找出最佳生产批量，减少作业中的不均衡现象和分散作业项目 |
| | 成本改善 | 减少材料损耗 | 改进设备和工艺技术，控制材料出入库和加强现场管理，减少材料损耗 |
| | | 减少设备及生产调整成本 | 提高生产技术和管理水平，计划编排合理，找出最佳的经济生产批量 |
| | | 减少库存成本 | 减少生产批量，找出合理的库存水平 |
| | | 减少质量成本 | 加强生产过程质量管理和统计技术的应用 |
| | | 减少人工成本 | 合理控制淡旺季的人员数量和工资，培养多技能工，加强培训 |

续表

| 项目 | | 内容 | 改善方法（参考） |
|---|---|---|---|
| 生产 | 质量改善 | 加强过程控制管理 | 在现场实行质量责任制，加强关键过程控制并建立相应的评价机制，检查工位设置是否合理、测量及检验仪器管理是否规范，加强员工质量意识 |
| | | 合理使用统计技术 | 科学合理地使用统计技术，减少产品质量分散问题，提高过程能力 |
| | | 加强质量信息管理 | 简化信息反馈流程，做到反馈真实、及时、准确 |
| | 人员管理 | 规范化的现场管理 | 加强现场的人员管理，减少非正规作业分散问题，提高效率和质量 |
| | | 提高员工积极性 | 加大正激励，制定合理的薪酬制度，做到真正的按劳分配 |
| | 现场物流改善 | 物流设施系统规划合理 | 区域划分合理、整体规划合理（包括线体布置、物流状态及信息等） |
| | | 搬运及装卸合理 | 器具合理、路线合理、搬运量合理、频率合理、包装合理、安全到位等 |
| | | 储存合理 | 周转库存合理、物品摆放合理、仓库设施到位、物料出入库控制规范 |
| | | 加强物流信息管理 | 提高网络信息水平（MRPⅡ），加快物流信息处理能力，减少错误率和账物不符率 |
| 生产管理 | 关键项目控制 | 提高综合劳动率 | 提高综合生产、质量、成本、能源、库存控制能力 |
| | | 提高效率指标 | 提高作业效率和运转率 |
| | | 加强计划能力 | 提高计划执行率和完成率 |
| | | 提高生产均衡性 | 确定最佳生产批量（线体批量分配、成本核算） |
| | | 提高外协能力 | 要求外协厂家提高生产、交货能力，改善产品质量，并与其开展技术合作，同时加强技术培训 |
| | | 工时管理体系健全 | 劳动定额合理，建立标准时间体系，考核评价工作相应跟进 |
| | | 生产调度工作到位 | 协调、指挥、调配、检查工作到位 |
| | | 生产信息管理 | 信息流程顺畅，信息分析方法科学，考核评价工作相应跟进 |
| 物流 | | 降低采购成本 | 招标工作合理、厂家监督管理到位、采购提前期缩短、订购批量经济、采购信息管理系统健全 |
| | | 降低库存成本 | 合理控制库存（保证不缺货的前提）、加快库存周转、合理监控在制品库存和损耗 |

续表

| 项目 | 内容 | 改善方法（参考） |
|---|---|---|
| 物流 | 降低运输成本 | 运输招标工作到位、运输调度合理，合理规划以减少内外运输工具 |
| | 降低物流管理成本 | 减少人员费用及办公支出 |
| | 为生产服务到位 | 围绕生产进行及时、准确的配送 |
| | 物流信息系统管理 | 信息系统运行稳定，信息处理及时、准确 |
| 安全 | 加强预防意识 | 可视化管理与5S，减少事故隐患，加强安全管理和员工培训 |
| | 降低安全费用 | 维护安全设施，旧物重复利用 |
| 产品开发 | 产品生命周期良好 | 设计输入准确、技术领先、质量性能可靠、市场满意度提高 |
| | 提高产品工艺性 | 新产品工艺适合、生产可操作性强 |
| | 节约开发费用 | 原材料消耗降低、模块化研发、研发信息共享（在保证产品性能与质量的前提下） |
| | 研发标准化 | 建立零部件标准化库，建立标准体系 |
| 销售 | 降低销售费用 | 加强费用过程监控，减少过程人员、管理、技术服务等费用 |
| | 市场预测准确 | 信息处理得当、方法得当、反馈得当 |
| | 市场策划 | 区域开发、广告策划到位 |
| | 销售管理 | 总部、分公司管理加强 |

### 3.相关管理与评价

部门级课题是改善业绩、实现经营目标的主要手段，尤其要重视管理与评价工作。经营革新部应设立专门岗位对课题进行跟踪管理。对课题申报、审批、管理制定一套办法。韩国人用一个英文短语“Follow up”来表达这种管理的含义，Follow Up是穷追不舍的意思，就是说管理必须有力度，对每一个课题都应穷追不舍，直到做完为止。相关评价项目可以参考第17章中有关“TFT运营规则”的内容，在这里只对最后的奖励项目进行说明：对个别改善的奖励评价除了对有形效果和无形效果进行评价以外，也要对整体的项目指标达成情况和运作过程进行评价，奖励金额介于TFT项目和小组提案之间，具体情况由评价组织进行裁定。如果个别改善组为TFT项目子组，经营革新部将不给予另行奖励，由TFT总组长进行奖励再分配，但要求坚持公平、公正的原则。

## 12.6 间接部门的改善活动

间接部门应该是公司开展课题改善活动的主要力量，这里说的改善主要是指对开展业务的方法的改善，而不是对业务本身的改善。间接部门进行改善的基础同样是“两整三清”，改善从事业务的方法主要是开展提高效率的活动。TPM活动一般都率先从制造部门开始，因而间接部门常常是受批评的对象，其实并不是大家不愿意改善，只是间接部门毕竟不同于制造部门，因而其改善也有自己的特点。

伴随计算机和通信技术的飞速发展，情报对我们来说越来越重要了。新产品的开发、市场的运营越来越受到情报搜集速度的影响。商品的品质、价格，80%是由开发、设计、生产阶段决定的。为了不让制造部门产生浪费，开发、设计部门需要通力合作。所以，除了制造部门，间接部门也有必要进行TPM活动，这既是为了减少浪费，也是为了提高生产效率。企划、开发、管理等部门的主要作用是处理各种情报，进行原价节俭，提高竞争力。

间接部门的改善主要在于：①让部门员工充分发挥技能，提高业务效率；②培养有效率的人才。效率不是指减少投入，而是要制造更多的产出。必要的输入可以使系统合理化，使重要的输出内容，如品质、可靠性、效率等达到公司的要求。在这些活动的推进过程中，要培养情报处理能力强、办事效率高的人才，特别是能适应不断变化的环境的人才。业务技能是指正确处理业务、减少重复。它可以从决策能力、传达能力、数据的准确性等3个角度衡量。

### 12.6.1 间接部门存在的主要问题

间接部门主要负责事务性工作，现代企业的职能组织将各部门人为地隔开了，常常滋生大企业的官僚主义，机构臃肿、层级太多，人浮于事、效率极为低下，相关人员远离市场、感受不到市场的激烈竞争，因而容易产生大企业病。具体表现如下：

（1）闲置的资料堆积如山，很难找到需要的东西。

（2）部门间缺少联系，互不沟通，推卸责任。

（3）拖延决策，丧失机会。

（4）管理得过多，又管不好。

（5）公司总部的业务集中、权力集中，反应较慢。

（6）缺乏有关组织职能细分化的调整机制。

（7）业务体系不完善，流程不合理。

### 12.6.2 间接部门的自主保全活动要点

#### 1.事务环境（硬件）方面的挑战和概要

这里把减少人员移动、事务和物资流动损失及创建合理明快的办公室作为总体目标。为了实现这一目标，间接部门的办公室、会议室、储存室等设施设备，要进行与制造部门形式基本相同的自主保全活动。首先，完成设施设备的布局之后，进行如下项目：

①制作办公室、会议室、储存室等办公设施设备的布局图；

②确定分担区域（共同、个别）；

③各区域进行设备库存调查和制作展开计划表；

④推进事务设施布局的改善。

**2.布局合理、方便的10个判定依据**

①人员出入、资财器材出入方便吗？

②是否以确定的通道作为中心进行人员和设施的布局？

③布局的人员移动业务流程是否实现最短化？

④布局时有没有考虑人员业务逆行和干涉方面的预防措施？

⑤设备间隔是不是根据业务需求安排的？

⑥空调、照明设施操作方便吗？

⑦通道畅通吗？

⑧通道角落及交叉点有没有考虑安全因素？

⑨加工品的保管、流向、存储空间方面有没有确定？

⑩办公自动化（Office Automation，OA）设施的位置是否恰当？

确认以上项目之后，进行自主保全的以下阶段：

### 12.6.3 主要改善活动

**1.简化业务，提高效率**

（1）业务的可视化（首先把握实际情况）：

①消除目的不明确的东西；

②消除重复的东西；

③消除不必要的审批手续，如计划内活动经费开支等；

④改变组织结构，简化流程。

（2）使用业务手册：

①全部负责人把自己的业务推进方法、研究成果、过去的失误明确化；

②与他人共同检讨而谋求技术诀窍（Know-how）的共享。

**2.开展“One Best”运动**

（1）1页纸文件（One Page Best）活动。

开展文件减半、质量提升活动。报告书等文件内容缩减到1页纸的篇幅是最佳的。1页纸的文件传阅迅速，拿取方便。提倡每个部门、每个科室建立1页纸文件的集中管理制度，设置1个保管场所、1本文件夹。如果1份报告书通过1页纸就可以弄清楚，就会提高效率。管理部门力求及时处理文件，缩短处理天数，压缩经办部门（缩减签署次数），当天的事情当天处理，做到“日事日毕”。

（2）1小时会议（One Hour Best）。

不要开长会，每次会议开1小时是最好的。要缩短会议时间，就要求开会前充分准备，研究会议的必要性，精心选择参加者，做到精简高效，1小时结束所有议题。因此，在企业提倡开短会，开1小时会议。

（3）文件归档的要点。

①文件归档的目的：为了顺利进行工作，使必要的文件根据需要当场能够移动、整理、保管，并处理不必要的东西。

②要有30秒内拿取文件归档的决心：

A.明确文件的整理、保管及保全场所：标明搁板、柜子的保管内容（使必要的文件能够当场拿取使用而提高工作质量，并加快其处理速度）。

B.使文件容易使用而整理：主要的文件按部、科等分类整理。

C.必须只保管必要的文件：在各部制定保管文件的基准（处理不必要的文件，整顿办公室内部，避免杂乱、脏乱、积压等现象，防止事务效率的下降和空间的浪费）。

③归档时的检查单：

A.必要文件是否归档。

B.是否夹杂无关的东西。

C.有无接收人、处理责任人的印章（签名）。

D.封面标识是否准确、易识别。

E.是否记录归档的分类编号或者保管年限。

④明确使用文件的规定：要防止公用文件（图纸、规定、规格表等）的丢失或分散，明确文件管理责任者，使用文件时采取联络责任者或记录等方式，以便时时了解使用情况。

## 12.7 小组改善活动

美国质量管理专家戴明博士提出了全员质量管理的概念，并提倡建立质量控制（Quality Control，QC）小组来解决质量问题。日本、韩国的企业将这一办法推而广之，在企业中将所有员工分成一个一个的小组进行管理，开展设备自主保全、“两整三清”、消除浪费、提高效率等业务改善活动。小组活动要求全员参与，由公司提供经费，员工自己开展各种活动，自主管理、提高业务水平，员工感到受尊重，越发热爱公司，并将自己的命运与公司的兴旺结合起来，这样促进了公司的发展，员工个人也得到了发展。因此，小组活动是开展改善活动的保障。小组活动有两种形式：一种是自发的；另一种是有组织的。有组织的小组活动是公司的行政管理行为，因而能确保各项活动的顺利开展，对公司发展作用大。

### 12.7.1 小组活动的目的

①全员参与，全员协力，形成整体力量；

②培养员工的领导能力和管理能力；

③使员工相互启发；

④增强员工的问题意识、改善意识、品质意识，减少成本，积极改善现场的问题点；

⑤使员工自觉遵守标准，履行确保品质的标准。

### 12.7.2 小组活动的方向

①全员参与，发挥自主性；

②以每个人的成长为目标进行活动；

③尊重每个人的人性；

④形成圆满的人际关系；

⑤通过小组活动，使员工得到快乐。

### 12.7.3 怎样提高组员的积极性

①每天要跟组员接触；

②事前要准备资料，然后再开会；

③积极进行反省；

④不可忽视小的会谈；

⑤要明确目标，否则会因为目标不明确而使活动变得无聊；

⑥小的改善也是好的，不可忽视积少成多的作用。

### 12.7.4 小组活动成功的三要素

第一，培养员工的成功欲望，认可员工通过小组改善活动所获得的成果，并且给予积极的反馈，激励员工持续改善。

第二，加强培训教育，将每一个成员培养成一个独立的战士，使员工的管理技能、业务能力得到提高，进一步具有突破性改善的能力。

第三，创造机会，营造气氛（创造心理环境），用经营革新的手段展开小组活动，并创造物理环境，形成自主管理组织系统。

### 12.7.5 小组活动的过程

#### 1.确定小组的组织结构

TPM活动是以小组为单位开展的，小组基本上又是以生产班组、同一科室或工序的连续为基础进行划分的。这样的划分有利于小组结合工作实际开展改善活动。

如图12-5所示，小组的组成包括：组长、书记、小组成员。小组人数一般有

8~10人，或者根据实际情况确定人数。组长的人选是本着有利于开展工作的原则确定的。组长是所有小组成员中威望最高、最具领导能力、最有号召力、精通业务的人。这样的人往往又是生产班组的班长或科室领导。小组书记一般需具备一定的文字处理能力，主要负责小组活动的文字性工作及资料的整理工作。

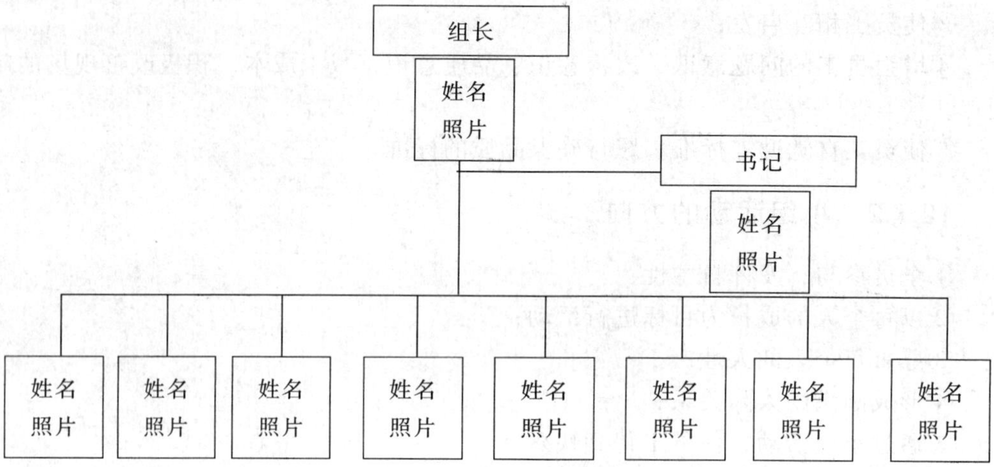


**图12-5 组织结构图**

**2.划定小组区域活动图（Map）**

小组活动Map就是确定小组活动的区域，并确定每一位小组成员的分担区域。这样做的目的是使责任明确，并具有可追溯性，有利于调动小组成员的工作积极性。

在进行区域划分时需要注意以下几点：

①根据本组人员的组织结构、区域的工作量来合理地进行区域划分。

②一定要做到区域明确和责任到人。

③在小组活动时，可以由2~3人组成一个分小组，在区域内共同查找不合理点。

**3.确定小组活动方向和目标**

确定了小组活动的方向和目标，就像茫茫大海中航船看到了指航的灯塔，小组成员的工作才不至于迷失方向。

0Step小组活动的方向基本上是“两整三清”活动，即整理、整顿、清扫、清洁、清心的具体化，并从细微处开始做起。

0Step小组活动的目标是创造整洁、有序、有规则的工厂，创造可视化的工厂。其原则是：视觉化、透明化、界限化。

**4.制订小组活动计划**

制订详细的活动计划，明确活动责任人，才能使小组成员有序地进行活动，避免盲目活动，以确保活动目标有序、高效地实现。制订活动计划时可按周或月为单位进行，计划完成后责任人要在完成备注栏署名，对于未完成的计划要标注原因。制订活动计划表时要注意虚实线和箭头的应用。

**5.进行OPL教育**

OPL（One Point Lesson）即点滴教育，点点滴滴，持之以恒。

内容：基础知识、改善事项、故障、不良点、经验、事例、安全等。

目的：小组成员共享信息和知识，逐步提高工作能力。

要点：一定要明确教育目的和活动方向（主题），解决问题，纠正错误。

因为工厂的工作任务比较繁重，所以教育不能花太长的时间，尽量用很少的时间（约10分钟）解决一个问题并取得一个好的结果，采取少而精的原则。员工在学习过程中要经常问“为什么”，抓住那些瞬间的灵感。

TPM-0Step小组活动的OPL主要是围绕整理、整顿、清扫、清洁、清心、可视化进行的。

**6.查找不合理点，进行改善，并记录在不合理表单上，分类整理成不合理层次图**

认真检查现场存在的问题，将其记录在不合理表格上，发现问题的过程同时又是改善的过程，对于当场能改善的问题及时进行改善，对于当场不能解决的问题，小组成员研究解决，或请求相关部门的支援。

将发现的不合理点分类整理，画出层次图（排列图），从而非常直观地找出要解决的主要问题和次要问题，把握“关键的少数”和“次要的多数”，使主要矛盾和问题被及时发现，进而采取措施及时解决。

在查找不合理点时，可能会产生“发生的现象不知是否为合理点”的疑问，下面是“疑问点处理要领”：

①疑问点是指在清扫或其他业务活动中，完全不知道或无法理解现象为什么发生、是否异常时而提出的问题。

②在经过有关人员技术教育后做成OPL，对组员实施教育。

③疑问点越多，说明活动开展得越好，提问不是一件令人惭愧的事，而是学习的重要途径。

④疑问点的质量是随着Step活动质量的提高而提高的。

⑤将疑问点记录在疑问点表单（List）上进行管理。

另外，在寻找不合理点时，一定要做到可视化、细致化和预防化。要真正做到这些要求，需要员工从人、机器、物料、方法、环境、测量这5个方面来综合考虑，也要从安全的角度来做到预防为主。这样就需要我们从各个角度来分析现场的因素，围绕经济、安全、预防的原则来细分它。举个例子，笔者曾经在制造部门寻找不合理点时，发现现场用的一些氧气瓶一直被随意存放，从来就没有人指出它有什么危险。其实，如果氧气瓶维护、保管不当，如长时间被置于烈日下曝晒或靠近高温热源，则会有爆炸的危险。也许有人能意识到这样的危险，但我们没有将这种危险可视化、预防化。因此，进行改善时我们用警示线将其标示出来，并用缆绳将其固定。在现场这样的例子有很多，需要我们用专业的眼光进行审视，然后进行改善。

**7.对改善前后进行定点拍照**

在改善前，对发现的不合理点进行拍照，改善后在同一方向、同一位置、用同一相机对不合理点进行定点拍照，将改善前后的照片整理在改善前后对照表上，使改善前后形成鲜明的对比，给大家一个比较直观的认识。

# 第13章 TPM-1Step：生产基本条件的最优化活动

制造业要提高效率必须创造满足生产的基本条件，那就是要构筑最优的一个“流”的流水作业体系以提高作业的效率。如何合理安排设备以及线体对生产效率影响很大，必须对安全、操作、速度、物流、维修等多个因素进行系统考虑，运用工业工程（IE）方法进行合理规划，使生产基本条件最优化、确保效率。本章重点介绍构筑最优线体的方法。

## 13.1 概述

### 13.1.1 生产基本条件最优化的定义

生产基本条件最优化是以确保连接设备与产品的品质和创造谁都容易运转、操作的设备（工序）为基本，构筑设备（工序）间无搬运及等待的高效率的生产线体的活动。即使在工厂兴建之初有真正懂得生产管理的专家对厂房设备进行了设计，专家也不可能对生产的每个品种、机型所需要的工序以及物流做出合理安排，因此也会极大地影响生产效率，这就给TPM活动留下了很大的改善空间。

### 13.1.2 1Step活动的目的

1Step活动的目的是构筑设备（工序）间无搬运及等待的线体，当后续工序需要时，能够即时生产并提供所需的高品质的产品。它尤其强调工序之间的平衡以及衔接关系，前一工序为后一工序服务，后一工序对前一工序进行监督，形成以流程为主的现场管理体系，确保交货速度和整体效率。

### 13.1.3 1Step活动的目标

以“0”化思想作为指导，对现场进行系统改善，达到以下3个目标：

①设备（工序）间在制品库存、成品库存[①]的“0”化。

②设备（工序）间不均衡的“0”化。

---

① 在制品库存是指正在加工或者处于组装状态的物料、零部件、工具、辅助材料等的库存。成品库存包括投入前的原材料、零部件及完成成品检查的产品的库存。

③转产时间及工序不良的“0”化。

### 13.1.4 1Step活动的步骤

1Step活动的步骤见图13-1。

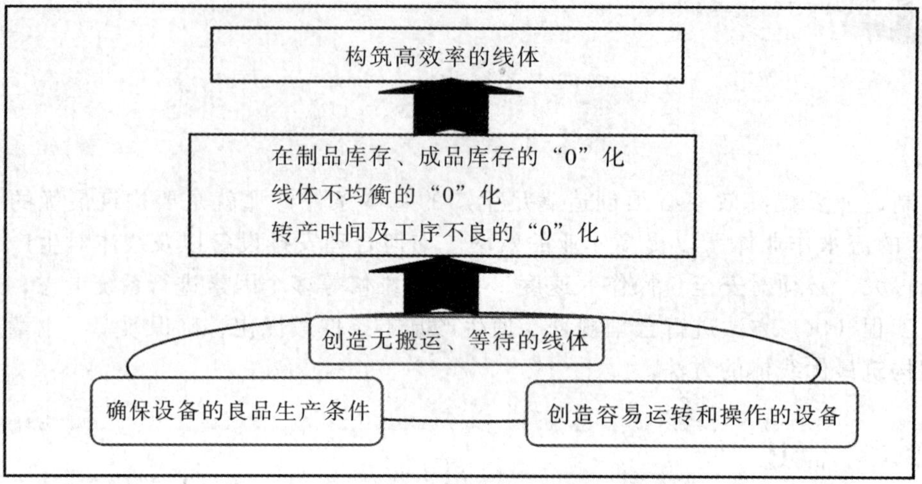


图13-1 1Step活动的步骤

## 13.2 1Step的主要内容

过去采用以人为中心的生产形态，而且由人左右Q（品质）、C（成本）、D（交货期），但TPM活动要求转换为以设备为中心的生产形态，并可以根据设备左右所有活动，尤其是在全自动化生产条件下。若TPM-0Step是为了确保最合适的Q、C、D的基本活动，那么TPM-1Step可以说是把上述活动表现为实际成果的活动。

### 13.2.1 1Step活动的主题构成

在1Step改善过程中，一般会开展以下几个方面的活动，每一项可以作为一个主题展开充分的讨论学习，在员工掌握相关知识的前提下在现场实施改善活动：

①创造无论新员工、老员工都容易运转、操作的设备；

②确保实现工序不良“0”化的设备良品生产条件；

③通过创造无搬运、等待的线体提高生产效率；

④消除工序间的不均衡（Unbalance），提高线体平衡（Line of Balance，LOB）效率；

⑤减少线体内在制品库存、成品库存（单件流水生产，设定标准在制品库存）；

⑥开展缩短转产时间的活动（增强小批量、多品种生产的适应力）。

### 13.2.2　创造容易运转、操作的设备

这是指为了使新员工和老员工都能在短时间内正常运转、操作设备而改善不合理点（困难、麻烦、容易失误）的事项，同时尽早稳定生产、预防安全事故的活动。

**1.现象**

（1）对新员工及老员工的情况，只实施以下简单的人力资源管理8小时（8HR）教育，并投入现场：

①实施预防安全事故的简单的安全教育。

②实施基本的设备运转教育，只注重运转。

③实施有关品质的基本的教育。

操作者根据以上有关基本教育的内容投入现场后自觉确保最合适的Q、C、D，需要一定的时间。

（2）挖掘运转、操作不合理点的要点：

①由于运转、操作复杂，为达到熟练程度消耗的时间长，而且多发生错误。

②由于控制面板或操作手册用的是外语而很难懂。

③由于操作失误导致不良品质的发生及设备的问题。

④每个新员工及老员工都有遭遇安全事故的威胁或事故的经验。

⑤设备的位置高低不当而需要消耗很大的体力。

**2.进行改善不合理点的活动**

应该站在新员工、老员工的立场发现运转、操作上的不合理点，而且使之成为小组中心的改善活动，并修订设备标准、形成规则，提高员工的适应能力。

### 13.2.3　确保设备的良品生产条件

生产良品需要设备、工器具达到生产良品的条件即保证设备、工器具完美无缺，分析影响设备生产良品的各种因素，开展维护和改善活动，对设备和工器具生产过程中需要达到的基本条件进行维持，确保其具备良好的生产能力。围绕构建良好生产环境、确保设备能力开展一系列改善活动是本阶段的重点工作。

**1.良品生产的基本条件**

（1）产品方面：在产品开发阶段就考虑制造现场的设备及作业工序，并事先防止开发后制造现场中出现各种不合理点，确保生产的早期稳定和良品生产的基本条件。

（2）设备方面：使员工对作为设备基本条件的清扫、给油、点检、拧紧等操作形成习惯，防止设备被强制劣化，并通过事前预防设备发生异常的活动来避免品质不良的要素。

（3）设备标准：使生产良品的设备本身及有效的工器具等各种条件标准化，创造能够生产良品的设备标准，使新员工和老员工在相关工序的第一次作业有可依据的标准。

（4）人的方面：人员要适应相关设备及工序。

①理解设备的良品生产条件。

②防止设备的强制劣化，并具备设定、维持标准化良品生产条件的能力。

③能够事先发现异常现象或预测到异常现象将会发生并及时处置。

**2.制造部门存在的阻碍良品生产的因素**

（1）操作者对所生产产品的理解不够。

（2）遵守的标准本身不合理。

（3）操作者及保全员、生产技术人员对良品生产条件的理解不够。

①对设备强制劣化的持续关注及对异常现象的事前预知能力不够。

②对异常现象的迅速处置能力及采取措施的可靠性不够。

（4）采取的办法不是解决问题的根本方法，而是应急处置方法。

**3.改善方向**

要以最接近相关设备并直接参与生产的操作者为中心形成改善活动。为此，操作者首先要理解设备及产品，并要学习良品生产条件。

为了谋求活动的成果，保全及技术部门需要给予大力支持，并要积极开展以操作者为中心的小组活动。通过小组活动，可以确保自主保全能力的提高和良品生产的基本条件。

### 13.2.4 创造无搬运、等待的线体

在制造现场，应把除了加工之外的其他活动视为浪费，必须“0”化不能创造附加价值的搬运及等待的浪费，“0”化在制品库存、工序间线体的不均衡，从而创造有效地、柔性地适应后工序的线体。

搬运：对原材料、部件或产品的位置给予变化的过程，即产品或部件从一个作业领域移到另一个作业领域而发生的转载、移动、装卸的过程，而且发生人为、时间上的浪费。

等待：在生产中未进行加工（组装）等活动的状态，即没有产品的流水状态。一是指在工序内外等待加工的状态；二是指为了生产将原材料或部件堆积在仓库的状态。

**1.活动目标**

活动目标如图13-2所示。

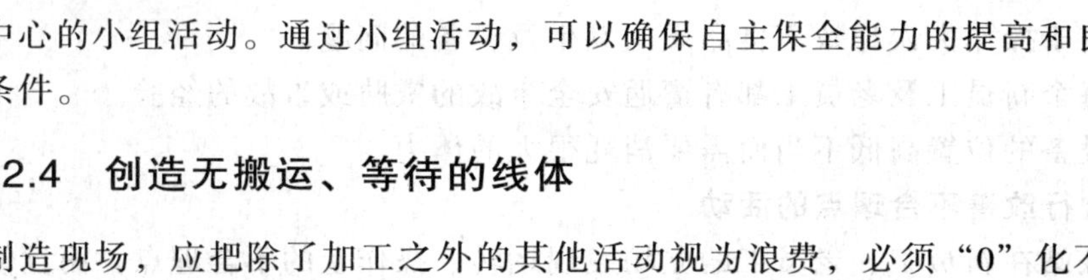


**图13-2 活动目标**

注：这里所说的生产准备时间（Lead Time，L/T）是指从材料投入的最初工序到完成成品检查为止的整个流程中需要做好前期准备的零部件和设备所耗用的时间。

**2.活动范围**

开展从材料投入的最初工序到完成成品检查之间所发生的所有搬运及等待的"0"化活动，并使它限于以小组为中心开展活动，各个小组完成小组区域之内的设备、工器具等生产条件的维护与改善活动，如图13-3所示。

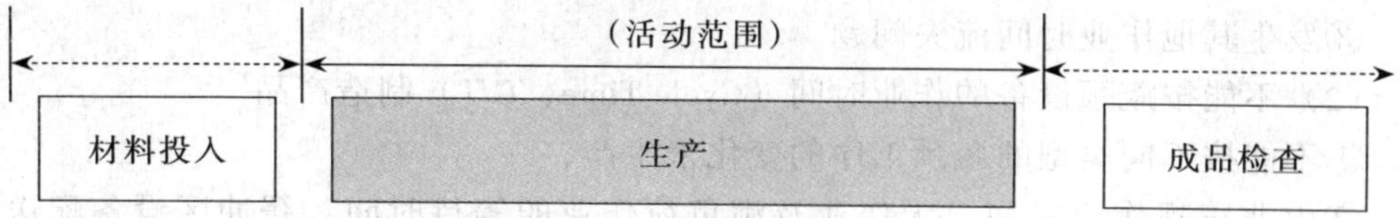


图13-3　活动范围

**3.无搬运、等待线体的条件**

（1）消除工序间线体不平衡，提高线体平衡效率。

使前后工序间的生产能力基本一致（消除线体不平衡），具备单件流水生产的基本条件并"0"化因等待而产生的浪费。要使设备（工序）间的生产能力实现同期化，首先要避免设备（工序）故障、不良等异常现象的发生。

（2）减少线体内在制品、成品库存（单件流水生产）。

通过在工序间设定标准在制品库存、实现单件流水生产，减少在制品库存和成品库存。

①在线体内必须在最短的距离和时间内移动。例如，无驱动线体、提高配送速度等。

②从材料仓库运送材料时，要减少由于单次配送量太少引起工序内等待而造成的浪费。

（3）确保小批量、多品种生产体制（缩短转产时间）。

适应小批量、多品种生产的前提条件是缩短转产时间、创造高效率的线体。

小批量、多品种生产体制示意图，如图13-4所示。

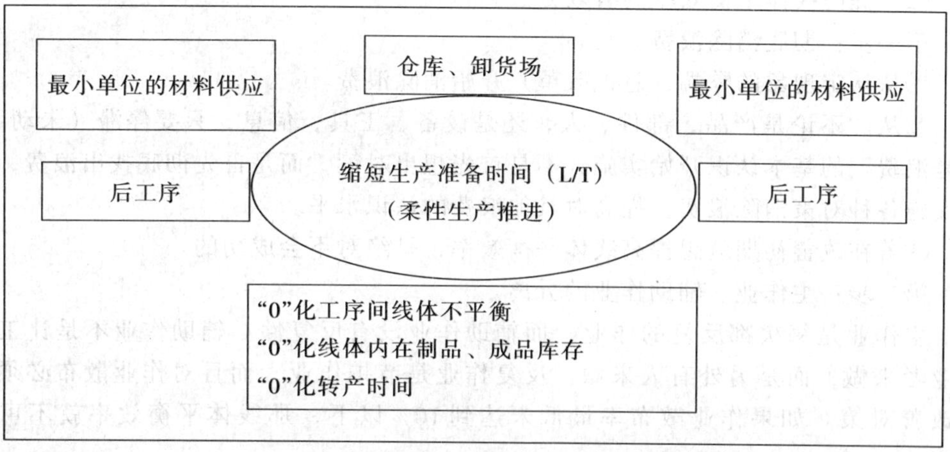


图13-4　小批量、多品种生产体制示意图

**4.搬运与等待对生产产生的影响**

(1) 无法保证以生产产品的最大能力来生产。

①发生设备故障及品质不良的问题；

②由材料品质不良和管理损失等引起设备的非正常运转；

③发生其他作业时间流失问题。

(2) 不能按瓶颈设备的作业时间（Cycle Time，C/T）制造产品。

①不能按不同类型的瓶颈工序的变化来生产；

②由非正规作业时间、无作业及满负荷作业的等待时间、缓冲区设备配送时间、发生不良、瞬间停止（设备、人）等造成的损失。

(3) 非正规作业。

①空箱处理及交换；

②材料周转及搬运；

③不良材料的选择使用、准备作业等。

**5.消除工序间的不平衡，提高线体平衡效率**

提高线体平衡效率是分析生产线体所构成的各工序的作业时间（C/T），并使工序间作业偏差及工序内的作业散布最小化，最终使生产效率最大化及工序间的在制品库存最小化的活动。线体平衡效率的计算公式如下：

$$\text{线体平衡效率}=\frac{\sum \text{工序C/T}}{\text{瓶颈工序C/T}\times\text{工序数(设备数)}}$$

(1) 目的。

消除由于工序间作业时间的偏差而发生的搬运及等待，并通过减少工序间在制品库存及构筑单件流水生产线体，使工序间的生产能力均等化，并提高生产效率及速度。

(2) 提高线体平衡效率的有效方法。

第一步：彻底消除浪费。

①从认定现象的弊端（意识改革）开始消除浪费。

②从“不论是产品、部件、人，还是设备、工具、信息，只要停滞（未动手）就是浪费”的基本认识开始实施，不是首先想出对策，而是首先彻底找出浪费，然后实施各种对策消除浪费，提高对其他浪费的认识水平。

③若在改善初期就想提高线体平衡效率，是绝对不会成功的。

第二步：主作业、辅助作业的分离。

主作业是每次都反复的作业，而辅助作业没有反复性。辅助作业不是让工序作业者来做，而是另外有人来做。反复作业是节拍作业，而且对作业散布必须采取改善对策。如果作业散布率最低未达到10%以下，那线体平衡效率就不可能提高。

第三步：制定标准作业组合表。

以每台设备或要素作业单位为对象，把握每个工序的生产能力，将每个工序从开始到结束的顺序作业时间制作成列表就可以得到标准作业组合表，它还要包括标准在制品库存、安全注意事项、品质检查、重要工序、同期化运转等内容。

第四步：根据节拍时间（Tact Time，T/T）再分配作业。

以标准作业组合表为基础，根据节拍时间再分配作业，这时应该预测C/T的变动，并在每个工序中组合时间比较长的要素作业和时间比较短的要素作业。对于配置数十名作业者的情况，应将作业者分为各个小组，并根据节拍时间对作业进行调整。而且，做工序计划的时候，要考虑即使是小部件也可移动，从而提高组装顺序的自由度。

第五步：主作业与辅助作业同时化原则。

将主作业与辅助作业同时起步的方式用于组装线体以提高线体平衡效率。重视生产的节拍并以整个工序横向的配置体现主作业与辅助作业同时起步的原则，记录各工序所用时间作为改善依据，同时致力于瓶颈工序的作业改善和整个线体平衡效率的提高。

（3）有关瓶颈工序的改善要点

①瓶颈工序标识。

以A2线体为例，运用显眼的颜色对设备、工序做标识，而且必须选定2名责任者和代行者，保证设备（工序）绝对不停止，如图13-5所示。

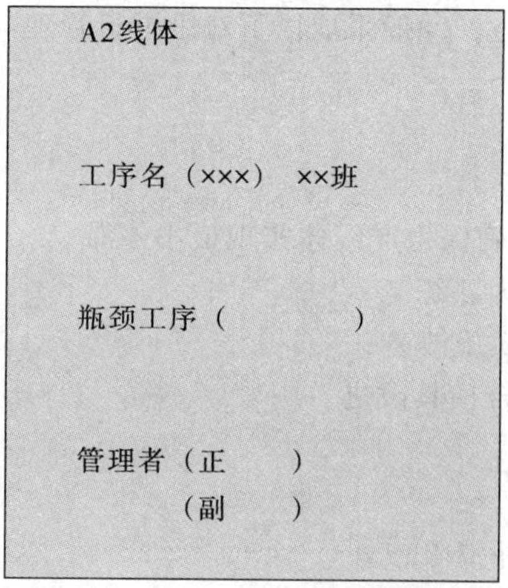


扩大到A2线体

**图13-5　瓶颈工序标识**

②对瓶颈工序生产的时间量进行管理。

A.对于未达到计划的情况，必须要记录未达到的原因、时间。

B.作业者要随时检查瓶颈工序，班长要每隔2~4小时检查瓶颈工序，若发生异常要向工段长报告。

③研究线体工序停止原因，并提出对策。

一般来说，停止原因有以下几个方面：

A.作业者从瓶颈工序脱离。以下几种情况都可能导致线体中的瓶颈工序出现问题而停止：

a.为与班长联络而离岗。

b.出入会议室开会暂时离岗。

c.中间休息离岗。

B.发生材料或切削工具的短缺。

C.设备故障。

D.有关辅助作业的设备停止：

a.更换工具。

b.测定及调整。

c.实施准备交替作业。

d.记录检查表（Check Sheet）。

e.工作、搬运、整理等。

E.作业延迟：

a.作业速度较缓。

b.瞬间停止。

F.处理时间与加工时间之间发生偏差。

G.设备运转时间延迟。

针对以上种种原因造成的停止，一般采取以下对策进行管理：

A.选定作业的代行者；

B.事前准备如材料或工具；

C.事前点检、设置并使用报警灯；

D.由2~3人实行事前准备，确保生产线体实现最小停滞；

E.根据情况把非熟练工替换为熟练工；

F.把作业内容当作要素单位实施改善；

G.从使用单一模具向使用复合模具改进。

④进行改善活动。

A.提高运转率。

a.分析运转损失产生的原因并消除；

b.运转率应维持在瓶颈时间（Neck Time，N/T）的90%~95%。

B.加快速度。

a.按工序提高消耗速度；

b.改善正规作业，实现线体平衡；

c.缩短瓶颈时间。

C.再一次提高运转率。

a.若通过速度的提高降低了生产节拍，运转损失自然会增加（转产、给油等）；

b.若要维持通过提高速度所形成的能力，应把生产节拍运转率改善到90%～95%；

c.若节拍运转率达到90%～95%，再次做速度提升，然后设法维持新的节拍运行。

⑤注意事项：

A.灵活适应生产量的变化，即使发生批量生产、新产品生产、转产等变化，也能按日、按人维持生产量。

B.灵活适应作业人员的变化，即使有作业者缺勤、离职，也能维持作业效率。

C.经常进行维持及提高设备运转率、时间运转率和性能运转率的活动，使其达到全体运转率的90%～95%。

D.努力追求非正规作业的“0”化：

a.将设计产能转变为实际的产能。

b.消除不包括休息时间的非正规作业。

E.努力追求作业散布的“0”化：

a.作业不合规造成产品质量不合格就是作业散布，追求作业散布的“0”化是管理的最高境界。

b.对员工进行操作知识的训练，将员工因技能不足导致的不合理作业降到最低。

F.追求作业量偏差的“0”化：

a.生产过程中常产生偏差，经常进行改善做到偏差的“0”化。

b.运用作业改善的方法及线体平衡的改善，使作业量达到理想目标。

G.追求工序间能力的平衡，创造不停止、不堆积、连续的单件流水生产现场。

H.提高夹具、道具、工具、设备等的自给能力。

I.创造按照规则运行的制造现场：

a.在生产作业现场，都必须有每个人都遵守的规则，必须按照规则进行生产。

b.通过工艺流程的优化设计、作业指导书的完善、工序的平衡，实现业务过程标准化。

J.形成改善习惯。改善思想是生产过程能力管理的基础。因为设备、工件、产品、操作之间存在匹配性问题，所以工序、工艺、产品、操作方法必须改进，按照PDCA循环的方法形成改善的周期。微改善是确保生产质量的根本。

**6.减少线体内在制品库存和成品库存，实施单件流水生产作业以提高效率、降低成本**

最好的生产方式是流水作业的生产方式，即每个岗位上始终只有一件产品在流动。

（1）活动目的：

①通过减少前后工序间的等待，缩短节拍时间，实现高效率、柔性的线体；

②构筑并维持前后工序间的负荷量与能力形成协调的稳定的线体；

③节约由于在制品、成品库存过多而引起的机会损失费用。

（2）存在在制品、成品库存的情形：

①供应能力大于消费能力。由于只按生产能力随意生产，结果在制品库存、成品库存无限增加，因此导致在中途必须停止生产的状况。若前后工序间或外协与生产线之间的负荷量与能力不协调，就会反复发生工序等待时间增加和生产停止的问题。

②供应能力小于消费能力。由于供应能力跟不上消费能力，因此若不多保留库存，在某种程度上会导致缺品现象。即使平均在制品库存、成品库存量较小，若不提高供应能力，运转率也很可能会降低（由于缺品导致时间运转率降低）。

③供应能力变动。虽然平均供应能力与消费能力达到一定程度的均衡，但由于大批量、少批次的供应，在制品库存、成品库存量经常变动。由于库存量与库存保留期间经常发生变动，因此在发生变动事项（出现不良品、生产能力降低、标准变更、准备交替延迟等）时引起的影响很大。

④供应能力等于消费能力。平均供应能力与消费能力达到一定程度的均衡，但由于消费速度不稳定，在制品、成品的库存量经常变动。由于需求量不稳定与库存保留期间发生变动，因此在发生变动事项（出现不良品、生产能力降低、标准变更、准备交替延迟等）时引起的影响很大。

⑤供应能力等于消费能力（连续生产）。作为连续生产的形态，供应能力与消费能力应该保持一致，而且是均衡与稳定性相互协调的良好的状态。要积极缩短零部件生产的提前期，并缩减供给与消费的批次。不断改善下去，在制品、成品库存的量会越来越减少。

（3）在制品、成品库存量多带来的问题：

若工序内在制品、成品的库存量多，则会出现以下问题：由于非正规作业和作业散布引起的停工（No Work）和加班（Full Work）会增加，并会增加产品供给批次和仓库的总保留库存；物流供应链变长，物流的信息容易断裂；消费速度会不稳定，缓冲区（Buffer）变宽，产品配送时间会更长；操作者会增多，线体长度增加；会发生作业量的不均衡和作业的散布。

（4）减少在制品、成品库存的预想效果：

为了实现生产产品的理论能力与实际能力一致，必须改善生产中存在的差距（Gap：Tact Time-Neck Time）；如果要将产品按节拍速度（Speed）生产出来（Output），就必须提高生产线体整体的运转率。

生产过程中造成实际能力与理论能力之间的差距的主要原因：一是作业散布的存在造成生产现场产生在制品、成品库存；二是由于作业量的不均衡等原因，瓶颈工序会不断变化，并影响产品的流水作业。为此需要提高后工序的操作速度，要把引起不规则操作的各种因素“0”化，并按工序平均节拍进行生产，使各工序的操作速度和平均节拍相互协调，缩小差距，提高效率。

若节拍运转率与操作水平得到提高，由于正规作业量不均衡引起的瓶颈工序会显露出来。这时若改善瓶颈工序，则可以实现均衡，提高作业量。

减少在制品、成品库存的预想效果：

①减少不必要的等待（设备、线体长度缩短），逐步实现单件流水生产；

②减少由于误用材料而引起的不良问题，如操作者的物流搬运会更容易；

③不必要的搬运损失减少；

④空间缩小；

⑤操作速度得到提高（后工序）；

⑥在制品、成品库存减少；

⑦材料供给周期缩短；

⑧做到现场的可视化管理；

⑨实现库存金额、浪费的显在化。

（5）减少线体内在制品库存、成品库存的具体方法。

减少线体内在制品库存、成品库存应以单件流水线体的构筑为中心，并改善工序间的标准在制品库存。

①标准在制品库存。

为了实施单件流水生产，设定标准在制品库存是必需的，而且要做到无论谁观察都能认出标准在制品库存的可视化管理。

标准在制品库存：为了实施反复作业（单件流水），生产线体中必须保持每道工序内只有规定的最少的在制品库存，机加工工作单元每个设备上同样只保留最少的在制品库存。

标准在制品库存以外的物品包括：检查品质用仪器、交换切削的工具、准备交替使用的刀具、操作者之间调速用的组装部件等操作者面前的物品；为应对设备故障、品质不良、对比作业延迟等预备的备品等。

②单件流水生产的要点：

A.设备方面：

第一，按工序顺序配置设备（创造物品的流水）；

第二，只能单件流水而使它系统化；

第三，入口与出口并列。

B.作业方面：

第一，设置领头人或带跑者（Pace Maker）。

第二，彻底区分人与机械的作业（主作业/辅助作业）。主作业：工作交替、设备操作、组装作业、正规品质检查、转产作业等。辅助作业：准备部件及材料、支援转产作业等。

第三，单件流水生产与体育运动一样，训练操作员是非常重要的。

C.系统方面：

第一，确定并固定位置，以同时起步为原则；

第二，将所有部件以1套（Set）作为基准而投入生产中；

第三，品质检查也按照与单件流水生产同样的方法实施（全面检查）。

③单件流水线体的好处：

A.缩短制造周期；

B.减少工序中的在制品、成品库存；

C.实现浪费的可视化管理；

D.实现线体运营的活性化及缩短线体长度。

要实施单件流水生产，后工序要一个一个交接，要建立必要时按必要量生产必要物品并交接的机制。

**7.确保小批量、多品种生产体制（缩短转产时间）**

所谓转产时间，是从生产目前的产品转入生产另一种产品，并生产出合格产品所消耗的时间，包括转换产品、调试设备、检查质量所消耗的时间。

（1）缩短转产时间的目的：

①产量增加时：将提高设备运转率作为重点，并实施改善活动。

②产量维持或减少时：将减少在制品库存及消耗于转产的作业工序作为重点，并实施改善。

③提高设备运转率，增加产量。

④减少在制品、成品库存及缩短生产准备时间。

⑤提高初期效率，以实现材料费用的节约。

（2）缩短转产时间的重点：

分析调整的目的、原因、内容、有效度等，并区分能避免的调整与无法避免的调整。

①调整的目的：调节位置、定尺寸、调速、平衡等。

②调整的原因：误差累计、强度不足、标准不一致、结构不合理。

③分析调整的有效度：分析有无能够避免的调整。

④数值化：针对可以量化的部位，实施数值的标准化。

⑤顺序化：设定并遵守正确的顺序，确认调整的结果。

⑥技能向上（Skill Up）：根据顺序反复训练，并维持调整的结果。

（3）达到转产时间“0”化的9种常规改善方法（见图13-6）。

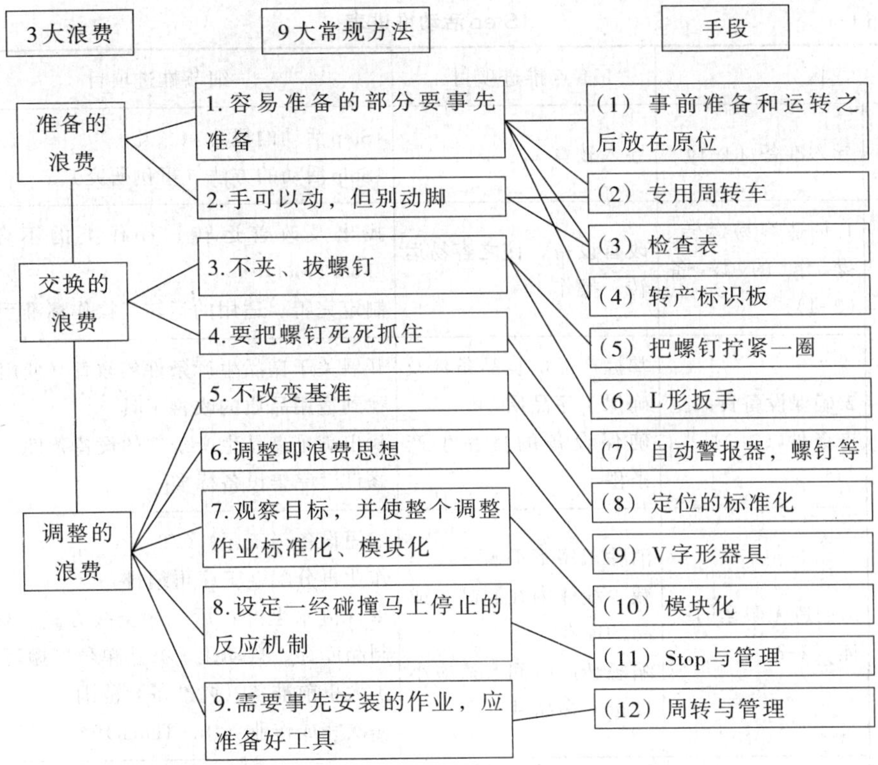


图13-6 达到转产时间"0"化的9种常规改善方法

## 13.3 1Step活动推进方法

以前面所说明的活动概念及内容为基础，TPM-1Step活动要按下文介绍的活动程序和方法开展，同时要考虑各小组单位在制造现场的特性制定相应的目标和方法，才能够获得较好的成果。

### 13.3.1 活动程序

为了使生产基本条件最优化，要从导入准备开始分4个阶段开展活动，具体见表13-1。

### 13.3.2 导入准备（1阶段）

1Step导入准备阶段包括对活动程序、具体方法、主要内容进行全面的教育。

表 13-1　**1Step活动推进表**

| 区分 | | 重点推进项目 | 细节推进项目 |
|---|---|---|---|
| 1阶段 | 导入准备（1-1） | 导入教育 | 1Step活动的概念<br>1Step活动的方法（事例研究） |
| 2阶段 | 1. 创造容易运转、操作的设备（2-1） | 改善设备，使之容易运转、操作 | 找出及改善运转、操作上的不合理点（Fool Proof）<br>制定完善、适用的运转、操作标准手册 |
| | 2. 确保设备良品生产条件（2-2） | 掌握产品的良品条件及确保工序品质<br>确保设备的良品生产条件 | 开展关于良品生产条件的教育（使用OPL）<br>找到适用品质的改善工具<br>找出满足良品生产条件的设备条件<br>修订、完善设备标准 |
| | 3. 创造无搬运的线体（2-3） | 消除工序不平衡<br>减少线体内在制品、成品的库存<br>缩短转产时间（适应小批量、多品种生产） | 缩短设备（工序）C/T<br>作业再分配（工序再编排）<br>单件流水生产：后工序交接方式、标准在制品库存、自动化、搬运单位、搬运工具<br>扩大事前准备（内准备）范围<br>一次完成作业（One Touch） |
| | 4. 保全技术（2-4） | 理解产品、设备特性<br>实现设备良品生产条件最适化 | |
| Step诊断 | | 诊断区分：1次（专家）→2次（部长）→3次（总经理）<br>制定1Step维持管理手册 | |

**1. 活动程序（见图 13-7）**

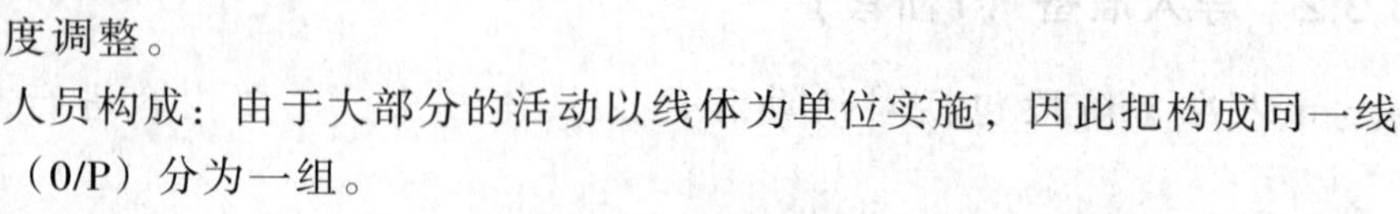


**图 13-7　1Step活动程序**

**2. 推进项目的具体方法**

（1）小组重组：为执行1Step的活动内容而根据需要对在0Step中所构成的小组进行适度调整。

①人员构成：由于大部分的活动以线体为单位实施，因此把构成同一线体的操作人员（0/P）分为一组。

②分组组织及业务分担：由分组单位自主开展活动，排除跨小组活动，并构成平行的分组组织而运营。

（2）实施导入教育（见表13-2）。

表13-2　**导入教育**

| 教育内容 | 教育对象 | 方法 |
|---|---|---|
| TPM-1Step的开发背景<br>TPM-0Step与TPM-1Step的区别<br>TPM-1Step的主要内容结构（按照1Step细节内容进行教育） | 制造部<br>全员<br>按照线体、设备、工段等分组进行 | 理论教育与现场实践结合 |

（3）制订活动计划。

①设定活动目标：按活动课题设定目标，并区分定性的目标和定量的目标，具体方法见表13-3。

表13-3　**活动计划**

| 活动课题 | 定性的目标 | 定量的目标 |
|---|---|---|
| 1.创造容易运转、操作的设备 | 没有运转、操作上的不合理点，并实现标准化操作 | 线体平衡效率：85%以上<br>生产准备时间：对比BM节约30%<br>转产时间：对比BM缩短50% |
| 2.确保设备良品生产条件 | 产品和设备的良品生产条件已实现标准化并已遵守 | |
| 3.创造无搬运、等待的线体 | 建设成为单件流水生产线体 | |

注：活动目标应该依据分组对象线体的特性与具体情况而设定。

②制订细节活动计划（见表13-4）。

表13-4　**活动进度表**

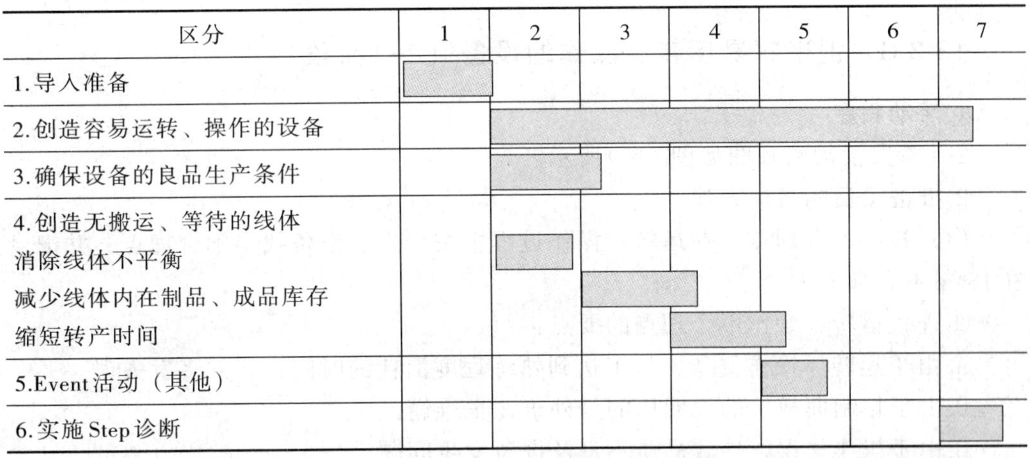


注：Event活动指为了让操作者理解产品，并提高他们的积极性，实施缩短转产时间及生产准备时间的成果发表会等活动。

（4）整理活动板。

活动板主要反映能够维持0Step活动成果的基本内容，并由以下内容组成：

①主要内容：小组名、口号、活动组织、活动目标、日程计划、Step进行现况、需求指标的推移图、改善事例、周知事项等。

②活动板的内容分布（Layout）如图13-8所示。

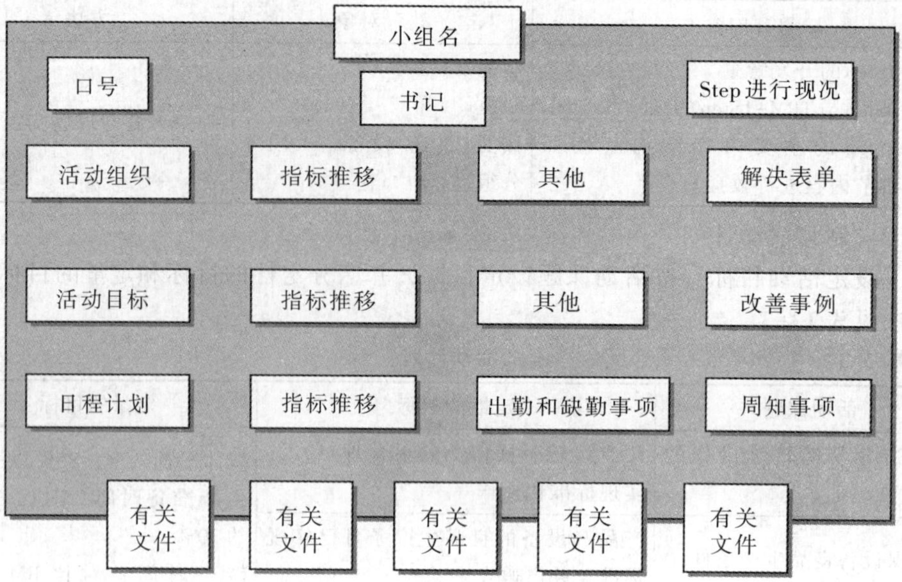


**图13-8 活动板**

注：活动板的样式应考虑小组特性而制作并使用。

①该活动板是在0Step活动中使用过的活动板。

②活动板主要告知有关个人的周知事项及有关各种生产的事项，要使它成为“活”的活动板。

### 13.3.3 创造容易运转、操作的设备（2-1阶段）

**1.活动程序**

2-1阶段活动流程图如图13-9所示。

**2.推进项目的具体方法**

（1）找出不合理点：在运转、操作过程中按个人、设备找出不合理点，并记录在1Step不合理卡上。

①查找运转、操作不合理点的要点：

A.由于运转、操作复杂，员工达到熟练程度消耗的时间长，并多发失误。

B.由于控制面板上的说明用的是外语，很难懂。

C.由于操作失误，导致品质不良及设备发生问题。

D.每个新员工及老员工都经历过安全事故的威胁或事故。

E.发生问题时，需要过长的处置时间。

②该阶段实施改善措施的部门应弄清需要改善的事项并准确地制订改善计划。

③查找不合理点时可以使用不合理点查找专用卡，没有专用卡就使用临时准备的白卡（没有颜色区分的卡）。

（2）找出不合理点并列表（List Up）。

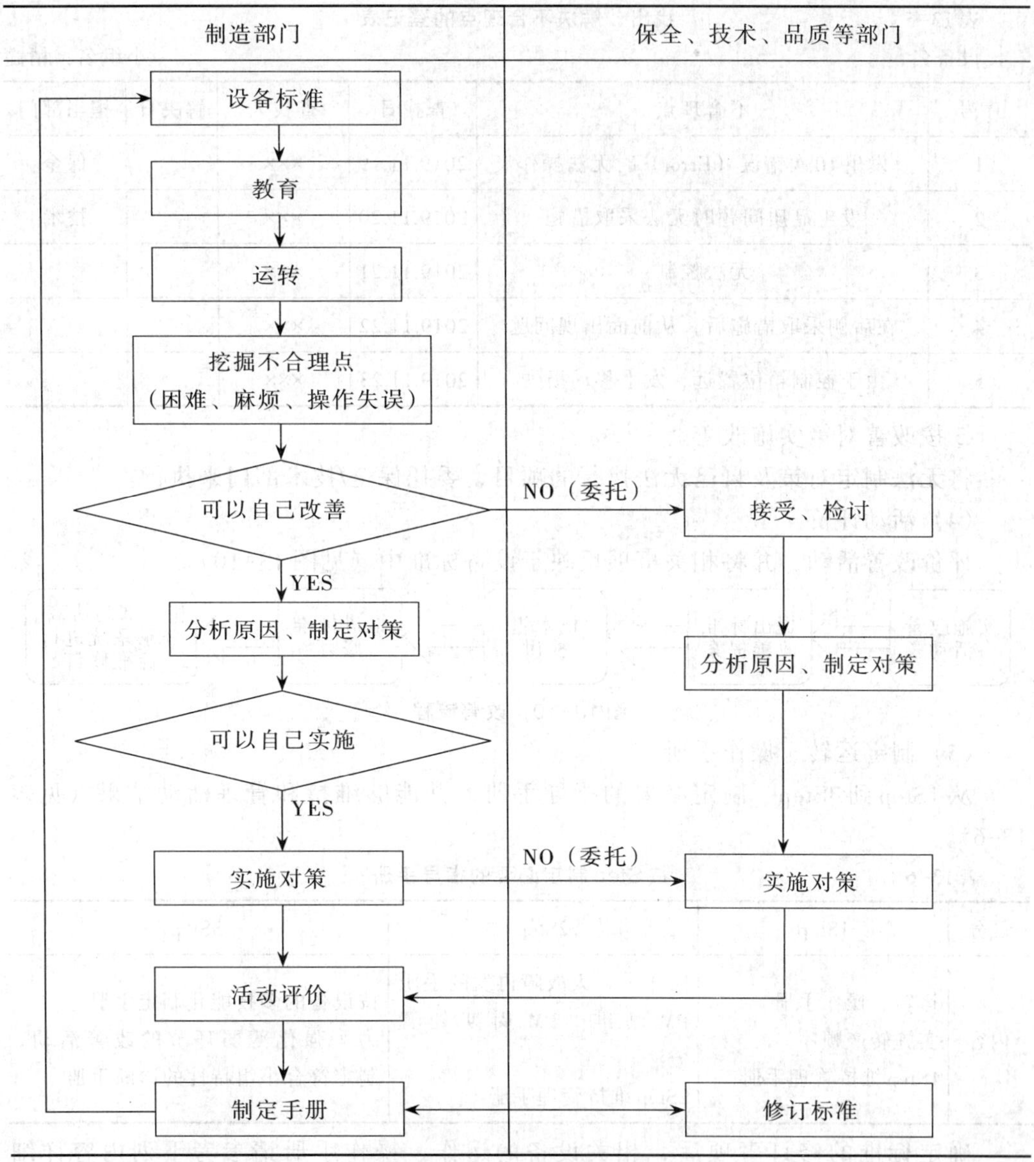


图13-9 2-1阶段活动流程图

所找出的不合理点及其解决情况必须按设备记录，见表13-5，以便以后修订标准时能够使用。

（3）制定对策并实施。

①在制定对策时，利用小组的活动时间，全员参与并找出办法。

②利用Why-why（5why）技法制定对策。

③将制定的对策记录在改善表上。

④按改善对策指定执行担当者及完成期限。

表 13-5　**找出、解决不合理点的登记表**

设备名：　　　　　　　　　　　　　　　　　　　　　　　　　　小组名：精髓

| 序号 | 不合理点 | 查找日 | 查找人 | 解决日 | 担当部门 |
|---|---|---|---|---|---|
| 1 | 发生10次错误（Error）时无法操作 | 2019.11.19 | ××× | | 保全 |
| 2 | 发生品质问题时无法采取措施 | 2019.11.20 | ××× | | 技术 |
| 3 | 无法控制 | 2019.11.21 | ××× | | |
| 4 | 在后侧采取措施后，从前面出现问题 | 2019.11.22 | ××× | | |
| 5 | 由于控制箱位置远，发生移动损失 | 2019.11.23 | ××× | | |

⑤按改善对策实施改善。

将无法制定对策及自己无法执行的项目，委托保全/技术部门来执行。

（4）活动评价。

评价改善活动，并将相关事项反映于设备标准中（见图13-10）。

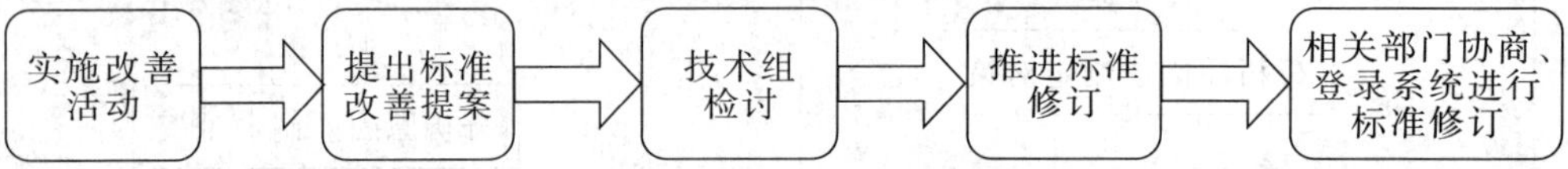


**图13-10　改善流程**

（5）制定运转、操作手册。

从1Step到3Step，制定必要的指导手册，并能够维持和管理活动结果（见表13-6）。

表 13-6　**按Step制定必要的指导手册**

| 区分 | 1Step | 2Step | 3Step |
|---|---|---|---|
| 内容 | 运转、操作手册<br>实施转产顺序<br>1Step维持管理手册 | 防止中、大故障再发的手册<br>PM基准（PM周期/处置方法）<br>2Step维持管理手册 | 按设备的多技能化制定手册<br>为了强化薄弱环节的改善活动，制定符合小组特性的诊断手册 |

确定标准的修订事项后，相关设备的运作、操作手册请参考下列内容详细制定。

### 13.3.4　确保设备的良品生产条件（2-2阶段）

**1.活动程序**

2-2阶段活动程序见图13-11。

**2.推进项目的具体方法**

（1）理解产品。

理解产品是理解制造部生产的最终成品的技能、结构、动作原理，并理解小组作业工序的作业内容。理解产品基本上采用OPL教育形式，见表13-7。

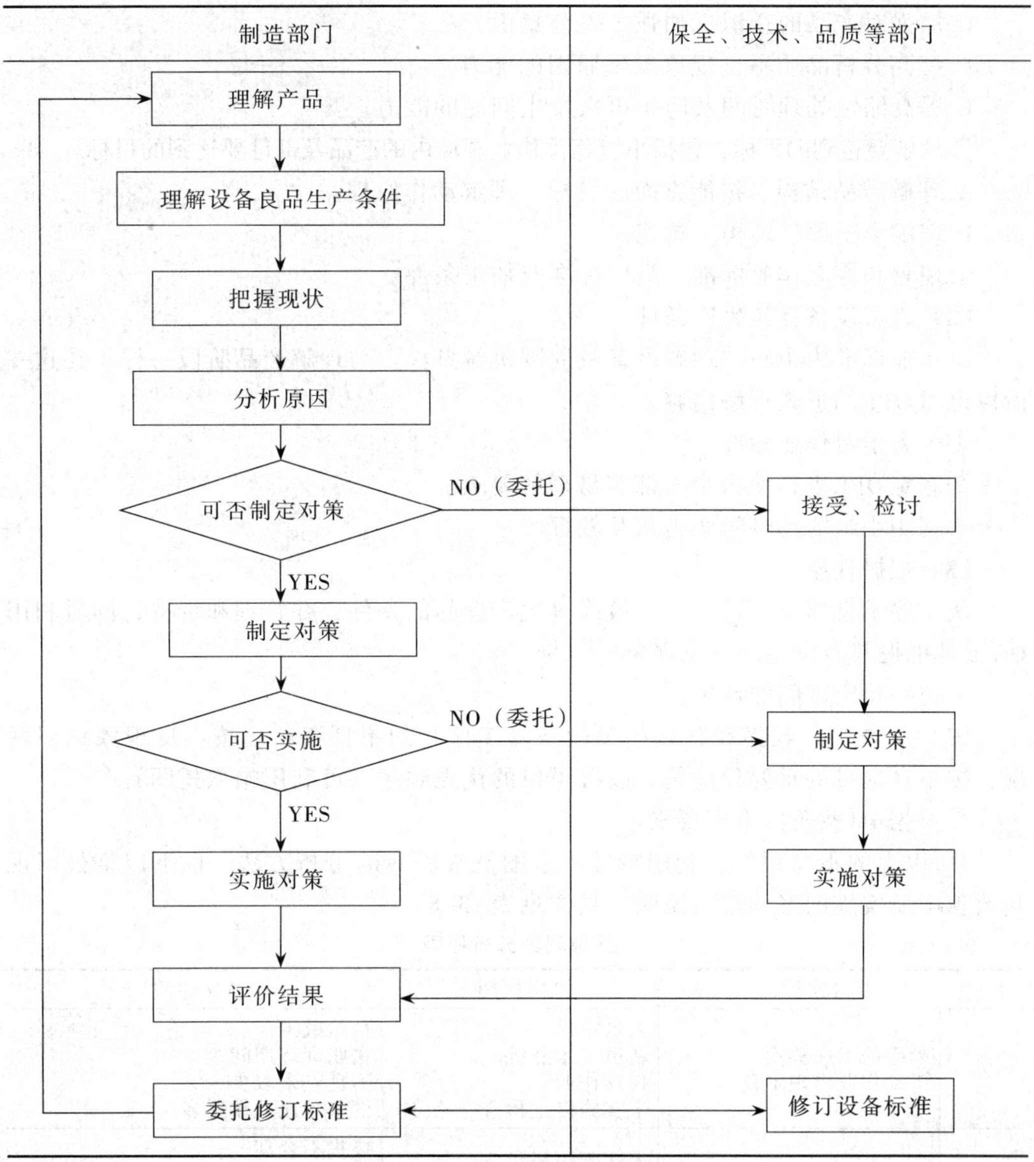


图13-11　2-2阶段活动程序

表13-7　点滴教育（OPL教育）

| 制定OPL表 | 实施教育 | | 备注（活动） |
|---|---|---|---|
| | 成品 | 相关工序的作业内容 | |
| 技术部门 | 技术部门 | 小组自己 | 参照下文 |

①提高操作者对产品及部件的理解能力。

A.提高加工产品时即时发现不良现象的能力（提高自主点检及顺次点检能力）。

B.对产品不良现象能够做到迅速反馈（提高对不良现象的反应能力）。

C.加强对产品的意识（加强主人公意识）。

D.提高分析品质不良现象发生原因的能力。

E.提高缩短处理时间及防止再次发生问题的能力。

②理解要达到的目标：包括小组相关作业领域内的产品及部件要达到的目标。

A.理解产品结构、技能方面的目标，理解动作原理。

B.理解小型部件结构、技能。

C.理解和遵守作业标准、品质标准及加工条件。

（2）理解设备良品生产条件。

以作业标准为中心，理解设备及周围机械条件。与理解产品阶段一样，在这一阶段也以OPL的形式理解内容。

①个人学习作业标准。

②制定OPL表，使每个人都容易理解要点。

③利用小组活动时间实施相互教育。

（3）把握现象。

从工序不良出发，设定设备最终只生产良品的条件，并管理和维持，同时利用QC工具把握其间发生的不良现象。

①把握特定区间的现象。

按日、周、月收集和整理相关设备（工序）的不良资料。按不良现象把握现况，按不良项目的重要程度选定改善项目的优先顺序（可利用帕累托图）。

②根据4M按阶段整理要素。

1%以上的不良项目：利用特性因素图及Why-why分析方法。以下以某公司现场改善中所实施的案例进行说明，具体见表13-8。

表13-8 **把握现象分析原因**

| 区分 | 1次原因 | 2次原因 | 3次原因 |
|---|---|---|---|
| 人 | 频繁的工序移动<br>手动作业出现不良 | 人员不足<br>新员工未熟练<br>移动作业<br>未实施自主检查 | 自然减少<br>在职训练期间短<br>不良点未减少<br>设备数比人数还多 |
| 设备 | 成型断线<br>绕线时断线<br>180°回转时断线 | 未达到内径扩张<br>安装位置不正确<br>线圈被夹进工具<br>导线断裂<br>核心设备安装不良 | 接头不合理<br>难以安装<br>位置不正确<br>成型不合理<br>在轴与货盘之间被卡住<br>缓冲装置不合理 |
| 材料 | 钩子不良<br>线圈不良<br>楔形罐道不良 | 原材料不良<br>钩子材质不良<br>原材料发生气泡<br>缝隙间距过宽<br>螺钉松动 | 厂家加工不良<br>国内材料不符合要求<br>切割材料不合适 |
| 方法 | 安装人员有限制<br>结带问题 | 逃避麻烦的作业<br>知识受限<br>对问题的改善不足 | 设备震动<br>对改善活动的推进不足 |

③制定对策，见表13-9。

表13-9　**对策表**

| 项目 | 不合理点 | 制定对策 | 日程 | 负责人 |
|---|---|---|---|---|
| 人 | 因人员自然减少及新员工不熟练而发生不良 | 工序移动时实施品质教育（实施在岗教育即OJT教育，2回/周） | 8/22 | ×× |
| | 并列生产时因引导线个数过多不能接线而发生短线等不良 | 去除外皮后编为3线，使之能够作业 | 8/19 | ×× |
| 设备 | 飞轮旋转时成型末端因挂住线圈而发生短线 | 按机型分离，在成型末端附着针头来作业 | 8/22 | ×× |
| | 成型动作时因内径未扩张而在柔性部分及后工序发生不良 | 成型刀具及其他设备改善后确认内径规格后作业 | 8/20 | ×× |
| | 因180°回转缓冲装置流动及夹在传动轴和托盘间而发生短线 | 固定回转缓冲装置，使夹具成套化，使用传动轴时在托盘间留空间，防止夹线的现象 | 8/26 | ×× |
| 方法 | 在卷花前的碎屑处理中因碎屑而发生短线 | 把处理甲基纤维素、尼龙碎屑的工具改善为管道式工具 | 9/1 | ×× |
| | 机型交替及转产时，因安装人员少，对各种夹具状态未点检，而发生不良 | 推进设备操作者的多技能化 | 8/28 | ×× |
| 材料 | 因工具夹具和夹槽的齿不符合而在插线时发生短线 | 使夹具接触面最小化，给夹槽间留余地 | 8/21 | ×× |
| | 因钩子角度和旋转角度不符合而在花边编织设备运行时发生不良 | 检讨钩导块变更及改善钩子 | 8/30 | ×× |

（4）实施对策。

①把握现状及制定对策表。

②判断所制定的对策是否能自己执行。

③将无法实施对策的部分委托保全及技术部门来实施。

④可以自己执行的部分由小组成员个人按业务而实施。

⑤将实施完的内容记录在改善展示板上，并制定及改善相关目录。

注：制定和实施对策时，为了防止再次发生问题及失误，利用防呆法（Fool Proof）改善。

（5）反映评价及设备标准。

①维持改善效果并决定是否修订标准。

②对需要修订标准的事项，根据以往的程序修订，见图13-12。

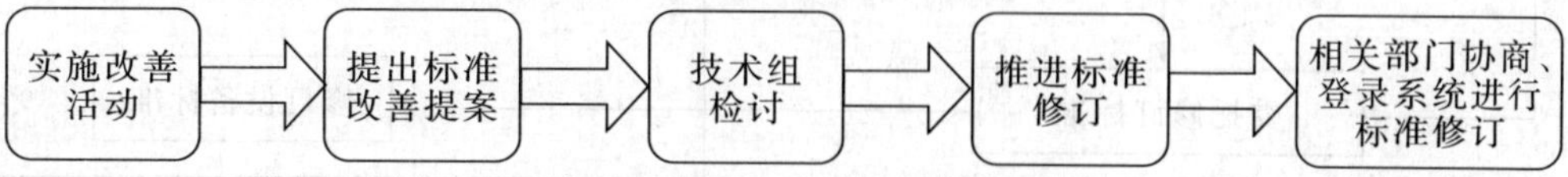


**图13-12　标准修订流程**

## 13.3.5 创造无搬运、等待的线体（2-3）

### 1.消除工序不平衡，提高线体平衡效率

具体方法见图 13-13。

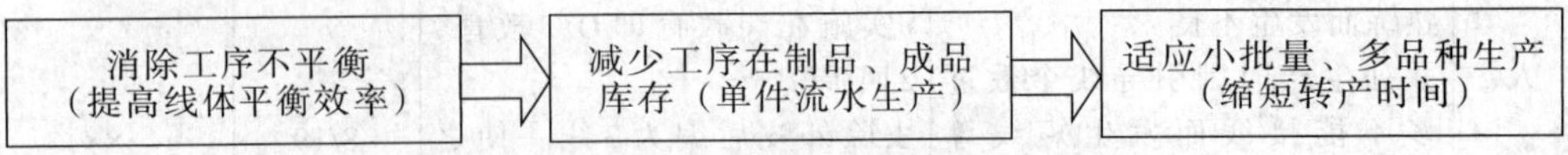


图 13-13　消除工序不平衡

（1）活动程序，见图 13-14。

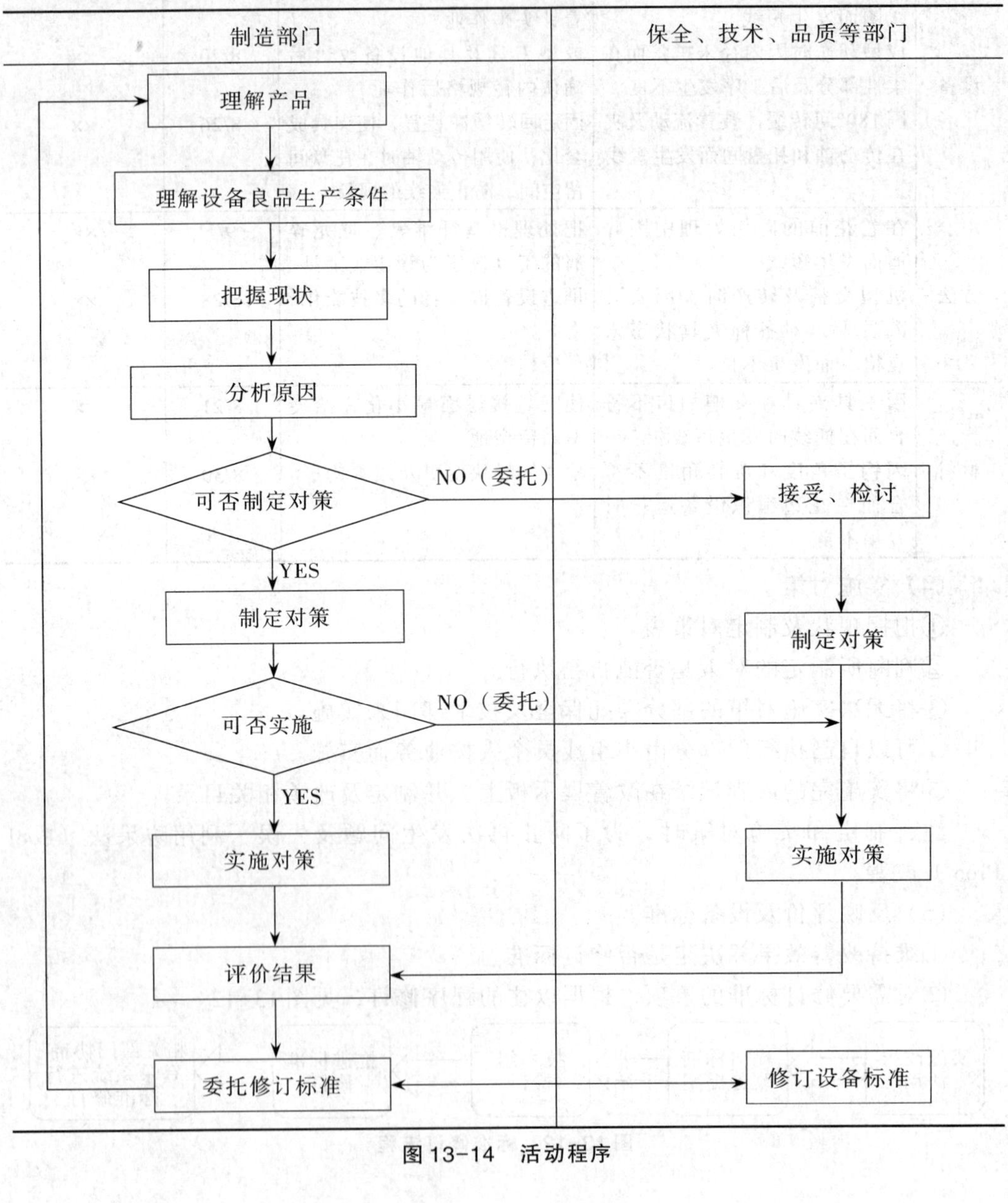


图 13-14　活动程序

（2）推进项目的具体方法。

①选定对象生产样板工序（Model）。

A.收集和整理最近3个月左右的基础资料，方法见表13-10。入手最近已修订的工序布局（Line Layout）图，让小组全员熟知人员配置现况（在活动板添加按设备分配的担当者）、设备配置现况、线体的流水等内容，并作为改善的基础资料而使用。

表13-10　**样板工序**

| 对象工序 | RO/COMP制造部制造1科定子线体 | | | 小组名：CMI |
|---|---|---|---|---|
| 人员构成 | 共7名。组长：××　书记：×××<br>组员：××，×××，××，×××，××× | | | |
| 生产条件 | 工作时间 | 1 440分/日 | 工作形态 | 4组3交替 |
| | 生产方式 | 1字C/V线体 | | |
| | 生产Model | 共20个：44F，48，48F | | |
| 材料现况 | Stator/Core/Wedge/Lacing | | | |
| 主要现况资料 | | 9月 | 10月 | 11月 |
| | 生产量（台） | 112 000 | 120 000 | 120 000 |
| | 不良数（台） | 2 | 12 | 5 |
| | 不良率（%） | 0.002% | 0.01% | 0.004% |

B.通过生产与质量分析选定改善对象样板。以按样板分析产量（Quantity）比重的方法，即P-Q分析，把产量比重大的样板选定为优先对象进行改善。

a.把30%左右产量占总产量70%的样板选定为优先对象。

b.样板占有率（30%范围）基准：按全部样板数×30%来选定优先对象的样板数。

c.产量占有率（70%范围）基准：按产量占有率由大到小的顺序，选定累计占有率占总产量70%左右的样板数。

P-Q分析的目的在于，弄清公司的主导产品的品种，并使用符合其主线体的改善方案。P-Q分析举例见表13-11和图13-15。

对象线体：制造1部A线体
对象期间：2019年全年合计

表13-11　**P-Q分析表**

| 序号 | Model名 | 数量（台） | 占有率（%） | 累计数量（台） | 累计占有率（%） |
|---|---|---|---|---|---|
| 1 | MX-200 | 3 000 | 26.3 | 3 000 | 26.3 |
| 2 | MX-201 | 2 500 | 21.9 | 5 500 | 48.2 |
| 3 | MX-202 | 1 800 | 15.8 | 7 300 | 64.0 |
| 4 | MX-203 | 1 200 | 10.5 | 8 500 | 74.5 |
| 5 | MM-A1 | 1 000 | 8.8 | 9 500 | 83.3 |
| 6 | MM-A2 | 900 | 7.9 | 10 400 | 91.2 |
| 7 | XX-1205 | 600 | 5.3 | 11 000 | 96.5 |
| 8 | XY-101 | 400 | 3.5 | 11 400 | 100 |
| 9 | — | — | — | — | — |
| 10 | — | — | — | — | — |
| 合计 | — | 11 400 | 100 | — | — |

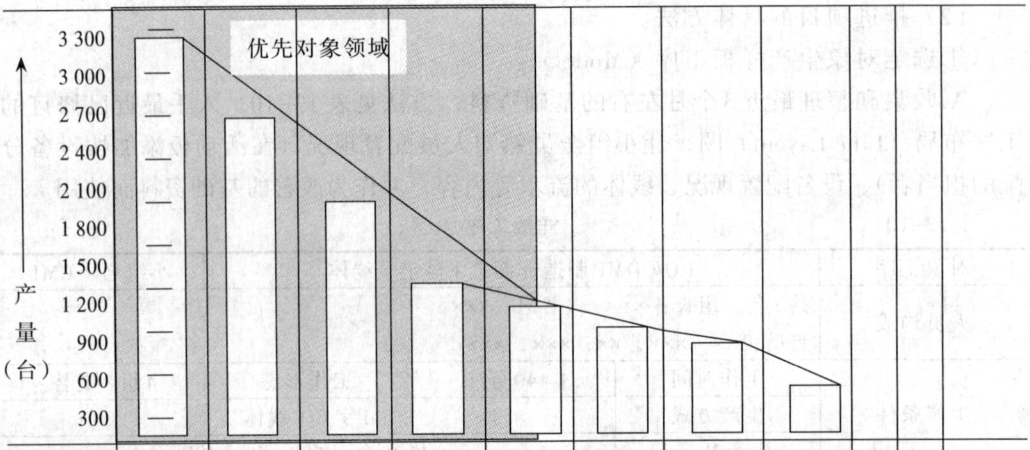


| 序号 | 1 | 2 | 3 | 4 | 5 | 6 | 7 | 8 | 9 | 10 | 合计 |
|---|---|---|---|---|---|---|---|---|---|---|---|
| Model名 | MX-200 | MX-201 | MX-202 | MX-203 | MX-A1 | MM-A2 | XX-1205 | XY-101 | — | — | — |
| 产量（台） | 3 000 | 2 500 | 1 800 | 1 200 | 1 000 | 900 | 600 | 400 | — | — | 11 400 |
| 占有率（%） | 26.3 | 21.9 | 15.8 | 10.5 | 8.8 | 7.9 | 5.3 | 3.5 | — | — | 100 |
| 累计产量（台） | 3 000 | 5 500 | 7 300 | 8 500 | 9 500 | 10 400 | 11 000 | 11 400 | — | — | — |
| 累计占有率（%） | 26.3 | 48.2 | 64.0 | 74.5 | 83.3 | 91.2 | 96.5 | 100 | — | — | — |

图 13-15 P-Q分析图

②把握线体平衡效率。

A.实施时间研究（Time Study），用秒表（Stopwatch）测定作业者的作业时间或设备的运转时间等，或者利用分析理想产能与生产实绩间的偏差及供给能力和消费能力间的偏差的方法，按不同目的灵活地使用。

把握操作者与设备的实际作业时间，用于设定标准时间，并分析制造活动中的各种损失。

B.测定方法：

a.在生产被选定为主Model的产品时实施P-Q分析。

b.进行作业分析时，把目前的作业方式按工序区分实施。

c.测定时间时一般采用Stopwatch观测法。

d.需要准备的物品主要有Stopwatch（精度为1/100秒或1/60秒）、笔记工具、观测样式、其他测定器、计算器等，按作业要素观测，一般反复测定10次。

C.观测时的注意点：

观测时要注意不能对现场作业者产生不良的刺激或损害人际关系等。为此，要跟现场管理者充分协商，首先开始观测的时间、观测时长等方面进行说明，并得到谅解，而且要尽量避免突发的、未经许可的观测或分析行为。

D.按工序实施Time Study，如图13-16所示。

| 对象线体： | 对象机型： |
|---|---|
| 测定时期： | 分析者： |

| 工序号 | 工序名 | 单位作业 | 测定次数 | | | | | | | | | | 小计 | 平均 | 精密时间 | 备注 |
|---|---|---|---|---|---|---|---|---|---|---|---|---|---|---|---|---|
| | | | 1 | 2 | 3 | 4 | 5 | 6 | 7 | 8 | 9 | 10 | | | | |
| 1 | Door投入工序 | 1.从Box取出Door | 2.21 | 2.82 | 3.41 | 2.36 | 2.34 | 1.95 | 4.27 | 3.28 | 2.71 | 3.52 | 28.87 | 2.89 | 16.0 | ※投入Door(9.20秒)<br>理由：丢到地上<br>原因：作业者失误 |
| | | 2.检查Door的外观 | 6.20 | 5.48 | 6.10 | 6.42 | 8.72 | 6.21 | 6.87 | 6.34 | 7.20 | 6.42 | 65.96 | 6.60 | | |
| | | 3.给Door贴标签 | 3.10 | 3.20 | 3.24 | 3.15 | 3.42 | 4.0 | 3.85 | 3.72 | 3.51 | 3.26 | 34.45 | 3.45 | | |
| | | 4.清除Door保护纸 | 2.0 | 2.50 | 2.10 | 2.20 | 2.31 | 2.41 | 2.50 | 2.50 | 2.41 | 3.0 | 23.93 | 2.39 | | |
| | | 5.投入Door | 3.21 | 3.41 | 3.72 | 4.10 | 3.58 | 9.20 | 3.42 | 3.31 | 3.0 | 3.58 | 31.33 | 3.48 | | |
| | | 6 | | | | | | | | | | | | | | |
| | | 7 | | | | | | | | | | | | | | |
| | | 8 | | | | | | | | | | | | | | |
| | | 9 | | | | | | | | | | | | | | |
| | | 10 | | | | | | | | | | | | | | |
| | | 合计 | 16.72 | 17.41 | 18.57 | 18.23 | 20.37 | 除外 | 20.91 | 19.15 | 18.83 | 19.78 | 169.97 | 18.89 | | |

发生异常时，将异常值从测定对象中排除，等工序及设备稳定后再测定

图13-16　时间研究

E.制定线体平衡（Line Balance）表。

按单位作业整理的观测用图如图13-17所示。分别计算节拍、瓶颈时间、作业时间、运转率、线体平衡效率等，目的是 使已经测定完的各工序节拍形成图表，并使作业散布容易识别，员工一眼可以看到不合理点。

F.按工序调查作业散布，如图13-18、图13-19所示。

10次、100次反复测定产品在线体最后一道工序生产出来的时间，并用图表来表示。

G.根据调查结果进行损失分析，可用层别图分析，如图13-20所示。

相关术语的解释见表13-12。

③设定目标：活动目标按Step的定量目标设定。

④导出不合理点及分析原因：

A.对工序、设备的微缺陷要及时复原。

B.对中、大损失要分类，并针对细节进行原因分析。影响设备效率的6大原因包括：管理不善、故障、转产、速度降低、瞬间停止、工序不良。

a.增加工艺编排损失的典型原因：

第一，在瓶颈工序（设备），有关道具、工具、检查、夹具等的损失发生要素；

第二，作业方法上的损失发生要素；

第三，设备及作业动作上的损失发生要素；

第四，正规作业上的损失发生要素。

b.增加绩效损失的典型原因：

第一，作业散布方面：由于操作方法不良造成作业散布，如材料箱太小、作业半径过大（挪用、转载等），引起作业消耗时间发生变动，进而造成绩效损失。

第二，非正规作业：没有包括在生产周期之内的非周期材料周转车的交换、空的材料周转箱的交换、清除保护纸或准备作业等造成的绩效损失。

第三，正规作业：作业量不均衡引起的工序间的不平衡、熟练作业者与未熟练作业者间的散布等造成的实绩损失。

第四，发生检查、调整作业上的损失。

在重点问题上，实施PM分析及失效模式与影响分析（Failure Mode and Effects Analysis，FMEA）制订改善方案。

⑤制定对策。

A.收集小组全体人员的想法，并制订改善方案。

B.若小组全体人员的想法不够，要委托技术及保全部门制订方案。

C.对可行的方案，要反复进行经济性、稳定性、可信赖性、保全性、作业性、环境性等方面的设计评论，并要采纳最适合的方案。

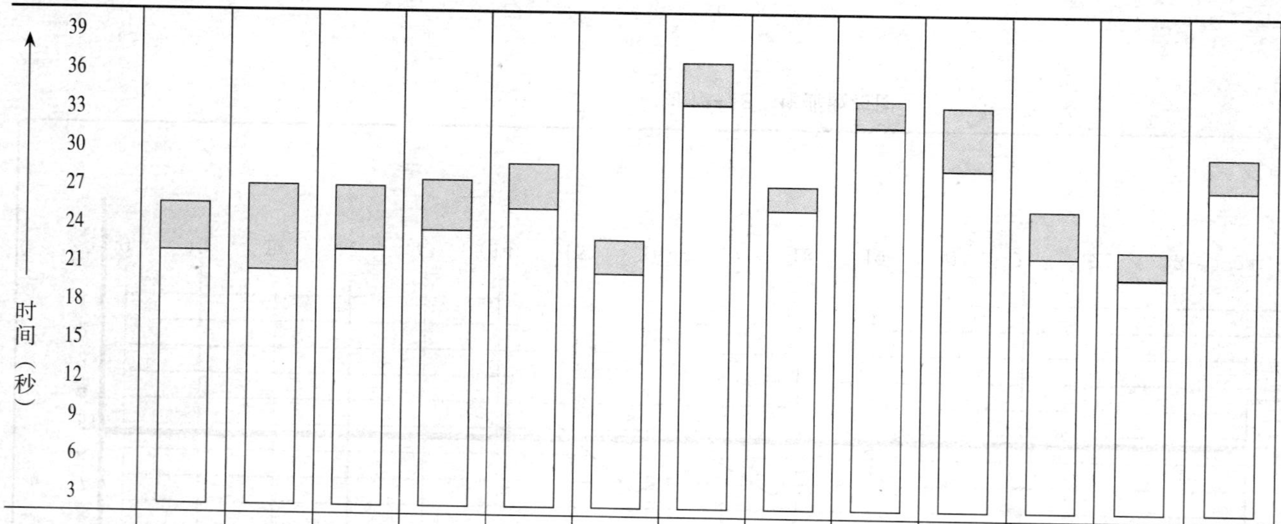


节拍=（作业时间×100%）/产量

瓶颈时间=瓶颈工序作业时间

运转率=（瓶颈时间×100%）/节拍

LOB效率=（∑作业时间×100%）/（瓶颈时间×工序数）

| 工序号 | 1 | 2 | 3 | 4 | 5 | 6 | 7 | 8 | 9 | 10 | 11 | 12 | 13 | 合计 | 平均 | 备注 |
|---|---|---|---|---|---|---|---|---|---|---|---|---|---|---|---|---|
| 工序名 | 投入 Door | 组装 Door | 调整 1 | 调整 2 | 检查 | 组装 Coil | 组装 Deck | 打螺钉 | 插入 Wire | 定形 Wire | 插入 Foot | 投入 Cover | 组装 Cover | | | |
| 作业时间（秒） | 18.8 | 20.5 | 20.1 | 20.4 | 22.4 | 14.5 | 30.2 | 18.5 | 25.0 | 28.4 | 18.8 | 16.0 | 25.0 | 278.6 | 21.4 | LOB效率=71% |
| 精密时间（秒） | 16.7 | 15.0 | 15.3 | 18.4 | 20.1 | 13.0 | 28.4 | 17.6 | 24.0 | 22.6 | 15.7 | 15.0 | 23.4 | 245.2 | 18.9 | |

图13-17 观测用图

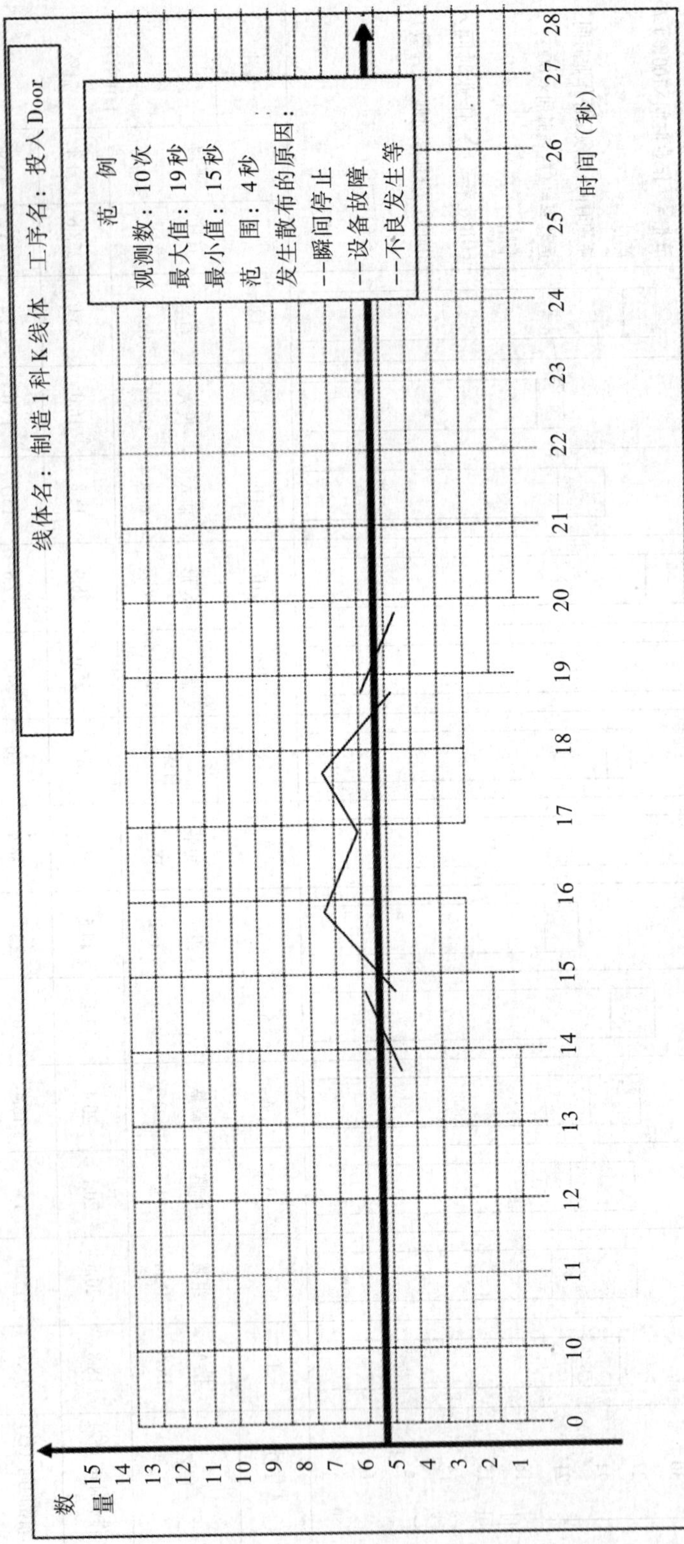
线体名：制造1科K线体 工序名：投入Door
范 例
观测数：10次
最大值：19秒
最小值：15秒
范 围：4秒
发生散布的原因：
--瞬间停止
--设备故障
--不良发生等
数量
15
14
13
12
11
10
9
8
7
6
5
4
3
2
1
0
10
11
12
13
14
15
16
17
18
19
20
21
22
23
24
25
26
27
28
时间（秒）

图13-18 作业散布图

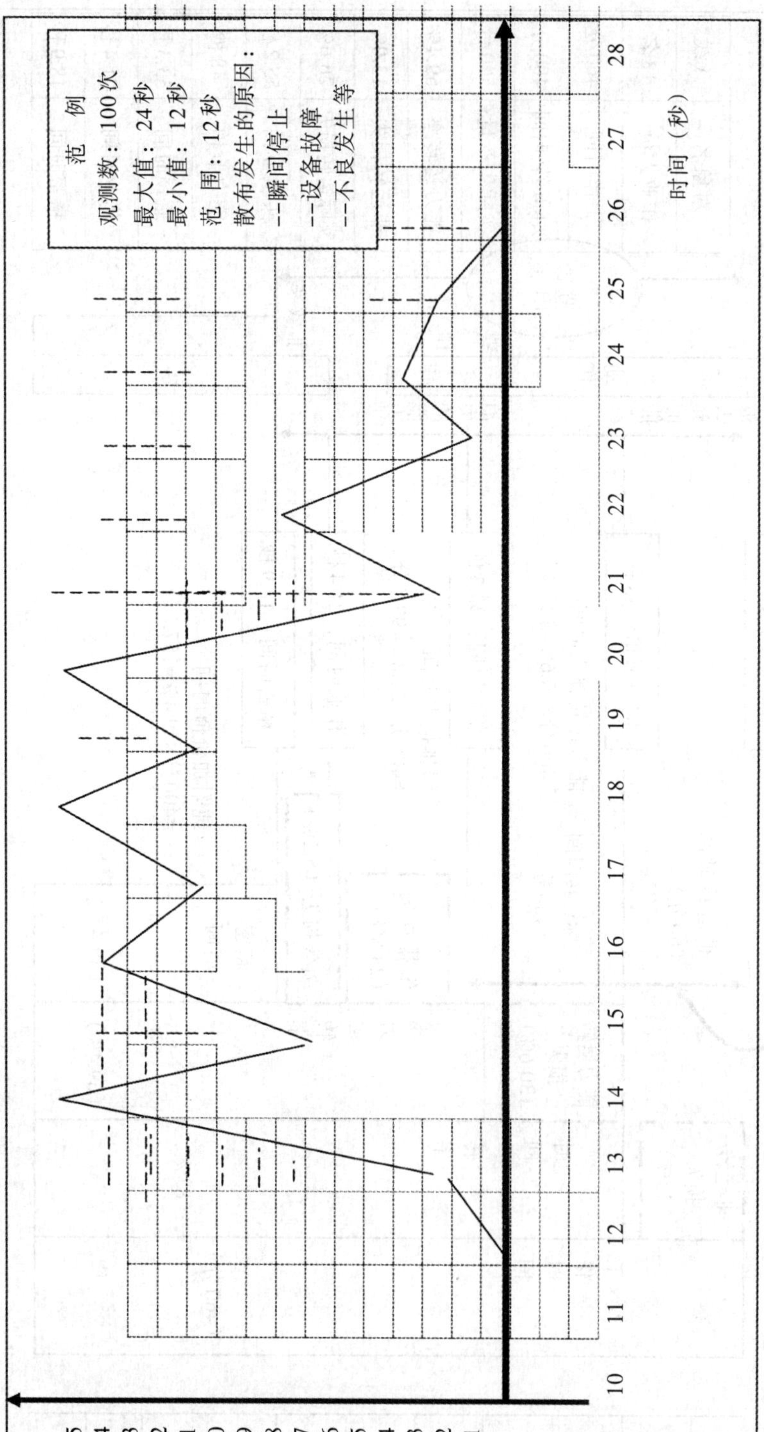


图13-19　作业者散布图

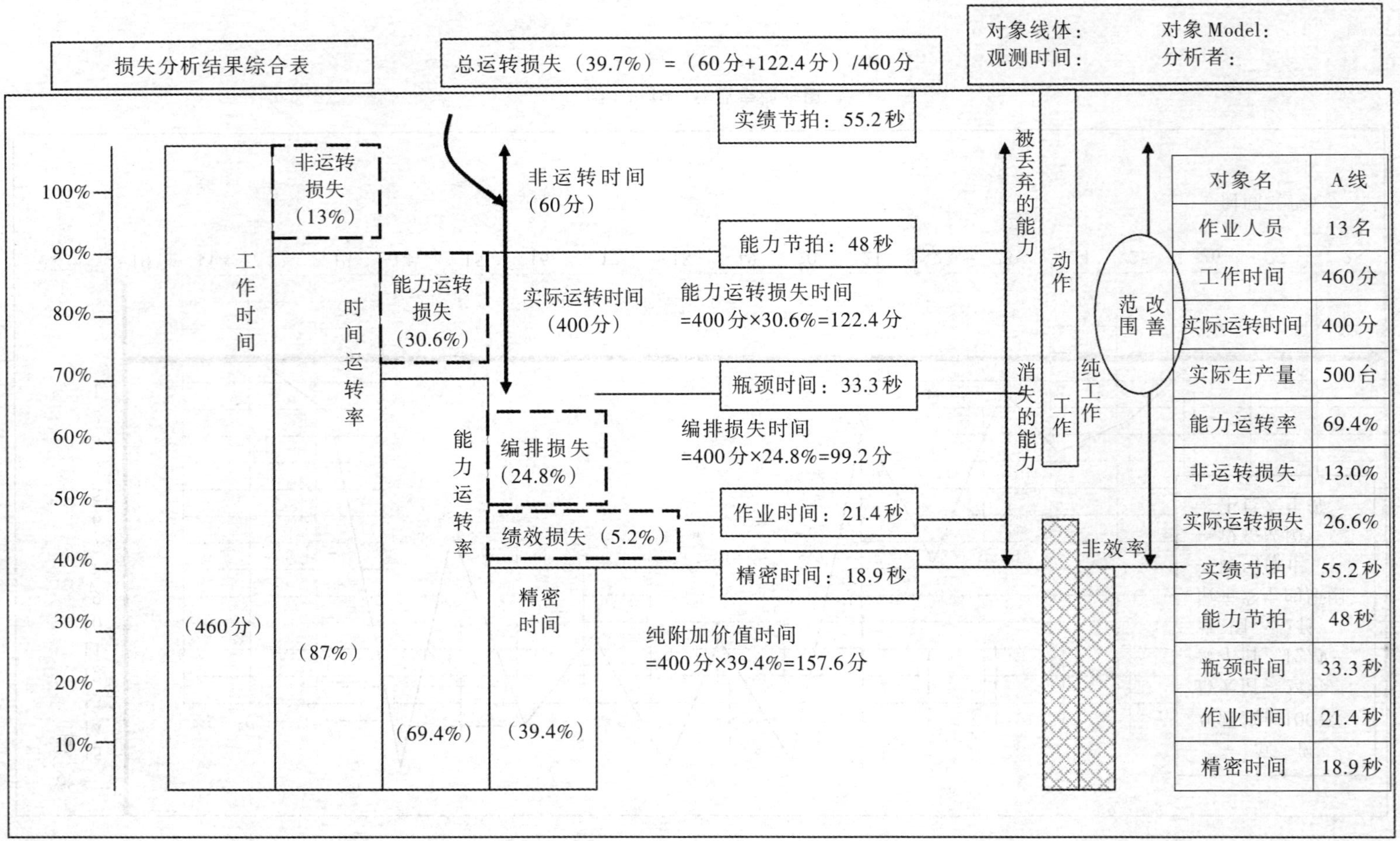


| | |
|---|---|
| 对象名 | A线 |
| 作业人员 | 13名 |
| 工作时间 | 460分 |
| 实际运转时间 | 400分 |
| 实际生产量 | 500台 |
| 能力运转率 | 69.4% |
| 非运转损失 | 13.0% |
| 实际运转损失 | 26.6% |
| 实绩节拍 | 55.2秒 |
| 能力节拍 | 48秒 |
| 瓶颈时间 | 33.3秒 |
| 作业时间 | 21.4秒 |
| 精密时间 | 18.9秒 |

图13-20　损失分析结果

注：这里所说的能力运转率69.4%是指把时间运转率87%（实际运转时间）看成100%时，占69.4%的意思。

表13-12 术语的解释

| 种类 | | 定义 | 计算方法 |
|---|---|---|---|
| 实绩节拍（Tact Time） | | 在工作时间中，制造一单位产品所需要的周期时间 | 工作时间/生产量 |
| 能力节拍（Tact Time） | | 在实际运转时间中，制造一单位产品所需要的周期时间 | 实际运转时间/生产量 |
| 瓶颈时间（Neck Time） | | 在整个过程中作业所需要时间最多的工序时间 | 时间研究（Time Study） |
| 运转损失 | 非运转损失 | 在工作时间中，没有运转而被丢弃（消失）的时间比率(由于线体停止而引起非运转) | （实绩节拍-能力节拍）÷实绩节拍 |
| | 能力运转损失 | 在实际运转时间（作业时间）中，未用于作业而被丢弃（消失）的时间比率 | （能力节拍-瓶颈时间）÷能力节拍 |
| | 实际运转损失 | 以工作时间为基准的能力运转损失的时间比率 | （实绩节拍-瓶颈时间）÷实绩节拍 |
| | 总运转损失 | | 非运转损失+实际运转损失 |
| 编排损失 | | 由于工序间作业量的不均衡而被丢弃的时间比率（发生搬运及等待） | （瓶颈时间-作业时间）÷能力节拍 |
| 绩效损失 | | 由于作业者的努力程度、熟练程度、作业环境等方面而被丢弃（消失）的时间比率 | （作业时间-精密时间）÷能力节拍 |
| 综合损失 | | 损失（被丢弃的时间比率）的总和 | 运转损失+编排损失+绩效损失 |

D.只凭过去的经验或管理者的意见制订方案并做决定是不合理的。

E.对得出的改善方案，要列表管理担当人、推进项目、效果、投资金额，对比事后保全的目标等。改善方案的样例见表13-13。

表13-13 样例

| 序号 | 工序号 | 改善前作业时间 | 目标作业时间 | 推进项目 | 效果 | 投资金额 | | | | 日程 | 担当人 |
|---|---|---|---|---|---|---|---|---|---|---|---|
| | | | | | | 创新 | 增设 | 完善 | 维护 | | |
| | | | | | | | | | | | |
| | | | | | | | | | | | |
| | | | | | | | | | | | |
| | | | | | | | | | | | |
| | | | | | | | | | | | |
| | | | | | | | | | | | |
| | | | | | | | | | | | |

⑥实施对策：

A.分为自己改善项目和委托其他部门改善项目，按从容易实施的项目到实施难度大、收益高的项目的顺序来推进。

B.对于小组改善项目，每个人要承担自己的任务，负责人也要参与改善活动。

C.对于难以改善、拖延日程及需要增加投资的项目，要定期与有关部门协商并持续解决。

D.尽量探索无须增加投资的改善方案。

E.对有关改善方案的实施及运转效果要彻底进行验收，并防止问题再次发生而使损失最小化。

⑦评价活动。

A.针对完成改善的项目，对比改善前后的变化，验证效果。效果分析要利用至少1个月的累计生产实绩资料。

B.针对未达到改善目标的项目，对真正的原因进行深度分析，并要准备再次挑战。

⑧防止问题再次发生及实现标准化。

A.对改善取得成果的项目，与各级部门达成一致，转为标准化作业，并赋予管理编号，同时对小组员工进行教育、持续进行事后管理。

B.对缩短工序C/T的项目，验证改善后1个月的维持情况，并通报给设备管理部门，供以后使用的C/T改善项目借鉴。

**2.减少线体内在制品、成品库存**

活动程序图如图13-21所示。

（1）设定活动范围。

从线体投入原材料到成品检查结束的整个生产过程中都要减少在制品、成品库存。

①线体内的小组活动范围：

a小组　b小组　c小组

a小组：限于在a小组内的设备及工序在制品库存。

b小组：限于在b小组内的设备及工序在制品库存。

c小组：限于在c小组内的设备及工序在制品库存、移动等待的在制品库存（辅助干线移动等待在制品库存）。

②Batch-Line形态的分组活动范围：

A小组　B小组　C小组

A-1　A-2　B-1　B-2　C-1　C-2

A小组：在A-1小组内的设备在制品库存及在A-2小组内等待的在制品库存。

B小组：在B-1小组内的设备在制品库存及在B-2小组内等待的在制品库存。

C小组：在C-1小组内的设备在制品库存及在C-2小组内等待的在制品库存。

（2）活动手段。

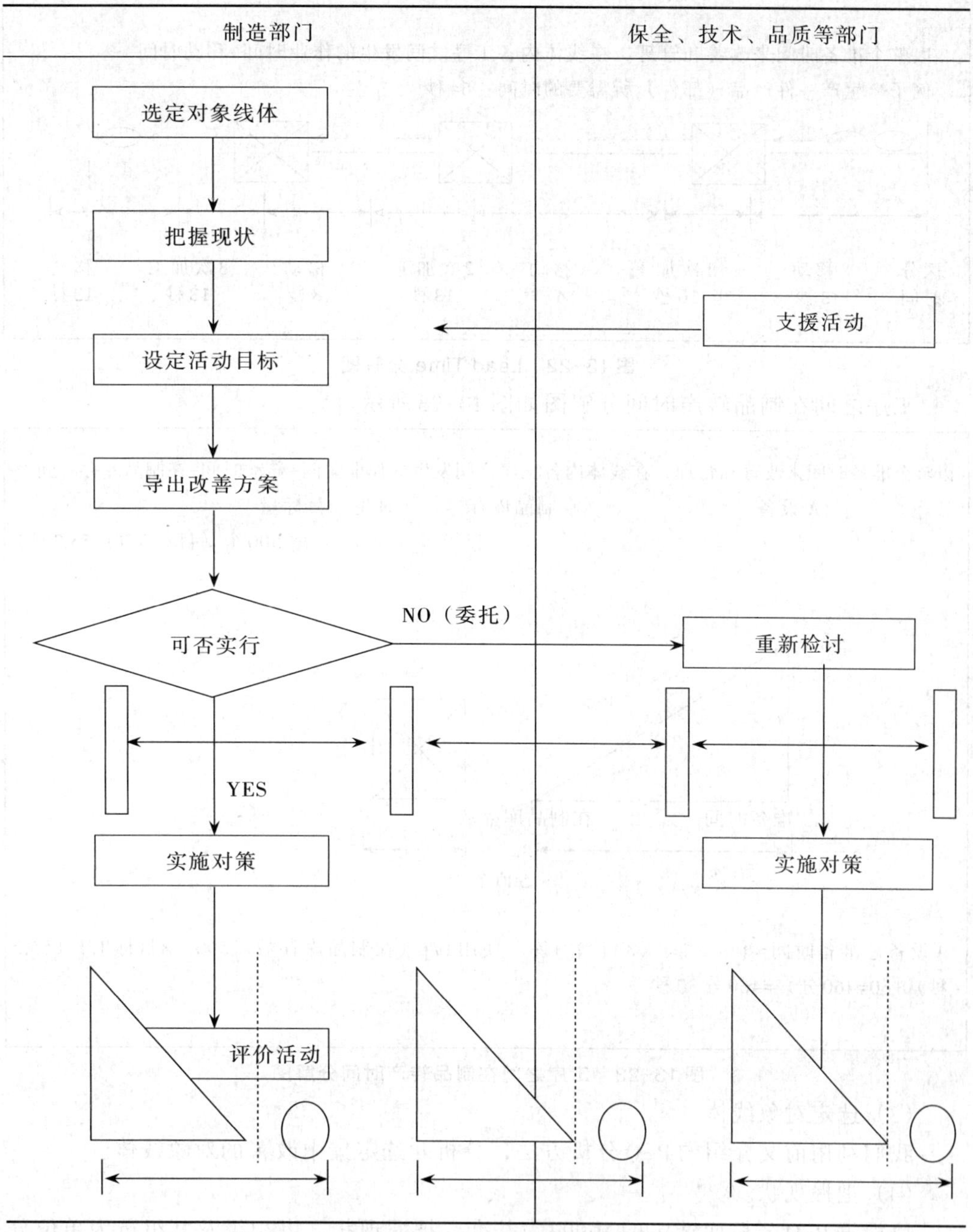


**图13-21　活动程序图**

活动手段是利用单件流水生产的方法，减少线体内在制品、成品库存，并缩短生产准备时间。提前做好前期准备，就能做到生产同步化。

生产准备时间分解图如图13-22所示。

以整个准备时间来改善和管理，在线体内各工序之间发生的作业时间+移动时间

例子　生产一件产品（部件）所需要的时间：64秒

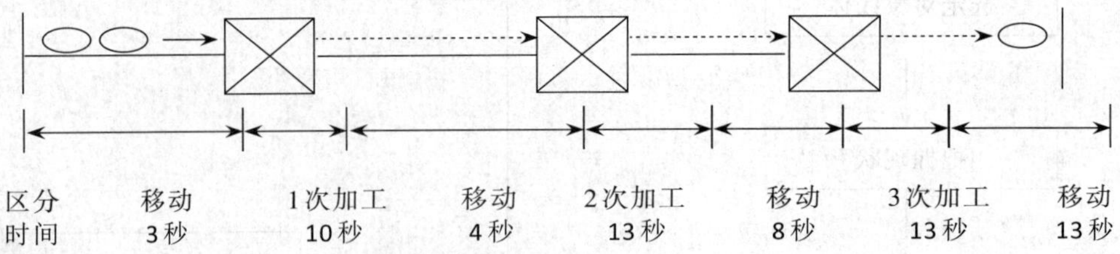


图13-22　Lead Time 分解图

工序之间在制品转产时间分解图如图13-23所示。

以整个准备时间来改善和管理，在线体内各工序之间发生的作业时间+移动时间+在制品库存时间

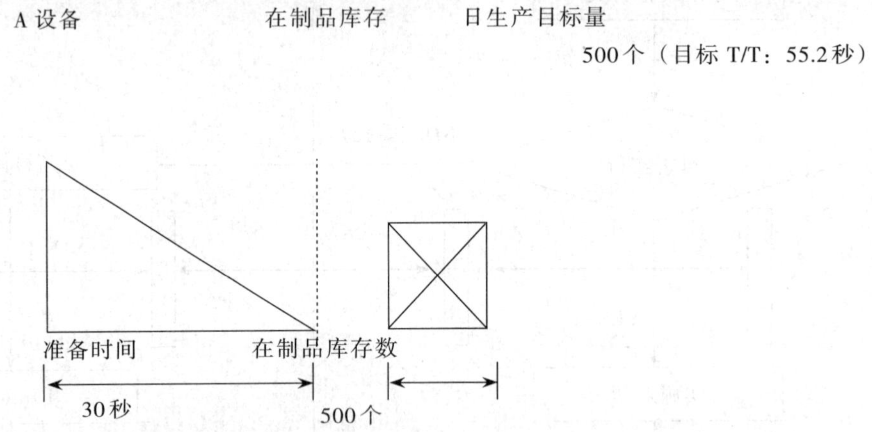


A设备总准备时间=准备时间（30秒）+库存使用L/T（在制品库存数（500）×目标T/T（55.2秒）÷60=460分）=460分30秒

图13-23　工序之间在制品转产时间分解图

（3）选定对象线体。

我们利用前文介绍的P-Q分析方法，分析并选定集中改善的对象线体。

（4）把握现状。

以根据P-Q分析而选定的Model为基准，把握现状。以小组及其组员为单位分别进行分析并把握现状。

①小组组员直接区分工序，并具体地画出小组改善对象范围的布局图（A1纸）。

②具体把握在制品、成品库存的现况。

③把握生产线体流程（造成线体不平衡的瓶颈工序，工序之间物料配送的时间、方法、工具等）。

④整理基础资料及设定对比基准（B/M）。人员构成、工作形态、生产方式等参照样式整理，见表13-14。

表13-14　基础资料整理表

<table>
<tr><td rowspan="5">区分</td><td>对象名</td><td colspan="4">空调（社）R/COMP制造“A线”火种小组</td></tr>
<tr><td>人员构成</td><td colspan="4">总 员：</td></tr>
<tr><td rowspan="3">生产条件</td><td>工作时间</td><td>1 440分/日</td><td>工作形态</td><td>3班</td></tr>
<tr><td>生产方式</td><td colspan="3">批处理方式（在线体内）</td></tr>
<tr><td>对象线体</td><td colspan="3"></td></tr>
<tr><td rowspan="7">过程指标</td><td rowspan="7">改善项目</td><td rowspan="2">生产目标/日</td><td colspan="3">1 700套</td></tr>
<tr><td>500P</td><td>600P</td><td>400P</td></tr>
<tr><td>单位工序总数量（个）</td><td>37</td><td>37</td><td>37</td></tr>
<tr><td>工序作业时间（合计）（秒）</td><td>1 530</td><td>1 700</td><td>2 100</td></tr>
<tr><td>工序移动时间（合计）（秒）</td><td>3 700</td><td>3 700</td><td>3 700</td></tr>
<tr><td>移动长度（米）</td><td>63</td><td>63</td><td>63</td></tr>
<tr><td>在制品总库存数（套）</td><td>1 800</td><td>1 700</td><td>2 000</td></tr>
<tr><td>结果指标</td><td>准备时间</td><td></td><td>5 230秒<br>（87.2分）</td><td>5 400秒<br>（90分）</td><td>5 800秒<br>（97分）</td></tr>
</table>

【管理者需求整理】

（5）设定标准在制品库存。

①设定标准在制品库存的流量标准（设备中心）。

②组员达成共识：确定要达成共识的活动的必要性、达成目标的业务规则。

③明确分组单位、组员个人负责的区域。

小组组员：以我的设备（My Machine）为基准，若存在临时工，可以按照临时工各自的业务开展活动。

小组：包括小组内的设备在制品库存及前后工序间的在制品库存。

④按设备单位工序设定标准。通过小组会议按设备单位工序决定要维持的标准在制品库存量。

⑤以后工序顺利交接为基本而进行检讨。

⑥分析时还要参考操作者的作业内容（时间）。

⑦考虑设备内部运转率、外协品质状态、自己品质状态等项目。

⑧标准在制品库存数量管理，如图13-24所示。

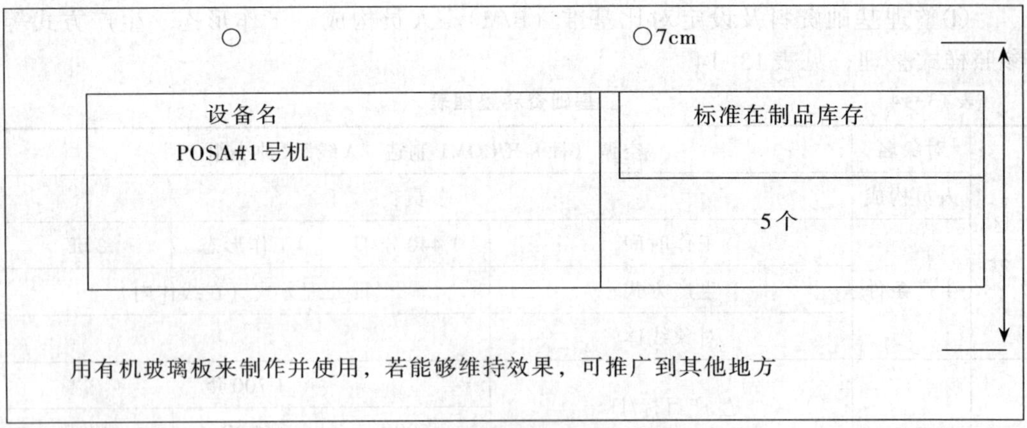


图 13-24　标准在制品库存数量管理

⑨为了使组员遵守已设定的标准在制品库存，实施可视化管理。

（6）设定目标。

①按照小组把减少设备内在制品库存、减少工序内在制品库存，并缩短生产准备时间（L/T）定为活动目标而开展活动。减少在制品库存数量的目标设定如图13-25所示。

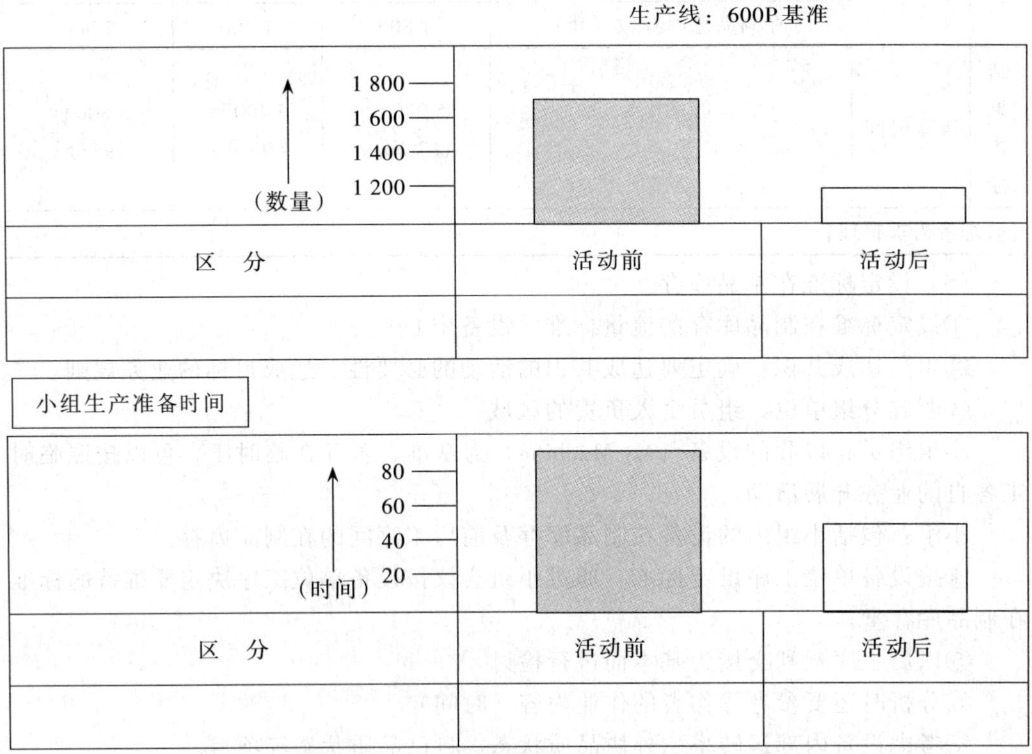


图 13-25　减少在制品库存数量目标设定

②应在活动目标取得相关管理者的认可后实施活动。

（7）导出并实施改善方案，如图13-26所示。

导出改善方案的要点

工序（设备）内有无不必要的等待？
工序（设备）内有无不必要的移动及时间上的浪费要素？
由于设备配置的错误，有无半成品、成品的库存？
工序（设备）内有无不必要的装拆（Loading/Unloading）部位（装置）？
在工序（设备）内是否设置不必要的缓冲区？
设备的作业时间（C/T）的偏差是否合理？
（C/T偏差产生原因：故障、瞬间停止、转产、品质不良等）

| 序号 | 设备名 | 不合理点 | 找出日 | 处置时间 | 担当者 |
|---|---|---|---|---|---|
| 1 | 输送带 | 由于输送带长，在制品库存多 | 2019.7.26 | 2019.12.12 | ××× |
| 2 | 切削设备 | 由于动作部位多，配送时间也长 | 2019.9.12 | 2019.12.3 | ××× |
| 3 | 轴 | 由于另配置设备，物流流水不合理 | 2019.9.15 | 2019.11.3 | ××× |
| 4 | 装卸装置 | 装卸装置的操作麻烦 | 2019.10.1 | 2019.10.29 | ××× |
| 5 | 移载装置 | 由于移载装置动作多，频繁发生故障 | 2019.10.4 | 2019.11.13 | ××× |
| 6 | 起重设备 | 产品的等待时间长 | 2019.10.9 | 2019.12.4 | ××× |
| 7 | 切削设备 | 相较其他设备，其C/T长 | 2019.11.2 | 2019.11.31 | ××× |
| 8 | 装载装置 | 由于装载装置复杂，频繁发生错误 | 2019.12.3 | 2019.12.9 | ××× |

**图13-26 改善方案**

（8）评价活动。

有关活动成果的评价，按照与活动前的现状把握及目标设定相同的方法来实施。

①组员们直接区分工序，并具体画出小组对象范围的活动前后布局图（用A1纸）。

②具体把握再制品、成品库存的现况。

③把握线体流程（消除线体不均衡的障碍，工序间作业时间、方法、工具等）。

④综合把握活动前后在制品、成品库存数量及生产准备时间。

⑤开发并使用能够维持、管理活动成果的工具（为了能够做到彻底的单件流水生产，在现场实施浪费的可视化管理）。

**3.提高小批量、多品种生产适应力（缩短转产时间）**

（1）实施流程如图13-27所示。

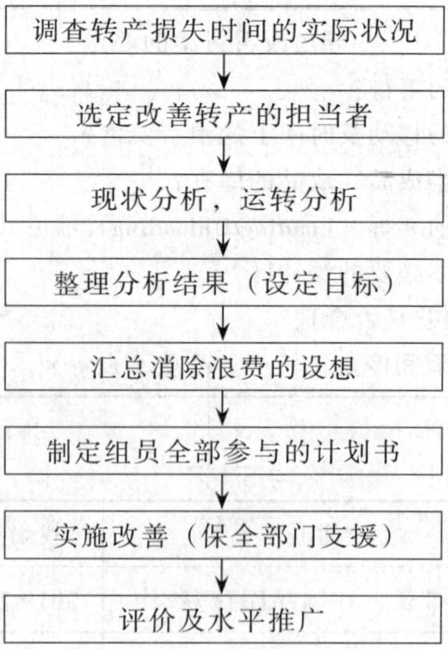


图13-27 实施流程图

（2）活动开展。

1阶段：调查转产损失时间的实际状况。

测量现场的转产消耗时间或进行数码摄影并把握实际情况。转产实绩调查表样例见表13-15。

表13-15 转产实绩调查表

| 转产实绩调查表 | | | | 工序名： | 调查者：×× |
|---|---|---|---|---|---|
| | | | | 设备名： | 调查期间： |
| 变更机型 | | 日期 | 操作者 | 准备交替时间 | 消耗时间（分钟）15 |
| 变更前 | 变更后 | | | | |
| D352H | D330H | 5.20 | ××× | 15′12″ | |
| D330H | SD162E | 5.20 | ××× | 14′51″ | |
| D162Q | D162H | 5.22 | ××× | 15′15″ | |
| D162H | D343H | 5.23 | ××× | 15′32″ | |
| SD352H | D330H | 5.24 | ××× | 15′35″ | |
| D337B | SD143Q | 5.25 | ××× | 15′12″ | |
| D343H | D162Q | 5.27 | ××× | 15′24″ | |
| D162Q | SD152Q | 5.29 | ××× | 15′37″ | |
| SD152Q | D130E | 5.30 | ××× | 14′43″ | |
| D130E | D130Q | 5.30 | ××× | 14′57″ | |
| D330H | D352C | 5.31 | ××× | 14′56″ | |

①以所选定的工序或设备为测量对象，把握一定期间（1个月以上）的实绩。

②根据转产实绩调查，记录转产损失时间（按机型、操作者、设备等）。

转产损失时间调查表的样例见表13-16，填写步骤如下：

表13-16 转产损失时间调查表

| 转产损失时间调查表 | | 工序名：Stator（定子） | | 调查者：××× | |
|---|---|---|---|---|---|
| | | 产品名：Stator Assy（定子总成） | | 工序名： | |
| 区分 / 调查期间 | 加工时间累计 | 转产时间累计 | 转产损失率 | 转产次数 | 每次平均消耗时间 |
| 3.26—4.25 | 35 688分 | 995分 | 2.71% | 66次 | 15分02秒 |
| 4.26—5.25 | 35 688分 | 995分 | 2.71% | 66次 | 15分02秒 |
| 5.26—6.25 | 32 970分 | 965分 | 2.84% | 64次 | 15分20秒 |

A.计算整理1个月以上汇总的实绩值（加工时间累计、转产时间累计、转产损失率、次数等）。

B.计算转产损失率：

$$转产损失率=\frac{转产时间累计}{加工时间累计+转产时间累计}\times 100\%$$

C.计算1次平均消耗时间：

1次平均消耗时间=转产时间的累计÷转产次数

D.把调查的实绩值记录在转产损失时间调查表上。

2阶段：选定转产改善担当人。

从小组内直接参与转产作业的人员中选定转产改善担当人（其他人员收集、分析和辅助有关改善的资料）。

3阶段：现状分析、运转分析。

①整理有关转产作业的各自领域的作业内容，并制定转产作业分析表；

②把划分好的作业记录在转产作业分析表上；

③实施和记录各项作业的进行顺序、消耗时间、累计时间、作业区分（内准备、外准备）；

④以制定的转产作业分析表为基础，制作转产标准作业表（Man/Machine Chart）；

⑤把转产作业分析表和转产标准作业表与实际作业情况进行比较，并确认有无遗漏的作业和错误测定的部分。

4阶段：整理分析结果（设定目标）。

①以调查的转产实绩为基准，通过现场改善讨论会把握浪费要素。

A.有无把内准备作业转化为外准备作业呢？

B.外准备作业中有无可以删除的项目？

C.研究从1人作业转化为2人作业的方法。

②将分析结果汇总为3种浪费，具体见图13-28。

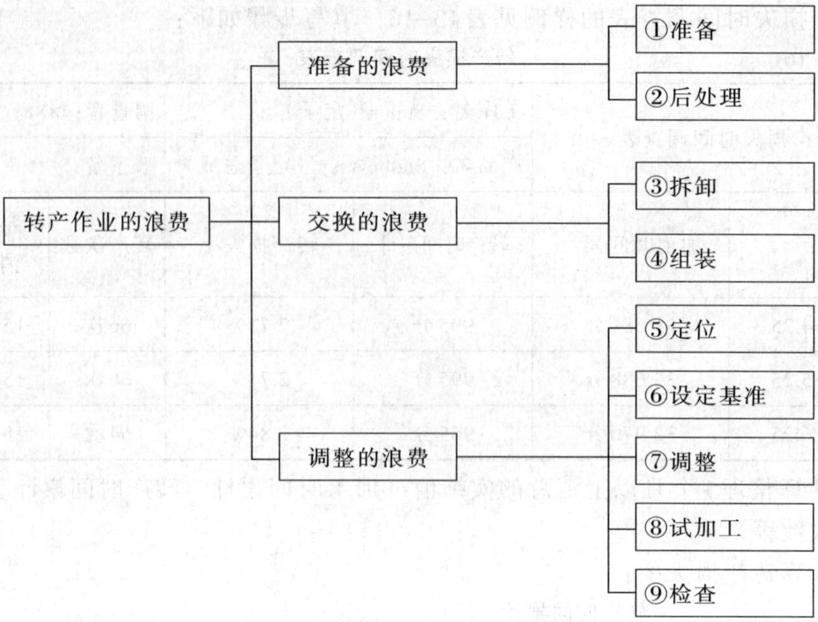


图13-28　转产作业的3种浪费

③设定目标：根据分析结果设定缩短转产时间的目标（考虑工序、设备的特性）。

5阶段：汇总消除浪费的设想（选定改善项目）。

①要实施改善，首先应明确目标。

②首先寻找把转产时间缩短为1/2的方案（如把1小时缩短为30分钟等），如图13-29所示。

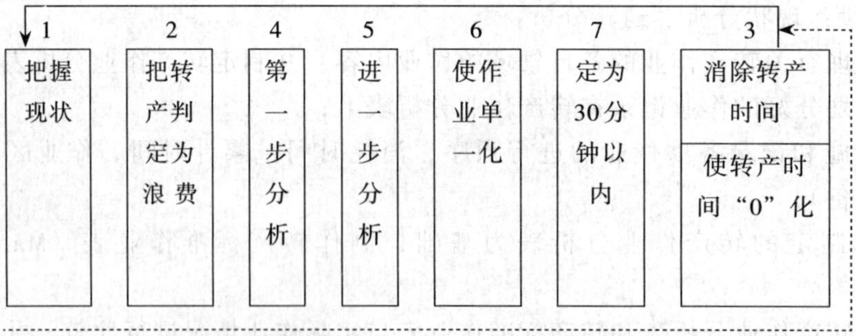


图13-29　缩短转产时间

6阶段：制定组员全部参与的计划书。

根据所分析的实绩，制订改善方案并编制转产改善计划表。若无具体的改善方案，则要将改善分为大、中、小3类，从小改善开始实施，并把个人改善业务与日常业务同时进行。

①小改善：即时能改善的。

②中改善：需要若干的预算和时间。

③大改善：需要设备改造、技术创新。

按小改善—中改善—大改善的顺序来实施，或者一次性地实施小改善+中改善，也可以把转产时间缩短为1/2。

7阶段：实施改善活动。

①根据改善活动计划彻底实施。

②对实施项目，与改善前的标准作业表进行比较，并要达成缩短1/2时间的目标。

③缩短转产时间的方法：

A.事前准备外部安装——若在停止设备的状态下进行，浪费的时间多；

B.转产方法（顺序）标准化——实施反复练习、可设立转产专门班；

C.安装、交换用工具必须按标准来准备——缩短寻找工具的时间；

D.要重点管理专用的固定用具，按颜色管理；

E.尽量不使用固定用螺钉——套索钉器具、夹具；

F.模具的高度标准化——进行更换时可缩短调整时间；

G.不使用吊车或夹车（慢）——使用时只到入口、由操作者本人直接进行交换；

H.设备标准化——不用调整位置也直接可以工作（包括试生产）。

8阶段：评价及水平推广。

①汇总改善活动完成后或进行过程中的现状及实绩。

②利用“转产实绩调查表”“转产损失时间调查表”“准备交替作业分析表”“转产标准作业表”等，比较改善前后的变化，总结效果。

③将改善活动中实施的事例、想法推广至其他工序水平开展，使其标准化。

# 第14章 TPM-2Step：建立标准品质生产方式活动

## 14.1 概述

我国制造业正在转型升级，党的十九大报告要求我们的生产供给和服务体系能够满足人民日益增长的美好生活需要。我国产品质量整体上已经从21世纪前15年的3σ水平上升到了现在的4.5σ水平，这是一个伟大的成功。其中，我国企业学习日本企业改善产品品质、成本与交付（Quality，Cost and Delivery，QCD）的做法，实行精益管理，起了很大的作用。现今无论大小制造企业，对5S的推进都已经成为日常经营的课程，做得好的会运用精益生产、6σ战略改善企业的“体质”，不断提高竞争力。事实上，我国融入全球产业链后实现全球化采购、全球化销售，成为世界工业品的制造基地，客观上也要求产品质量符合世界标准，尤其是欧美发达国家的标准才有市场，因此，品质管理成为我国企业制造能力的象征。我国不缺产能，但制造能力仍与发达国家存在差距，主要体现在高端产品如芯片、精密仪器、精密磨削产品等的制造方面。2018年，我国有129家企业进入世界500强企业榜单，但是，从世界著名品牌的排名来看，我国只有不到50家企业上榜，这说明从品牌尤其是制造产品的品牌来看，中国企业还较少，与美国等发达国家仍然存在较大差距。中国企业要在国际市场上被更多的消费者认可，必须加强品质与品牌建设，在制造过程中把好质量关，扎扎实实做好品质管理的基础工作。这就要求生产人员按照标准进行操作，做到自觉遵守标准。因此，在ISO9000、ISO14000、ISO18000基础上，建立完善的标准品质生产方式（Standard Quality Method，SQM）非常重要。

### 14.1.1 什么是品质经营

品质经营不是单纯的质量活动，从企业生存的高度来理解，品质经营是事关企业存亡的经营活动；从顾客角度来看，品质经营是为顾客创造价值的经营活动，一个企业只有为顾客创造价值才更有价值。

**1.品质经营的定义**

品质经营是指为了使企业在任何的经营环境中都能够生存，把危机升华为机会，时刻能够双赢（Win-Win）而改善企业“体质”的活动。

**2.品质经营活动的对象**

提高企业经营资源（人、设备、材料、器具及测具、方法等）的能力，就是品质经营活动的内容。这里要注意的是，品质经营的对象不是产品，而是保证产品质量的人、设备、材料、方法等因素，因为只有这些因素都达到了高品质要求才能确保产品品质，否则就不可能生产出高品质的产品。

**3.品质经营的目标**

品质经营的目标是确保作为品质经营对象的人、设备、材料、测量仪、方法的能力，把业务的结果值做到6σ水准。今天，若条件允许，企业可以通过智能化手段提升品质，智慧工厂、智慧管理是大趋势，虽然过渡阶段会很长，但是这次革命迟早会到来。同时，今日的中国企业还应该从技能上满足提高产品品质的需要，这是成本最低的方式。

## 14.1.2 标准品质生产方式的基本要求

**1.标准品质生产方式的推进背景**

工厂应该制造能卖出去并能产生利润的产品，即创造市场中的生产力和竞争力就是工厂的责任与义务，见表14-1。

表14-1 工厂的责任与义务

| 责任与义务 | 为什么做 | 品质竞争力 | 结果 |
|---|---|---|---|
| 满足顾客更高的要求 | 顾客的购买欲望增大 | 竞争力提高 | 市场与服务扩大 |
| 提高品质、品位 | 制造成本下降 | 生产力提高 | 利润扩大 |

$$生产力 \cdot 竞争力 = \frac{品质 \cdot 服务}{成本 \cdot 交货期}$$

从上面的公式我们可以看出，分母越小，分子越大，生产力与竞争力就越强。因此，为确保生产力和竞争力，会出现降低总成本、缩短交货期、提高品质、提升服务4个重点改善目标。为实现这四个目标，工厂必须承担起均衡的品质生产（6σ）的最终责任与义务。

**2.推进标准品质生产方式的三大基本规则**

这三大基本规则就是：实施以问题的接点员工为中心的改善活动；分析问题，找出真正的原因（运用5Why分析法）；抛弃固有观念。

（1）实施以问题的接点员工为中心的改善活动

所有的问题由直接作业和检查的员工引起，所以应由接点员工来解决问题。相关部门及管理人员应当支援接点员工解决问题，共同进行改善。

（2）分析问题，找出真正的原因

发生问题时，应利用5Why分析法找出真正的原因，这样才能以最少的费用完美地解决问题。如果找不出真正的原因，问题会再次发生甚至成为痼疾，需要花费的改善费用也会增多。

（3）抛弃固有观念

如果带着固有观念工作，就无法彻底改善。观念改变着世界，改变着人，也改变着品质，而固有观念会阻挠品质的改善。要破除固有观念，梳理改善提高的可行性和可持续性，改进观念进而改善品质。

**3.标准品质生产方式的三大改善原则**

（1）能够理解的目标，能够理解的改善

为什么要完成设定的目标？是不是全员共同努力就能够完成目标？与员工的能力比较，低一点的目标是不是更容易实现？总之，企业应当树立人人能够理解的目标。与投入比较，改善的效果如何？是不是很难改善或需要过多时间？企业应当形成只要人人参与改善，就能完成目标的共识（共同意识与意志），进而产生伟大的力量。

（2）细致的目标，细致的改善

把目标按综合目标→1次目标→2次目标→3次目标细分，同时制订改善计划，逐步完成改善，实现目标。

（3）柔性的目标，柔性的改善

如果目标提前完成，就应树立更高的目标。如果目标存在难度，就从别的方向找出改善方法来补充、完善。

**4.标准品质生产方式的改善对象**

在标准品质生产方式中改善的对象是制造活动中发生的所有问题，当前状态与正常状态的差距就是问题，要把这些问题定为改善的对象。例如：按设备指南（理论值）生产，每天可以生产8 000台，但实际产量为7 000台，其差距是1 000台，改善的对象是这一差距。

**5.改善问题的方法**

改善问题时可以按“分析问题点—分析根本原因—制定改善对策—实施改善对策—评价改善结果—教育及活用—标准化”的顺序进行。

这里的重点是，分析问题点时要把问题点层层细分，通过5Why分析法来分析根本原因，找出最深层次的原因。

### 14.1.3 不良发生的根本因素分析及改善方法

**1.不良发生的根本因素分析（见表14-2）**

表14-2 **影响不良发生的根本因素分析**

| |
|---|
| 人——因为人造成的不良。这种不良比较容易改善，通过培训使员工熟练掌握技能，可消除不良，成果很容易观察到。对于是否掌握了技能，员工会理解和说明，这是一种能说话的改善 |
| 设备——因为设备造成的不良。这种不良较难改善，因为设备不能说话，我们不知道设备哪个地方出了问题 |
| 材料——因为材料造成的不良。这种不良造成的质量问题容易改善，因为不良的材料可以用眼睛看出来，通过检验就可以知道何处不良 |
| 标准——因为标准有问题导致不良出现。这种不良较难改善，因为标准的不良不能用眼睛直接看出 |

如果影响不良发生的根本因素一直维持在正常状态，即人按标准作业、设备维持在标准状态、没有使用不良的材料、工程条件（Specification）维持在标准状态，那么不良就不会发生。

**2.改善方法**

（1）人的部分

为了改善由人引起的不良，实施以下3种对策：

第一，在现场员工作业场所配置记录用纸，方便现场员工在不良发生时把原因记录下来，现场的管理人员根据记录改善作业方法，而且要把改善的内容体现在标准作业书上，防止不良再次发生。

第二，先分析现场员工的能力，再进行改善。先分析现场每个人的能力，再改善作业方法，把已改善的内容标准化（不断修正标准作业书），使改善的效果持续下去。现场员工由单纯作业者、技能作业者、检查员构成。

第三，配置在现场的员工，必须先取得相关工程的资格证才能上岗。员工熟知标准作业书的内容，熟悉相关工程作业结果的过程能力分析方法，通过培训达到了一定水准，才能被授予从事该工程的资格证书。

（2）材料部分

把投入到工程的原辅材料检查项目、工程条件等明示在标准作业书上，进行100%检查，生产时使用良品；对不良品进行整理和收集并编制不良品数据汇总表，要求供货商改善其产品品质，实施原辅材料的品质改善活动，具体要求如图14-1所示。

· 每天统计原辅材料的不良品
· 对不良品数据的汇总按照以下流程实施：
制造部门收集数据⟶采购部门反馈给供应商⟶供应商进行材料品质改善

**图14-1 供货商品质改善**

（3）设备部门

①设置自动化防控系统（Fool Proof System），使设备出现异常状态时能够报警。

②每天对设备的重点管理项目进行管理（制造部门实施）。

③维护设备部分的基本遵守项目（设备保全部门实施）。

（4）生产条件部分

①整理工程中需要管理的标准，每天实施管理。

②产品规格要明示在标准作业书上，使作业者作业时遵守。

### 14.1.4 标准品质生产方式的推进目的

标准品质生产方式的推进目的是分析生产过程中出现的问题点，找出真正原因，把改善的内容标准化，使作业者遵守改正的标准，使过程一直维持正常状态，生产品质均衡的产品。

出现问题的真正原因始终是人、设备、材料、方法、测定，如果确保这5个方面的能力，工厂生产的产品会是均衡的品质（6σ品质）。

为确保上述5种要素（5M）符合要求，要进行标准化，换句话来讲，标准品质生产方式就是要按照标准来生产。标准品质生产方式框架图如图14-2所示。

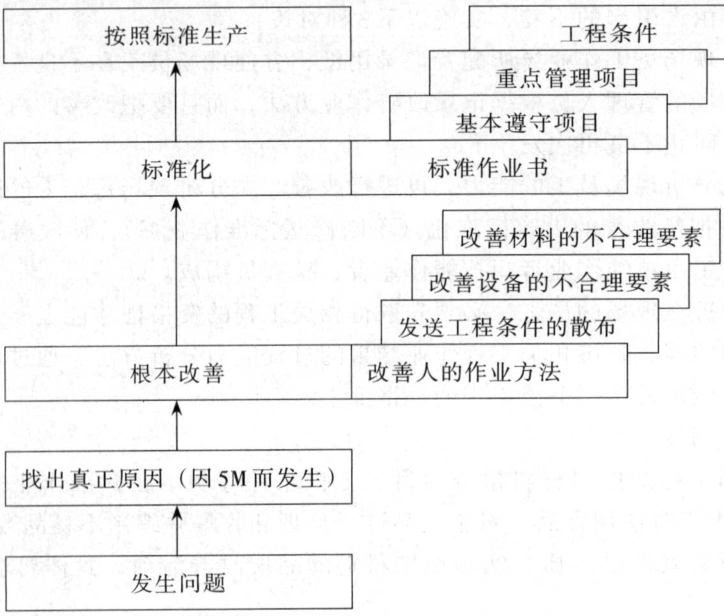


图14-2 标准品质生产方式框架图

## 14.2 建立标准品质生产方式

### 14.2.1 什么是标准品质生产方式

标准品质生产方式是通过改善过程能力（Capability of Process，CP），生产均衡品质产品（6σ产品）的生产方式，是实施根据标准作业，进行重点管理项目、基本遵守项目、过程条件管理，确保器具及测具可靠性等的活动。

### 14.2.2 标准的定义与分类

#### 1.标准的定义

标准品质生产方式中的标准是指定义好的正常状态，是把过程管理方法、设备管理方法、过程内原辅材料管理方法、品质和安全事故的管理方法等以作业指导书形式表述出来的品质管理文件。

①标准是为合理有效地进行企业的经营活动而必须要遵守的“作业方法”和“管理基准”。

②标准的目的：无论是谁，用同样的方法去做；无论是谁，体现同样的结果；无论是谁，在目标成本范围内去做。

**2.标准的分类**

适用于过程内的标准按如下分类：工程条件、标准作业书、基本遵守项目、重点管理项目。

## 14.2.3 标准品质生产方式的推进方法

标准品质生产方式的推进方法见表14-3。首先，评价相关过程的能力，整理必要的SQM标准，再制定或修订必要的SQM标准对相关过程的员工进行教育，使SQM标准在现场实现可视化，使任何人都能看出正常与非正常状态，做到按标准生产。同时，要周期性（每周或每月）地对制造过程能力进行评价，按照过程能力达到2.0以上或过程能力指数（Capability of Process Index，CPK）达到1.67以上的目标进行改善，再用改善结果修订SQM标准，按修订的标准来生产。

表14-3 **标准品质生产方式推进方法**

| |
|---|
| 1阶段：制造过程能力评价 |
| 2阶段：整理SQM标准（标准作业书、重点管理点、基本遵守项目、工程条件） |
| 3阶段：制定、修订SQM标准 |
| 4阶段：实施SQM标准教育 |
| 5阶段：实现SQM标准现场可视化管理 |
| 6阶段：采用SQM标准来生产 |
| 7阶段：改善结果评价 |

## 14.2.4 每阶段推进方法

**1阶段：过程能力评价方法**

制造工程由人、设备、材料、工程条件、计测具构成。SQM把这统称为5M，人、设备、材料、工程条件经常会发生散布，根据这些散布引起的不良来决定产品的生产基准，并经常对这个生产基准进行评价，根据评价结果可知能否生产品质均衡的产品。所以，我们要对5M的过程能力进行评价，再持续不断地进行提高过程能力的改善活动。

（1）过程能力的计算方法

$$CP=\frac{S_U-S_L}{6\sigma}$$

式中：$S_U$为产品规格的上限值（Upper Spec Limit）；$S_L$为产品规格的下限值（Lower Spec Limit）；$\sigma=\sqrt{\frac{\sum x_i^2-n(\sum x_i)^2}{n-1}}$，其中，n = 样品数，$\sum x_i^2$ = 各数据平方的和，$\sum x_i$ = 全部数据的和。

（2）过程能力指数（CPK）计算方法

①先算出百万不良品率（PPM），再根据CPK表计算。

数据通过PPM得出，再根据本章附录中的表14-8找出对应的CPK。

例：通过表14-8可知，300PPM对应的CPK值约为1.14。

②根据测定数据计算

只有规格上限的情况：$CPK=\frac{S_U-\bar{x}}{3\sigma}$

只有规格下限的情况：$CPK=\frac{\bar{x}-S_L}{3\sigma}$

规格上下限都有的情况：CPK=（1-K）×CP

其中：$K=\left|\frac{\frac{S_U+S_L}{2}-\bar{x}}{\frac{S_U-S_L}{2}}\right|$；$\bar{x}$=数据的平均值。

注意：采用根据测定数据计算的方法，会发现规格差（规格上限与规格下限的差）相同的测定值，在CPK上会有差距。

例如，假设两种规格分别是20±3℃（17℃～23℃）和20±2℃（18℃～22℃），即使是同样的数据，采用规格20±2℃的CPK会更差。

（3）5M过程能力决定法

算出人、设备、材料、工程条件、计测具的过程能力指数，最低值就是该工程的CPK，而计算全部CPK的算术平均值的方法是错误的。我们要从过程能力指数最低的项目着手进行改善。

（4）5M过程能力评价表

①现场员工的过程能力评价方法

制造工程中的作业者由单纯作业者、技能作业者、检查员等构成。

A.单纯作业者过程能力计算方法。

单纯作业者是指在工程中只进行判断良品与不良品作业的作业者，如显像管的生产，是指做排气、产品装载等作业的作业者。单纯作业者的过程能力指数计算方法如下：

$\frac{不良数}{作业数}\times 1\,000\,000=$ PPM→查找CPK参照表→算出CPK

B.技能作业者过程能力计算方法。

技能作业者是指具有专门技能、担负专业生产作业，其操作的结果体现为良品和不良品，产品品质（规格）通过检验就能决定下来的作业者。

技能作业者的过程能力指数评价包括对技能作业者作业结果的评价及依据作业产品规格数据进行的评价。

作业结果评价：参照上面的单纯作业者过程能力指数计算方法。

根据作业产品规格数据进行的评价：参照过程能力指数计算方法。

【关键点】技能作业者的CPK是作业结果（不良数）的CPK和根据作业产品规

格计算的CPK中数值最小者。

C.检查员过程能力计算方法。

检查员是做入库检查、工程检查、综合检查、可靠性检查等检查业务的员工，他们的CPK通过检查员的过程能力和设备的过程能力计算测定。

a.检查员的过程能力计算方法如下：

$$(1-\frac{\text{良品数}}{\text{总生产数}})\times 1\,000\,000=\text{PPM}\rightarrow\text{查找CPK参照表}\rightarrow\text{算出CPK}$$

其中：Ⅰ类过错指检查员把良品误判为不良品而没有将其送到下一个工程或顾客手中的情况；Ⅱ类过错指检查员把不良品误判为良品而使其流到下一个工程或顾客手中的情况。

b.设备的过程能力测定及计算方法：

工程内的设备过程能力根据设备的时间运转率、良品率及生产出的产品规格评价。

依据时间运转率的计算方法：

$$(1-\frac{\text{实际运转时间}}{\text{总计划运转时间}})\times 1\,000\,000=\text{PPM}\rightarrow\text{查找CPK参照表}\rightarrow\text{算出CPK}$$

依据良品率的计算方法：

$$(1-\frac{\text{良品数}}{\text{总生产数}})\times 1\,000\,000=\text{PPM}\rightarrow\text{查找CPK参照表}\rightarrow\text{算出CPK}$$

依据产品规格的计算方法：通过相关设备测定制作出的产品规格。

【关键点】设备的CPK，就是依据时间运转率、良品率、产品规格计算的CPK中数值最低者。

②材料的过程能力测定及评价方法。

材料的过程能力是用材料的良品率与材料的规格测定数据等来评价。

A.依据材料良品率的评价方法。

$$\frac{\text{不良数}}{\text{检查的材料总数}}\times 1\,000\,000=\text{PPM}\rightarrow\text{查找CPK参照表}\rightarrow\text{算出CPK}$$

B.依据材料规格测定数据的计算方法。

材料的过程能力是在依据材料良品率评价的CPK与依据材料规格测定数据评价的CPK中数值最低者。

③工程条件的过程能力测定及评价方法。

对工程内管理的工程条件按时间进行测定，计算各工程条件的过程能力，取最低值（参照过程能力指数计算方法）。

④计测具的过程能力测定及评价方法

计测具的过程能力不单独评价，在点检、校定周期内已进行校定的，即评价为CPK达到了1.67以上。

**2阶段：整理SQM标准**

SQM的标准种类有标准作业书、基本遵守项目、重点管理项目、工程条件等

4种。

(1) 标准作业书整理方法

标准作业书是规定作业的顺序与动作、产品的规格等的标准，有正规作业用标准作业书、非正规作业用标准作业书、基本遵守用标准作业书等3种。

①正规作业用标准作业书是指工程内进行正规作业时使用的标准作业书。

②非正规作业用标准作业书是指进行非正规作业时使用的标准作业书。举例来讲，有工程装载标准作业书、不良品修理标准作业书、停电应急措施标准作业书等。

③基本遵守用标准作业书是指进行基本遵守业务时使用的标准作业书，如滤波器交替标准作业书、安装标准作业书、清扫标准作业书等。

(2) 工程条件整理方法

在制造过程中，对制造技术中的工程条件应有明确规定，将所有操作岗位的要求、规格、条件、操作步骤制成标准作业书，放在显著的位置，供员工参照。例如，红色荧光体的亮度，净化室温度、湿度，加热器温度等由制造技术部将其整理为必须遵守的工程条件。

(3) 基本遵守项目整理方法

在制造过程中，对每个员工在操作岗位上应该遵守的基本规范、操作方法、工艺流程，应该制作成岗位作业指导书，作为岗位的基本规范，如周期性的打扫、设备维护、点检、交接班等必须整理成现场基本遵守项目，每天进行检查。

(4) 重点管理项目整理方法

重点管理项目是在制造过程中应该给予特别关注、检查的项目，对这些项目如果没有重点管理将会造成品质事故、安全事故、生产性事故等。所以，应以班组为中心进行关键点作业分析，找出应该重点控制的作业点，并进行标准化和可视化管理。

**3阶段：制定、修改SQM标准**

(1) 标准作业书制定方法

标准作业书是表明作业者应遵守的作业顺序及动作的标准。

标准作业书中的作业顺序分为准备作业、主作业、完成作业，各顺序有对应的作业方法、基本遵守项目、重点管理项目（见表14-4）。

表14-4 **标准作业书式样**

| 作业顺序 | 作业方法 | 基本遵守项目 | 重点管理项目 |
|---|---|---|---|
| 准备作业<br>主作业<br>完成作业 | | | |

①准备作业栏填写方法。

准备作业是指为了在原定的时间、规定的成本内，安全、完美（目标品质）地执行本作业而进行的事前准备的活动。

作业方法栏的内容：具体记录进入作业之前应准备的项目名称、规格等。例如，作业必需的准备、安全作业的服装、不良修理作业用工具等。

②主作业栏的填写方法。

主作业是指用提供的原材料及半成品制造及检查产品的动作。

作业方法的内容：首先记录在材料、半成品中发现不良品的处理方法，其次记录主作业中因操作失误造成不良的处理方法。

③完成作业的填写方法。

完成作业是指作业完成后检查的工作（自主保证检查）。

作业方法栏的内容：

A.记录成品检查项目及规格遵守情况；

B.记录对不良品处理的内容；

C.记录在制品处理的内容。

（2）基本遵守项目制定方法

①基本遵守是指为了预防安全、品质、设备方面的大型事故而周期性地进行交接班及清扫，如空气过滤器清扫、过滤器更换等。

②基本遵守项目的管理步骤：

步骤一，通过工程基本原理分析、顾客要求品质分析、失败事例分析、故障树分析（FTA）设定基本遵守项目。

步骤二，制作基本遵守项目标准作业书。制作方法与标准作业书制作方法相同。

步骤三，变更点申请。因为生产条件变化必须修改基本遵守项目的相关标准，对其中的变更点进行修改，并报请技术部批准。

步骤四，生产线使用。变更点申请书经过技术部批准后，必须制做新的标准替代原来的标准，并在生产线中执行。基本遵守项目内容见表14-5。

表14-5 **基本遵守项目内容**

| | | | |
|---|---|---|---|
| 设备名 | | | |
| 更换品目录 | | | |
| 更换责任人 | | | |
| 更换日（周期） | 更换周期 | 本次更换日期 | 下次更换日期 |
| | 7天 | 月　日 | 月　日 |
| | | | |
| | | | |
| 确认人 | | | |

步骤五，问题导出及改善。生产作业时实施问题导出及改善活动。

（3）重点管理内容制定方法

①重点管理是指针对经常不能保持正常状态而发生设备、品质、生产性问题的地方进行管理，使其经常保持正常状态。

②重点管理项目的管理方法：

步骤一，通过工程基本原理分析、顾客要求品质分析、失败事例分析、FTA设定重点管理项目。

步骤二，制作重点管理项目表（见表14-6）。设定重点管理项目时，应尽量做到易于迅速掌握正常状态和非正常状态，发现非正常状态时易于迅速采取措施。针对发现非正常状态需要采取措施处理的工序，应设置自动报警装置如停线（Line Stop）警报器及自动停线控制器。

表14-6 重点管理项目表

| | |
|---|---|
| 重点管理项目 | |
| 正常状态 | |
| 发生异常时的措施 | |
| 管理责任人 | |

步骤三，验证。验证重点管理内容是否能够让其他工程的员工也容易确认、处理。

步骤四，重点管理项目变更点申请。根据表14-6的式样制作变更点申请表，由技术部进行现场勘察后进行综合评价，评价后决定是否变更控制点设计或控制措施。

步骤五，变更后执行。将变更后的重点管理项目制作成为管理标准，并实施日常管理活动。

③重点管理流程具体见图14-3。

A.对于重点管理内容，应尽量做到易于迅速确认、处理正常和非正常状态。

B.设置自动报警系统时做到发生异常能够自动停线。

C.作业者在工作前应对标准作业书内的重点管理项目实施检查。

D.管理责任人应周期性地进行工程巡查，然后对重点管理项目进行检查。

（4）工程条件验证及标准化

①工程条件是指由技术部发行的工程规格说明及设备规格说明。

②工程条件的设定及验证：一切工程条件都根据工程中的实绩数值计算设定。

Spec = 平均值（$\bar{x}$）±富裕率（α）

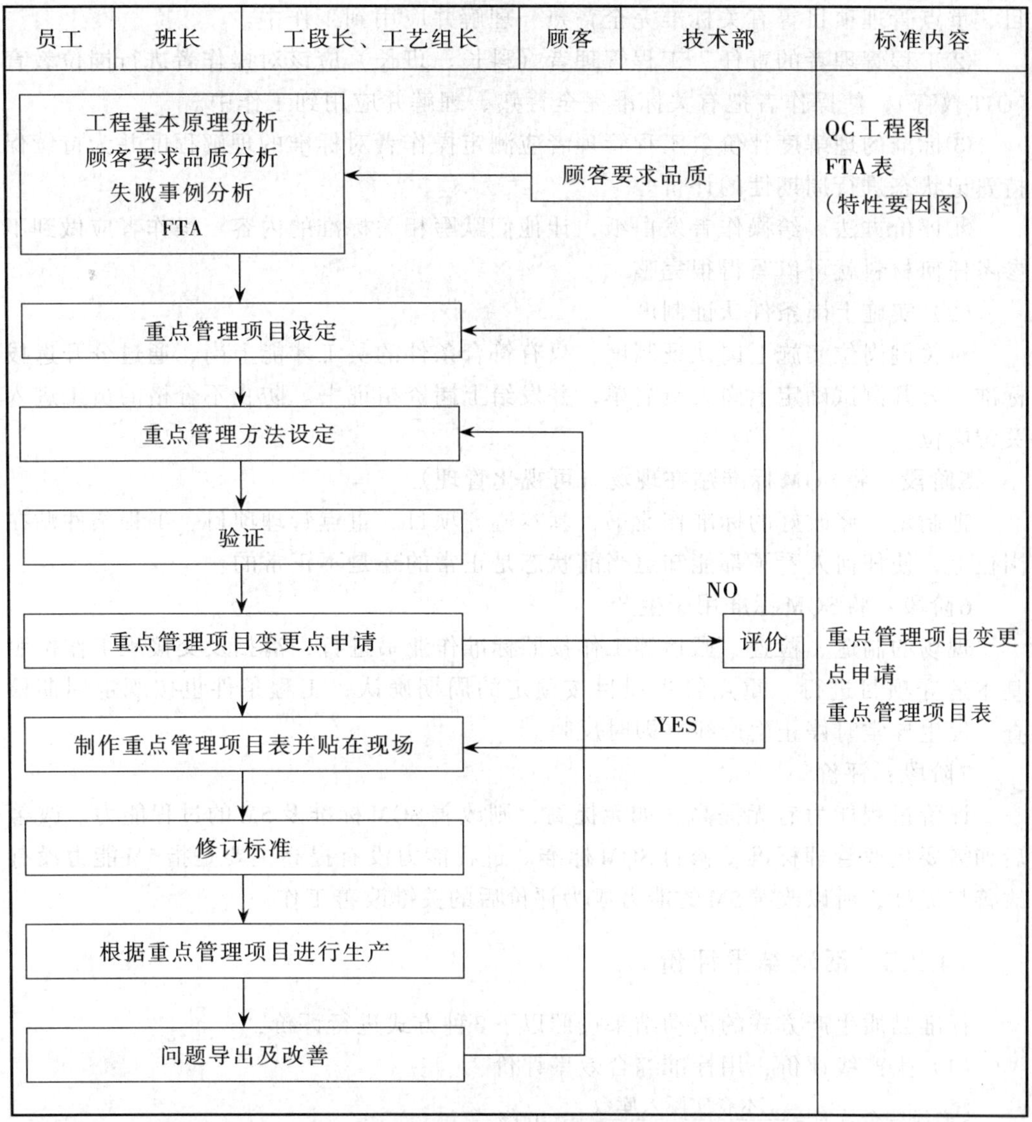


**图14-3 重点管理流程**

其中，富裕率（α）根据以下情况确定：

苛刻的条件：5%。

一般条件：7%。

宽松的条件：9%。

**4阶段：实施SQM标准教育**

工程全部作业者应该100%掌握标准作业书、重点管理项目、基本遵守项目、工程条件的内容。

（1）标准的教育及评价

①操作者的责任。操作者应把此工程的工程条件、标准作业书、基本遵守项

目、重点管理项目等有关标准完全背熟、理解并应用到工作中。

②工程管理者的责任。工程管理者（科长、班长）应该对操作者进行岗位教育（OJT教育），使操作者把有关标准完全背熟、理解并应用到工作中。

③标准的理解度评价。工程管理者应测定操作者对标准的理解程度并为持续保持熟记状态进行周期性的评价。

④评价方法。给操作者发白纸，让他们默写相关标准的内容。操作者应做到不参考任何材料就可以写得很完整。

（2）实施上岗条件认证制度

对关键岗位实施上岗认证制度，只有符合条件的员工才能上岗，通过公开选拔标准、公开测试确定上岗人员名单，并发给上岗资格证书。防止不合格的员工进入关键岗位。

**5阶段：将SQM标准贴在现场（可视化管理）**

把制定、修改好的标准作业书、基本遵守项目、重点管理项目、工程条件贴在岗位上，使任何人看了都能知道当前状态是正常的还是不正常的。

**6阶段：将SQM标准用于生产**

现场的制造、检查、搬运等工作按照标准作业书进行，清扫及交接班工作按照基本遵守项目进行，重点管理项目按预定的周期确认，工程条件也按既定周期检查，发生异常时停止生产线并即时反映。

**7阶段：评价**

评价过程能力有无提高，如无提高，则改善SQM标准及5M的过程能力。改善后如需要更改管理标准就修订SQM标准。过程能力没有提高主要是指5M能力没有改善与提高，所以改善5M的能力成为评价后的关键改善工作。

### 14.2.5 活动结果评价

标准品质生产方式的活动结果按照以下3种方式进行评价：

（1）生产线评价：用标准综合效率评价

$$生产线综合效率=\frac{本仓实际入库数}{最初工程理论投入数}\times 100\%$$

（2）均衡的品质生产评价

均衡的品质生产评价既评价每个工程及生产线全部的工作，也评价不良发生的结果，要把整个生产过程按工作流程进行评价。

（3）工程散布评价

工程的散布（人的散布、设备的散布、材料的散布、工程条件的散布、半成品的散布、产品的散布）用CPK评价。

## 14.3 设备管理

### 14.3.1 设备管理的标准化

设备管理部分也应与作业标准部分一样实施标准化，依据标准进行管理。

设备管理的标准与作业标准相同，要具备设备管理基准、标准作业书、基本遵守项目、重点管理项目。

设备管理标准由设备管理部门负责制定与修订，其他标准由制造部门编制，并需要经过设备管理部门认可。

### 14.3.2 自动化防控系统推进方法

**1.自动化防控系统的定义**

自动化防控系统是防止人的失误及设备故障的系统。

**2.自动化防控系统的种类**

自动化防控系统的种类有不良防止用、事故防止用、工程条件自动停止用3种。

**3.自动化防控系统的管理体系**

第1步：通过工程基本原理分析、顾客要求品质分析、失败事例分析、特性要因分析等设定自动化防控系统项目。

第2步：自动化防控系统设计。自动化防控系统由工艺部门与设备管理部门共同设计，并设置在关键控制点的相关设备上，设计应力求使用简单、保全容易。

第3步：自动化防控系统申请。原则上应由标准品质生产活动中负责操作岗位的员工提出申请，交给工艺部门与设备管理部门进行分析，待确认后进行现场验证，验证后投入使用。

第4步：培训及应用。自动化防控系统设置后，让相关工程的员工熟练掌握方法，并应用于生产活动中。

第5步：找出问题及改善。

自动化防控系统的可靠性必须得到确保，若不能确保可靠性，会发生相反结果，所以要周期性地进行可靠性检查，必要时设置二次报警系统，以确保可靠性。

**4.自动化防控系统推进中的要点**

（1）自动化防控系统需要经过反复测试、调整，才能成为对异常问题进行及时报警的系统。

（2）应让相关工程员工熟悉自动化防控系统原理，要确保自动化防控系统的可靠性。

自动化防控系统推进分布图（Map）如图14-4所示。

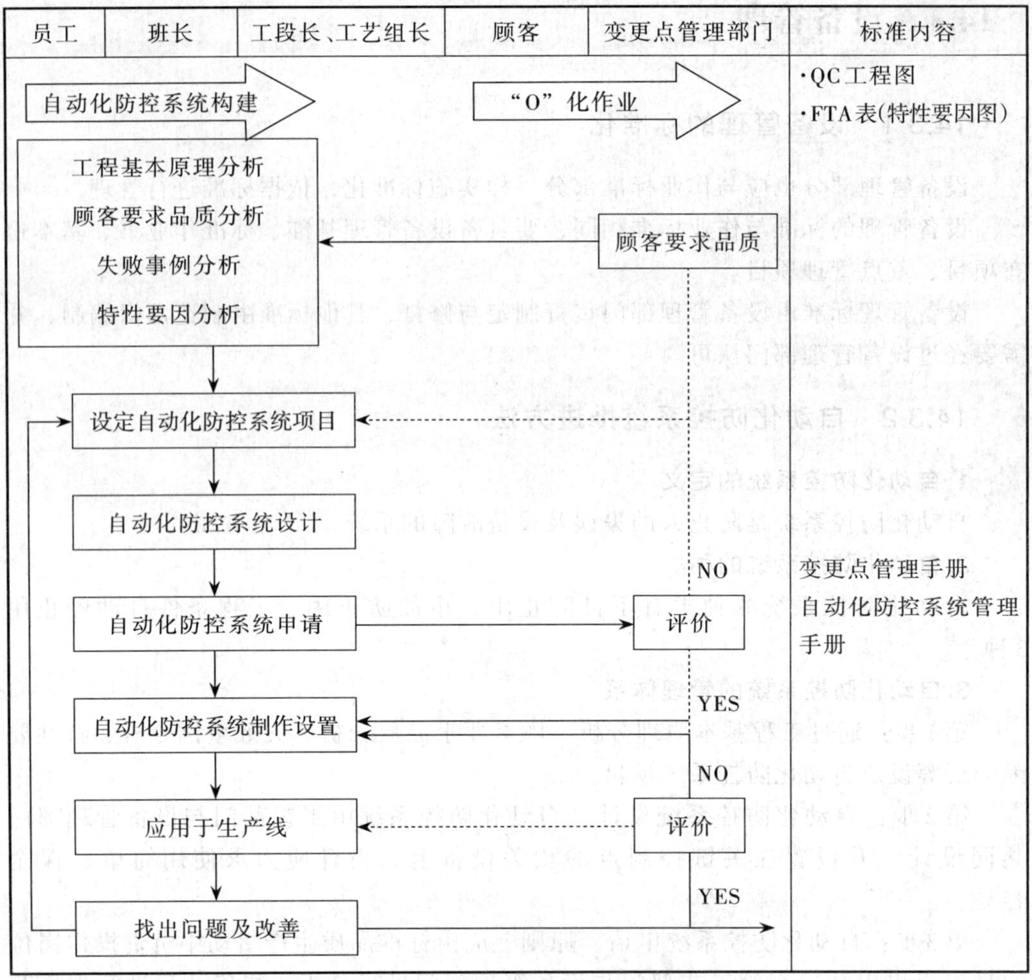


**图14-4 自动化防控系统推进分布图**

## 14.3.3 关于标准器具的管理

第1步：通过工程基本原理分析、失败事例分析、顾客要求品质分析、故障树分析（FTA），把必要的标准器具设定为管理项目。

标准器具的种类：

（1）检查评价设备用标准器具；

（2）安装设备用标准器具；

（3）判断不良限度用标准器具。

第2步：制作标准器具、提交变更点申请、获得管理委员会的认可。

第3步：周期性地评价标准器具的使用情况，把结果贴在相应的设备上，让检查员或者操作工在操作（检查）之前确认。检查员在检查之前若设备检查单上没有有关标准器具的记录，那就不进行检查。

第4步：标准器具的再检查。

周期性地检查标准器具本身，判断标准器具本身的可靠性。

有关标准器具的设备管理部分的关键：

（1）定期评价标准器具，确认标准状态。

（2）检查标准器具、测试设备可靠性及实施设备条件。（1回/8Hr）

有关标准器具的设备管理业务如图14-5所示。

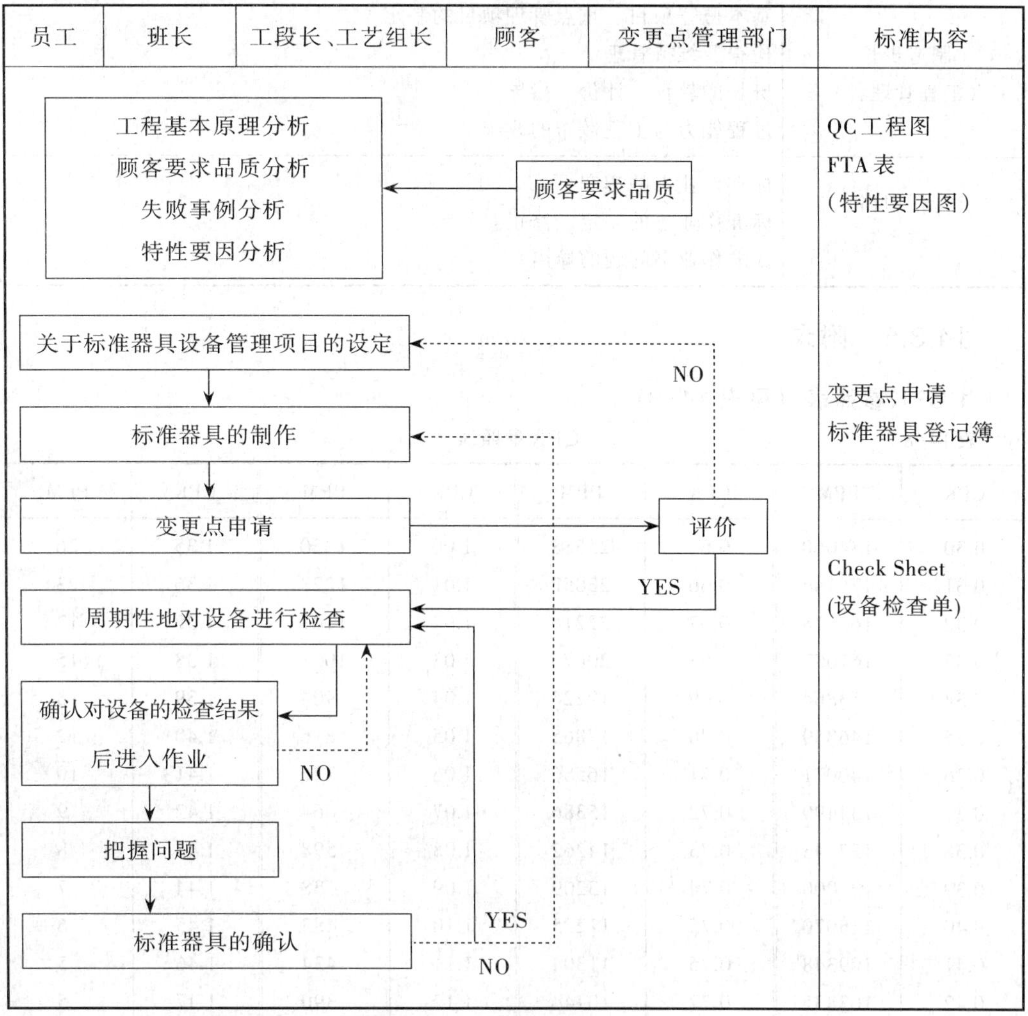


图14-5　标准器具的管理

### 14.3.4　明确作用和责任

为了防止遗漏业务，彻底执行标准品质生产方式，应明确各部门的作用和责任，具体见表14-7。

表 14-7 责任分担

| 区分 | 作用及责任 |
|---|---|
| 技术部 | 工程标准的制定、修正（设定）<br>标准作业书、基本遵守项目、重点管理项目的验证 |
| 制造课长<br>（班长） | 标准作业书的制定<br>基本遵守项目、重点管理项目的制定 |
| 制造班长<br>（工程管理者） | 基本遵守项目、重点管理项目的制定<br>检查及维持管理<br>班长的教育、评价、指导<br>过程能力与工程散布的改善 |
| 责任担当<br>（班长） | 标准作业书的遵守<br>标准作业书的制定、修正<br>标准作业书问题的导出 |

### 14.3.5 附录

#### 1.CPK参照表（见表14-8）

表 14-8 CPK参照表

| CPK | PPM | CPK | PPM | CPK | PPM | CPK | PPM |
|---|---|---|---|---|---|---|---|
| 0.30 | 184060 | 0.65 | 25588 | 1.00 | 1350 | 1.35 | 26 |
| 0.31 | 176186 | 0.66 | 23852 | 1.01 | 1223 | 1.36 | 23 |
| 0.32 | 168528 | 0.67 | 22216 | 1.02 | 1107 | 1.37 | 17 |
| 0.33 | 161087 | 0.68 | 20675 | 1.03 | 1001 | 1.38 | 15 |
| 0.34 | 153864 | 0.69 | 19226 | 1.04 | 904 | 1.39 | 13 |
| 0.35 | 146859 | 0.70 | 17865 | 1.05 | 816 | 1.40 | 12 |
| 0.36 | 140071 | 0.71 | 16586 | 1.06 | 726 | 1.41 | 10 |
| 0.37 | 133499 | 0.72 | 15386 | 1.07 | 664 | 1.42 | 9 |
| 0.38 | 127143 | 0.73 | 14262 | 1.08 | 598 | 1.43 | 8 |
| 0.39 | 121000 | 0.74 | 13209 | 1.09 | 538 | 1.44 | 7 |
| 0.40 | 115070 | 0.75 | 12225 | 1.10 | 483 | 1.45 | 6 |
| 0.41 | 109348 | 0.76 | 11304 | 1.11 | 434 | 1.46 | 5 |
| 0.42 | 103835 | 0.77 | 10444 | 1.12 | 390 | 1.47 | 5 |
| 0.43 | 98525 | 0.78 | 9642 | 1.13 | 350 | 1.48 | 4 |
| 0.44 | 93417 | 0.79 | 8894 | 1.14 | 313 | 1.49 | 3 |
| 0.45 | 88508 | 0.80 | 8198 | 1.15 | 280 | 1.50 | 3 |
| 0.46 | 83793 | 0.81 | 7549 | 1.16 | 251 | 1.51 | 3 |
| 0.47 | 79270 | 0.82 | 6947 | 1.17 | 240 | 1.52 | 2 |
| 0.48 | 74934 | 0.83 | 6387 | 1.18 | 200 | 1.53 | 2 |

续表

| CPK | PPM | CPK | PPM | CPK | PPM | CPK | PPM |
|---|---|---|---|---|---|---|---|
| 0.49 | 70781 | 0.84 | 5868 | 1.19 | 179 | 1.54 | 2 |
| 0.50 | 66807 | 0.85 | 5386 | 1.20 | 159 | 1.55 | 1 |
| 0.51 | 63008 | 0.86 | 4940 | 1.21 | 142 | 1.56 | 1 |
| 0.52 | 59380 | 0.87 | 4527 | 1.22 | 126 | 1.57 | 1 |
| 0.53 | 55917 | 0.88 | 4145 | 1.23 | 112 | 1.58 | 1 |
| 0.54 | 52616 | 0.89 | 3792 | 1.24 | 100 | 1.59 | 1 |
| 0.55 | 49471 | 0.90 | 3467 | 1.25 | 89 | 1.60 | 1 |
| 0.56 | 46479 | 0.91 | 3167 | 1.26 | 79 | 1.61 | 1 |
| 0.57 | 43633 | 0.92 | 2890 | 1.27 | 70 | 1.62 | 1 |
| 0.58 | 40930 | 0.93 | 2635 | 1.28 | 62 | 1.63 | 1 |
| 0.59 | 38364 | 0.94 | 2401 | 1.29 | 55 | 1.64 | 0 |
| 0.60 | 35930 | 0.95 | 2186 | 1.30 | 48 | 1.65 | 0 |
| 0.61 | 33625 | 0.96 | 1988 | 1.31 | 43 | 1.66 | 0 |
| 0.62 | 31443 | 0.97 | 1807 | 1.32 | 38 | 1.67 | 0 |
| 0.63 | 29378 | 0.98 | 1641 | 1.33 | 33 | 1.68 | 0 |
| 0.64 | 27429 | 0.99 | 1489 | 1.34 | 29 | 1.69 | 0 |

### 2.基本遵守项目表（见表14-9）

表14-9　**基本遵守项目**

| | | | |
|---|---|---|---|
| 设备名 | | | |
| 更换品目录 | | | |
| 更换责任人 | | | |
| 更换日期 | 更换周期 | 本次更换日期 | 下次更换日期 |
| | | 月　日 | 月　日 |
| 确认人 | | | |

### 3.重点管理项目表（见表14-10）

表14-10　**重点管理项目表**

| | |
|---|---|
| 重点管理项目 | |
| 正常状态 | |
| 发生异常时的措施 | |

管理责任人：　　　　担当者：　　　　电话：

4.标准作业书（见表14-11）

表14-11 标准作业书

| 议案 | 审议 | 合议 | 决定 |
| --- | --- | --- | --- |
| | | | |

作业名：

| | |
| --- | --- |
| 登录编号 | |
| 制定日期 | |
| 页码 | |

| 作业顺序 | 作业方法 | 基本遵守项目 | 重点管理项目 |
| --- | --- | --- | --- |
| 1.准备作业<br>2.主作业<br>3.完成作业 | | | |

# 第15章 TPM-3Step：生产费用最小化活动

通过0Step至2Step的改善，生产条件、品质管理都达到最优后，就可以进入3Step，这个阶段的持续改善也需要6个月时间。这一阶段主要针对生产费用进行改善，目标是使生产费用最小化以提高公司的利润。

## 15.1 概述

### 15.1.1 生产费用最小化的含义

3Step的重点是以制造现场的作业者为中心，使生产设备因故障维修所需的费用与开展保全活动所需的费用最小化，使设备停止的机会损失最小化，从而实现以最小的生产成本推进活动。

设备保全不好、不能正常生产产生的浪费很大，既包括维修费、保全费，也包括机物料损失与停产损失，因此，做好设备点检、维护好设备、减少损失，公司生产成本就会下降，进而提高公司的赢利能力与竞争力。

### 15.1.2 活动目的

随着供大于求、多品种小批量生产时代的到来，要满足顾客的个性化需要，必须在构筑以品质为基本的高效率的生产线的基础上，进一步实现最小的生产成本，以此提高公司成本竞争力，最终达到强化制造能力的目的。现今生产方式正在发生变革，智慧制造能够满足客户个性化的需求，让客户参与创新，但是制造方式的转变是一个过程，需要很长时间，因此，在过渡阶段还是以批量生产为核心，将大批量转变为小批量，加之互联网订单分散而量大，更需要通过改善活动来适应需求频繁改变的大环境。

### 15.1.3 活动目标

推进3Step活动将实现以下3个方面的目标：

（1）通过处理故障及预防保全活动，使发生的费用最小化。

（2）通过缩短设备停止时间，使机会损失最小化。

(3) 通过自主的设备改善（改良/改造），使设备投资费用最小化。

### 15.1.4 活动方向

改善活动的方向如图15-1所示。

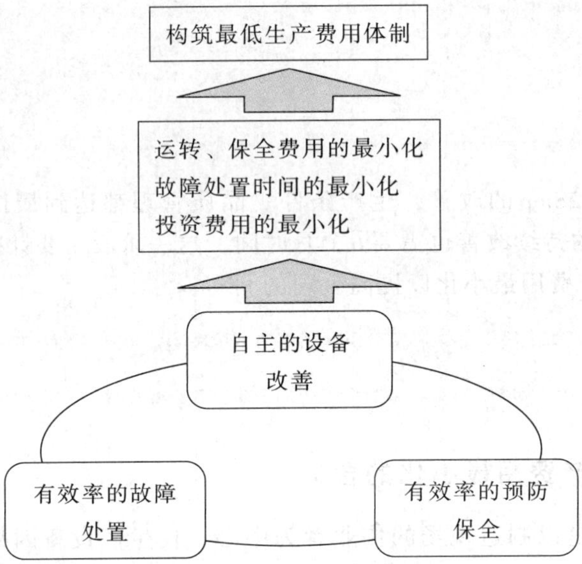


图15-1 改善活动方向

## 15.2 3Step的主要内容

3Step的目的是使在生产设备使用阶段发生的各种运转、保全费用和机会损失最小化，从而提高成本竞争力。3Step活动主题构成见表15-1。

表15-1 3Step活动主题构成

| |
|---|
| 通过保全作业的效率化来降低实际发生的费用及机会损失<br>1.降低生产所需发生的各种费用：<br>①设备的运转及保全所需的备件费用<br>②设备的加工所需的各种工、器具费用<br>2.降低因设备停止工作而发生的机会损失 |

### 15.2.1 生产设备生命周期成本

生产设备的生命周期成本（Life Cycle Cost，LCC）是指，设备从取得阶段到废弃阶段所需的一切费用。在进行设备投资之前应考虑设备的生命周期成本，为了确保设备报废后购置新的设备，一般都通过折旧形式将设备的购置成本摊入营业成本之中。企业应设法延长设备的使用寿命，从而降低成本，但是旧设备的维护成本要远远低于新设备的投资成本才符合要求。

**1.生产设备的生命周期**

生产设备的生命周期由计划阶段、使用阶段、废弃阶段构成，见表15-2和图15-2。

表15-2 **生产设备的生命周期**

| 1 | 2 | 3 | 4 | 5 | 6 | 7 | 8 | 9 | 10 | 11 |
|---|---|---|---|---|---|---|---|---|---|---|
| 设备计划 | 制定标准书 | 决定供货商价格 | 购买认可 | 制作认可 | 订货 | 制作(供方) | 验收 | 入库安装试运转 | 批量生产 | 劣化废弃 |
| 计划阶段 | | | | | | | | 使用阶段 | | 废弃阶段 |
| 3～5个月 | | | | | | | | 10年以上 | | — |

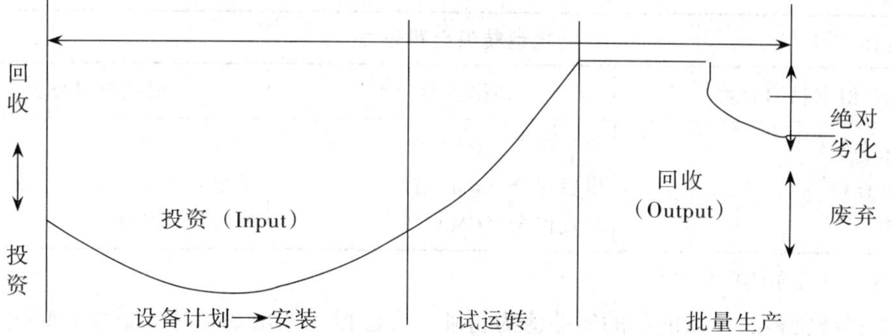


**图15-2 生产设备的生命周期**

**2.生产设备的生命周期成本（见表15-3）**

表15-3 **生产设备的生命周期成本**

| 初期取得费用 | 运转费用 | 保全费用 | 机会损失 |
|---|---|---|---|
| 设计/开发费<br>设备购买费<br>安装/试运转费<br>教育/训练费<br>保全器械购买费<br>初期备件费 | 人工费<br>材料费<br>劳务费<br>动力费<br>管理、技术经费 | 人工费<br>备件费<br>保修用加工费<br>委外加工、外协费<br>改造、改良费用<br>保全器械费用等 | 设备停止运行<br>产品不良<br>速度低下等 |

购买设备时应事先分析其经济性，同时考虑设备的生命周期（见表15-4）。

**3.运转保全费概要**

（1）定义

运转保全费指维持和复原设备性能所需的费用，包括处理所需要的所有支出，一般也叫作维修费。

（2）分类

运转保全费的分类见表15-5。

表 15-4 设备的比较 单位：万元

| | | | |
|---|---|---|---|
| 设备 | 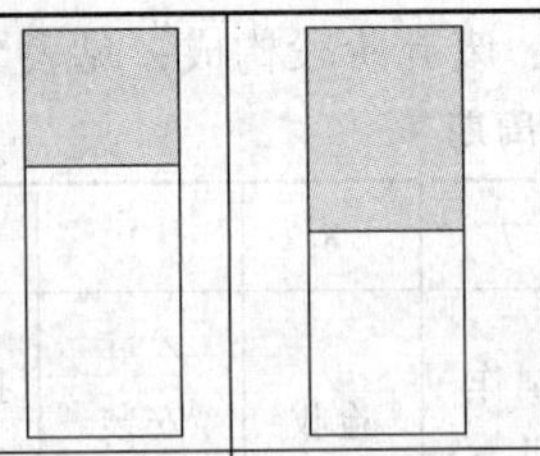 | | B设备虽然购买价格低，但运转保全费用高，所以A设备最终体现的LCC低 |
| | A设备 | B设备 | |
| LCC | 90 | 100 | 虽然B设备的LCC超过了90万元，但还是A设备合理理由是：B设备的运转保全费用高，因此可预测B设备出现问题的可能性更高 |
| 取得金额 | 70 | 60 | |
| 运转保全费 | 20 | 40 | |

表 15-5 运转保全费分类

| 根据目的分类 | 根据手段分类 | 根据要素分类 |
|---|---|---|
| 日常保全费<br>设备检查费<br>维修费 | 预防保全（PM）费<br>事后保全（BM）费<br>改良保全（CM）费 | 保全材料费<br>保全人工费<br>外协费（其他） |

（3）计算预算的方法

①实绩资料法：以前期的实绩值为基础，考虑投入产出率和其他条件的变化计算。

②保全费比率法：根据过去的实绩得出的保全费与设备价格的比率计算。

③关联计算方法：编制生产量、运转时间、消耗电量、设备数量等与保全费实绩的关联图来计算。

④零基预算（Zero-base Budgeting）法：详细估算组成每台设备保全费用的材料费、劳务费等，再合计算出预算。

（4）综合方式：综合使用第①～④种计算方法。

### 15.2.2 保全活动的分类

为了实现使用阶段发生的运转保全费用与因设备停止而产生的机会损失达到最小化，以生产设备为对象开展以下各种形式的保全活动：

**1.区分保全方式（见图 15-3）**

（1）事后保全（Breakdown Maintenance，BM）

当故障或性能降低等事项发生之后再实施保全更具有经济性时所采用的保全方式，可分为计划事后保全（Scheduled BM，SBM）和紧急保全（Emergency Maintenance，EM）。

（2）预防保全（Preventive Maintenance，PM）

在故障或性能降低等事项发生之前实施保全更具有经济性时所采用的保全方式，可分为时间基准保全（Time-based Maintenance，TBM）和设备基准保全（Condition-based Maintenance，CBM）。

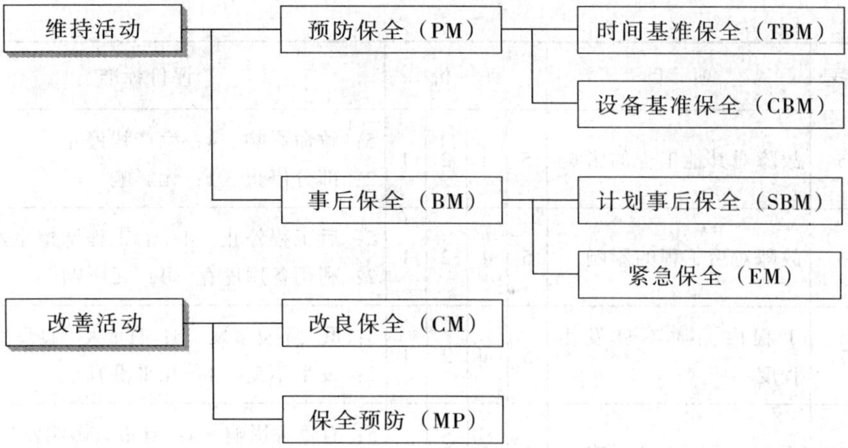


**图15-3 保全方式**

①TBM：以时间、生产量等为基准而实施保全。

②CBM：以设备状态为基准实施保全。

（3）改良保全（Corrective Maintenance，CM）

改良保全是以提高设备的可靠性、保全性、经济性、操作性、安全性等为目的而实施的设备改善活动。

（4）保全预防（Maintenance Prevention，MP）

保全预防指在设备的设计制造阶段就认真改善其可靠性，从设计、制造上提高质量，从根本上防止故障和事故的发生，又称为无维修设计。

**2.选择保全方式**

（1）根据重要程度决定

把设备对生产（P）、品质（Q）、成本（C）、交货期（D）、安全（S）产生的影响程度，根据重点管理设备选定表，分为A、B、C3类来评价、确定（见表15-6、表15-7）。

表15-6 **重点管理设备选定表示例**

| 区分 | 序号 | 项 目 | 评 | 价 | | | 评价标准 |
|---|---|---|---|---|---|---|---|
| P | 1 | 平均投产率 | 5 | 4 | 2 | 1 | 5：96%以上 4：80%~96%<br>2：60%~80% 1：不到60% |
| | 2 | 转产的难易度（有/无预备期） | — | 4 | 2 | 1 | 4：4小时以上 2：1~4小时以<br>1：不到1小时 |
| | 3 | 故障发生频率（MTBF） | — | 4 | 2 | 1 | 4：每月4次以上 2：每月2~4次<br>1：每月1~2次 |
| | 4 | 故障修理时间（MTTR） | 5 | 4 | 2 | 1 | 5：每次不到1小时 4：每次1~8小时<br>2：每次8~24小时 1：每次24小时以上 |

续表

| 区分 | 序号 | 项目 | 评价 | | | | 评价标准 |
|---|---|---|---|---|---|---|---|
| D | 5 | 故障对其他工程的影响 | 5 | 4 | 2 | 1 | 5：致命影响　4：生产线停止<br>2：部分停止　1：无影响 |
| | 6 | 故障对后工程的影响 | 5 | 4 | 2 | 1 | 5：后工程停止　4：后工程调整生产<br>2：利用备用库存　1：无影响 |
| Q | 7 | 工程内品质不良发生程度 | 5 | 4 | 2 | 1 | 5：重大不良多发　4：有重大不良发生可能性<br>2：发生不良　1：几乎没有 |
| | 8 | 不良对后工程的影响 | 5 | 4 | 2 | 1 | 5：有重大影响　4：有重大影响发生可能性<br>2：有影响　1：几乎没有 |
| C | 9 | 因故障产生的品质低下损失金额 | — | 4 | 2 | 1 | 4：100万元以上　2：10万~100万元以上<br>1：10万元以下 |
| | 10 | 因故障产生的其他损失金额（能源、材料、劳务费） | — | 4 | 2 | 1 | 4：100万元以上　2：10万~100万元<br>1：10万元以下 |
| | 11 | 维修费用的大小 | 5 | 4 | 2 | 1 | 5：1 000万元以上　4：500万~1 000万元<br>2：100万~500万元　1：100万元以下 |
| S | 12 | 故障对人体产生的危险性 | — | 4 | 2 | 1 | 4：偶尔有的程度　2：有可能性<br>1：暂时没有 |
| | 13 | 故障对公众产生的影响 | — | 4 | 2 | 1 | 4：有影响　2：有可能性<br>1：暂时没有 |
| 综合评价 | | | ___分 | | | | 确定等级：（　　）级<br>A(36分以上)　B(25~36分)　C(25分以下) |

表15-7　**保全方式**

| 区分 | A级 | B级 | C级 |
|---|---|---|---|
| 保全方式 | CBM及TBM | TBM | BM |

（2）根据劣化程度决定

可根据设备的劣化速度与时间、生产量、运行次数等要素决定保全方式（见图15-4）。

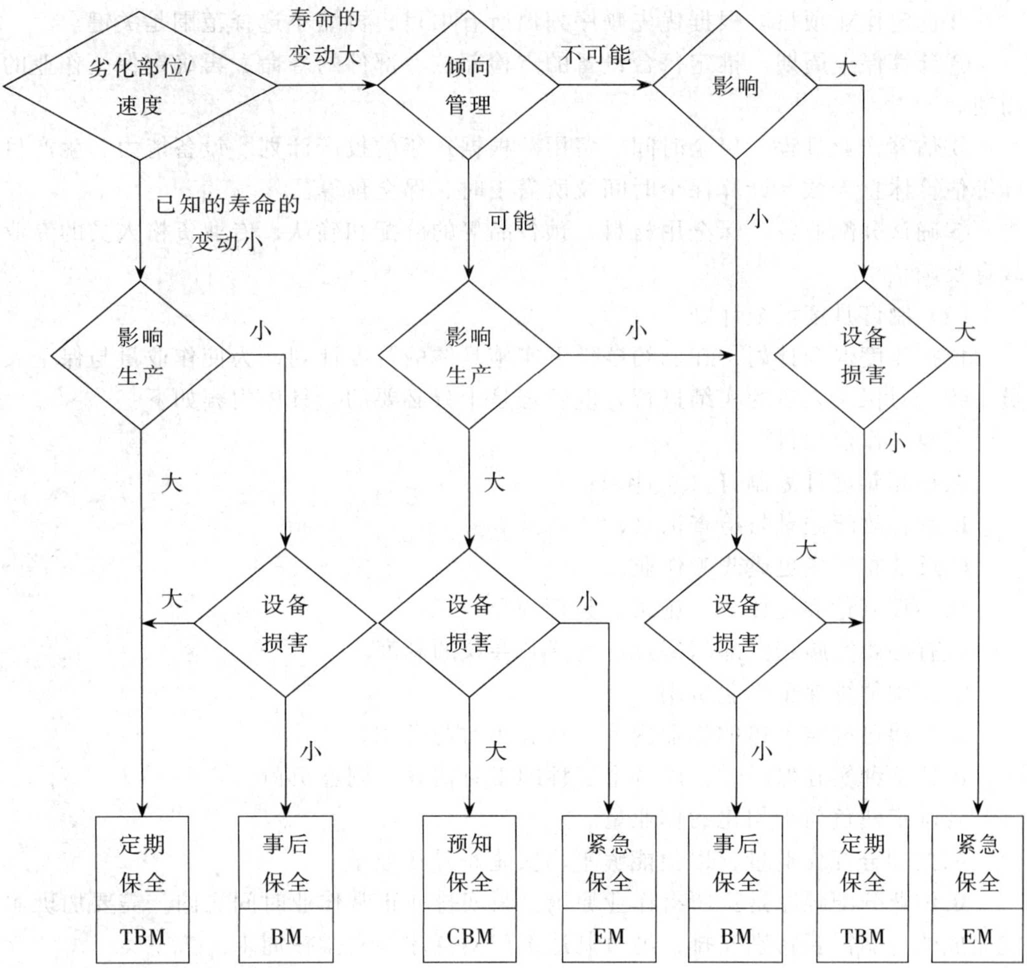


图15-4　保全方式选择

## 15.2.3　开展保全活动

**1.制订保全计划**

（1）制订年度保全计划

考虑设备从安装到废弃整个生命周期的可靠性制订保全计划；与投产计划或外协、大型备品的分配等预算挂钩；从长远考虑，制订检查、维修计划。

①确定计划的内容。

A.对法规的检讨：根据安全生产法规、危险源分析等检查可能产生的危险。

B.对设备保全标准的检讨：对点检、检查结果的反映。

C.故障记录：防止再次发生故障的保全项目。

D.下一年度计划：剩余作业项目。

E.现场的要求事项。

②选定作业项目。根据优先顺序列出所有项目，再缩小选择范围是关键。

③计算保全周期。推定每台设备的点检部位、部件的寿命，再确定保全作业的周期。

④估算作业日程、保全时间、费用。根据每年的投产计划、设备能力、生产目标等估算休息天数，计算保全时间及所需工时、保全预算。

⑤确认分配业务。保全用材料、预备品等的分配和确认，专业资格人员的专业教育及确认。

（2）制订月度保全计划

根据年度保全计划，在制约条件下实施具体的月度计划，为使作业量与保全人员一致，对保全人员的实绩进行月度管理是十分必要的。具体内容如下：

①整理作业项目。

A.根据年度计划制订月度计划；

B.解释故障记录与检查记录；

C.反映布置变更或改善作业；

D.参照其他委托作业、施工、整理项目；

E.有必要实施相关部门每月定期召开会议的制度。

②详细估算保全作业费用。

A.如果已确定具体的作业内容，估算工时与费用；

B.按工种实施保全时，以每个工种的工时估算、调整负荷。

③确定使负荷平均化的作业量。

A.按周分配作业量，以便能够平均实施每月作业量。

B.作业分配顺序是：所有作业原则上只安排在正常作业时间之内，需要加班才能完成的计划需要特别安排，经过制造部门同意才能安排在周末。

（3）制订每周保全计划

在月度保全计划的基础上制订全员的每周保全计划，目的是对每个保全人员所负责的保全工作实施进度管理，只有抓住每个人、每天的保全工作，在遵守基本原则的基础上对所使用的设备进行自主保全，才能够有效地使用设备，确保生产效率。

（4）制订个别作业计划

它是指制订设备在某一期间停止，进行点检、检查等的计划，是大单位的保全作业。主要包括以下内容：

①有关作业时间缩短的保全课题；

②需要很多费用才能实施的保全；

③对外协产品与材料需求计划进行检查；

④对重要作业结果的品质进行检查；

⑤根据设备的劣化状态调整作业量。

**2.评价保全计划**

对保全计划的评价可以从对运转部门的贡献度和保全部门的努力度两个方

面来考虑。其中，对运转部门的贡献度可以从设备可靠性的提高、故障的减少、MTBF的延长、兼容性的提高等方面来评价。在评价阶段要常问以下问题：

①生产活动与保全计划的关系是否明确？

②保全业务的负荷是否均衡？（有没有长期实施的可能性？）

③保全方法的选择方针是否明确？

④点检及检查等的保全记录是否按照时间经过常常反映到保全计划当中？

⑤是否充分反映了设备部位的劣化特性？

**3.作业管理**

作业管理是指为维持设备性能有计划性、经济性地进行定期修理或预防修理，以及创新、增设、改造、更新等作业管理。

（1）作业管理上的问题点（制约条件）

①以生产计划中确定的设备停止日期为基准，确定作业日期；

②设定保全工时能力与突发修理工时的范围；

③设定保全费用目标与预算范围；

④把握每个工种的能力（机械、电机，熟练工与新员工）；

⑤明确是正常上班时的作业、休息时的作业，还是只在连休时可能需要的作业；

⑥明确是外协作业还是自己本身的作业；

⑦确认大型备品的准备状况与使用性能是否完好。

（2）保全作业的进度管理

①进行作业估算，计算出每个人负荷的累计值；

②把握工时估算与实绩的差距；

③确认每个人分配的业务并实施追踪管理；

④根据个人能力来实施作业指示；

⑤针对2～3人的小组作业应考虑组员技能的组合；

⑥因安排不合理产生负荷不饱满时，实施为了防止其再次发生的改善作业。

**4.保全活动的展开方法**

（1）日常保全活动

日常保全是指到目前为止以作业者为中心实施，为防止设备劣化妨碍正常运转而进行的设备异常记录、清扫、注油、点检、紧固等简单的作业，它是保全活动的基本内容。

日常保全活动的注意事项：

①要明确必要性。不能盲目遵从设备厂家的处理说明书，应考虑设备的使用条件及环境，应根据过去的故障事例设定实施项目。让实施人员充分理解实施保全活动的必要性是很重要的。

②实施方法应简单、容易操作。

③实施周期应为每天或每周。

④日常点检的实施：

A.实施确认：决定由谁、什么时候、做什么、怎样实施。

B.效果确认：要确认日常保全实施的效果，特别是让实施人员确认效果，以便能够持续实施。

C.修整改善：根据实施情况修整、改善没有效果的项目，使之容易作业，并能在短时间内完成。

（2）事后保全活动

一般的事后保全是指故障发生之后进行修理，但这里的事后保全包括两种故障：一种是没有进行预防保全而对应发生的故障；另一种是充分进行预防保全之后仍然发生的故障。前者包括对生产的影响小的故障、预防保全困难的故障、恢复起来简单的故障、以目前的技术把握起来困难的故障等；后者包括突发故障、需要早期恢复与防止再次发生的故障等。

①早期恢复。

A.故障信息的早期联络：利用停线系统（Line Stop System）、保全呼出开关等及早获得故障信息。

B.建立迅速响应机制：制定作业指南和故障处置流程规定。

C.迅速采取措施：早期发现原因并处理。

②防止再次发生。

A.整理修理的顺序与方法，在类似故障发生时应用。

B.明确把握故障原因，反馈到类似设备上。

C.迅速采取措施：早期发现原因并处理（修理的标准化）。

③记录保全结果。

把需要保全的状况、原因、采取的措施、日期、使用材料、所需时间、防止再次发生的对策等记录到保全报告书中，具体样本见表15-8。

表15-8 **保全报告书样本**

<table>
<tr><td>作业名称</td><td colspan="2"></td><td>委托部门</td><td></td><td>作业者</td><td colspan="2"></td></tr>
<tr><td>设备名</td><td colspan="2"></td><td>设备编号</td><td></td><td>故障时间</td><td colspan="2"></td></tr>
<tr><td rowspan="4">现象</td><td colspan="5" rowspan="4"></td><td rowspan="4">影响</td><td>P</td></tr>
<tr><td>Q</td></tr>
<tr><td>C</td></tr>
<tr><td>其他</td></tr>
<tr><td rowspan="2">原因</td><td>原因1</td><td colspan="2">原因2</td><td colspan="2">原因3</td><td colspan="2">真正原因</td></tr>
<tr><td></td><td colspan="2"></td><td colspan="2"></td><td colspan="2"></td></tr>
<tr><td>措施内容</td><td colspan="3"></td><td>使用材料</td><td colspan="3"></td></tr>
<tr><td rowspan="2">防止再次发生的对策</td><td colspan="3" rowspan="2"></td><td>异常分类</td><td>性能低下/停止</td><td colspan="2">强制劣化/自然劣化</td></tr>
<tr><td>水平推广</td><td>必要</td><td colspan="2">不必要</td></tr>
</table>

保全记录的内容可用于以下情况：

A.预测保全的时间及估算所需费用；

B.制定降低费用及防止再次发生的对策；

C.计算每台设备的修理费；

D.更新设备；

E.作为决定修理材料常备与否的基础资料。

（3）计划保全活动

保全活动以有效实施生产活动为目的而展开，主要包括三类活动：一是有效使用保全费，通过减少故障，使停止损失最少化来提高生产率的活动；二是将设备一直维持在正常状态，以提高良品率或稼动率的活动；三是通过提高技能来提高设备保全业务质量的活动。

①导入计划保全时应考虑的事项。

导入前：第一，把握保全设备的现状及设定标准；第二，整理保全备品、设备及部件的图纸、各种保全信息，再制订保全计划，与现场人员共享。

实施过程中：第一，设备保全、运转部门之间要建立相互信赖关系；第二，保全能力是实施预防保全的基础；第三，确认预防保全的效果，反复检查推进目标是否达成。

②推进计划保全时的检查事项。

A.确定要处理的对象设备：根据重要程度、所需费用、劣化状态。

B.确定对象设备的实施部位。

C.确定实施周期：考虑劣化程度、环境、实绩资料等。

D.确定实施日程：实施日程应该符合所规定的保全计划的周期。

③计划保全的效果。

A.能把握设备的正常状态；

B.无须应急用的备用设备，能有效利用资源，降低投资费用；

C.从对突发故障的低效率处置转变为有计划的修理，降低因故障产生的机会损失；

D.降低有效损失，并提高设备的运转率；

E.减少保全费用、备品费用等。

（4）改良保全活动

改良保全是指为了改善设备的可靠性及保全性而实施的设备改造活动。

①对象设备的选择。

提高可靠性及保全性对任何一台设备来说都是必要的，但能够投入的费用、工时是有限的，所以重要的是要选择保全效果好的设备。

A.重要故障发生设备：对生产的影响大、修理时投入费用与工时多的设备。

B.故障多发设备：对于初期故障多发及有故障增加倾向的设备，有必要在初期制定对策。而且，为了判断改良保全的必要性，有必要对故障现象进行持续管理。

②解释故障原因。

发生故障肯定是有原因的，重要的是把握其真正原因，然后再处置。

A.特性要因图分析（QC手法）：采用鱼骨图的形式把要因全部找出来，再根据过去的经验和知识等找出主要原因的方法，可以说是头脑风暴法（Brain Storming）的改良版。

B.Why-why分析：故障是伴随着某种现象发生的，以这个现象为起点，开始找原因，这时反复问5次“Why”，找出真正的原因。

C.PM分析：以物理（Mechanism）的方法解释现象（Phenomena）并找出原因。这种方法不是把现象按设备、部位、方法分解来找出原因，而是把现象成立的物理特性找出来，分析对象是慢性的不良、故障、瞬间停止等。

③基本思想：

第一，有必要彻底基于现场、现物主义来把握现象；

第二，把握现象的准则是从物理的原理和遵守基本原则的观点进行分析；

第三，作为基本，要理解工程或设备或者其组成要素之间的联系；

第四，有必要详细分析与4M（人、机、料、法）的关联事项；

第五，以理论依据为基础，有必要转换思维。

（5）预知保全活动

预知保全是指通过点检、检查、诊断等调查设备劣化状况，在发生故障之前采取措施，防止故障发生。

①点检。

故障可分为偶发型故障和劣化型故障。偶发型故障多数是因为设计及厂家的问题或者异常压力而发生的。劣化型故障是随着时间推移，因磨损、疲劳或性能低下而发生的。对于偶发型故障，点检的效果比较差；对于劣化型故障，可以通过点检预测故障，效果比较好。点检周期的定量化是经济性保全的基础，例如，焊接点数、焊接吨数、运转时间、生产量、天数等。

②作业者的异常发现。

熟知设备健康状态的作业者提供的信息是非常重要的。如果确切地利用这些信息，对于事先防止故障能起到很好的效果。

③运行过程中的异常发现。

如果不知道设备的正常运转状态就无法判断出异常征兆，所以进行让每个人都知道设备运行正常与异常的可视化管理是非常重要的。用这个方法，在设备运行过程中能够安全地进行动态点检，而且可以在短时间内简单地进行。

④实施诊断。

对于复杂的设备，用点检方式发现异常或把握劣化征兆有时候非常困难。设备诊断包括把握性能劣化状态之后在故障发生之前进行的预知诊断和为找出故障原因进行的故障诊断。最理想的是充分地进行预知诊断，防止故障发生，但现实是很多故障原因难以把握，需要花费很多时间，因此故障诊断在保全现场也是相当重要的。

⑤预知保全活动的推进效果。

A.正确把握设备状态，避免因设备过量配备而引起成本上升；

B.减少人员配备数量；

C.事先防止机械设备严重破损；

D.提高安全性及运转率，使品质稳定；

E.防止保修过程中出现人为的故障；

F.决定部件确切的更换时间（延长周期）；

G.减少备品，减少浪费。

（6）保全预防活动的展开

①设备应具备的基本条件（见表15-9）。

表15-9　**设备应具备的基本条件**

| 基本性质 | 定　义 | 具体的内容 |
|---|---|---|
| 可靠性 | 不引起机能降低、机能停止的性质 | 故障发生频率降低　调整次数少<br>小停止发生频率降低　机械C/T具有稳定性<br>不良发生频率降低　容易测定静态的、动态的精密度 |
| 保全性 | 容易测定、修复劣化的性质 | 早期发现故障部位<br>容易进行部件更换、修复<br>技能的确认变快<br>容易给油 |
| 自主保全性 | 在短时间内能做清扫、给油、点检等保全活动的性质 | 容易做清扫、给油、点检<br>容易回收切削渣滓<br>容易进行品质保全 |
| 操作性 | 在设备运转、准备时，能实施迅速、准确的操作的性质 | 容易准备、调整<br>容易进行按钮操作<br>搬运、设置简便 |
| 资源性 | 表示为维持设备的运转利用必要的资源的效率 | 资源的定额标准降低<br>资源的再利用比率提高 |
| 安全性 | 不会直接或间接对人体产生危害的性质 | 为了处理故障、小停止、品质不良等而需要进行的其他作业少 |

②保全预防系统的设计。

保全预防系统需要通过平均故障间隔时间分析和成本评价来决定改善的活动体系安排，具体如图15-5所示。

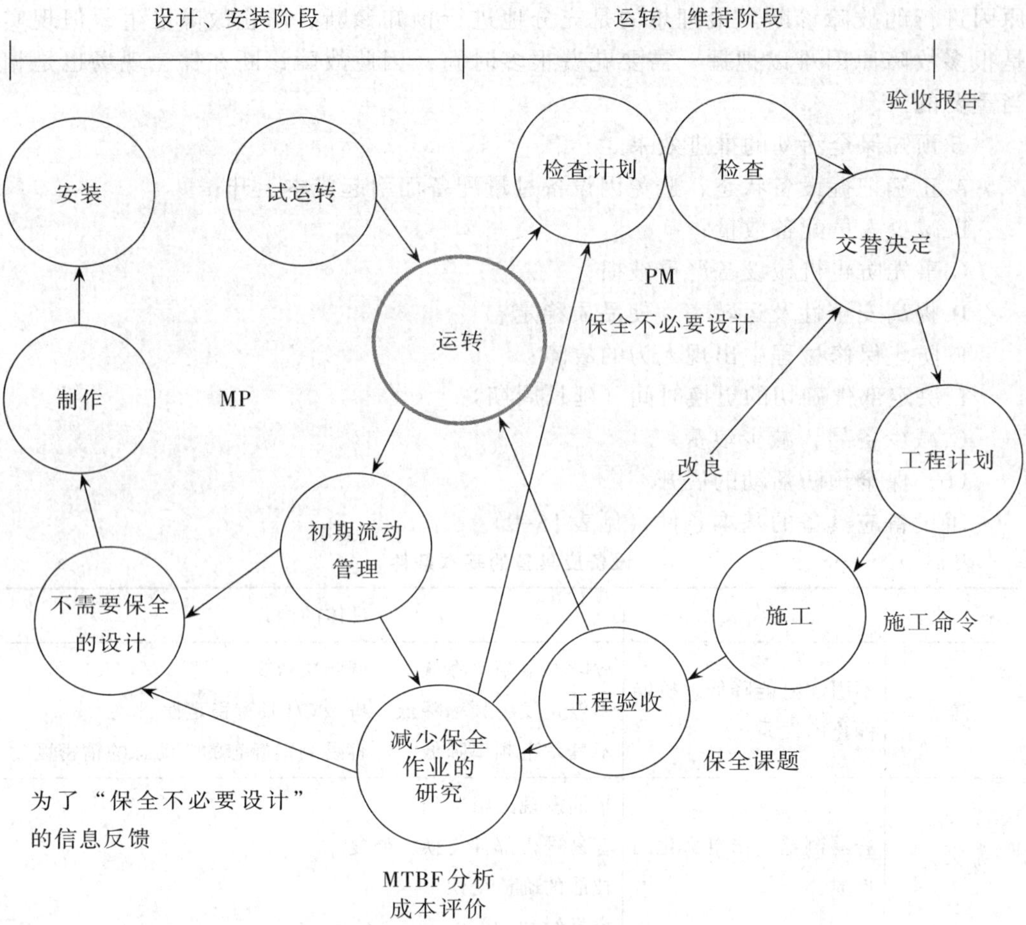


图15-5 保全预防系统

A.保全预防系统设计（改善弱点的研究）的重点：充分考虑前面所说明的设备应具备的基本性质（可靠性、保全性、自主保全性、操作性、资源性、安全性）。

B.保全预防活动的推进时机：从购买设备的当时开始彻底进行保全预防活动。

C.保全预防活动的体系化：保全预防活动应成为设备部门、制造部门、保全部门、生产技术部门等相关部门一起参与、联系、协助的组织化/体系化的活动（见图15-6）。

D.信息收集与利用。

一般信息源可分为制造现场和生产准备部门，如图15-7所示。

异常信息的收集：保修报告是异常信息的重要来源，在设备制作阶段判明的设计失误也是具体而重要的信息，所以在提高设计的技术水平方面应充分利用。对这样的信息，生产技术部门应按设备或产品进行整理，以便查找、翻阅。

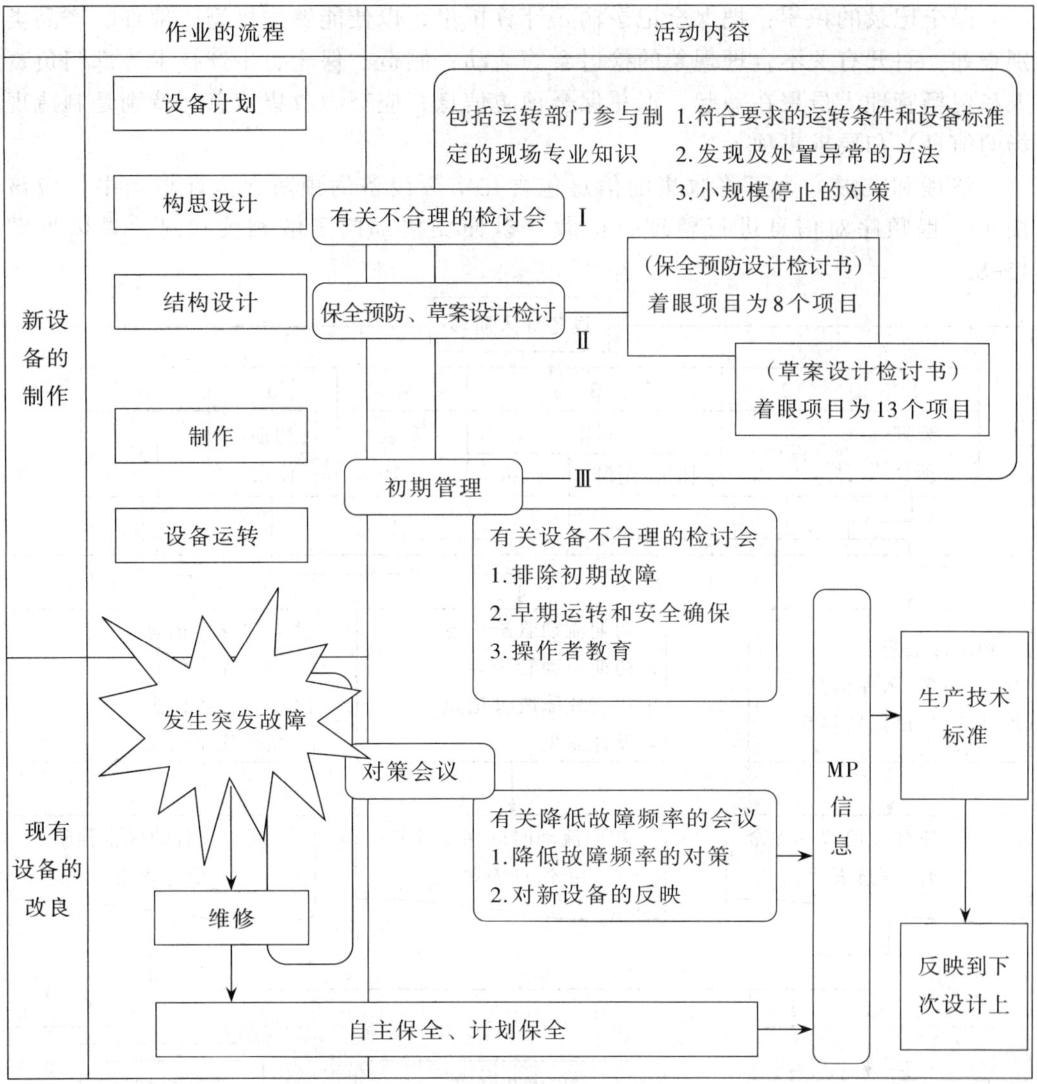


图15-6　保全预防活动的体系化

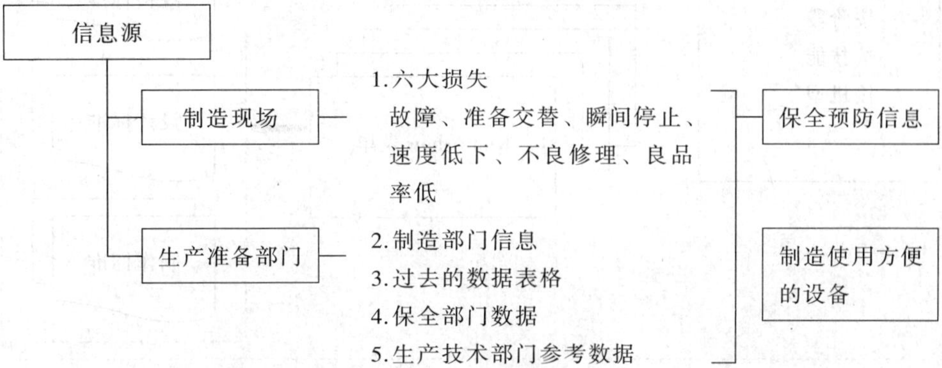


图15-7　保全预防信息源

保全记录的积累：把保全记录输入计算机里，以便能够按机型、部件、产品类别查询。召开有关不合理现象的检讨会等活动：制造、保全、生产技术等部门负责人和现场管理人员聚在一起，汇总保全预防信息，应努力收集信息（特别是制造现场的信息）和要求事项。

整理和支援：为了将收集的信息包含在实际设备的预防保全计划当中，应该按照工程顺序对信息进行整理、记载，以便支援部门了解相关状况，具体见图15-8。

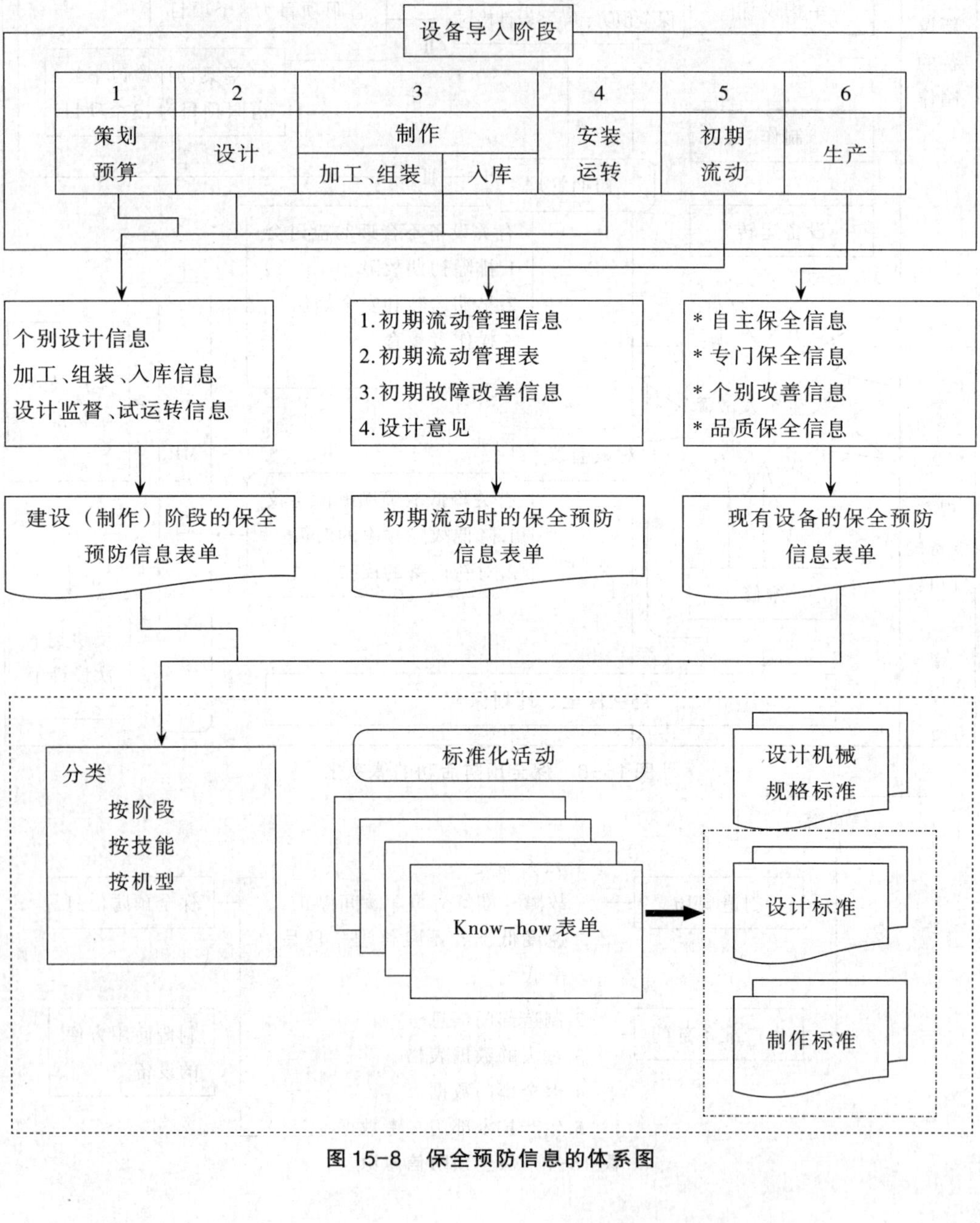


图15-8 保全预防信息的体系图

## 15.2.4 保全备品（零部件）(Spare Parts) 管理

**1.备品管理的目的**

备品管理的目的是有效进行保全作业，更具经济性地在必要的时候按必要的量准备必要的备品，具体体现在以下几个方面：

①防止因设备突发故障或保全预防必要备品的库存不足或者分配延迟而引起设备休止、作业延迟。

②维持适当的库存量，减少对库存的资本投资和维持库存所必要的各种费用。

③减少订货、采购的票据处理等方面的事后费用。

④对于备品使用量多的部件，推进改良保全等改善活动来提高设备的可靠性。

⑤实现类似部件的规格统一、标准化、单元化等，间接地降低在制品库存。

**2.备品管理体系（见图15-9）**

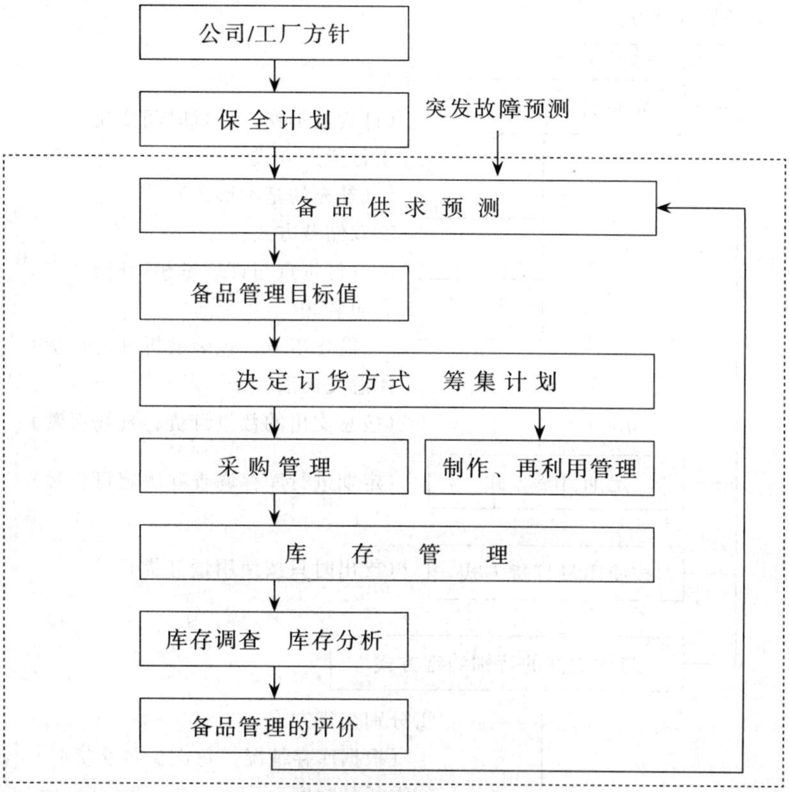


图15-9 备品管理体系

**3.备品的选定**

(1) 备品的分类

备品有像螺钉、螺栓这样价格比较低，一般市场上均有出售的部件；也有大型的、企业内部专门设计的、价格高的专用部件。根据备品的作用，备品可分为常备品和非常备品。

（2）需要常备品的情况

①突发故障时没有库存造成的停工损失比库存费用大的情况；

②突发故障时无法用其他材料代替的情况；

③不可能用人代替的情况；

④调拨期间长，对生产产生重大影响的情况；

⑤计划保全用，同时使用量多、费用也低的备品；

⑥计划保全用，同时临时购买所需时间比保全实施周期长的情况；

⑦突发故障时不能在企业内及时制作、加工的备品。

**4.订货方式的分类（见图15-10）**

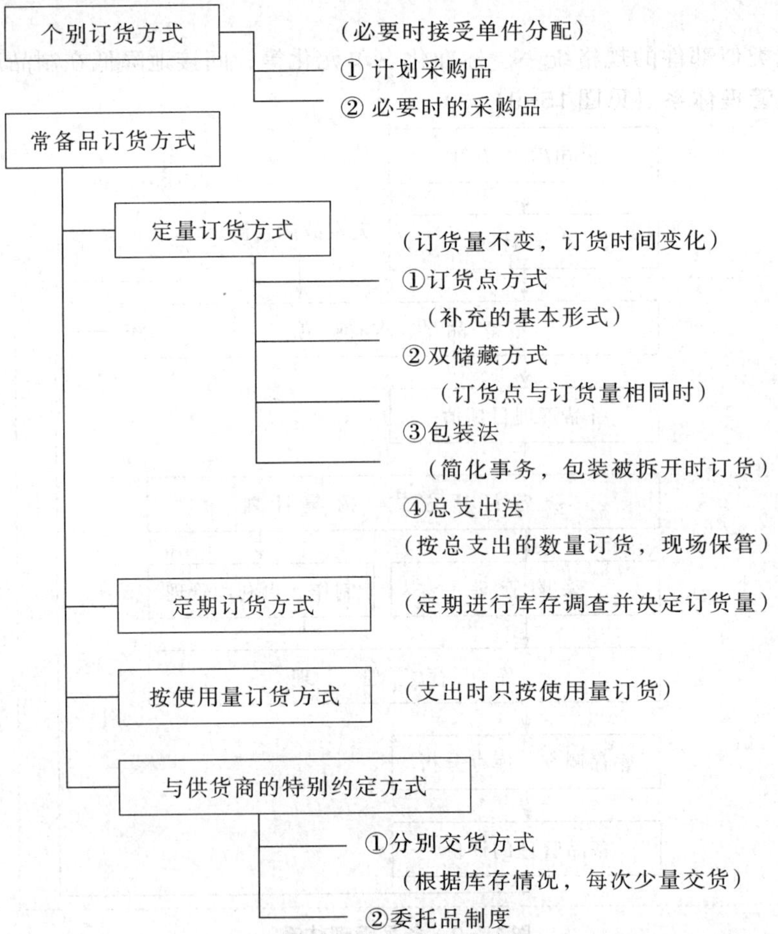


**图15-10 订货方式的分类**

### 15.2.5　降低运转、保全费用

降低费用的重点：

（1）延长部件与材料的寿命；

①变更材质或结构。

②遵守基本条件（清扫、注油、点检、紧固）来排除强制劣化。

（2）部件和材料再生利用；

（3）重新设定保全周期；

（4）减少保全备品中的常备品种类，增加计划采购品种；

（5）自身消化外部技术（预防保全技术的积累）；

（6）降低资源、能源消耗；

（7）缩短修理时间；

（8）减少部件种类、库存量；

（9）实现定期点检及修理的标准化、统一化等。

### 15.2.6　保全作业的效率化

**1.效率化的必要性**

一般来讲，作业者都是在相当恶劣的条件下伴随着油污和危险，爬到设备内部或底下进行保全作业，有时不可避免地要在深夜或休息时间来做，所以愿意从事保全作业的人越来越少，因此要强力推进保全作业的效率化，建立用更少的人员取得更大生产保全效果的保全体制。

**2.保全作业效率低的原因**

（1）因为生产设备的技术进步非常快，作业者还没有掌握必要的保全技术或技能。

（2）因为不经常反复的作业较多，作业的标准化或工具类的设计及应用比较困难。

（3）对于反复的作业，认为目前的作业方法较好或效率较高，往往不把其作为改善的对象。

（4）因为排顺序或制订日程计划的方法比较难，所以等待的时间长。

（5）各保全人员的负责区域比生产作业人员的负责区域大得多，所以移动时间长。

（6）对于保全品质的定量评价标准不清楚时，往往依靠保全人员的固有技能进行价值判断，即使是过量保全也不引起重视。

**3.对保全作业效率产生影响的要素**

对保全作业效率产生影响的要素有：设备、工具、材料、环境条件、作业顺序等物质要素和保全人员熟练程度或努力程度等人为要素，具体如图15-11所示。

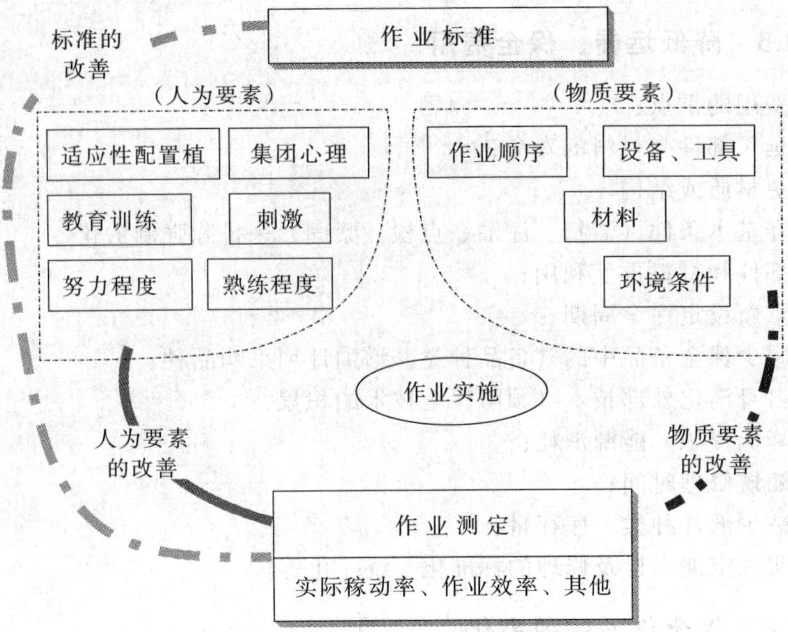


图15-11 保全作业效率影响要素

**4.效率化的推进手段**

（1）树立能够最大限度地减少保全人员之间的能力差距及能明确保全作业内容的预防标准；

（2）为把握合适的交换周期实施的预防改善活动应体现在年度、月度计划中；

（3）保全备品管理的体系化；

（4）全体人员技能的复合化及技能、技术水平的提高；

（5）通过各种计量、测量装备进行鉴定、矫正，实施可靠性高的保全作业；

（6）通过保全备品（交换部件）的可视化管理，实现快速更换；

（7）确立当故障发生时能够迅速、准确联络的体系；

（8）开展对搬运、装卸装备的研究等。

### 15.2.7 保全作业的标准化

**1.标准与标准化**

（1）标准：为了使相关人员之间能够公正地得到利益或便利而统一起来，对物体、性能、能力、配置、状态、动作、顺序、方法、步骤、责任、义务、权限、思维、概念等做出的约定。

（2）标准化：制定标准、利用标准的组织化的行为。

**2.保全作业的标准化内容**

（1）对于保全作业的作业顺序和标准作业时间做出的规定；

（2）标准化文件可用于制订作业测定及检查或工程等保全作业的人员计划、日程计划、准备作业计划，也可作为对作业者的教育、训练资料。

**3.设定标准时要留意的事项**

设定标准时应以重点设备为对象，并考虑重复频率高的作业，具体包括：

（1）在执行定期保全的作业计划时在时间上有困难的作业；

（2）作业延迟对生产、品质方面影响大的作业；

（3）对保全费用影响大的作业；

（4）认为作业效率比较差的作业；

（5）要求高水平技术的作业。

**4.标准化实施方法**

（1）经验法。

根据经验者的估算来实施。

（2）实绩资料法

基于初期运用积累的数据，按照以下方法补充、完善和改正：

①根据实绩资料细分作业后设定；

②若实绩的变动幅度大，应排除异常值后再设定标准值。

（3）作业研究法。

①利用作业日程安排技法分析、研究作业之后再设定；

②这种方法可靠性高，但用于全部作业则成本很高，所以对重要的作业有采用的价值。

**5.标准的种类**

（1）设备检查标准：检查、测定设备劣化过程的方法。

①按周期：日常点检标准、定期检查标准。

②按项目：性能检查标准、精密度检查标准等。

③按设备：关于机械设备，电机设备，配管，计量、测量装备等的标准。

（2）整备标准：防止劣化的整备或日常保全标准。

①清扫标准：注油标准、润滑管理标准等。

②关于特定设备或部件的标准。

③关于机床、配管、电机等的标准。

**6.保全标准，见图15-12**

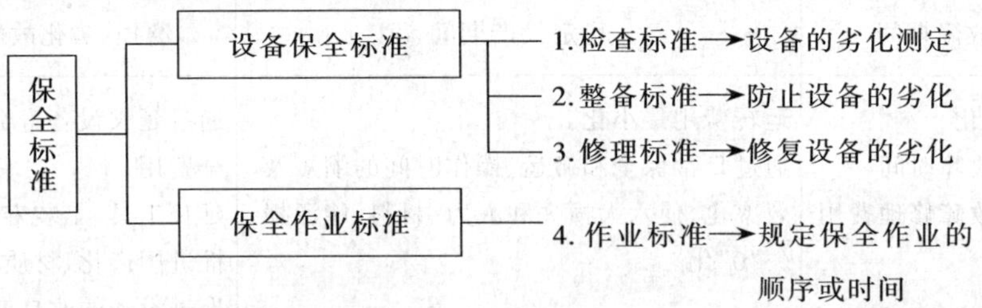


**图15-12　保全标准**

注：保全标准应随着设备的修正或改良而修订（1年左右修订一次，分析实绩之后修订）。

## 15.3 3Step推进的方法

### 15.3.1 活动范围

设备的生命周期大体可分为设备策划及采购阶段、使用阶段、废弃阶段。3Step的推进范围限定于设备使用阶段，以投入费用的最小化来推进产出的最大化。3Step活动范围见图15-13。

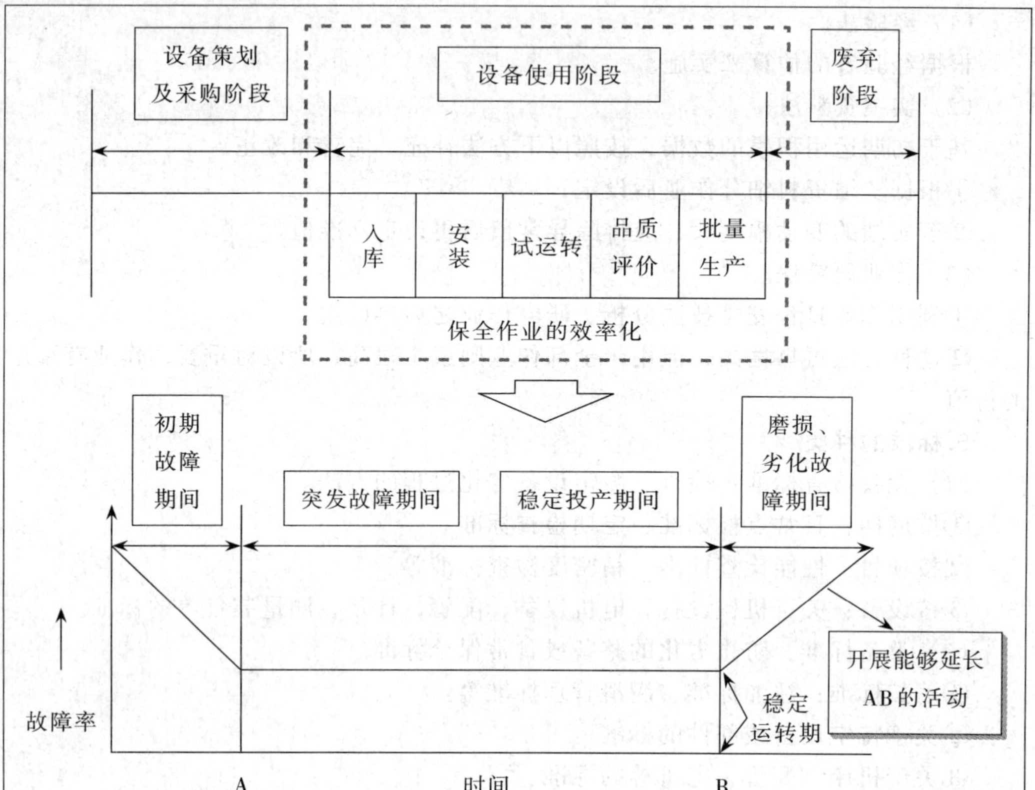


| 初期故障期间 | 稳定投产期间 | 磨损、劣化故障期间 |
| --- | --- | --- |
| 损失的“0”化<br>缩短初期故障时间<br>降低初期故障修理费用 | 运转费用最小化<br>通过日常保全和搬运、操作时间的缩短及效率化，使六大损失和人力、材料、能源损失“0”化 | 通过延长设备寿命降低保全费用<br>延长工具、工装寿命<br>推进国产化、材质变更<br>推进设备的改良改造活动<br>闲置设备再利用 |

图15-13 3Step活动范围

## 15.3.2　活动步骤

### 1.活动阶段

为了实现运转、保全费用的最小化，活动分为根据故障发生频率分析的改善活动及根据PM计划实施过程分析的工具改善活动而开展保全活动的效率化活动，具体见表15-10。

表15-10　**活动阶段**

<table>
<tr><th colspan="2">区分</th><th>重点推进项目</th><th>具体推进内容</th></tr>
<tr><td>1阶段</td><td>导入准备</td><td>导入教育</td><td>3Step活动概念<br>3Step活动方法（事例研究）</td></tr>
<tr><td rowspan="2">2阶段</td><td rowspan="2">降低发生费用</td><td>降低备品费用</td><td>①故障及PM履历分析<br>②故障发生原因分析及制订降低费用方案<br>③改善活动<br>④实施方法的指导手册</td></tr>
<tr><td>降低工、器具费用</td><td>①现状分析<br>②按设备、部件、金额选定最差的<br>③原因分析及制订降低费用方案<br>④改善活动<br>⑤变更内容的标准化</td></tr>
<tr><td>3阶段</td><td colspan="2">降低机会损失</td><td>①防止故障的活动<br>②防止故障再次发生的活动<br>③缩短处理时间的活动</td></tr>
<tr><td>支援</td><td>保全、技术部门</td><td colspan="2">①MP信息管理的体系化<br>②进行重大设备的作业</td></tr>
<tr><td colspan="2">Step诊断</td><td colspan="2">诊断区分：1次（部门）→2次（革新部）→3次（总经理诊断）<br>编制3 Step维持管理手册</td></tr>
</table>

**2. 展开流程（见图15-14）**

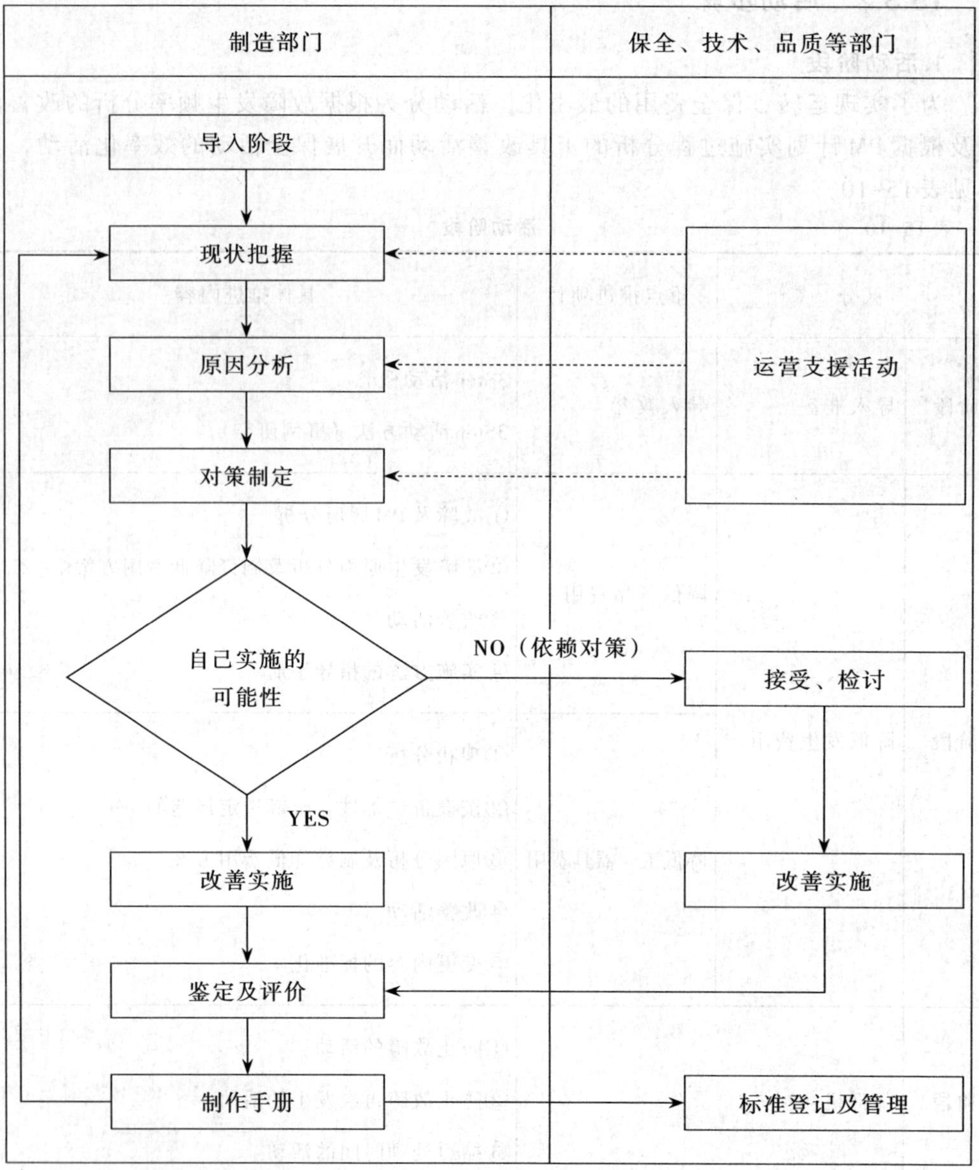


图15-14　改善活动展开流程

## 15.3.3　导入准备

**1. 活动阶段（见图15-15）**

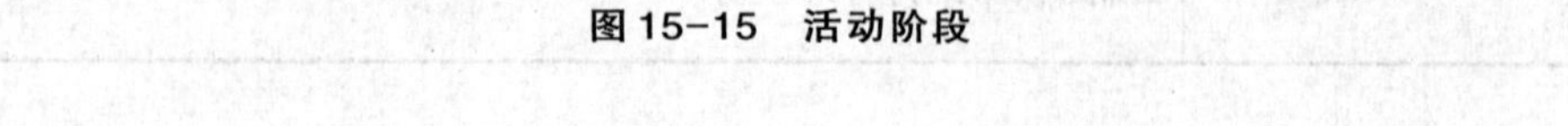


图15-15　活动阶段

## 2.制订活动计划

（1）设定活动目标

区分定性目标和定量目标来设定，给每个活动主题赋予目标（见表15-11）。

表15-11　**活动计划**

| 活动主题 | 定性目标 | 定量目标 |
| --- | --- | --- |
| ①降低发生费用<br>——降低备品费用<br>——降低工具、工装费用<br>②降低机会损失<br>——改善处理方法<br>——缩短修理时间 | ①通过延长备品及工具、工装寿命改善、延长PM周期，使故障不再发生<br>②延长预防保全活动周期，并在手册中改正<br>③共用备品及工装工具<br>④缩短修理时间 | ①LOB 85%以上<br>②制造L/T与BM对比降低40%<br>③机型交替时间与BM对比降低60%<br>④运转费用降低30% |
| 运转费用BM计算公式（活动前6个月平均） | $BM=\frac{修缮费用+消耗品费用+能源消耗费用+废弃费用}{实际生产量}$ | |

注：活动目标应考虑小组对象生产线的特性与现状，通过与革新部门协商进行调整。

（2）制订具体活动计划（见表15-12）

表15-12　**具体活动计划表**

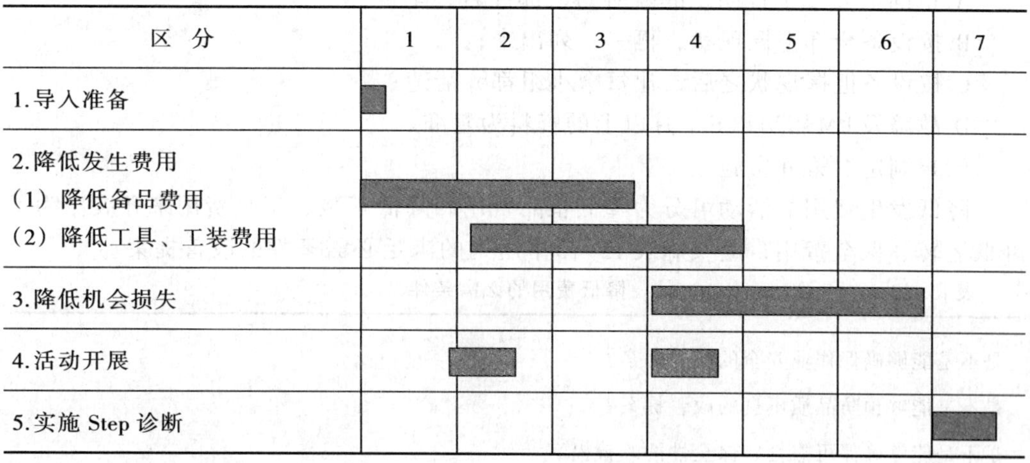


## 15.3.4　降低发生费用

### 1.故障及PM履历分析

（1）现状把握

现状把握是分析每个小组运营的设备发生故障的实绩及按照预防计划实施PM履历的阶段。

①备品是组成设备的部件，也叫作保全材料，分为一般备品和特殊备品。

一般备品：在组成设备的部件中不是局限于某一地方使用的，而是广泛使用的、规格化的材料，如螺钉、螺栓、阀门、轴承等。

特殊备品：局限于某一地方使用，与其他设备没有互换性的材料，如数码编辑器（PLC）、特殊电机类等。

② 把握每台设备的故障履历，如图15-16所示。

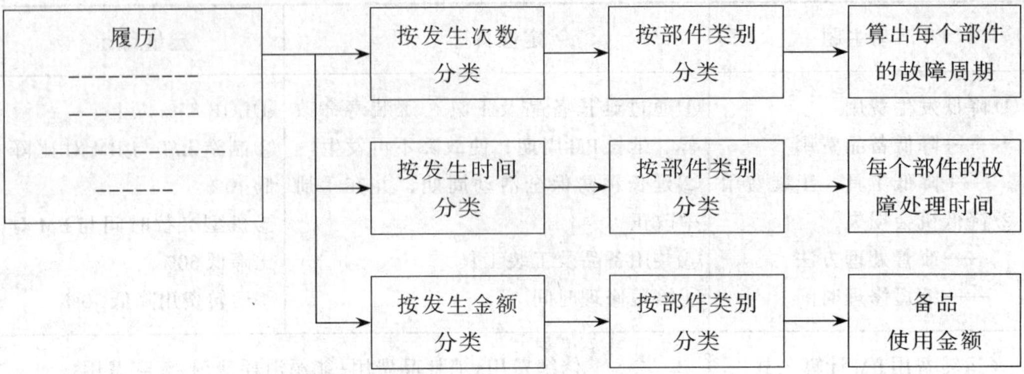


图15-16　设备故障履历

③把握设备的PM履历（电算化管理履历或保修报告书）。

④整理每台设备的故障及PM履历。

⑤现状把握应考虑的几点：

A.正确把握发生日期、故障时间、部件名、单价等；

B.按设备全部把握现状，再一一列出来；

C.按设备把握现状之后，让每个小组都弄清楚；

D.故障及PM履历以6个月以上的资料为基准。

（2）制定对策并实施

降低发生费用的活动可分为降低备品费用和降低工装、工具费用来开展。为了降低运转、保全费用，应实施表15-13中所列的满足必需条件的改善提案。

表15-13　降低费用的必需条件

| |
|---|
| 是不是能够确保作业安全的改善提案？ |
| 是不是能够预防品质不良的改善提案？ |
| 是不是能够确保可靠性、保全性的改善提案？ |
| 是不是能够确保运转性、处理性、操作性的改善提案？ |
| 是不是能够确保与其他部件互换性的改善提案？ |

### 2.降低备品费用

在制造现场发生的费用主要是备品及工具、工装（包括一般消耗品）费用，在这里先介绍降低备品费用的活动，工具、工装费用后文单独介绍。

降低备品费用的重点：①延长寿命；②自制化；③国产化；④再利用（以前面分析的故障及PM履历作为基本资料开展活动）。

（1）延长寿命

①如果备品的平均使用周期是6个月，就进行能够使用6个月以上的改善活动（见图15-17）。

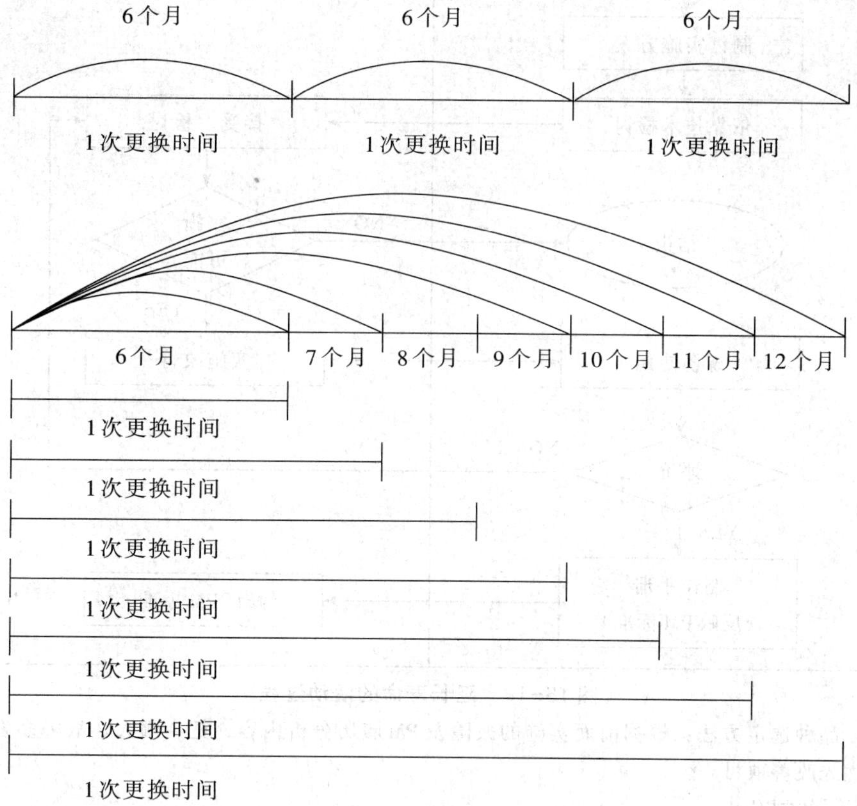


图15-17　延长备品寿命

②延长备品寿命的预期效果：

A.降低生产的机会损失；

B.降低生产性备品费用；

C.提高可靠性从而减少保全作业量（保全人员、作业人员）。

③活动方法的重点：

A.检查、变更备品的材质；

B.检查、变更备品的结构；

C.检查、变更备品的形状，如变更冲压机尖嘴形式（袋状→活塞型）。

以上三点必须实施技术检讨。

D.防止强制劣化（基本条件遵守活动），如清扫、注油、紧固等。

④延长寿命活动过程（见图15-18）。

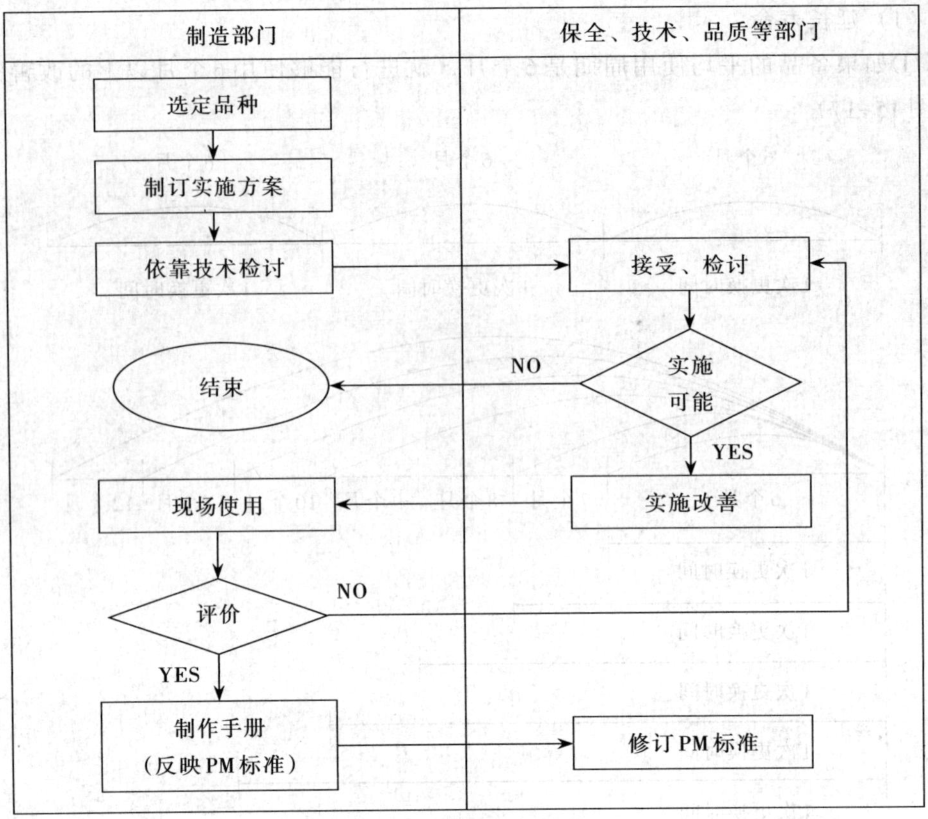


图15-18 延长寿命的活动过程

注：品种选定方法：根据前面实施的故障及PM履历分析内容，把金额大、故障多发的项目选定为优先改善项目。

（2）自制化

①自制化的必要性。

A.保全部门：

a.防止维修费用增加：因计划保全、设备故障引起的维修费用的增加。

b.积累专业技能：越依靠外部力量，越不能提高保全技能和技术。

B.现场部门：

a.更加爱护自制设备及部件；

b.提高处理异常情况的能力；

c.掌握设备、部件的专门知识，提高保全能力；

d.降低维持管理费用。

②活动方法的重点：

A.事先必须要检讨有没有设备技能、性能、品质、安全等方面的问题；

B.比较、分析费用的差距；

C.取得相关部门（技术、保全、品质、安全等）的认可；

D.实施改善之后正确评价、分析，测定效果。

② 自制化的活动过程见图 15-19，改善方案见表 15-14。

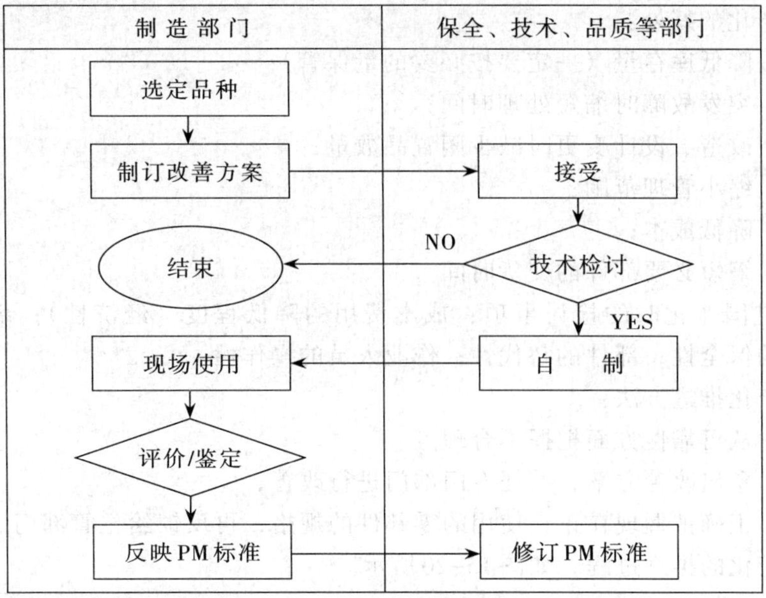


图 15-19　自制化的活动过程

注：品种选定方法：根据在前面实施的故障及 PM 履历分析内容，在现成加工品中选定金额大的部分作为优先改善项目。

表 15-14　**自制改善方案**

自制改善（案）

| 决定 | | | |
|---|---|---|---|
| | | | |

| 申请小组 | | 使用人 | |
|---|---|---|---|
| 适用设备名 | | 制作数量 | |
| 制作品种 | | 使用日期 | |
| 制作事由 | | 完成申请日期 | |
| 使用内容 | | | |
| 现在问题点（包括动作） | | 改善前（附图纸） | |
| 改善方法 | | 改善后（附图纸） | |
| 相关部门检讨意见（相关部门检讨安全性、可靠性、操作性等） | | | |

注：必要时附上追加内容（赋予管理编号）。

（3）国产化

①活动范围（对象）：用于生产的所有设备的零部件采购计划，包括通用类备

品，如传感器类、电机类、阀门类，自行制作的备品，如辅助（JIG）类。

②国产化的好处：

第一，降低库存量（一定要按必要的量保管）；

第二，突发故障时缩短处理时间；

第三，改造、设计变更时减少闲置品数量；

第四，缩小管理范围；

第五，降低成本；

第六，缩短必要部件的交货时间。

③推进国产化时的检讨事项：成本费用的降低程度（经济性）；部件的可靠性；部件的保全性；部件的替代性；作业人员的操作性。

④国产化推进方法：

第一，从可靠性方面把握不合理点；

第二，拿出改善方案，委托专门部门进行改善；

第三，正确把握现在正在使用的零部件的规格，再反馈给主管部门。

⑤国产化的推进过程，如图15-20所示。

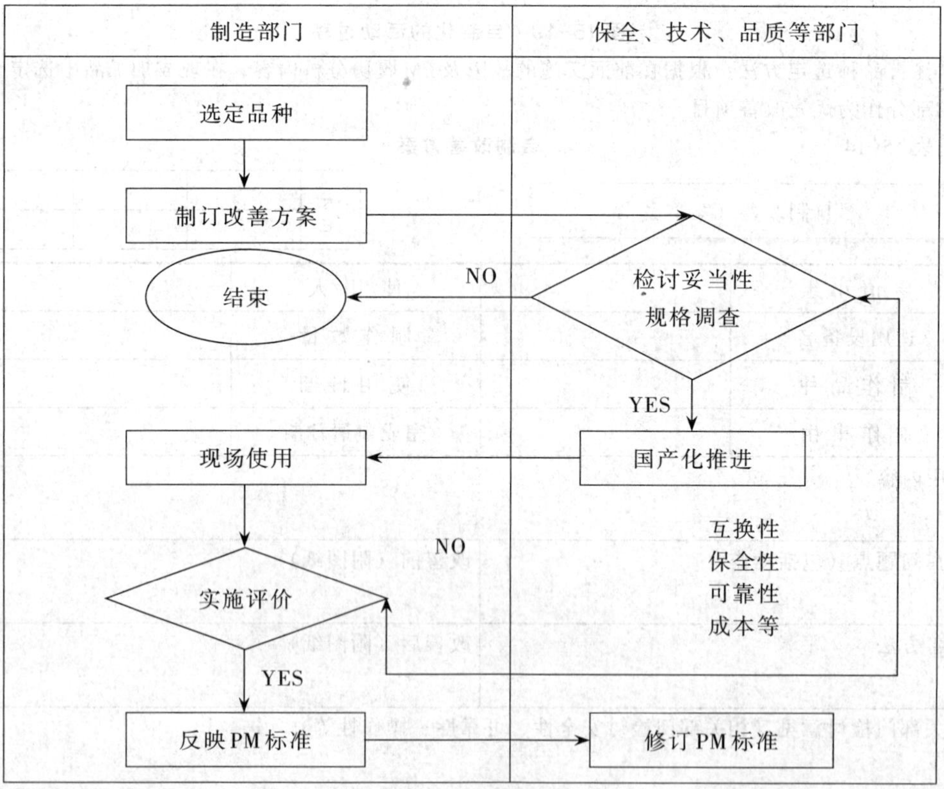


图15-20 国产化推进过程

注：品种选定方法：把在海外采购的备品中金额大、使用周期短的选定为优先改善项目。

（4）再利用

①再利用对象：所有在制造现场使用的对象物。

A.一般备品类，如传感器（Sensor）、轴承（Bearing）、皮带（Belt）等；

B.计量、测量器械，检查用具等；

C.搬运工具类；

D.共用设备类，如变频器（C/V）、辅助类（JIG）等。

② 再利用的效果：降低改善费用；缩短改善时间。

③ 再利用时的注意事项：

A.对复原的备品，应确认其规格与原来是否一样；

B.对改善的备品，应确认再利用的技能、性能状态；

C.对再利用的备品，确认其寿命之后再使用。

④ 再利用方法：把以前使用过的备品及各种设备修理之后再利用；再利用全公司设备改良中心的各种设备或拟废弃设备的备品。

**3.降低工装、工具费用**

把握每个小组运营的工程及设备中使用的工装、工具的问题点，通过延长寿命、采用替代方法及缩短修理时间等改善活动，提高生产效率。在这里集中讨论工装、工具中的切削工具寿命的延长。

（1）工装、工具

工装：在制造过程中为达到规定的目的，给制造加工产品固定位置，而使用的器具。

工具：给某种事物的形状、位置或性质等带来变化，以达到规定目的而使用的器具，如切削用工具、组装工具、保全用工具等。

（2）活动方法

活动方法与降低备品费用的方法相同。

（3）主要内容（活动重点）

延长寿命、自制化、再利用等，与降低备品费用的内容相同。

（4）延长工装、工具（切削工具）的寿命

①延长工装、工具（切削工具）寿命的必要性：

延长工装、工具等的使用寿命不只是保全人员的事，不应该区分“我是生产人员，你是修理人员”“我是使用人员，你是供给人员”，而应该是全员参与，操作人员对设备很熟悉，应当担负起自主保养设备以生产良品的责任，维修人员应发挥专长，在担负计划保全责任之外，应该协助操作人员对设备、工具工装等进行自主保全。这样通过全员参与改善设备的活动，不仅可以延长使用寿命，而且可以降低成本，提高交付能力。

② 延长工装、工具（切削工具）寿命的有效方法：

切削工具的寿命与工具本身、设备、切削条件、原材料等有密切的关系。在大部分的情况下，因以上几种要素的综合作用，同一材料用同一设备加工出来，在磨损量上往往会出现差距，具体见图15-21。

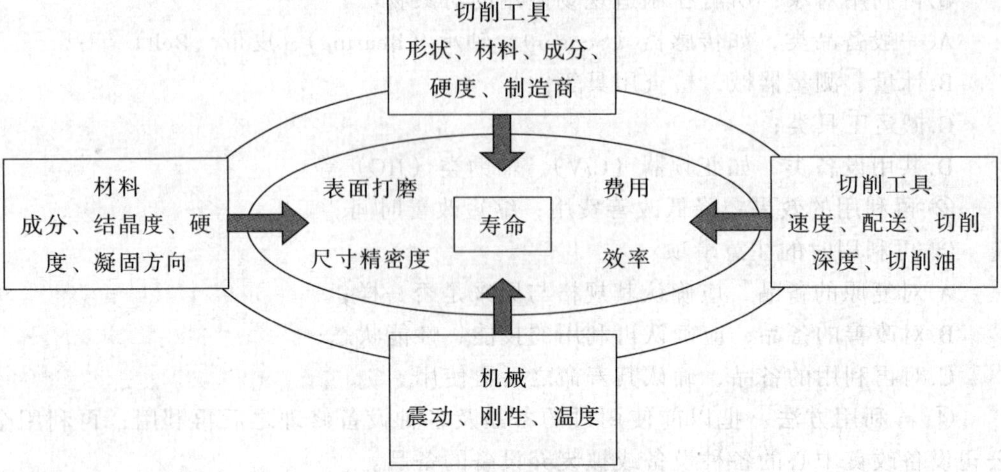


图15-21　工具寿命影响要素

过去，对工具寿命的设定是靠经验来做的，在大部分情况下，不考虑工具的磨损量，只是采取定时更换的方式，而且这个“定时”大部分是防止工具破损、出现不良品的最短寿命值（稳定使用区间），一旦发生品质不良等情况，为了安全起见，还会缩短工具的更换周期。在这种情况下，对于切削工具的保全应以以下2个项目为重点，开展寿命延长的活动：

第一，扩大稳定使用区间。要从决定工具寿命的材料、设备、人等要因中排除切削工具本身的不稳定要因，扩大稳定的使用区间。这叫作工具寿命延长（Tool Life Up）活动。

第二，最大限度挖掘切削工具所具有的能力。利用设备诊断技术，把握工具磨损的极限状态，以此为基础进行工具交换来延长工具寿命。这叫作为了延长工具寿命的设备诊断（MDL）活动，具体如图15-22所示。

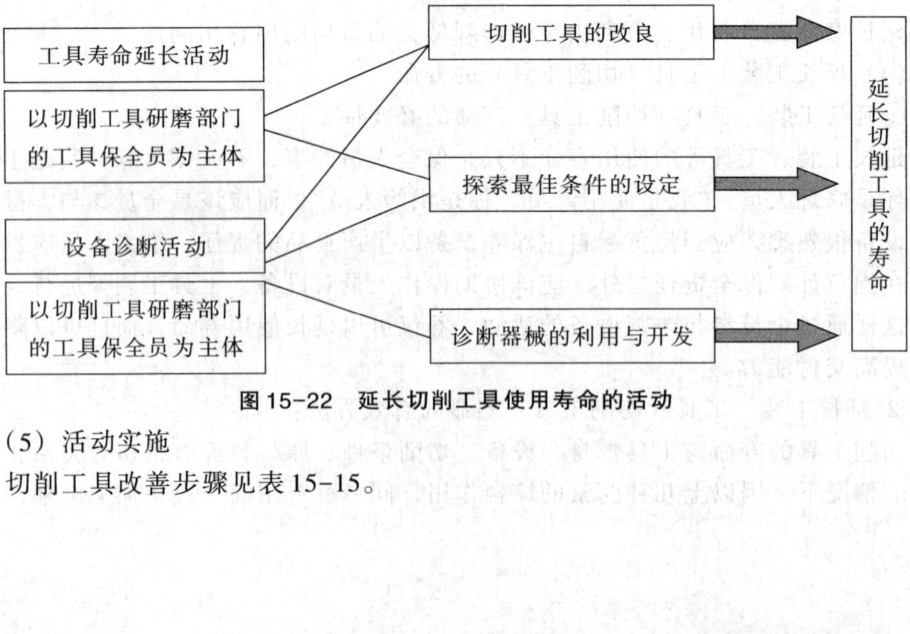


图15-22　延长切削工具使用寿命的活动

（5）活动实施

切削工具改善步骤见表15-15。

表15-15　　切削工具改善步骤

| Step区分 | 项目 | 实施内容 |
| --- | --- | --- |
| 1Step | 现状把握 | 决定调查项目<br>汇总工具规格、加工条件、工具配置的编制方法 |
| 2Step | 把握问题点 | 把握破损、异常磨损的问题，分门别类地找出细微缺点 |
| 3Step | 原因分析 | 通过PM、Why-why分析，解释问题发生的根本原因 |
| 4Step | 制定对策 | 根据问题点发生的根本原因制定对策<br>实施工具破损日常管理<br>实施切削工具方面的教育<br>实验、实施改善方案 |
| 5Step | 实施改善 | 为延长工具寿命，进行加工条件的最佳改善<br>材质变更、形状变更 |
| 6Step | 修正工具标准、制作设备点检活动表 | 修正工具使用标准<br>实现工具供给的合理化<br>把握效果<br>记录为MP信息，再反馈 |

① 现状把握。

每个小组接收运行中的工程及设备使用的工装、工具的分类表格，按设备对其进行分类及整理。把握现状时的注意事项（如工装、工具使用现况表）：

A.把用于每台设备的工装、工具全部列出来。

B.列出过去6个月时间内的使用数量及金额，与现有标准比较。

C.收集数据时，得到技术、保全人员的支援，防止把握数据时出现失误。

D.让小组成员都了解工装、工具的现状。

② 按设备、部件、使用金额对工装、工具进行分类，见表15-16。

表15-16　　工具按使用金额统计分类表

| 工具名 | 规格 | 适用设备 | 设备数量（个） | 单价（元） | 使用数量（个/月） | 使用金额（元/月） | 寿命（交换周期）（分钟） |
| --- | --- | --- | --- | --- | --- | --- | --- |
| Drill | 01990 | Posalux | 2 | 30 000 | 8 | 240 000 | 3 000 |
| | 01991 | Posalux | 2 | 32 000 | 4 | 128 000 | 3 000 |
| | 01993 | Posalux | 2 | 90 000 | 8 | 720 000 | 3 000 |
| | 01993-1 | Posalux | 2 | 114 000 | 4 | 456 000 | 3 000 |
| | 01994 | Posalux | 2 | 109 000 | 2 | 218 000 | 3 000 |
| | 02006N | Posalux | 10 | 29 000 | 30 | 870 000 | 2 000 |
| | 02011 | Posalux | 2 | 22 700 | 4 | 90 800 | 3 000 |
| Tap | M6*0.759 | Posalux | 10 | 4 660 | 30 | 139 800 | 800 |
| | M7*100P | Posalux | 10 | 5 090 | 30 | 152 700 | 600 |
| 合计 | | | 42 | 1 182 900 | 120 | 3 015 300 | |

也可以按照以下方法分别运用帕累托图来表达：

- 按照工具使用数量多的设备顺位；
- 按照替换时间流失多的设备顺位；
- 按照使用金额大的设备顺位；
- 按照使用数量多的工具顺位；
- 按照替换时间流失多的工具顺位；
- 按照使用金额大的工具顺位；
- 按照故障发生周期短的工具顺位。

③ 问题工程及作业方法的概要说明。

运用图解法分析存在问题的工具、工装，使小组成员及评价人员容易理解产生的问题以及如何改善作业的方法。

对相关工程所发生的问题进行定义，让全员了解、共享信息并共同参与改善。如图 15-23 所示，由于加工内径孔时转头轴发生摇晃及原材料成分不合理、旋转数不均衡等原因，转头承受过大的力量，最终发生磨损及破损。

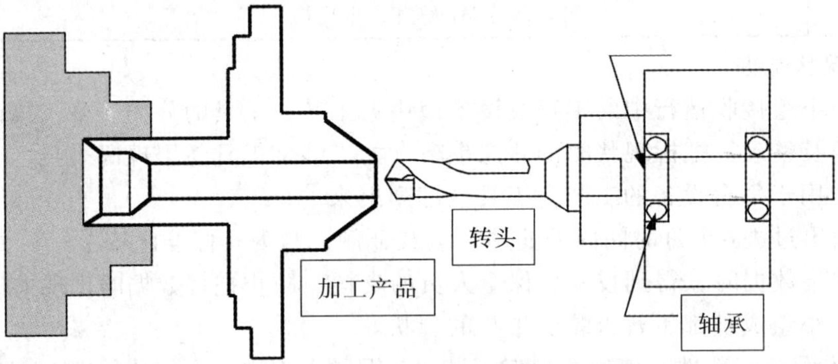


**图 15-23　使用工序图解**

④制订改善方案。

制订改善方案时应考虑的几点：

第一，为了延长有关工具的替换周期，要制订、实施变更设备方面的切削条件和工具本身的材质等方案。对价格昂贵的工器具进行国产化及自动化改造等，开展降低单价的改善活动。

第二，在改善之后，仍然可能存在工器具的故障问题，因此要通过开展工器具故障原因分析、缩短处置时间和不良“0”化活动，探索提高生产力的方案。

⑤ 实施改善。

根据前面介绍的原因分析及改善对策进行实验，采用改善方案。为了实施最佳的改善，要进行多项实验。

A.产品的韧性强度实验，如图 15-24 所示。

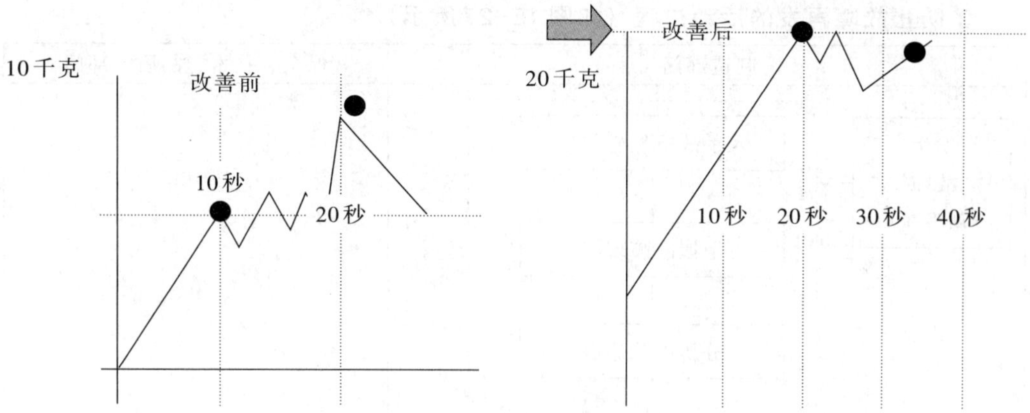

图 15-24　产品的韧性强度实验对比图

B.产品的硬度实验，如图 15-25 所示。

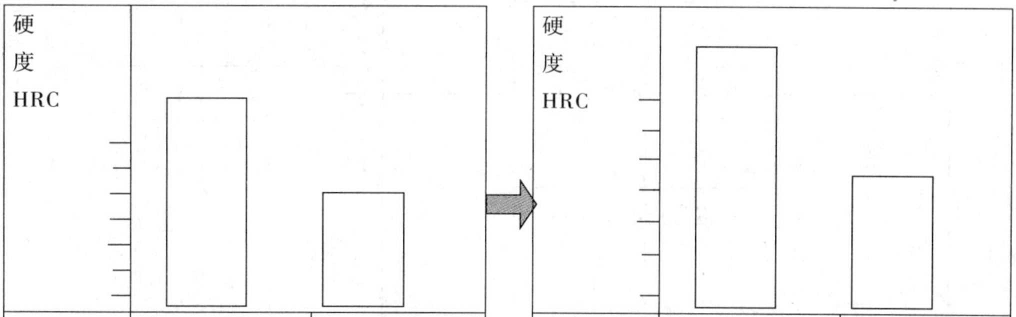


| 区分 | 硬度 | 寿命 | 区分 | 硬度 | 寿命 |
|---|---|---|---|---|---|
| 改善前 | HRC-60 ~ 65 | 3 000分 | 改善后 | HRC-70 ~ 75 | 4 500分 |

图 15-25　产品的硬度实验对比图

## 15.3.5　降低机会损失

### 1. 防止故障再发的活动阶段（如图 15-26 所示）

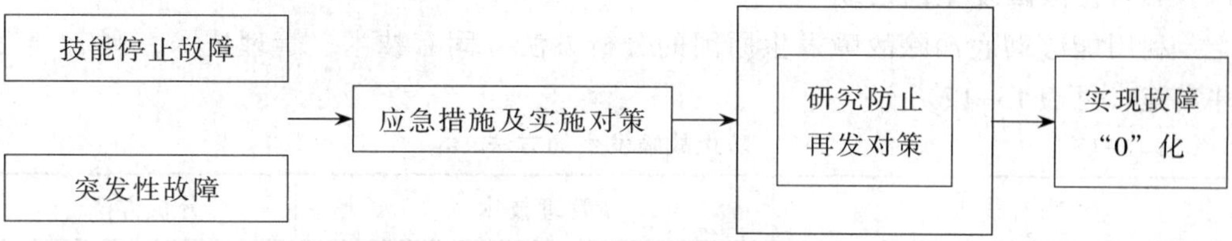

图 15-26　防止故障再发的活动阶段

### 2. 防止故障再发活动的目的

①分析真正原因，防止同一故障的再次发生，以及扩散到类似设备上。

②在短时间内培养能够复原或改良设备的能力。

③收集 MP 信息，反映到无故障设备的制作中。

3. 防止故障再发的活动过程（如图15-27所示）

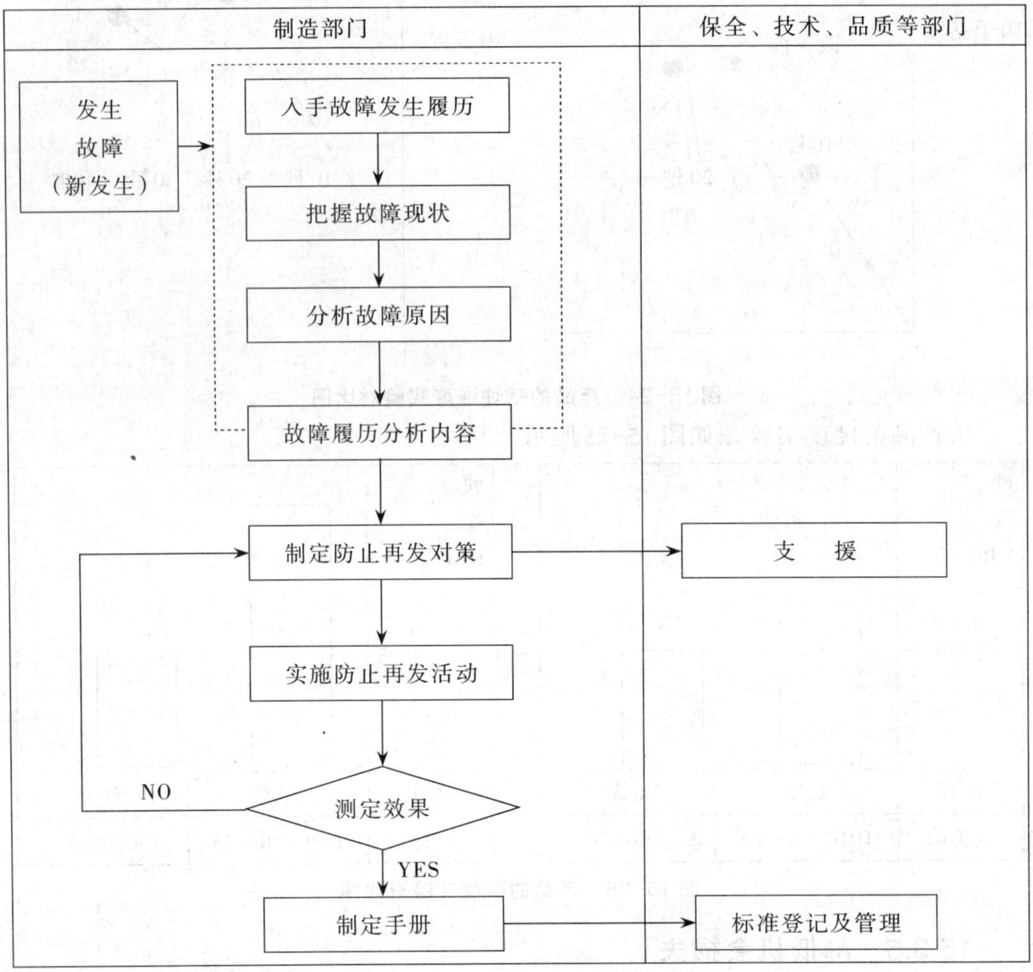


图15-27　防止故障再发的活动过程图

4. 防止故障发生的活动

利用能够彻底消除故障发生原因的分析方法、固有技术、管理技术，制定对策并实施（见表15-17）。

表15-17　　防止故障发生的方法

| 固有技术 | 管理技术 | 分析方法 |
|---|---|---|
| 更换部件、材料的材质等，延长寿命<br>减少部件数，使零部件功能单一化<br>提高使用部件的可靠性<br>改善设备使用环境（温度、湿度、震动、灰尘等） | 找出真正原因，实施根本对策<br>以现场、现物主义为基础来制定对策<br>实施日常保全、定期保全、预防保全活动<br>实施备品、润滑管理 | 实施震动、温度测定<br>实施失效模式分析（FMEA）<br>PM分析<br>Why-why分析 |

（1）防止故障再发的方法

①修复因闲置而劣化的设备，采取改善缺陷的措施。

② 排除强制劣化的影响因素。整理基本条件，明确使用条件，避免强制劣化。

③ 利用判断设备劣化的五感（触觉、听觉等五官感受）把握异常的征兆。

（2）制定防止故障再发的手册

① 发生故障后，为了防止再发，必须制定“一切从设备六大浪费开始学习”的表格，见表15-18。

② 表格经工段长或课长批准后，加入运行手册并进行管理。

表15-18　　防止故障再发的事例分析

<table>
<tr><td colspan="2" rowspan="2">一切从设备六大浪费（故障）开始学习</td><td>批准</td><td>制定</td><td>担当者</td><td>相关部门</td><td>课长</td></tr>
<tr><td></td><td></td><td></td><td></td><td></td></tr>
<tr><td colspan="2">组名：</td><td colspan="2">设备名：鼓轮（Drum）</td><td colspan="3">发行日：　年　月　日</td></tr>
<tr><td rowspan="4">发行单位</td><td colspan="3">异常状态：在（×××）状态下停止<br>由于（×××），出现（×××）的不合理</td><td colspan="3">现象：怎么会出现（×××）情况呢？（仔细记录）</td></tr>
<tr><td colspan="3">指示灯亮后，停止配送<br>驱动线持续被卷</td><td colspan="3" rowspan="3">图：造成浪费的部位（可以做草图，此处图略）</td></tr>
<tr><td colspan="3">为什么（Why）发生异常呢？（可以推定）<br>由于线下锤而发生被卷的现象</td></tr>
<tr><td colspan="3">把那个现象看作真正的原因吗？<br>线的硬度低，Drum幅度窄小</td></tr>
<tr><td colspan="7">反复进行Why-why分析：事实的原因是什么？</td></tr>
<tr><td rowspan="6">保全部门</td><td rowspan="2">为什么出现浪费呢？<br>为什么发生异常呢？</td><td>原因是什么？<br>（可以推定）</td><td>“Why”</td><td colspan="2">“Why”</td><td>“Why”</td></tr>
<tr><td>天线被断线</td><td>当线的硬度低，并卷在Drum里时，没有按准确位置卷进去</td><td colspan="2">由于Drum幅度窄小，无法确定线的准确位置</td><td>由于线被下锤，发生差异</td></tr>
<tr><td colspan="3">如何防止再发？</td><td rowspan="2">担当者</td><td rowspan="2">期限</td><td>其他设备的水平关系</td></tr>
<tr><td>区分</td><td>改什么</td><td>怎么做</td><td>必要、不必要</td></tr>
<tr><td>改善</td><td>C/V线设备装置</td><td>实施自动下锤</td><td>××</td><td>10月7日</td><td rowspan="3">• 交换破损的部件<br>• 部件名（被交换）<br>1.<br>2.<br>3.<br>4.<br>使用期间（推定）：1个月</td></tr>
<tr><td>标准</td><td>点检线是否下锤</td><td>一周2次点检</td><td>××</td><td>一周2次</td></tr>
<tr><td></td><td>MTTR（故障维修时间）缩短是因为什么？</td><td>设备装置的改善</td><td>解决线无规则缠绕的问题</td><td>××</td><td>10月7日</td></tr>
</table>

**5.减少故障的活动**

（1）为了减少故障，以保全人员为中心制定保全标准，并设定开始执行的时间，根据保全标准实施自主保全活动。

（2）专门保全部门与设备专门部门协助实施定期保全。

以上3项活动必须同时进行才能使减少故障变为可能，如图15-28所示。

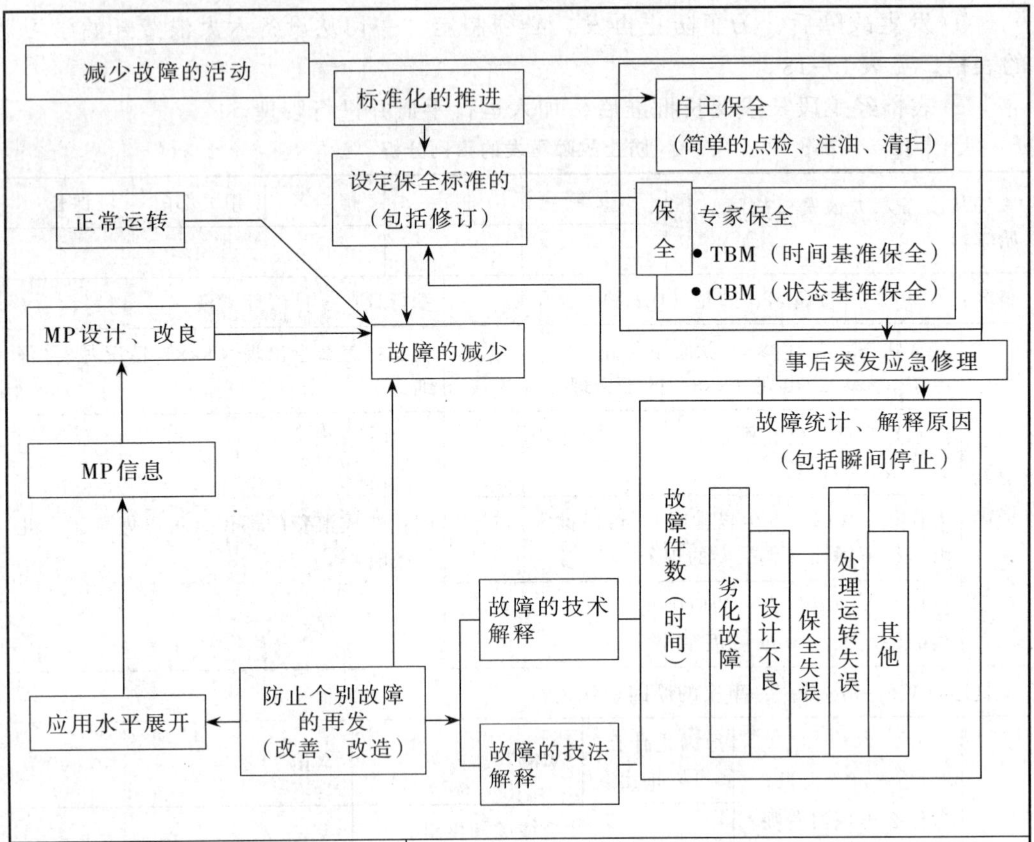


| 大项目 | 中项目 | 概要 |
|---|---|---|
| 设备的制作 | 设计 | 引进设备之前，要设计充分适应运转条件的设备 |
| | 制作、设置 | 设备要按设计标准制作并设置 |
| 设备的运转 | 符合设备能力的运转 | 完全符合设备设计标准的运转条件，要在设备的负荷条件下运转 |
| | 正确的操作 | 要做符合操作基准书的正确的运转操作 |
| 设备保全 | 能按正规寿命使用的设备 | 要正确实施符合操作基准书的正确的运转操作 |
| | 防止由于过度使用而引起故障的活动 | 以CBM、TBM等方法，在设备报废之前实施其保全计划 |

图15-28 减少故障的3项活动

**6.缩短故障处理时间**

（1）缩短故障处理时间

应急保修是在正规保修期内采取的临时性保障措施，因为平时的准备体制不同，应急保修在时间上有很大的差距。对于平常进行常规性自主保全和计划保全的公司而言，其应急保修的时间短、效率高，容易找到问题点，快速修复。因此，要缩短保修时间，就必须开展自主保全活动，提高效率。

（2）缩短故障处理时间的流程（如图15-29所示）

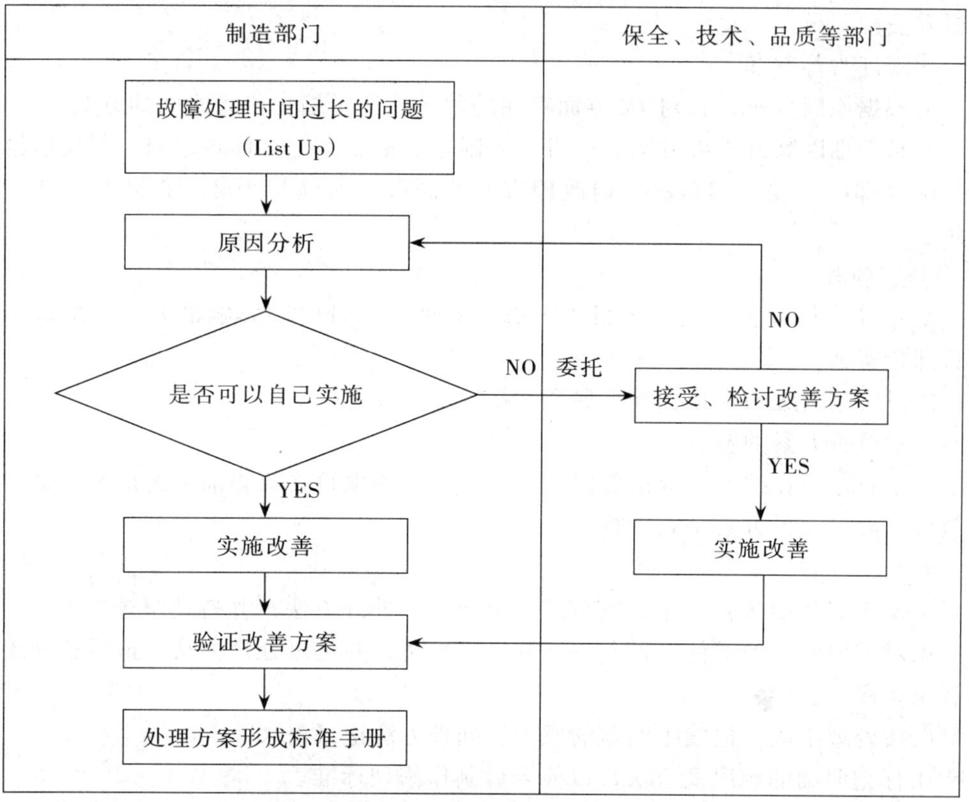


**图15-29　缩短故障处理时间的流程**

（3）缩短故障处理时间的活动重点

①专门保全方面：

A.按设备整理故障发生内容。

B.继续进行提高保全能力的活动（点检、整备、制作标准）。

C.事先准备好常用的应急保修用备件。

D.事先准备保全用周转车。

E.为了迅速进行点检、注油、清扫、整备、修复，开发工具。

②操作者方面：

A.正确把握故障现象背后的联系。

B.尽快把握处理范围（作业者处理、组长处理、保全处理等）。

C.使分解、组装顺序及方法标准化。

（4）活动展开

①不合理发现表格及实施类别：

A.把处理故障时发生的问题点用表格整理。

B.对问题点进行分类（4M基准：人、设备、材料、方法）。

②分析不合理的原因：实施Why-why、PM、PMEA分析（参照在前文中说明的分析方法）。

③制订改善方案：

A.根据原因分析，针对4M方面存在的问题，选定缩短修理时间的方案。

B.对于难以制订改善方案的项目，另制作表格后，把具体现象与原因反馈给技术、保全部门，委托其解决，但改善方案的制订及实施与否必须得到委托部门的确认。

④ 实施改善：

A.在已制订改善方案的项目中先选择对缩短修理时间影响最大、效果最好的项目开始实施。

B.对实施困难的项目，委托保全、技术部门改善。

⑤对改善方案的鉴定：

小组自己或在技术、保全部门参与下对比上述项目在改善前后的情况，鉴定改善效果，确定改善方案是否可行。

⑥制作手册：

A.基于有效的改善方案，修订现有手册中的处理方法，并持续跟进。

B.对需要处理的部件、设备进行分解、组装，并记录处理方法，最后整理图解过程及顺序以供参考。

C.按处理阶段，把发生问题的原因和处理方法记录下来。

D.标记明确的顺序及方法，以便今后制作修理标准。

### 15.3.6 PM标准的修订

在设备预防保全活动实施过程中，必须将备品改善、国产化、延长使用寿命、降低成本等一系列活动的成果进行标准化管理，主要是根据改善的结果修订设备保全的标准，并不断优化、推广新的标准以提高效率。实施PM的标准化可以为设备的故障预防和设备维修提供依据。修订PM标准的具体做法如下：

**1.资料收集**

按设备的故障及预防保全履历分析内容，为降低备品费用及机会损失而实施的改善事例。

**2.资料整理**

把收集的资料按设备根据表15-19的样式整理。

表15-19 资料整理清单

| 设备名 | 对象部位名 | 部件使用 | 周期 | | 制作区分 | | 单价 | | | 保全区分 | |
|---|---|---|---|---|---|---|---|---|---|---|---|
| | | | 改善前 | 改善后 | 国内 | 国外 | 改善前 | 改善后 | 差异 | PM | BM |
| | | | | | | | | | | | |

①修订、完善履历内容。

②防止再发。为了防止再发，按设备对“一切从设备六大浪费开始学习”的表格进行整理。

**3.综合整理**

①按设备顺序进行资料整理。

②对于要修订标准的内容，由保全及技术部门进行修订。

# 第16章 TPM-4Step：员工自主管理活动

TPM活动的最高境界就是员工的自主管理、自主改善。利润都是员工创造的，企业必须依靠全体员工的智慧才能成为世界领先的一流企业。因此，培养多技能员工，使员工感受到被认可、被重用，不断提高员工待遇，是现代企业重要的管理工作。

## 16.1 概述

通过前面4个阶段的活动，改善的基础工作都已完成，接下来应根据时代特点以及企业需要开展最后一个步骤——培养员工以维持改善的成果。

### 16.1.1 以操作者为中心的自主管理活动

操作人员是公司生产附加价值产品的主要承担者，他们对工艺、产品、设备、工装等的掌握情况是能否确保质量、降低成本的关键。将操作岗位上的员工培养成为多技能工，让多技能工发展成为公司骨干，让这些优秀的员工带头进行各种管理改善活动，就能使各个小组自觉地诊断制造现场，强化薄弱环节，促进公司产品品质的提升。

### 16.1.2 活动目的

改善工作完成之后，如果没有维持就很容易退回到原来的状态。有些公司一个阶段的改善活动就要开展几年，主要是因为人在不断地变，经营环境也在不断地变。要在不断变化的环境中生存下来，就必须培育经营革新的专家，只有这样才能保持活力。4Step的目的就是：

①开展以操作人员为中心的自主管理活动；

②维持及深化前面0Step至3Step的活动成果；

③创造更快、更低廉、更好地进行生产的制造现场。

### 16.1.3 活动目标

**1.培养多技能人员**

多技能人员应占正规人员的50%以上。

**2.创造制造能力强的制造现场**

制造现场的综合诊断分数达到80分以上。

### 16.1.4 活动方向

员工自主改善活动方向如图16-1所示。

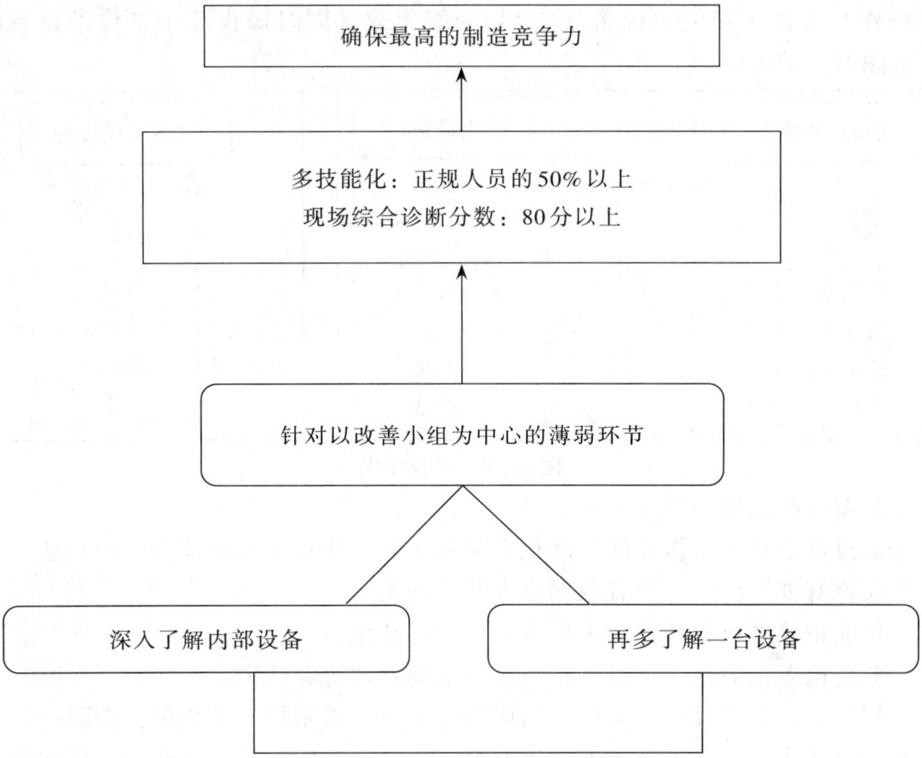


图16-1 员工自主改善活动方向

## 16.2 主题活动内容

4Step的核心是以操作员为中心的小组单位自觉维持和深化从0Step到3Step的全部活动所获得的成果，并因此而展开的活动。具体活动内容有两项，见表16-1。

表16-1 活动内容

| |
|---|
| 1.推进设备操作员的多技能化<br>- 深入了解内部设备及另一台设备<br>- 确保掌握操作工、器具的技术<br>2.改善薄弱环节的活动<br>为了维持和深化从0Step到3Step的活动成果，实施综合诊断并改善薄弱环节的活动 |

### 16.2.1 设备操作员的多技能化

**1. 多技能化概述**

(1) 多技能化的定义

多技能化是使一个人具备2种以上的技能，4Step中的多技能化是表示一个人具备操作本人设备和他人设备（1台）的能力或者同时操作几个工位的设备的能力，如图16-2所示。

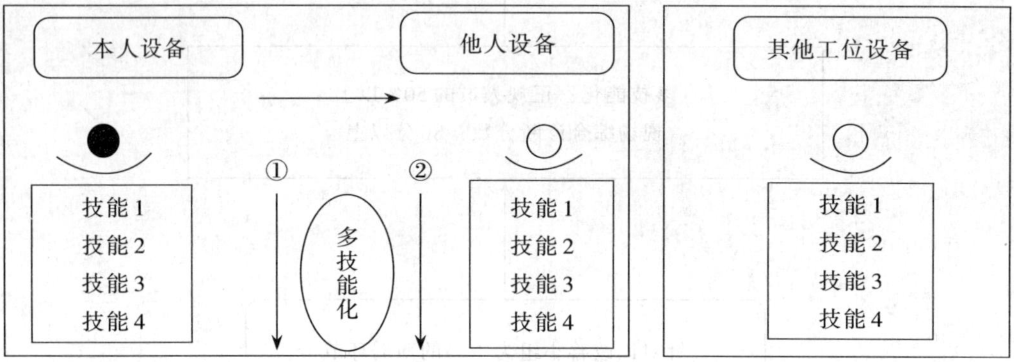


**图16-2 多技能化**

(2) 多技能化的关键点

①通过设备及工序作业的标准化来简化作业，使每个人都能方便地作业。

②应该有现场监督管理者及保全人员等的指导。

③作业指导书或各种作业手册应该达到标准化。

④对应该多技能化的项目进行系统的实施、评价和认定。

⑤当员工需要支援时，支援部门应即时解决，否则员工的积极性会降低。

⑥在推进多技能化过程中若发生安全事故，员工的积极性会降低，因此必须确保安全，并之成为习惯。

(3) 多技能化的效果

①分工作业时，可以根据作业的专业性与员工个人能力进行合理分配。

②即使发生人力投入不足及缺勤等现象，也不需要更换作业者或寻求其他人员的支援。

③可以打造制造能力强的制造现场（更快、更低廉、更好）。

④可以从单纯反复作业转化为循环作业，随着技能的提高，作业者的士气也会提升。

(4) 落实多技能化的要点

构筑以下制造现场，才能有效地利用多技能化人员的技能：

①将原来一字排开的线体布局改造成为U形的单元线体，这样就能使一个多技能工发挥更大的作用，同时照看多个工序。

②实施连接作业，使前后工序的作业者之间互相补充作业。

③构筑发生异常时可以自动停止的线体。

④构筑流水生产线体，并能够最大限度地发挥多技能作业者的能力。

⑤通过防止失误的装置（Fool Proof系统），事前防止生产、品质、安全方面的问题，并从根本上消除由误操作引起的浪费。

**2.推进多技能化**

为适应节省劳动力、减少成本的经营要求，设备操作人员对自己操作的设备应具备以下技能，并要开展以操作者为中心的自主管理活动：

①深入了解内部设备的结构、原理并了解另一台设备的操作原理。

班组应该开展多技能工培训活动，使操作人员充分了解所操作的设备，掌握设备的结构与工作原理，并培养操作人员了解其他相邻岗位设备的操作方法和工作原理。

②确保每个员工掌握工、器具的使用技能。

为了开展改善活动，生产线上所有操作人员都必须积极学习有关工、器具的必要技能，并将这种学习活动作为主题活动，使员工真正达到多技能工的水平。

（1）深入了解内部设备及另一台设备

操作者对设备应具备的必要技能见表16-2。操作者及制造现场的特性不同，应具备的必要技能及其水准也不同。

表16-2 **操作者对设备应具备的必要技能**

| |
|---|
| ①能熟练掌握设备运转方法，设定生产良品的设备条件，并具有维护设备正常运转的能力 |
| ②在日常保全活动中，预知设备一般的异常、更换消耗性部件的能力 |
| ③对设备轻微故障、一般故障的处置能力（中级保全能力） |
| ④自己从头到尾执行转产的能力 |

操作者对各种设备应具备的必要技能，在0Step至3Step有详细的介绍，这里不再赘述。

（2）确保掌握工、器具操作技术

随着生产工具的机械化、自动化程度越来越高，操作者若没有掌握工、器具的操作技术，就无法进行设备的改良及改造，进而影响整个改善活动。具体内容在16.2.3中介绍。

### 16.2.2 强化薄弱环节的活动

这是指为了维持、深化0Step至3Step各阶段的活动，以操作者为中心的小组实施综合的诊断、评价，并持续改善薄弱环节的活动。

**1.诊断项目**

诊断项目包括TPM（0Step至4Step）多技能化的推进项目，即把要持续维持和深化的项目按重要程度列表（见表16-3）。

表16-3　　**诊断项目：10个项目**

| 区分阶段 | | 诊断项目 |
|---|---|---|
| TPM | 0~1Step | 1.5S+1S（Shukanka，习惯化）+五大不合理点 |
| | 3Step | 2.设备综合效率 |
| | 3Step | 3.平均故障间隔时间 |
| | 1Step | 4.每人生产台数 |
| | 2Step | 5.设备标准遵守率 |
| | 1Step | 6.生产准备时间 |
| | 1Step | 7.线体平衡效率 |
| | 2Step | 8.平均故障维修时间 |
| | 2Step | 9.运转时间 |
| | 4Step | 10.多技能化 |

**2.一般活动程序**

分组单位根据10个诊断项目和诊断工具实施诊断，原则上综合得分需要达到80分以上才能开展下一步改善活动，程序见图16-3。

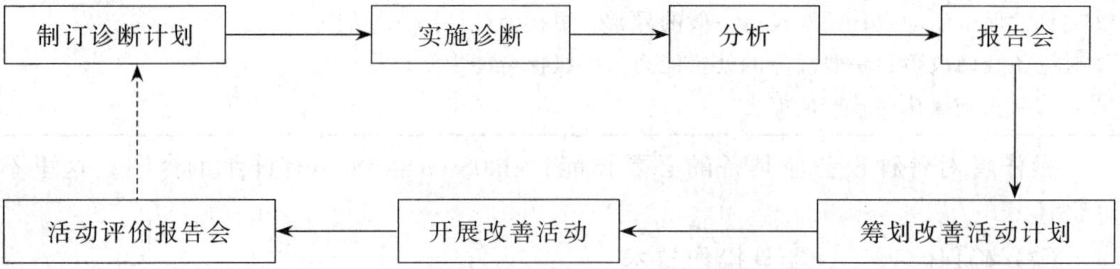


**图16-3　一般活动程序**

### 16.2.3　确保掌握工、器具操作技术

为了推进多技能化并实施工、器具的改善活动，操作者应从工、器具的概念出发，长期学习加工方法，加工设备，金属材料，热处理，力学原理，工、器具设计等技能和技术知识。

4Step要求操作者理解本人所操作设备的有关工、器具的结构、技能、动作原理、数量、不合理点等，并在事前发现不合理点或者发生故障时制订改善方案，而且改善方案先由本人草拟，然后委托技术、保全部门进行制作，最终把此方案推广到其他设备的改善方面。

**1.什么是工、器具**

这里所说的工、器具是美国的企业家伊莱·惠尼特1800年左右在生产现场开始使用的概念。工、器具是用各种工作机械做精密加工作业时，谋求生产的均一化、高速化、效率化、经济化而使用的工具，大体分为夹具（Jig）和固定工具（Fixture）。换句话说，工、器具是制作或检查各种器具时，为了有效进行作业并提高精密度而使用的辅助装置。除了加工金属或者其他材料而用于切削、切断等作业的各种工具和测定仪等之外，生产过程中使用的各种夹具和固定工具就叫工、器具。

**2.常用的工、器具**

常用的工、器具包括车床（Lathe）、钻孔机（Drilling）、锯（Sawing）、拉削机（Broaching）、刨床（Planer）、珩磨机（Honing）、搭接机（Lapping）、组合模具（Assembling）、弯曲机（Bending）、切断机（Cutting）、焊接机（Welding）、铆接机（Riveting）等。

**3.工、器具的作用**

有了工、器具，无论何种形态的产品都可以在正确的位置上对其加以设置和固定，并正确使用工具而提高作业效率。工、器具的作用具体有以下几点：

①可以减少作业工序、缩短作业时间，与生产计划有密切的关系。

②用于制造工序，可以提高作业效率。

③可以使未熟练者制造品质均一的产品。

④在切削加工过程中，使画线作业或调节、定位作业更容易进行。

⑤可以简化产品的检查方法、缩短检查时间。

⑥可以进行产品的大量生产，并节约生产费用，提高生产力。

**4.改善工、器具时应注意的问题**

①最大限度地发挥工、器具的作用。

②提高工、器具的作业水平。

③研究工、器具的材质、硬度、热处理方案。

④研究工、器具的检查、测定方法。

⑤研究是否能够改良工、器具的大小、重量、形态等。

⑥研究有关工、器具的经济性。

**5.改善工、器具的必要能力**

①具备掌握机械说明和草图（观察图的方法）内容的能力。

②了解最新的生产方式、装备及工具。

③具备整个设备的有关知识。

④知道基本的工具制作方法。

**6.工、器具的改善范围**

在4Step活动中，实施工、器具改善项目，还要求员工达到可以随意勾画不合理点分析草图、设计有关改善方案的水平。一名优秀的多技能工只要能够掌握表16-4中的1～2个方面的内容就可以成为专家级员工。

表16-4 工、器具的改善范围

| 理解概念、使用方法、管理方法 | 设备加工方法、制作技术 | 基本设计、课题执行 |
|---|---|---|
| 1.工、器具整体内容<br>工、器具概要、构成要素<br>支撑及定位方法<br>工、器具管理方法 | 5.切削理论<br>切削加工和非切削加工<br>切削条件<br>切削加工的分类 | 9.设计工、器具<br>夹具的基本设计方法<br>安装零件及适用事例<br>选定材料及热处理设计 |
| 2.图纸解读方法<br>投影及草图（Sketch）方法<br>标注尺寸、表示图形方法 | 6.车床、铣床加工方法<br>机械操作方法<br>基本加工实习<br>部件加工及组装实习 | 10.研磨加工方法<br>研磨机操作方法<br>基本加工实习<br>精密加工实习 |
| 3.机械组装及公差管理<br>修整及钻孔加工方法<br>尺寸公差及其他公差<br>公差的适用事例 | 7.钻孔夹具的制作<br>图纸解读及制作实习<br>钻孔夹具部件的加工实习<br>钻孔夹具的组装 | 11.执行现行课题<br>分析产品图纸和公差<br>经济性设计及其结构、部件<br>以事例为主的讨论式讲课 |
| 4.工、器具材料及热处理<br>工、器具材料概要<br>钢铁材料<br>工、器具材料的热处理 | 8.精密测定<br>测定概要<br>测定长度<br>各种测定仪的使用方法 | |

**7.改善工、器具的具体内容**

改善工、器具的目的在于维持产品的品质，节约制造成本，提高生产力。

（1）改善工、器具的基本条件

改善工、器具的基本条件是以单纯、简便的操作可以获得工、器具的最大效果，具体如下：

①以最低价格生产部件，可以节约产品的生产费用。

②为能够生产品质均一的产品而设计工、器具。

③为防止不合理的使用而设计自动报警装置（Fool Proof）。

④要提高现有工作机械的生产效率。

⑤为了延长工、器具寿命选定合适的材料。

⑥设计工、器具时，要考虑作业者的安全问题。

（2）操作者改善工、器具的研究项目

研究操作者找出的工、器具的不合理点，并制订改善方案。

①精密测定。

测定和检查发生故障的工、器具或新加工机械部件的尺寸、形状、表面状态的过程叫精密测定。精密测定需要使用的工具如下：

刻度尺：以一定的长度和角度单位为刻度来标记物体的仪器。

指示测定仪：在测定过程中指针或表点自动按刻度移动的测定仪。

校正仪：也称为校准仪，是在物理校准、校正、检测等过程中使用的仪器，目的在于稳定千分尺或测定仪等的测定能力。

计量器：是指能用以直接或间接测出被测对象量值的装置、仪器仪表、量具和用于统一量值的标准物质。

辅助测定工具：支撑测定仪或其他工具的架子等。

②对机械的基本说明。

为了预防设备的工、器具发生故障，提高设备的生产力和使用的安全性能等，操作者要掌握工、器具的使用方法、材料结构、工作原理等知识，对工、器具经常发生故障的现象进行可视化管理，并将改善的图纸反馈给设备管理部门，共同改善工、器具。

A.图纸的分类。

a.按用途分类：

设计图：表现设计者的设计意图和计划的图纸，包括基本设计图和实施设计图。

制作图：传达必要信息的图纸，包括工序图、施工图、详细图。

订单图：表示所订物品的大小、形态、精密度、信息等订单内容的图纸，附订单。

报价图：报价委托人表现物品报价内容的图纸。

确认图：经过订购者或者其他关系者确认的图纸。

说明图：向使用者说明产品的结构、功能、性能的图纸。

b.按内容分类：

零件图：是表达单个零件形状、大小和特征的图样，也是在制造和检验机器零件时所用的图样，又称零件工作图。在最终确定的图纸上应标明应具备的事项以及记录所有必要的信息。

组装图：在组装2种以上零件的情况下，表现其相互关系和组装所需的尺寸等的图纸。

基础图：为了设置机械或构筑物而做的图纸。

配置图：在工厂内部表现机械等设置位置详细信息的图纸。

钢筋结构图：表现钢筋的尺寸和配置的图纸。

装配图：表现各设备的装配、制造工序的关系等的图纸。

草图：观察机械或设备的实物，用绘图软件来画的简要图纸。

c.根据表现形式分类：

外观图：表现对象物外形及必要尺寸的图纸。

展开图：把构成对象物的面往平面展开的图纸。

曲线面图：把复杂的曲面以线群的形式表现的图纸。

线图：是线路图的一种特殊的表示形式，是按比例绘制的平面布置图或模型。在图上，用线条表示并衡量工人、物料或设备等在规定的活动中所走的路线，包括系统图、结构线图等。

立体图：是一类能够让人从中感觉到立体效果的平面图像，是根据缩小投影法、斜投影法或透视投影法，立体表现图像效果的图的总称。

B.图形尺寸的分类。

图形尺寸的种类有以下三种：

原图：按照与实物一样的大小所画的图形，这种图在工作中普遍使用。

缩略图：按照一定比例缩小，画出比实物小的图形，要记录实物的实际尺寸。

倍图：通常是指按照一定比例放大，画出比实物大的图形，要记录实物的实际尺寸。

C.线（line）的分类。

a.按虚实分类：

实线：连续连接的线（——————）。

虚线：把短线按一定间隔排列的线（------------------）。

1点划线：把长和短的线交替排列的线（-·-·-·-·-·-·-·-）。

2点划线：把长线和2个短线轮流排列的线（-··-··-··-··-）。

b.按宽度划分：

常用的线宽度基准有0.25mm、0.35mm、0.5mm、0.7mm、1mm等。具体种类见表16-5。

表16-5 **线宽度的种类**

| 线宽度的种类 | 比率 |
| --- | --- |
| 细线 | 1 |
| 粗线 | 2 |
| 非常粗的线 | 4 |

c.按用途划分的线的种类见表16-6。

D.画线的注意事项：

a.画平行线的规格，线与线之间的宽度为线宽的3倍，线宽为0.1mm以上。

b.需要用密切交叉线的时候，其线间隔为线宽度的4倍以上（图16-4中的（1））。

c.同样的线集中在一点的时候，其线间隔为线宽度为3倍的地方为停止线，尽量空出点的周围（图16-4中的（2））。

d.1点划线及2点划线要从长线的部分开始并结束于长线的部分（图16-4中的（3））。

e.1点划线（中心线）相交的部分连接在一起。（图16-4中的（5））

f.实线与虚线并用，虚线交叉的部分连在一起。（图16-4中的（4））

g.虚线互相平行时，互相岔开画。（图16-4中的（6））

h.对圆弧与直线相交的部分，不出现有层次的线。

表16-6　　**线的种类与用途**

| 种类 | 形状 | | 用途 |
|---|---|---|---|
| 假设线 | 细的2点划线 | | 表示连接部分时使用<br>表示工具、夹具等的位置时使用<br>把运转部分表现为移动中的特定位置或移动界限的位置时使用<br>表示加工前后的模样时使用<br>表示重复事项时使用<br>表示图断面的前面部分时使用 |
| 波段线 | 不规则的波形的实线或Z形线 | 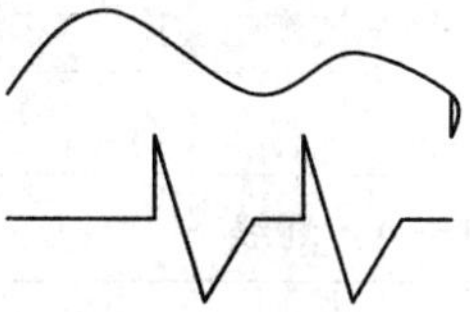 | 表示波段对象物的一部分或者切断一部分的界线时使用 |
| 切线 | 末端部分以细的点划线来表示 | 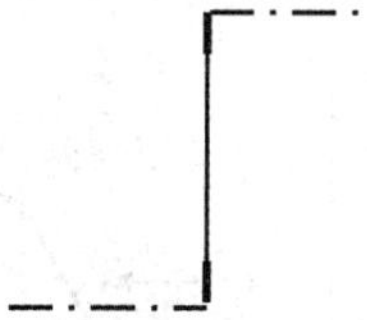 | 画断面图时，表示切断位置时使用 |
| 斑马线 | 细的实线有秩序地排列 |  | 图形的特定部分区分于其他部分时使用，如表示断面图的切断的部分 |
| 特殊用途 | 细的实线 | | 表示延长外形线及隐线时使用<br>表示平面时使用<br>表示位置时使用 |
| | 很粗的实线 | | 表示薄壁结构的断面图时使用 |

i.画线时，有棱角的地方应互相连接。

E.投影法。

a.第一角法：把对象物放在投影面的正面的投影方法（眼睛—物体—投影面）。

b.第三角法：把对象物放在投影面的背面的投影方法（眼睛—投影面—物体）。

第一角法和第三角法的投影面的配置见图16-5。

F.花纹等的表示，见图16-6。

G.尺寸的标注方法。

为了表示要改善的工、器具的样式，并定量地指示对象物的大小、形状、位置等，操作员应该根据改善方案标注准确的尺寸。若错误标注尺寸，就不能生产良品。

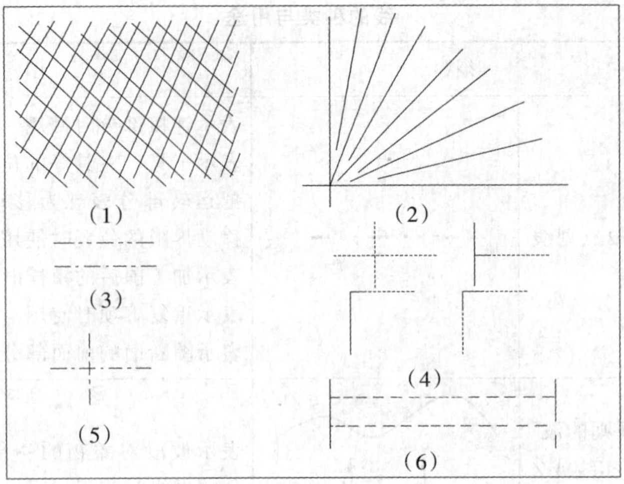


图 16-4 划线

| 第一角法 | 第三角法 |
| --- | --- |
| 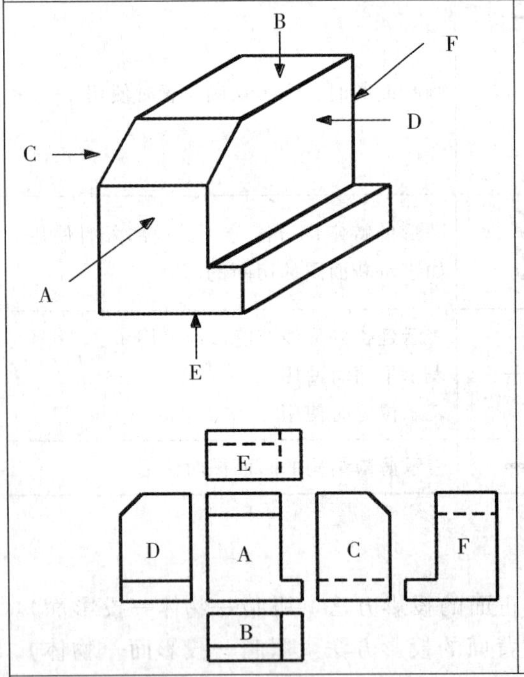 | 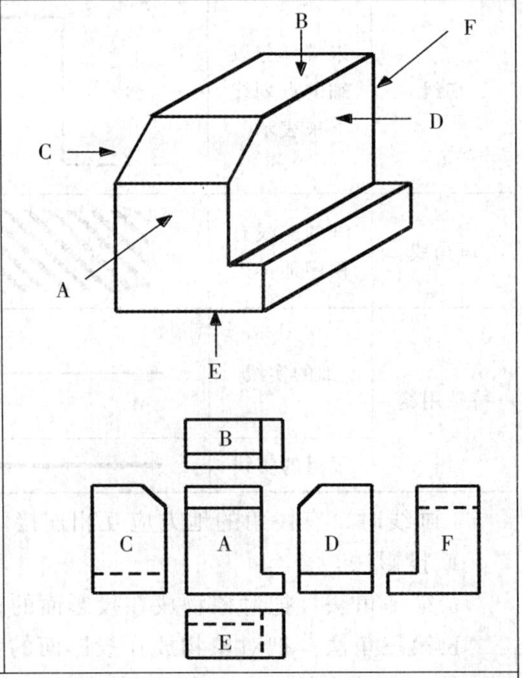 |





A:正面图,从物体的正面(基准面)观察
B:平面图,从物体的上面观察(又称俯视图)
C:左侧图,从物体的左侧观察
D:右侧图,从物体的右侧观察(与正面图、平面图一样最常用)
E:下视图,从物体的下面观察
F:后视图,从物体的后侧观察
第一角法和第三角法的差异是摆放位置不同

图 16-5 第一角法和第三角法的投影面的配置

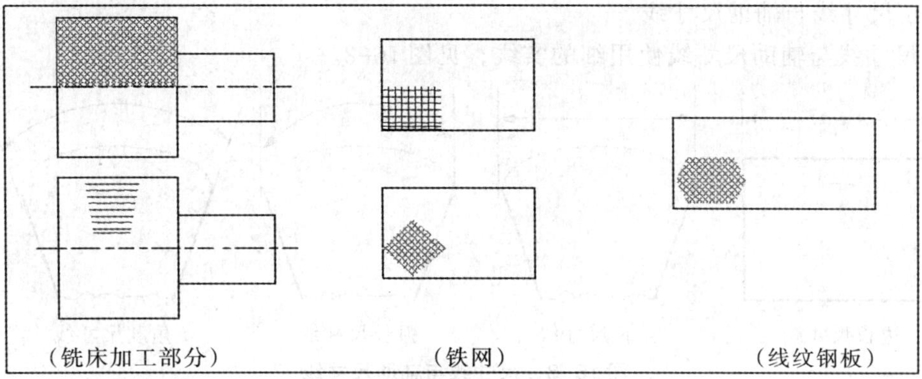


图16-6 花纹

a.尺寸的辅助记号和标注因素（见表16-7、图16-7）。

表16-7 辅助记号

| 项目 | 记号 | 使用方法 |
|---|---|---|
| 直径 | Φ | 在直径尺寸数值前标注 |
| 半径 | R | 在半径尺寸数值前标注 |
| 球的直径 | SΦ | 在球的直径尺寸数值前标注 |
| 球的半径 | SR | 在球的半径尺寸数值前标注 |
| 正方形的边 | □ | 在正方形一边尺寸数值前标注 |
| 板的厚度 | t | 在板的厚度尺寸数值前标注 |
| 弧度 | ⌒ | 在弧长尺寸数值前标注 |
| 45度角 | C | 在45度角尺寸前标注 |
| 理论上准确的尺寸 | ⊠ | 用四边形包围结构画图，应使用理论上准确的尺寸 |
| 参考尺寸 | （ ） | 把参考尺寸的数值（包括尺寸辅助记号）放在括号里 |

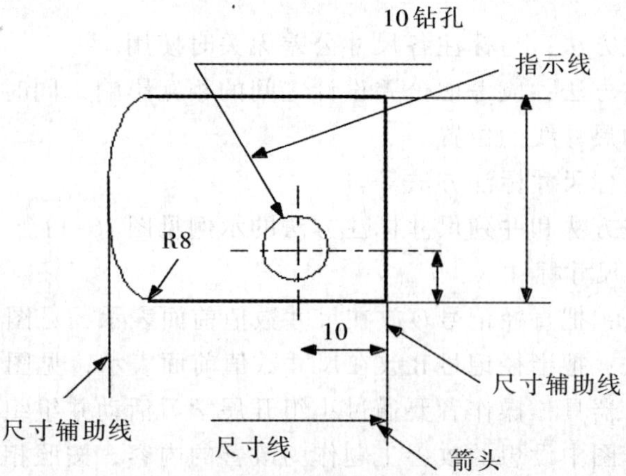


图16-7 标注尺寸的因素

b.尺寸线与辅助尺寸线。

尺寸线与辅助尺寸线使用细的实线，见图16-8。

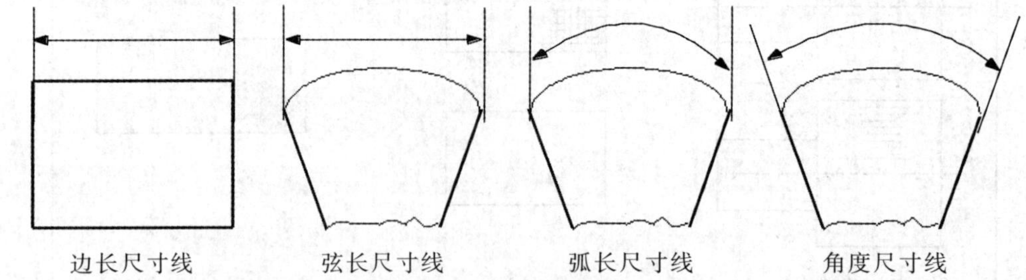


**图16-8 尺寸线与辅助尺寸线**

在尺寸线和延长线的末端标出箭头、斜线或黑色圆圈，见图16-9。

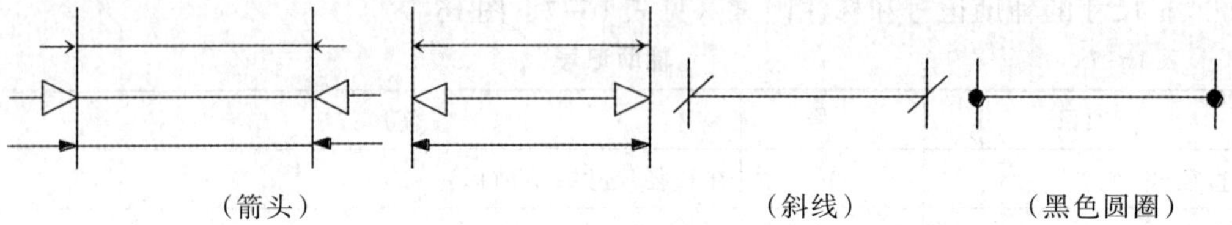


**图16-9 在尺寸线和延长线的末端标出箭头、斜线或黑色圆圈**

在窄小的地方标注尺寸的方法见图16-10。

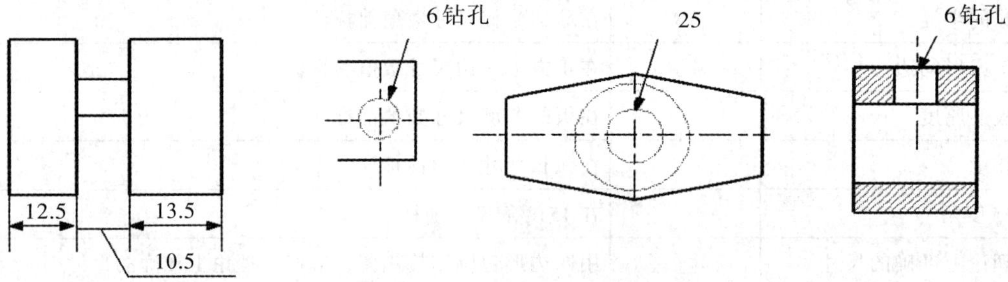


**图16-10 在窄小的地方标注尺寸的方法**

c.尺寸的配置。

直列尺寸标注方法：与标注各尺寸公差无关时使用。

并列尺寸标注方法：应考虑公差设计之间的相互影响，同时考虑技能、加工等条件选择共同辅助尺寸线的位置。

此外，还有坐标尺寸标注方法等。

直列尺寸标注方法和并列尺寸标注方法的示例见图16-11。

d.各种要素的尺寸标注。

直径标注方法：把直径记号Ø放在尺寸数值前面表示，见图16-12。

半径标注方法：把半径记号R放在尺寸数值前面表示，见图16-13。

为了改善工、器具，操作者要通过小组开展学习活动并组织实施改善课题，将改善过程中所画草图中设想的改善主题作为改善的内容，按照相关部门的要求提交改善提案，并附上《工、器具改善草图》。改善后由相关部门进行验证，如果小组

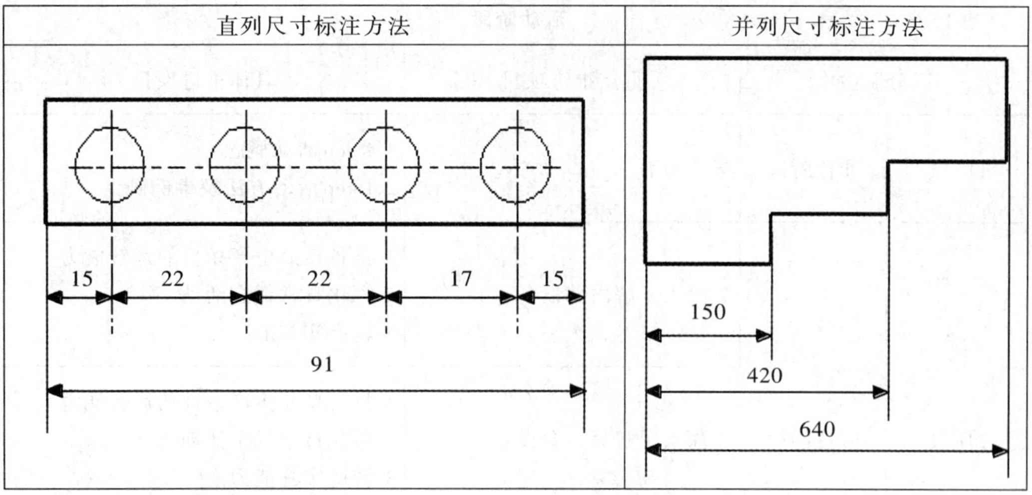


图16-11　尺寸配置

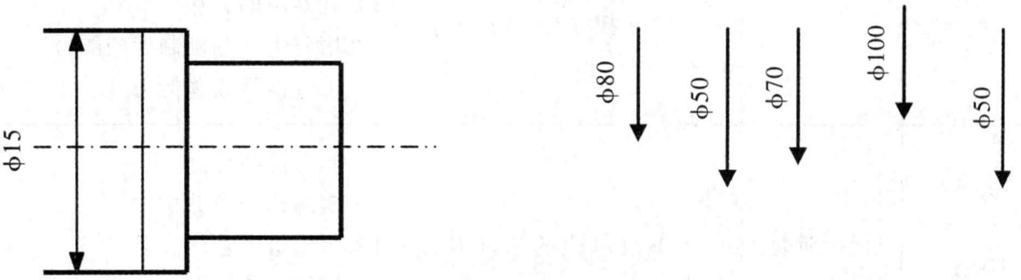


图16-12　直径标注方法

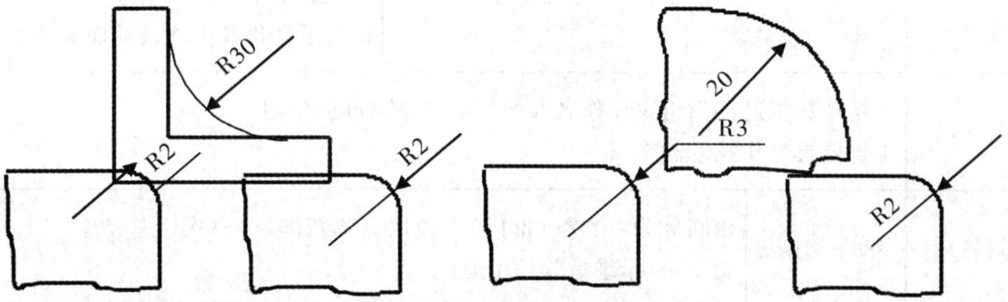


图16-13　半径标注方法

自己不能完成改善就要委托技术、保全、设计等部门来解决。

## 16.3　推进的方法

### 16.3.1　活动阶段

活动阶段的内容见表16-8。

表16-8　活动阶段

| 区分阶段 | | 重点推进项目 | 具体推进项目 |
|---|---|---|---|
| 1阶段 | 准备阶段 | 导入教育 | 1.4Step活动概念<br>2.4Step活动方法及事例研究 |
| 2阶段 | 多技能化 | 1.深入了解内部设备 | 1.具备良品生产条件的运转能力<br>2.深化日常保全活动<br>3.转产实施能力 |
| | | 2.深入了解另一台设备 | 1.具备良品生产条件的运转能力<br>2.深化日常保全活动<br>3.转产实施能力 |
| | | 3.确保掌握工、器具的操作技术 | 1.观察图的方法<br>2.培养遵守基础制度的能力<br>3.工、器具改善能力 |
| 3阶段 | 强化薄弱环节活动 | 开展小组单位的诊断及改善活动 | 1.制订诊断计划<br>2.实施诊断及分析<br>3.实施报告会<br>4.筹划改善计划<br>5.开展集中改善薄弱环节的活动<br>6.为了评价及下次活动而实施诊断 |
| 支援活动 | 联系革新推进部门组织操作者参加技能资格制度的学习<br>工、器具操作技术教育 | | |
| 事后管理 | Step诊断 | 诊断区分：1次（部门）→2次（革新部）→3次（总经理）<br>制定4Step维持管理手册 | |

## 16.3.2　导入准备

### 1.活动程序（如图16-14所示）

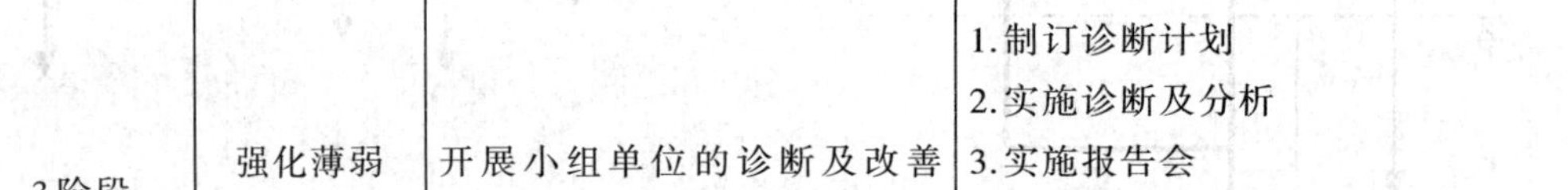


图16-14　活动程序

### 2.活动计划

（1）设定活动目标，见表16-9。

（2）制订具体活动计划，见表16-10。

表16-9　**活动目标**

| 活动课题 | 活动目标 |
|---|---|
| 1.多技能化 | 正规人员50%以上的多技能化<br>①具备良品生产条件的运转能力<br>②深化日常保全活动<br>③转产实施能力<br>④工、器具操作技术 |
| 2.强化薄弱环节活动 | 综合诊断分数在80分以上<br>①5S+1S+五大不合理点<br>②设备综合效率<br>③平均故障间隔时间<br>④每人生产台数<br>⑤标准遵守率<br>⑥线体平衡效率<br>⑦生产准备时间<br>⑧平均故障维修时间<br>⑨运转费用<br>⑩多技能化 |

表16-10　**活动计划**

| 项目 | 1 | 2 | 3 | 4 | 5 | 6 | 7 |
|---|---|---|---|---|---|---|---|
| 1.准备导入 | ■ | | | | | | |
| 2.多技能化 | | | | | | | |
| （1）深入了解内部设备 | ■ | ■ | | | | | |
| （2）深入了解另一台设备 | | | ■ | ■ | | | |
| （3）确保掌握工、器具操作技术 | | | ■ | ■ | ■ | ■ | |
| 3.强化薄弱环节活动 | | | ■ | ■ | ■ | ■ | |
| 4.评估准备活动 | | ■ | | | ■ | | |
| 5.实施Step诊断 | | | | | | | ■ |

### 16.3.3　推进多技能化

设备操作人员的多技能化大体分为3种课题推进：①深入了解内部设备；②深入了解另一台设备；③确保掌握工、器具操作技术。具体推进流程见图16-15。

**1.必要技能的定义**

操作人员应具备的必要技能根据岗位不同、生产产品不同、设备不同、人员素质不同存在一定的差异，必须按照生产需要来确定。

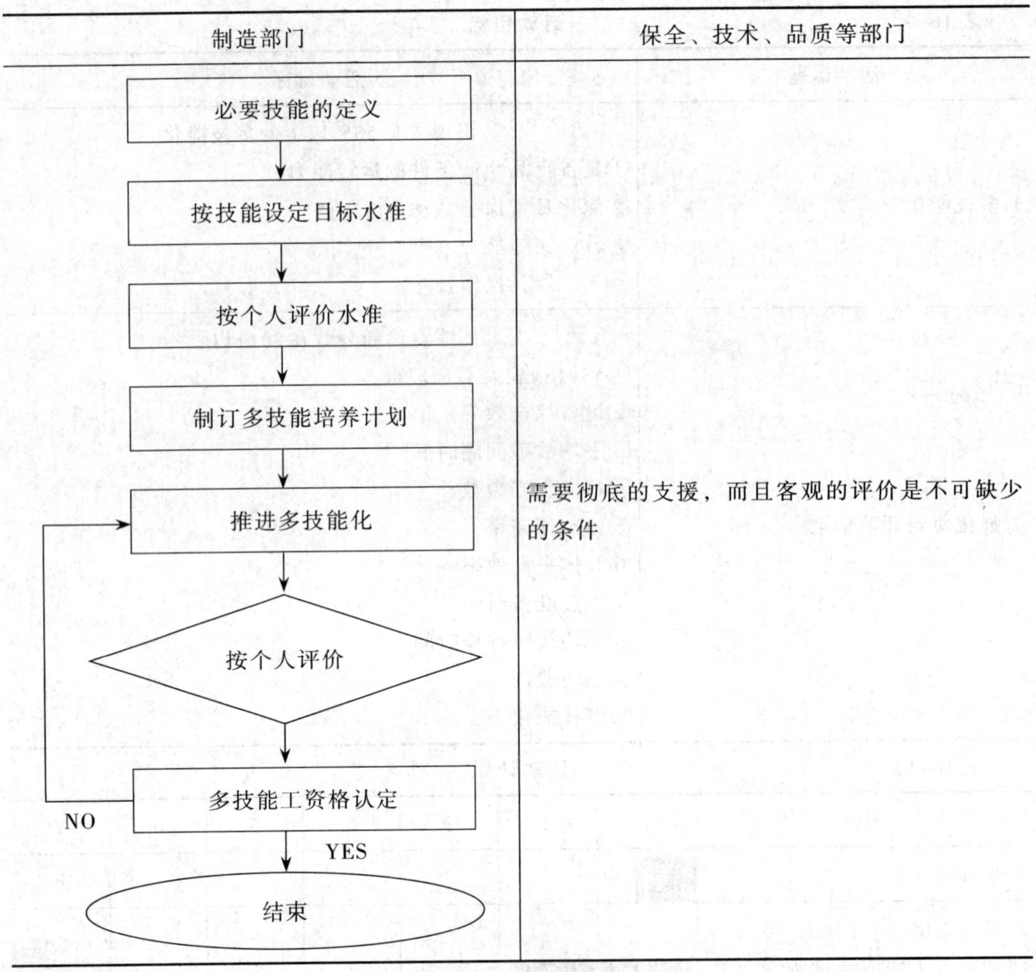


**图16-15 推进流程**

决定必要技能及目标水准的步骤如下：

第1次：制造工段长定义本工段内设备及工序的必要技能和目标水准。

第2次：与制造课长讨论调整第1次所定义的内容。

第3次：与制造部长最终调整确认第2次讨论调整的内容。

根据制造现场的特性，操作人员应具备的必要技能可以定为5种项目进行提升，即独立式学习、贴身式学习、开放式学习、度假式学习、轮换时学习。

**2. 按必要技能设定目标水准**

应考虑设备的特征、人员构成要素及平均工作年数等因素设定操作人员的技能目标，但必须考虑操作人员的必备技能及能够充分利用的技能设定目标。

（1）具备良品生产条件的运转能力。

（2）深化日常保全活动能力。

（3）转产实施能力。

（4）工、器具操作技术。

### 3.按个人、技能评价水准

依据个人目前所负责的设备，按以下方法来评价技能水准：

（1）评价对象：全体操作人员。

（2）评价者：相关制造工段长。

（3）评价方法：根据表16-11的样式和表16-12的范例实施。对工、器具操作技术评价，以与所负责设备无关的另一个项目为评价基准。

表16-11　评价样式

| 区分岗位 | 设备名 | 必要技能 | | | |
|---|---|---|---|---|---|
| | | 运转 | 保全 | 转产 | 工、器具 |
| ×× | POSALUX | ○ | × | △ | × |
| ×× | | ◎ | △ | △ | × |
| ×× | | ◎ | △ | × | △ |
| ×× | | ○ | × | × | × |
| ×× | | ◎ | × | △ | × |

表16-12　评价范例

| 范例 | 评价基准 |
|---|---|
| ◎ | 对相关技能，具备理论基础和指导能力的水准 |
| ○ | 对相关技能，不用他人的帮助自己能做到的水准 |
| △ | 对相关技能，受他人帮助能做到的水准 |
| × | 对相关技能，完全依靠他人操作的水准 |

### 4.制订多技能培养计划

（1）分析小组成员的评价结果，首先把共同的事项定为培养课题。

（2）按技能协议决定培养方法。

①从点滴教育（One Point Lesson，OPL）、集合教育、邀请讲师授课等多种角度想出方法。

②根据各个岗位的要求决定提升方法，按照上面提到的五种技能培养方式设定个性化的方法。

（3）按个人特点确定要达成的目标水准。

（4）按个人技能制订实现目标的日程计划。

### 5.推进多技能化

根据培养计划开展活动，并按相关小组、多技能化的培养方式，由小组把握培养进程，根据培养目标确定培养的时间和考核方式，一直到实现设定的技能目标为止。

**6.多技能化评价及认定**

根据公司技能资格评定制度，与人力资源管理部门联合推进评价与认定工作，并做到客观公正。

（1）多技能化评价样式和评价范围具体见表16-13和表16-14。

表16-13　　评价样式

| 岗位 | 设备名 | | 必要技能 | | | | 最终结果 |
|---|---|---|---|---|---|---|---|
| | | | 运转 | 保全 | 转产 | 工、器具 | |
| ×× | POSALUX（内部设备） | 1次 | ◎ | ◎ | △ | — | |
| | | 2次 | ○ | ◎ | △ | — | |
| | | 3次 | △ | ◎ | × | × | |
| | CMI研磨机（另一台设备） | 1次 | ○ | × | ○ | — | |
| | | 2次 | ○ | × | ○ | — | |
| | | 3次 | ○ | × | △ | × | |

表16-14　　评价范例

| 范例 | 评价基准 |
|---|---|
| ◎ | 对相关技能，具备理论基础和指导能力的水准 |
| ○ | 对相关技能，不用他人帮助自己能做到的水准 |
| △ | 对相关技能，受他人帮助能做到的水准 |
| × | 对相关技能，完全依靠他人操作的水准 |

注：评价者为本人（第1次）、工段长（第2次）、制造课长+部长（第3次）。

为了客观地评价和认定岗位技能资格，基本上分为3次实施评价：

①第1次：评价对象本人自评。

②第2次：工段长调整每个人所评价的内容。

③第3次：相关制造课长及制造部长再次调整和决定。

针对员工是否掌握工、器具的技术，要进行画图、改善、标准化等实际技能考核，按个人目标水准进行单个评价，然后由革新部总体（每阶段实施1次，共3次）进行评价。

（2）多技能化认定（基准）。

每年根据每个岗位所设立的多技能标准进行认定。对员工具备的操作2种以上设备所需要的技能进行认定时，由5位专家进行评价，5位专家一致通过时，就认定为多技能员工。

### 16.3.4 强化薄弱环节的活动

这是为了持续维持和深化TPM Step的改善内容，按小组实施综合诊断，并对薄弱环节持续开展改善活动的阶段。

1.诊断项目

TPM Step的核心推进内容定为表16-15中的10个项目，但不同的制造单位可以附加或删除项目。

表16-15 **项目诊断**

| 区分阶段 | | 诊断项目 |
|---|---|---|
| TPM | 0～1Step | 1.5S+1S+五大不合理点 |
| | 2Step | 2.设备综合效率 |
| | 3Step | 3.平均故障间隔时间 |
| | | 4.每人生产台数 |
| | 1Step | 5.设备标准遵守率 |
| | 1Step | 6.生产准备时间 |
| | 1Step | 7.线体平衡效率 |
| | 2Step | 8.平均故障维修时间 |
| | 2Step | 9.运转费用 |
| | 4Step | 10.多技能化 |

2.活动过程（如图16-16所示）

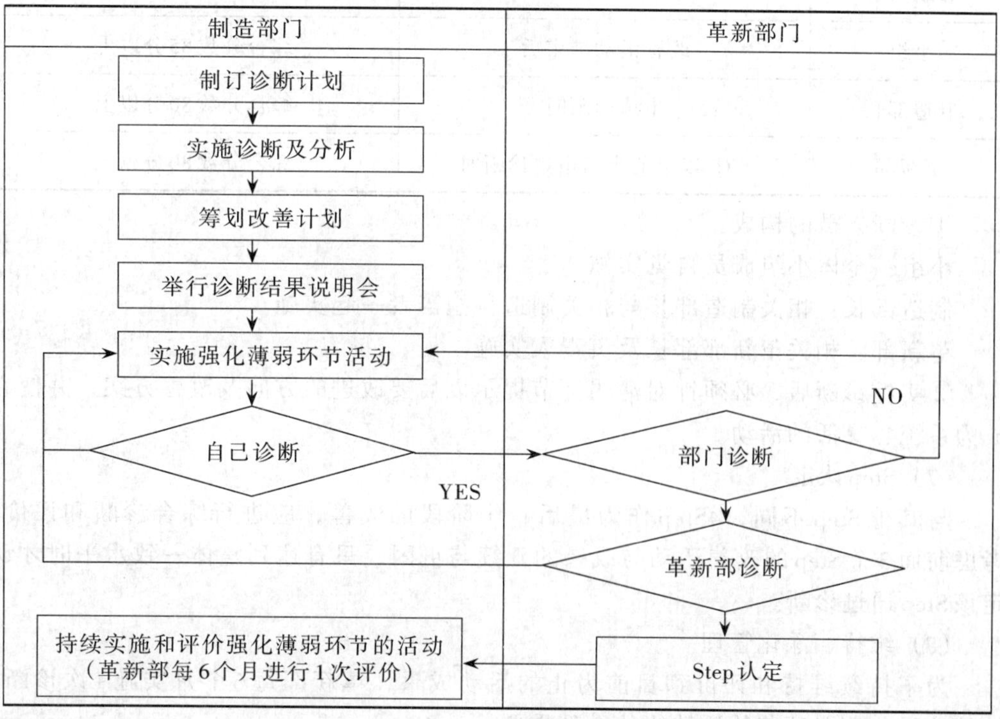


图16-16 活动过程

**3.开展活动**

（1）制订诊断计划

按照TPM 1～4Step推进手册的内容制订诊断计划，每个小组应根据本组实际调整的重点领域确立诊断内容，并根据改善日程的活动轨迹以及活动成果制订诊断计划，将诊断计划与活动计划进行对比评价，审核活动的结果是否达到目标。

（2）实施诊断及分析

①根据诊断基准按诊断项目实施诊断，并把诊断结果综合记录在雷达图上。

②分析诊断项目的优缺点，并选定要改善的课题。

（3）筹划改善计划

按诊断项目具体制订不合理点改善方案等的日程计划（包括要达成的目标）。

（4）举行诊断结果说明会

以小组为单位对所诊断的结果及改善计划举行说明会，在说明会上确定改善成果是否横向推广。

（5）实施强化薄弱环节的活动

根据已制订的改善计划，按日程、负责人开展改善活动。

（6）实施诊断（见表16-16）

表16-16 **实施诊断**

| 诊断人员 | 诊断时期 | 合格基准 |
|---|---|---|
| 小组 | 改善活动结束后 | 综合分数85分以上 |
| 制造部长 | 申请诊断时 | 综合分数80分以上 |
| 革新部 | 80%以上的小组申请诊断时 | 综合分数80分以上 |

①诊断人员的构成：

小组：全体小组成员自觉实施。

制造部长：相关制造部长与相关制造科担当者一起实施。

革新部：相关革新部部长及负责人实施。

②实施诊断后，必须针对薄弱环节提示以后要改进的方向及改善方案，并使它成为系统、灵活的活动。

（7）Step认定

与其他Step不同，4Step作为最后一个阶段的改善，应进行综合诊断和评价，考虑前面3个Step的改善活动与成果的延续与巩固，只有达到整体一致水平时才认定该Step通过诊断。

（8）维持、深化管理

为了持续维持和评价到目前为止的活动成果，革新部每6个月实施1次诊断。持续地强化薄弱环节的活动比什么都重要。

## 4.诊断工具（见表16-17）

表16-17 诊断工具表

| 区分阶段 | | 诊断项目 | | 评价范围 |
| --- | --- | --- | --- | --- |
| TPM | 0~1Step | 1.5S+1S+五大不合理点 | 诊断检查表 | 小组 |
| | 2Step | 2.设备综合效率 | 电算化资料 | |
| | 3Step | 3.平均故障间隔时间 | 电算化资料 | |
| | | 4.每人生产台数 | 电算化资料 | 线体 |
| | 1Step | 5.设备标准遵守率 | 实际测定的资料 | 小组 |
| | 1Step | 6.生产准备时间 | 实际测定的资料 | |
| | 1Step | 7.线体平衡效率 | 实际测定的资料 | |
| | 2Step | 8.平均故障维修时间 | 报告书 | 部门 |
| | 2Step | 9.运转费用 | 电算化资料 | 小组 |
| | 4Step | 10.多技能化 | 多技能工的评价资料 | |

# 第17章 TFT运作方法

TFT作为公司目标管理体系的一个支持系统，有一套运作体系，它是目标管理体系不可分割的有机组成部分，没有TFT的支持，很多重要的目标将很难完成。TFT是一种非常有效的革新方法，但也是很难操作的方法，最困难的是观念的转变。本章重点介绍TFT的运作模式与方法。

## 17.1 TFT与经营革新的关系

经营革新需要对公司业务、产品、人进行全面的改善，要创造好产品，改善产品品质，必须对业务进行改善。业务是由人来做的，因此改善业务首先要改善人。这就是经营革新的任务，经营改善有很多课题，这些课题就用TFT的方法来改善。

**1.TFT的定义**

TFT（Task Force Team），就是特殊任务小组，也可以叫特殊任务战斗队或者跨部门协作团队。总之，它是一种为了解决公司发展过程中存在的较大的问题而成立的跨部门工作小组。这些问题不能靠一个部门单独来解决，但是不解决又将影响公司的发展，因此成立一个专门的工作小组来解决。

**2.TFT的特点**

它是公司为解决重点问题成立的战斗队，因此，这些成员一般来说都认同公司的价值观，特别能战斗，经常加班加点，为解决问题而不惜牺牲个人利益。战斗队的成员一般都是公司的专家与经理人员，他们知识面广泛，有专业能力，能解决公司的重大问题。战斗队大多是临时组织，有课题就组织起来，没有课题成员就回到原来的岗位上从事工作。战斗队员富有团队精神，彼此信任，知识共享，经常组织讨论会来解决问题。

**3.经营革新需要提出很多的TFT课题**

经营革新的各个方面，包括生产、成本、技术、质量、销售、服务等，都可以运用TFT方式来解决重点问题。以韩国三星集团为例，在推进经营革新过程中，每年在制订计划时，为了实现目标，一个工场就要提出几百项TFT课题。每年从上到下几乎所有的经营管理人员都参加到相应的课题中去，不能独立领导课题改善的管理人员不能评优与晋升。因此，TFT作为经营革新的重要手段，已经成为优秀公司解决经营难题的主要方式，成为一种经营文化。

## 17.2 TFT的运作方法

讲运作方法，最好结合例子来说，这样既清晰又能够说明问题。下面以降低返品率为例来说明TFT的操作方法。

**1.课题选定**

如，减少不良品率50%。

**2.组织构成**

首先，选定组长（Leader）。因为品质问题是一个公司的重大课题，所以TFT小组的组长由总经理根据需要选定。一般应该选既有责任心又有能力的人来担任，当然最好是由主管产品质量的副总经理担任组长，同时可以安排品质保证部的经理做副组长。这样便于在副总经理离开后仍然有人负责小组工作。

其次，选择组员。组员由组长根据课题的需要全权负责选拔，一般应选工作能力强、水平高的人加入小组。在小组成员中选一名认真扎实的人做书记员，再选一名组织能力比较强的人做干事。成员数量根据工作需要来安排。小组成员可以是专职的，也可以是兼职的，专职人员离开原岗位专门从事攻关工作，兼职人员一般应该有20%的时间用于TFT课题工作。

组织成立后，选定人员的课题就完成了50%。人太重要了，一个临时组织如果没有很好的合作精神，没有奉献精神，则很难完成工作任务。在构建组织时应将每个人的名字以及他要担任的工作都写到组织结构中去，这样便于明确责任与权力。

新的工作特别是兼职人员的工作总是与原先的工作会发生一些冲突，如何解决？在人员选择上还要做以下几个方面的工作：

（1）对参加人员的工作进行分析

要对选定的成员原来从事的工作进行分析，看他是否可以离开几个月。如果他从事的工作比TFT课题还要重要，那就考虑是否可以换成别人，或者做兼职，有可能他的工作很重要，但是可以分散给其他人临时负责。因此，通过工作分析可以决定抽调的人应做专职还是兼职。

（2）对工作时间进行分析

员工工作时间分为正常工作时间与加班工作时间，攻关课题一般都在8小时以外进行。小组成员被抽调出来从事TFT工作，原部门的同事以及本人都可能不满，因此要认真分析，尤其是在生活、交通、工作条件方面给予保障。他们的工作任务重，公司要营造一种氛围：大家都支持他们的工作，关注他们的工作。

（3）对工作能力进行分析

小组里面的每一个人都应该是一个方面的专家，这样可以产生互补作用，所以要对所有成员的工作能力进行分析，如果所有人都是一个专业，知识面也一样，那很难产生新的思路。

例如，产品品质不良的问题，由于问题涉及面非常广泛，需要质量保证部门、产品开发部门、售后服务部门、生产部门各抽出1名专职人员以及若干兼职人员共同组成一个TFT战斗队，从设计、品质管理体系、生产过程、运输、安装服务等方面进行全面的攻关。

**3.现状把握与分析**

组织成立后，就要对问题进行分析。一种现象的存在是有原因的，经营过程中存在问题的直接表现为公司利润率下降，但是造成这种结果的原因有很多，必须认真分析。把握现状首先是分析原因。

分析原因要求运用统计工具，用数字说话；坚持重点主义，运用二八定律，找到主要原因。一次活动只解决一至两个问题，不可能将所有问题都解决。分析原因一般通过Workshop（专题讨论会）进行。一般应集中1~3天，将成员组织起来，放下原来的工作，找一个地方封闭式地召开专题讨论会，主要目的是集中精力解决问题。有时一个问题要组织多次讨论会，集中大家的智慧才能解决。讨论时运用头脑风暴法，鼓励大家踊跃发言，自由发挥，不要批评、讥笑别人的想法，将各人的意见记录下来或者写在白板上让其他人讨论、参考，最后将所有意见整理出来，形成一份分析报告。

分析原因还应该发扬5Why精神，多问几次“为什么”，一层层分析原因，直到不能分解为止，最常用的是用鱼骨图找主要原因。准确把握现状，对成功解决问题的贡献率就达到了30%。

**4.树立目标**

通过分析找到了主要原因，就要想出对策，尤其是根据革新精神来确立要达到的目标。革新目标应该超过改善目标的30%以上，否则就不是革新只是改善。目标要量化，必须明确，如不能笼统地说减少不良品率，一定要有具体的数值，比如不良品率减少50%，或者根据现状决定减少不良品的目标值。

**5.确定活动期限**

一个战斗队解决问题的时间一定要明确，如果没有明确的时间概念，那么成员就不会有紧迫感，认为工作可做可不做，积极性也受到影响。一个课题的完成时间一般不应超过6个月，最好是3个月完成。如果领导认为时间太长，那么小组要重新考虑时间，如果不能减少时间就要说服领导。

**6.制订活动计划**

成立组织、分析原因、树立目标后，要制订正式的计划。制订计划时需要将时间进度、工作内容、工作目标、责任者、检查者等内容以表格的形式列出，最好进行可视化管理，让每一个成员每天都能看到工作的进度。还可以采取倒计时的办法，加强对成员的鼓励。

**7.活动实施与跟踪管理（Follow Up）**

计划制订后，就要进行具体的改善工作与跟踪管理。跟踪管理由经营革新部与小组成员共同进行。

（1）项目首次发表（Kick Off）会议

对重要课题要进行Kick Off会议，公司级课题的Kick Off会议全公司的人都应该参加。该发表会由经营革新部组织，由TFT组长进行发表，总经理应在这个会议上为TFT举行一个授牌（旗）仪式，由TFT组长接牌（旗）。发表会的目的：一个是造势宣传，让全公司的人都明白公司的意图，大家对某项工作给予支持；二是给小组成员带来责任感与紧迫感，公司把这么重要的工作交给他们去做，应该好好干，如果干不好就会给公司造成损失；三是让这些成员所在的部门支持他们的工作，支持公司的工作，多分担一些工作。

（2）成员会议

小组成员应经常在一起组织讨论会，专职人员与兼职人员必须定期召开TFT会议，专职人员每天开一次，兼职人员每周开一次。会议内容是向小组成员发布工作任务，分享信息，促进工作；对有困难的工作进行讨论，对需要支持的工作及时向有关领导汇报。

（3）上司报告会

每月举行一次上司报告会，主要是向公司领导汇报工作的进展情况，同时将难以决定的事项以及需要经费支援的工作提出来，让领导及时解决，以推进工作。上司报告会不需要公司全体员工参加，主要由相关部门参加。

（4）中间报告会

如果课题需要很长时间，那么中间应该召开一次成果发表会。一般来说，应该让全公司主管以上级别的人参加，介绍课题进展情况，引起大家注意，引起高层领导重视，使相关部门加强配合与支持。

（5）成果发布会

经过几个月努力，小组成员如期完成了任务，对公司经营改善做出了贡献，小组应该将成果按照要求总结出来，向经营革新部申报，经营革新部组织有关专家对成果进行认真审核与评价，然后组织一次由全公司主管以上干部参加的成果发表会。在发表会上，由组长发表成果，最好是做成投影，材料准备充分，对小组活动的各个方面都进行详细的介绍，特别是将有形成果与无形成果都总结出来。在发布会上，总经理应该给小组成员发奖，如果成果特别显著，最好组织一场答谢晚宴，感谢大家的辛勤劳动。成果发表后，小组解散，收回TFT牌由经营革新部保存。

**8.工作准备事项**

经营革新部应该为TFT工作人员安排好集体办公的场所，便于专职人员集中办公，同时要准备电话、传真、电脑、复印设备、办公用纸、白板等工作必备工具。如果要加班，还要解决好交通、生活等问题。此外，要制定TFT运营规则，对评价、奖励做出规定。

经营革新部重点抓好公司级的课题，及时监督检查，组织Follow Up会议，协调解决各种困难，促进工作顺利展开。

## 17.3 TFT运作管理规则举例

1 目的

×××公司（以下简称“公司”）为积极和有效地开展跨部门的攻关小组活动和以个别改善为中心的TPM活动，达到提升公司经营业绩和员工素质的目的，特制定本规则。

2 适用范围

本规则适用于公司的所有在职员工以及所组成的所有TFT。

3 用语定义

3.1 TFT（Task Force Team）

围绕某一主题而开展的跨部门攻关小组。

3.2 PJT（Project）

TFT围绕生产、质量、成本、安全等开展的攻关主题。

4 责任及权限

4.1 经营革新部

对TFT具有计划、管理、控制、调整、支持的责任。

1）制订、审核、决定TFT活动的推进计划；

2）主持公司TFT活动的授旗仪式（任命）、定期发表会及各种评比活动；

3）负责给评价委员会准备资料及组织评价委员会的运营工作；

4）对优秀TFT进行颁奖并通报表扬；

5）对成立的TFT进行注册登记，对TFT运作方式及方法进行培训和指导；

6）对TFT活动现况、实绩进行跟踪管理。

4.2 TFT组建原则

1）一般应遵循“部门协作、攻关为主”的原则，以生产、技术和管理岗位的骨干员工为主，围绕开发、生产、质量、成本、销售、物流、人力、安全、业务流程等课题，运用项目管理与统计技术等理论与方法开展跨部门的改善工作；

2）TFT设组长一名，干事一名（根据具体需要可另设书记员一名）；

3）TFT要做到“五定”——定课题、定目标值、定组织、定活动计划、定时间；

4）TFT要做到“五有”——有活动、有记录、有数据、有效率、有成果。

4.3 评价组织

TFT活动的评价组织为评价委员会，总经理负责TFT活动的总体推进并担任评价委员会主席一职。评价委员会具有对TFT的活动进行评价、确认的责任。

4.3.1 评价委员会委员由公司中层以上领导与相关专家担任，公司领导，经营革新部、计财部经理为固定成员。其他成员根据TFT课题性质，由经营革新部负责从评价委员会名单中抽调。对技术性很强的课题应邀请集团或其他公司专家参与评价小组，对该TFT成果进行评价。该评价委员会随着相应TFT活动的结束而解散。

4.3.2　评价委员会主席的作用

1）维持委员的参与率。

2）决定TFT评价委员的名单。

3）确保评价活动严肃公正地进行。

4）对严重不符合客观事实的结果有否决权。

5）公正地评价TFT活动状态。

4.4　相关部门的支持

1）对TFT提供各种必要的支援，包括人力、资料、设备仪表、资材工具等。

2）协助TFT小组更好地完成课题。

**5　业务程序**

5.1　TFT小组申请及成立

5.1.1　课题选定

1）公司级课题每年由经营革新部组织召开两次攻关课题研讨会（在半年度经济工作会议后一个月内）确定。参考TPI指标，研讨开发、质量、生产、成本、物流、安全、人力等方面在过去存在的问题和现在制约发展的要素。各部门选定关键课题，并相应申报组建TFT组织。

2）各部门也可依据日常工作中开发、质量、生产、成本、物流、安全、人力等方面在过去存在的问题和现在制约发展的要素，选定改善课题，并相应申报组建TFT组织。

3）课题要包括以下内容：

- 课题名
- 选题理由（附主题相关内容介绍）
- 设定目标及目标依据（责任到人）
- 现状把握
- 原因分析
- 制订对策计划及预算经费（一般一年以内）
- 对策实施
- 效果分析与比较
- 事后管理（标准化和后续改善计划）

5.1.2　组织结构

1）组织结构图以树型方式展开，并将主题目标分解且责任落实到个人。

①组长：应在攻关课题研讨会上选举产生或由分管副总委任，由公司中层以上管理人员或具有高级职称的技术人员担任。组长的主要职责：

A.设定小组工作进行方向。

B.掌握小组的活动过程。

C.帮助小组成员建立良好的人际关系。

D.负责工作中各部门之间的协调。

E.负责对小组成员的日常工作进行评价。各部门经理进行业绩评价时参考该员工在TFT工作中组长对其的评价。

F.负责对成果奖金的分配。

②干事：可在TFT内部会议上选举产生或由组长指定。干事的主要职责：

A.维持小组的履历管理，制作小组申请登记、变更申报、解体申报等相关文件资料。

B.负责召集组员进行研讨。

C.对组员的研究讨论、活动事项的全部内容做好记录。

D.跟组长协商编写小组活动的报告书（活动计划书、活动结果报告书）。

③组员：组员由组长与部门经理协商确定。若意见不统一，则由经营革新部初步协调，最终由评价委员会裁定。

2）申报的TFT应以书面形式将人员组织情况和课题设计书一并报于经营革新部。课题设计书的前六项应有改善方案及详细推行计划。经营革新部组织说明会对课题方案的可行性进行审核，经营革新部内部TFT方案可由分管副总进行审核。

5.1.3　TFT成立

对于经总经理和经营革新部审核通过的TFT，经营革新部将以任命书的形式进行授旗任命，并进行注册、登记、归档，并且未经评价委员会决议，TFT不得私自解散。没有登记的TFT被视为无效组织，不享受活动经费及成果奖励。

5.2　TFT运作

5.2.1　根据课题的重要性、紧迫性，将TFT各成员分为专职和兼职，并建立考勤评价体系，成员在课题攻关期间要以身作则、服从组长领导。对于影响TFT工作的特殊情况，如员工调离、业务变更等可报评价委员会进行确认，确认后可适当调整。

5.2.2　TFT运作流程

1）制订主计划：主计划是指TFT推进工作的总体计划。

2）现状分析：掌握目前的状况，收集与分析基础数据。

3）制订方案、计划：根据主计划和现状分析，制订出具体可实施的方案即TFT解决课题的详细计划，并对方案进行发表。

4）实施方案：针对课题改善内容，选定样板实施方案以观察效果。

5）验收：由评价委员会对TFT课题成果进行评价验收。

6）培训：由TFT成员对课题应用范围内的相关人员进行培训，使课题成果得到有效的应用。

7）标准化：将通过评价委员会审核的TFT成果标准化，使其成为通用标准。

8）推广实行：将TFT成果在全公司推广实行。

5.2.3 TFT活动记录

活动记录可通过讨论会、集中教育、个别指导等多种形式开展。讨论会要定期召开（会议日期由组长定为每周一次，必要时可以变更）。一次讨论会或活动完成后，组长及组员要认真填写《TFT讨论会记录表》，记录内容不能有空白，否则经营革新部不承认此次TFT讨论活动。经营革新部对TFT工作进行实时跟踪，把握开展进度与成果。

5.2.4 TFT教育

1）由经营革新部负责制订TFT年度教育计划，并组织实施。

2）经营革新部根据上一阶段活动目标进展情况，提前对TFT进行下一阶段的教育。

3）关于TFT运行方式的教育和指导工作由经营革新部负责进行。

4）评价委员会也有指导、教育TFT活动的责任。

5.3 TFT评价及发表

5.3.1 评价

1）TFT课题活动完成后要向经营革新部提交书面发表申请，经营革新部组织评价委员会对TFT课题活动进行评价和考核。

2）评价过程中各评委指出存在问题的事项并通报给相关部门进行跟踪改善。

3）对通过评价的TFT，经营革新部收旗，TFT自评价日起自行解散，成员各就原职，并随时准备加入下一个TFT。

4）对落后TFT的评价。

经营革新部检查TFT的活动时，如发现进展缓慢者、活动记录不全者，有责任对TFT活动进行指导及对人员进行调整。

5）对于确实由于各种原因（公司政策改变等）不能按计划完成任务或中断改善活动的TFT，经评价委员会审核确认后可给以适当调整。

5.3.2 发表

1）公司级发表大会根据课题完成情况随时举行，也可以集中发表。

2）在活动中，每两周对工作进行总结发表。各TFT对每月的工作进行分析、汇报、总结并对以后工作进行策划、制订计划，同时提出需要协助解决的问题，由相关部门进行支援。如遇到急需解决的问题，可随时召开发表会要求协助。

3）在发表内容中，TFT需针对各种评价指标进行改善前、中、后实绩数据的收集和对比，并绘制统计表。TFT要以条列式、重点式、具体化、数值化的方式对成果进行描述。

4）发表者原则上由各TFT组长担任，必要时可与经营革新部协商决定。

5）对发表内容的评价由TFT评价委员会负责。

5.4 TFT经费及投资预算

5.4.1 经费

TFT经费按周发放，但必须满足以下工作时间条件：旺季：周工作时间≥6小时。淡季：周工作时间≥10小时。假期：周工作时间≥20小时。工作时间填写在《TFT讨论会记录表》中。

经费申请由TFT向经营革新部提出，并附《TFT讨论会记录表》。经费按照150元/人·组·周的标准发放。经费作为小组活动用，不得发放到个人手中。对因加班而产生的交通费用（晚间8点以后），经组长审核后由组员所在部门按照差旅费报销。

5.4.2 投资预算

投资预算由TFT提出，经经营革新部、评价委员会、总经理审核并签字确认（审核在一周内完成并反馈给TFT）；由TFT按照公司采购程序进行。

5.5 TFT奖励

由经营革新部组织评价委员会对课题进行评价，根据贡献大小给予相应奖励。奖金以小组为单位发放，由TFT的组长负责分配：

特别奖：项目有形价值高于500万元的给予特别奖励，由评价委员会及总经理办公会决定，奖金高于金奖。

金奖：50 000元，评价分数在90分及以上。

银奖：30 000元，评价分数为80～89分。

铜奖：10 000元，评价分数为70～79分。

鼓励奖：3 000～8 000元，评价分数为60～69分。

发放奖金的同时，给TFT组员发奖励证书；奖励证书由人力资源部登记，作为业绩评价及晋升的参考。

## 6 记录管理（见表17-1）

表17-1 **记录管理**

| 序号 | 记录名称 | 填写 | 管理部门 |
|---|---|---|---|
| 1 | TFT注册登记表 | TFT | 经营革新部 |
| 2 | TFT讨论会记录表 | TFT | 经营革新部 |
| 3 | TFT发表会记录表 | TFT | 经营革新部 |
| 4 | TFT成果记录表 | 评委 | 经营革新部 |
| 5 | TFT课题任务书 | TFT | 经营革新部 |

TFT活动完成评价基准表范例见表17-2。

表17-2 **TFT活动完成评价基准表**

项目名称：____________

评价委员：____________

| 评价项目 | 评价基准 | | 等级分 | 分值 |
|---|---|---|---|---|
| 有形效果<br>（以年为单位的预计金额）<br>（40） | 1）500万元以上<br>2）300万～500万元（以50万元为单位得1分）<br>3）150万～300万元（以30万元为单位得1分）<br>4）50万～150万元（以10万元为单位得1分）<br>5）30万～50万元（以5万元为单位得1分）<br>6）不足30万元（以6万元为单位得1分） | | 特别奖<br>31～40<br>21～30<br>11～20<br>6～10<br>1～5 | |
| 无形效果<br>（10） | 1）安全、环境、品质、积极性或对外形象改善效果明显<br>2）以上任意项改善效果一般<br>3）以上任意项可以看出略有改善 | | 8～10<br>3～7<br>1～2 | |
| 目标达成<br>（15） | 与计划进度的符合性<br>1）超前（每超前10%加1分，实际得分的上限为13分）<br>2）完全符合（按时完成）<br>3）基本符合（延期10%以内）<br>4）不符合（延期10%以上） | | 11～13<br>10<br>9<br>7 | |
| | 目标值是否得到满足<br>1）超过（每超过10%加0.5分，上限为6.5分）<br>2）满足（目标10%以内，含10%）<br>3）不满足（每低于10%减0.5分，下限为3.5分） | | 5.5～6.5<br>5<br>3.5～4.5 | |
| 科学方法<br>（35） | 课题设定的有效性<br>（3） | 1）目的是否明确 | 0～1 | |
| | | 2）课题的大小是否合适 | 0～1 | |
| | | 3）与集团、部门、直属公司方针计划的关联性 | 0～1 | |
| | 现状分析水平<br>（7） | 1）现状分析的指标与目的的关联性 | 0～1 | |
| | | 2）指标推移情况是否明了 | 0～1 | |
| | | 3）是否从不同方面对指标进行了分析 | 0～2 | |
| | | 4）是否了解管理指标的偏差情况 | 0～2 | |
| | | 5）是否区别对待现状把握（对问题的分析）与原因分析 | 0～1 | |
| | 目标设定的合理性<br>（3） | 1）目标是否有挑战性（是否改善30%以上） | 0～1 | |
| | | 2）目标是否指标明确，表现形式易懂 | 0～1 | |
| | | 3）时间计划是否适当 | 0～1 | |
| | 解析能力<br>（8） | 1）是否充分列举了与指标相关的原因 | 0～2 | |
| | | 2）对原因是否进行了必要的筛选 | 0～2 | |
| | | 3）对筛选出的原因是否进行了调查验证 | 0～2 | |
| | | 4）对调查清楚的事项是否进行了总结 | 0～2 | |
| | 对策研究和实施有效性<br>（3） | 1）针对筛选出的原因是否制定了有效的对策，对策项目是否整理成表 | 0～1 | |
| | | 2）对实施的对策是否进行了具体描述 | 0～1 | |
| | | 3）是否清楚各对策项目的有效性 | 0～1 | |
| | 效果是否有效确认<br>（3） | 1）改善效果是否得到确认 | 0～1 | |
| | | 2）是否明了对策措施的效果 | 0～1 | |
| | | 3）对策措施有无其他不良影响 | 0～1 | |
| | 标准化能力<br>（8） | 1）标准化是否已实施 | 0～2 | |
| | | 2）是否通过教育培训做到 | 0～2 | |
| | | 3）维持改善效果的方法是否已确定 | 0～2 | |
| | | 4）效果的维持是否能够得到确认 | 0～2 | |
| 合计 | | | 100分 | |

注：有形效果必须由计财部确认。

# 17.4 TFT课题案例

## 降低起重机发动机罩材料成本

部 门：模具工作中心

制作人：刘利

日 期：2017年3月18日

一、改善团队成员

团队成员信息见表17-3。

表17-3 团队成员信息

| 姓名 | 工号 | 部门 | 主要职责 |
|---|---|---|---|
| 刘利 | 29495 | 制造部 | 制订计划，组织活动 |
| 戴向 | 21001689 | 制造部 | 参与改善工作 |
| 卢长 | 29903 | 制造部 | 参与改善工作 |
| 陈标 | 39060089 | 制造部 | 参与改善工作 |
| 贺建设 | 301004 | 质保部 | 质量检测 |

二、课题改善步骤与流程

课题改善步骤与流程如图17-1所示。

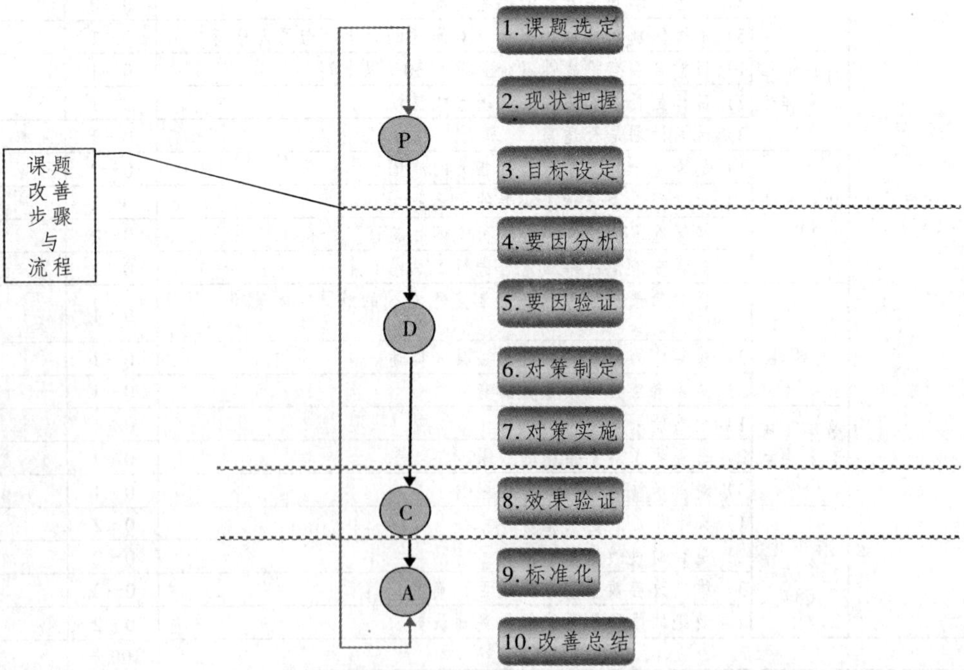


图17-1 课题改善步骤与流程

三、改善的过程与具体工作

1.课题选定

本班组的制造成本主要来源于材料成本，为响应公司降低制造成本的政策，我们对本班组主要产品的材料材质进行分析，见表17-4。

表17-4 材料材质分析

| 产品种类 | 大件产品名称 | 月需求数量（件） | 拉延深度 | 板料材质 |
|---|---|---|---|---|
| 挖机 | 右侧内、外板 | 600 | 拉延深度：较深 | 1.6mm/DC06 |
| | 左侧内、外板 | 600 | 拉延深度：较深 | 1.6mm/DC06 |
| | 门内、外板 | 600 | 拉延深度：较深 | 1.6mm/DC06 |
| | 左侧前部内、外板 | 600 | 拉延深度：较深 | 1.6mm/DC06 |
| | 天窗壳体 | 600 | 拉延深度：较浅 | 2.0mm/Q195 |
| 泵车 | 门框 | 650 | 无拉延 | 3.0mm/Q235 |
| | 门板 | 650 | 无拉延 | 2.0mm/Q195 |
| 起重机罩 | 发动机罩尾 | 600 | 拉延深度：很深 | 1.5mm/DC04 |
| | 左右门体 | 1 200 | 拉延深度：较浅 | 1.2mm/DC06 |
| | 扶栏面板 | 600 | 无拉延 | 1.5mm/Q195 |
| | 封板 | 600 | 无拉延 | 2.0mm/Q195 |
| 拖泵 | 侧门 | 1 200 | 无拉延 | 1.5mm/Q195 |
| | 尾罩 | 300 | 拉延深度：很深 | 1.6mm/DC06 |
| 路机 | 左右侧板 | 15 | 拉延深度：较深 | 2.5mm/DC04 |
| | 左右门框 | 15 | 无拉延 | 2.0mm/Q195 |
| 港机 | 泥罩 | 15 | 无拉延 | 6.0mm/Q235 |
| | 灯罩板 | 15 | 拉延度：较深 | 2.5mm/DC04 |

从表17-4中可以发现，起重机发动机罩左右门体拉延较浅，但生产此产品的钢板却是1.2mm（DC06）材料，可以将其作为重点改善课题进行改善。

2.现状把握

车身公司现使用的钢板压制发动机罩左右门体可行性分析见表17-5。

表17-5 现有钢板压制发动机罩左右门体可行性分析

| 现有钢板材质 | 可行性 | 经济性 | 备注 |
|---|---|---|---|
| DC06 | ○ | × | 可行性好，经济性较差 |
| DC04 | △ | △ | 可行性一般，经济性一般 |
| Q195 | × | ○ | 可行性较差，经济性好 |
| Q235 | — | — | 为热轧钢板，无法压制 |

注：“×”为1分；“△”为3分；“○”为5分。

3. 目标设定

经过分析可以使用其他经济性较好的钢板替代DC06钢板，改善目标设定如图17-2所示。

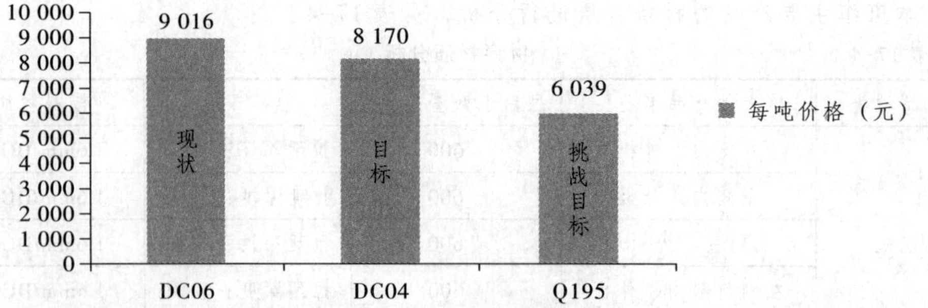


**图17-2 改善目标设定**

4. 要因分析

（1）材料试验结果

现将DC06材料分别更换成DC04和Q195材料进行压制试验。DC04材料：产品加强筋部位暗裂。Q195材料：局部起皱、拉裂。小组成员对两种材料压制情况进行分析后，决定向我们的挑战目标即使用Q195材料压制此产品进行改善。

（2）要因分析

要因分析如图17-3所示。

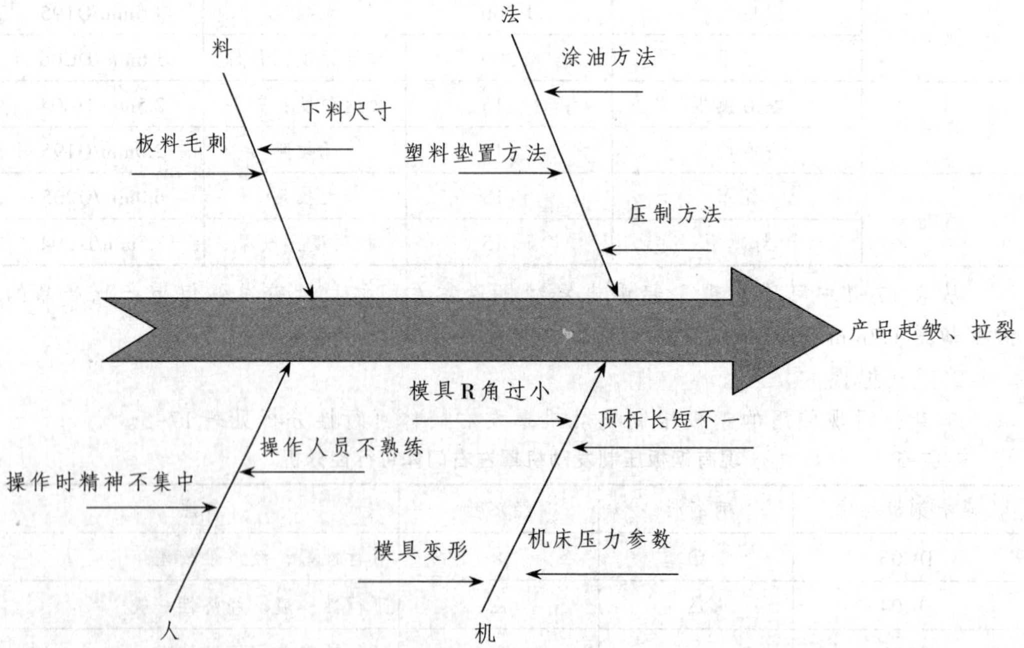


**图17-3 要因分析**

5. 要因验证

要因验证的内容见表17-6。

表17-6 要因验证

| 方面 | 问题点 | 关联性 | 重要性 | 是否要因 | 问题点分析 |
|---|---|---|---|---|---|
| 人 | 操作人员精神不集中 | 1 | 1 | 1 | 上班前观察员工精神状态，并进行宣贯 |
| | 操作人员不熟练 | 1 | 3 | 3 | 对操作人员进行培训 |
| 机 | 模具变形 | 1 | 1 | 1 | 装模前，对模具凸凹模上下模板进行固定 |
| | 机床压力参数 | 5 | 5 | 5 | 机床主缸压力为18Mpa，副缸压力为3Mpa，副缸可进行调整 |
| | 顶杆长短不一 | 3 | 1 | 3 | 对顶杆进行检测，保证顶杆长度一致 |
| | 模具R角过小 | 5 | 5 | 5 | 在保证产品有效外形尺寸的前提下，微调凸凹模R角 |
| 料 | 板料毛刺 | 3 | 1 | 3 | 对板料去毛刺处理 |
| | 下料尺寸 | 5 | 5 | 5 | 调整下料尺寸 |
| 法 | 压制方法 | 3 | 3 | 3 | 严格按作业标准进行操作 |
| | 塑料垫置方法 | 5 | 5 | 5 | 更改垫置塑料方法 |
| | 涂油方法 | 1 | 1 | 1 | 长度方向进行打油 |

通过验证可知，机床压力参数、模具R角过小、下料尺寸、塑料垫置方法是改善的主要因素。

6.对策制定

对策制定的内容见表17-7。

表17-7 对策制定

| 技术问题 | 要因 | 具体对策 |
|---|---|---|
| 产品拉裂、起皱 | 下料尺寸 | 调整产品下料尺寸，长度尺寸由原来的1 495mm调整为1 505mm，宽度尺寸由原来的1 200mm调整至1 250mm |
| | 塑料垫置方法 | 由凸模表面不垫塑料、只在产品表面垫一层塑料改为凸模表面垫一层塑料、板料表面垫一层塑料 |
| | 机床压力参数 | 调整副缸压力，由3Mpa调整为4.5Mpa |
| | R角过小 | 产品有效部位成型筋磨顺、抛光、淬火，拉延筋R角由原来的R4修改为R5 |

7.对策实施

①对下料尺寸和塑料垫置进行改善。改善前：凸模表面不垫塑料，只在产品表面垫一层塑料。改善后：凸模表面垫一层塑料、板料表面垫一层塑料。经测试，达到同样的效果。

②机床压力参数进行调整。调整前主缸压力为18Mpa，副缸压力为3Mpa；调整后主缸压力为18Mpa，副缸压力为4.5Mpa。通过调整，达到拉延要求。

③模具拉延筋进行调整。拉延筋R角由原来的R4修改为R5。产品有效部位成型筋磨顺、抛光、淬火。

8.产品质量验证

①Q195材料经过质检员验证，品质达到企业标准。

②成本对比：

使用DC06材质钢板的月生产成本见表17-8。

表17-8 **DC06材质钢板月生产成本**

| 产品名称 | 单台套需求量 | 板料尺寸 | 原材料张数 | 原材料费用（元） | 月需求量（张） | 月费用合计（万元） |
|---|---|---|---|---|---|---|
| 发动机罩左门体 | 1 | 1 250mm×2 500mm | 1 | 263.718 | 600 | 31.6461 |
| 发动机罩右门体 | 1 | 1 250 mm×2 500 mm | 1 | 263.718 | 600 | |

使用Q195材质钢板的月生产成本见表17-9。

表17-9 **Q195材质钢板月生产成本**

| 产品名称 | 单台套需求量 | 板料尺寸 | 原材料张数 | 原材料费用（元） | 月需求量（张） | 月费用合计（万元） |
|---|---|---|---|---|---|---|
| 发动机罩左门体 | 1 | 1 250mm×2 500mm | 1 | 176.64 | 600 | 21.1968 |
| 发动机罩右门体 | 1 | 1 250mm×2 500mm | 1 | 176.64 | 600 | |

年合计节约成本见表17-10。

表17-10 **年合计节约成本**

| DC06钢板 | Q195 | 节约成本 | 计算方法 | 挑战目标 |
|---|---|---|---|---|
| 9 016元/吨 | 6 039元/吨 | 2 977元/吨 | 1.2mm钢板每张重量=1.2×1.25×2.5×7.8=29.25（千克）<br>以起重机月产600台算，总重量=29.25×1 200（每台2张）=35 100（千克）=35.1（吨）<br>月节约成本=35.1×2 977=10.45（万元）<br>年节约成本=10.45×12=125.4（万元） | 通过改善达成年节约成本125.4万元的目标 |

9.标准化

TFT在达成目标后必须对工艺参数、操作方法、使用材料等进行标准化。本案例最后通过技术中心下发技术文件，用Q195钢板完全替代DC06钢板。

10.改善总结

①只要我们多一份发现问题的细心和自己能够改善问题的信心，改善就会无处不在。

②人人都有改善的能力，事事都有改善的余地。

③相信团队的力量。

# 第18章 培训与经营革新活动

企业的发展依靠“人才培养和最大限度发挥人才的能力”来实现。前面讲的TPM活动是以建立技术进步、设备高效使用、管理不断持续改善的企业体制为目的，这需要很多生产和业务方面的人才才能实现。大部分企业为适应生产技术技能的不断提高，注重员工的技术技能教育，在建立个人能力开发和培训体系方面投入了很大的精力。GE为了推进6σ革新战略，于1996年投入2亿美元培养1 000名黑带和黑带师，1997年又投入2.5亿美元培养4 000名黑带和黑带师以及6 000名绿带。这些企业为革新工作做的培训，每投入1元钱将会产生30元以上的效益，因此它们从不吝啬在员工身上花钱。任何企业的革新都是从导入教育开始的，尤其重视实践教育，在整个革新过程中几乎每一步所做的工作都是教育，因为它们深知：培训=变化。培训做好了，革新就成功了一半，因此，搞革新先培训。

## 18.1 培训是手段而不是目的

重视培训工作是革新的先导。培训在改变员工观念，达成统一思想、统一认识方面起到特别重要的作用。培训也是形成做事方法、提高工作效率的重要途径。但是，企业毕竟不是学校，而是营利组织，企业开展培训的核心是培养员工从事业务的能力，使员工能够“正确地做事”，这样可以减少浪费，提高管理效能。因此，从本质来看，培训不是企业的目的，只是一种达到企业目的的手段。但是，这种手段太重要了，从事经营革新事业的企业不能不高度重视它。GE的CEO每周都要亲自给公司的高级员工授课，其他优秀的公司总裁们都有过这样的经历，在一家优秀的公司中，每个中层以上的主管都应该是培训师。韩国三星集团经营革新成功的经验，首先是培训一个革新的精英层，使他们成为专家与讲师，然后这些专家与讲师再进行层层培训。从总社到分社到工厂都有自己的培训师，并且都是兼职的，他们既有大量的实践经验，又有深厚的理论功底，在培训时能够迅速地融入当今最优秀的管理成果，开发出最适合本社的管理技法，形成体系，从而达到少花钱多产出的目的。因此，企业要研究培训的针对性与有效性，不要为培训而培训，要为盈利而培训。

基本方针：

（1）通过对员工能力的开发，使其更好地服务于公司，从而实现教育培训的目的。

（2）教育培训是以员工的自身开发教育和岗位培训为基础的教育。

（3）公司鼓励和支持员工通过自身开发提高素质。

（4）教育培训的最终责任由员工所在部门的直属上级承担。

（5）基本教育以各技能为体系运行，以管理者的教育为中心，培养员工的经营管理能力、组织开发能力和技术操作能力。

（6）教育培训以现实需要为基础，以未来为导向，对教育制度和课程进行改善，实现专业化教育。

（7）教育培训和人力资源管理紧密结合，以人力资源的开发为综合目的。

教育培训的目标：培养一支满足现代化企业经营需要的高素质的员工队伍，具体包括：

（1）具有创造性的经营者。

（2）具有高品质、高水准、高素质的工作者。

（3）有能力的管理者。

（4）具有专业知识的生产者。

## 18.2 培训体系

培训是企业一项重要的经营性工作，因为培训费用的投入可以产生非常可观的经济效益。现代企业的员工也将有没有培训机会作为就业选择的一个条件，因此比较规范的企业一般都建立比较规范的培训体系，有些企业还成立了培训学院。当然，按照职能划分，开展培训是人力资源部的一项基本工作，但是培训并不只是人力资源部的工作，也是各个部门的工作。一般而言，人力资源部为企业的培训主管单位，其他部门为培训的实施部门。有些企业将培训学院独立出来，专门为本企业和战略伙伴培养人才。一个集团公司一般形成三级培训体系：集团人力资源部作为企业培训的最高主管单位，负责集团高级员工的培训，以及新员工的入社教育培训；子公司人力资源部负责各自公司员工的培训管理工作；各个职能部门负责岗位技能培训。培训的内容一般分为入门教育、技能补修（研修、岗位）教育、个人发展教育以及专项教育。

### 18.2.1 培训组织与分工

#### 1.培训主管部门

由公司人力资源部负责从培训的计划、实施直至综合报告的全公司性的教育培训工作，即人力资源部对本公司的教育培训具有计划、实施、调整、控制、支持、管理的责任。具体来说，应履行以下职责：

（1）制定中长期教育策略。

（2）按年度制定本公司教育目标、方针及综合报告。

（3）按年度确定全体员工教育的必要性，制订计划，进行成绩管理及综合报告。

（4）制定教育制度，研究实施方法及改善策略。

（5）制定全公司教育预算并执行。

（6）在全公司内研究教育培训内容及实施教育。

（7）管理全公司员工的教育档案。

**2.培训责任部门**

培训责任部门指对相应部门人员及业务相关人员具有教育责任的各个部门。具体职责如下：

（1）对部门人员有教育的责任。

（2）确定部门人员教育的必要性。

（3）制订部门的教育计划，并负责实施，进行结果分析及事后管理。

（4）制定部门的教育预算并执行。

（5）对部门人员进行资格认定管理并进行教育。

（6）对新员工、职务变更者进行教育。

（7）管理各部门教育记录。

（8）管理员工个人的教育履历表。

**3.教育实施者**

一般应有两个系列的教育实施者：一是由培训主管部门选任的人员，称为公司内部讲师。公司领导以及中层干部理所当然是公司的内部讲师，部分优秀的专业员工尤其是公司培养的黑带、绿带都应是公司的内部讲师。二是公司外聘的专家。

### 18.2.2 教育培训内容

职工教育分为入门教育以及技能补修教育。技能补修教育包括职级教育、岗位培训（On the Job Training，OJT）和自身开发教育。

**1.入门教育**

入门教育主要面向新招聘人员，包括应届大学毕业生以及社会招聘人员，教育目的就是要将新进员工培养成为认同公司文化的企业员工。培训时间一般应达到4周左右。教育内容应包括：基本教育，包括企业歌曲、助威口号、体操等；商务礼仪教育，包括新职业观、服装、举止、顾客对应、公共礼仪、电话礼仪、业务礼仪、国际礼仪等；合理的思考方法教育，包括问题及问题意识、问题分析、议事决定分析、潜在问题分析、情况分析等；公司经营方式教育，包括总裁新年致辞、公司的挑战与创业史、经营理念、企业精神、组织文化等；经济形势教育，包括经济的现状与未来、先进企业的顾客满足经营、顾客与市场变化、对国际金融的理解等；修养讲座，包括参观、文化探访等；实习体验，包括社会义务活动、企业经营实战演练、市场调查、访问各个公司、岗位实习等，以小组活动（小组讨论、小组间竞赛、小组自治生活）方式展开。

入门教育的内容还应包括公司各种管理标准。各部门教育主管以相应部门人员为对象，为使其正确理解本公司经营标准（手册、规定、标准书等）的内容，并灵活地运用在业务上，针对与其业务相关联的标准制订相应的教育培训计划。

对入门教育应该建立评价制度，对新员工的薪资等级做出评价，对其发展方向做出评估与鉴定，给予其从业指导，便于其规划职业生涯。

**2.技能补修教育**

技能补修教育分为职级教育、岗位培训和专业技能教育。

（1）职级教育

职级教育分为基本过程和培养过程，是以新员工及相应年度新任升职者为对象，以加深其对本身任务和作用的认识为目的的教育体系，如新任部长教育、新任课长教育、新任班（组）长教育、新员工教育等。

基本过程：培训主管部门以全公司或部门为单位，制定教育课程，在公司内外以集体形式实施，或派遣员工到国内外专门机构参加教育培训，适用于专业技术、技能变化或发展时，各种标准、组织结构等变更时，因员工派遣、委托教育、出差（国内、国外）等需要职务及业务代理者时，需要实施其他职务教育时。

培养过程：以提高相应职级所需要的知识和自我素质及评价为目的的各职级教育培训。

（2）岗位培训

由部长负责，通过个别指导及现场活动，对员工在职务履行中需要的知识、技能、个人形象等进行有计划、有组织的培养，以课或部为单位实施。

岗位培训包括：①新员工岗位培训。②工人岗位培训。③班组长岗位培训。④课室管理人员岗位培训。岗位培训以专业技能教育为核心展开。

（3）专业技能教育

专业技能教育由培训责任部门实施，目的是使受教育者掌握专业知识，培养相关理论的实践能力，提高相关业务的解决能力。所谓技能就是对业务的处理能力，在掌握各种知识的基础上能够形成条件反射型（不用思考）的能力，并且能够长期维持。对异常现象的反应时间越短，其能力越突出。这些需要丰富的技能和经验、信息的积累才能够正确判断和行动。这些技能是在接受好的教育和指导以及本人强烈的成就欲望的基础上实现的，也称为"体会"。这里的重点是为达到"体会"的高度进行教育的方法。人的技能水平分为5个层次，具体为：

◎ 水平0　不知道（没有学习）：知识不足

● 水平1　只是理解，但不能讲解

△ 水平2　理解了并能够做一些改善

□ 水平3　有信心做好：进入体会状态

○ 水平4　能够教育别人（确实成为自己的知识），帮助别人理解

制造企业特别强调培养专家型管理人员，其专业技能教育包括：工业管理（Industrial Engineering）教育，需要掌握现场改善活动、现场的5S活动、损耗分析及定量化等技能；价值管理（Value Engineering）教育，以提高产品质量、降低成

本为目的，通过产品、规划、设计开发、生产管理、采购、生产技术等领域来实施；全员生产保全教育，即通过自主保全、计划保全、个别改善活动，使设备综合效率最大化，为实现故障率最低、不良品率最低、灾害率最低，以操作者、管理者、促进者为对象，与基础理论、促进技术、保全技术等相关的教育培训。

制造企业尤其要培养设备方面的专家，对高新技术设备的操作者和担当保全者的能力要求如下：

①对操作者的最低要求。

能够正确进行操作和调整，并具备下面5种能力，对设备能够像自己大脑的一部分那样灵活运用。这些能力需要通过现场的教育训练和自主保全活动或个别改善活动以及品质保全活动得到培养。

A.发现和改善设备不合理点的能力：

• 能够发现设备的不合理点。
• 理解注油的重要性、正确注油的方法和注油确认方法。
• 能够理解清扫的重要性及正确清扫的方法。
• 理解防止切削粉末、冷却用品飞溅的重要性，并能够进行防止飞溅的改善。
• 能够自觉复原或改善发现的不合理点。

B.理解设备功能和结构，发现造成异常的原因的能力，包括：

• 理解结构上需要注意的事项。
• 能够进行维持性能的清扫、点检。
• 知道判断异常的基准。
• 知道异常发生的因果关系。
• 能够正确判断停止设备的必要性。
• 能够进行简单故障的诊断。

C.理解设备和品质之间的相关关系，预知和发现品质异常的因果关系的能力：

• 对现象能够进行物理方面的分析。
• 了解品质特性和设备之间的相关关系。
• 理解设备的静态、动态精度需要维持的范围，并能够进行点检。
• 了解造成不良的因果关系。

D.修理能力：

• 能够进行零部件的更换。
• 能够判断零部件的寿命。
• 能够追踪故障发生的原因。
• 能够采取应急措施。
• 能够分解点检。

E.对自己业务范围内的不合理点单独或与相关部门协商进行改善的能力：

• 能够注意作业当中的浪费现象，缩短清扫、注油、点检、准备、调整时间。
• 能够对故障、瞬间停止采取预防措施。

- 能够进行预防更换切削工具的损失和延长切削工具使用寿命的改善。
- 能够进行预防速度损失方面的改善。
- 能够进行预防品质发生不良的改善。
- 能够进行预防顺序损失方面的改善。
- 能够进行设备和操作的安全方面的改善。

②对保全担当者的要求。

生产力、品质、安全等方面的好坏通常取决于设备的好坏，所以必须提高设备保全方面的技术能力。为了适应这一要求，保全担当者应该具备如下能力：

A.能够掌握设备正常运转、日常保全方面的知识。

B.能够判断设备的正常及异常状态。

C.能够对异常进行原因分析及采取正确的复原方法。

D.能够增强设备和零部件的可靠性、延长寿命和防止故障。

E.能够提高设备的保全性能，缩短设备的维修、复原时间。

F.具备设备诊断能力，并能够灵活运用和进行标准化。

G.追求活动的经济效益最佳化。

伴随设备的先进化和自动化，为适应在安全、无公害、节约能源和提高品质方面的更高要求，必须拓宽品质保证、设备生产良品条件和保全措施的活动范围。为确保保全担当者的技术、技能，应结合社会教育建立和推进适合本公司的教育培训体系，将以下项目作为重点：

A.培养设备方面的精通人员。

a.培养具有较高技能和解说力的保全担当者；

b.设置保全技能研究所，培养设备方面的精通操作者；

c.通过派遣研修人员去先进公司学习的方法培养专业能力。

B.培养业务精干人才。通过自主保全阶段和以OA教育为中心推进。

C.建立人力开发系统。重点展开必修技能的培养和资格的认定，确保生产力的提升。

D.自我开发教育，即为了员工的自身发展或与职务相关的能力开发，在公司有计划的支持下，通过员工自发性的努力进行的教育培训。想要培养适应先进设备管理需要的人才，除了教育培训，创建良好的学习环境、自我开发的氛围尤为重要。在采用OJT教育难以出效果的方面，可重点采用“专门教育”“在岗培训”的方式进行培养，同时要考虑学习人员的接受能力。

可以在自主保全活动中分阶段展开教育，也可以通过个别改善活动进行教育。OJT的重点是自我开发模式，通过体会与感受提升实践能力。教育者应该成为及时判断学员体会程度，相应强化好习惯、消除坏习惯的优秀指导者。另外，在OJT当中需要重视的是，监督管理者应该判断员工个人的技能，分配适当的业务，通过业务帮助其成长，同时提高自己的监督管理技能。自我开发教育的重点在于员工根据自己的业务志向来确定学习方向，尤其是对外语、信息技术以及新知识的研修。

### 18.2.3 教育评价

培训主管部门必须依照教育目标，对所有的教育培训课程的实施结果进行评价和分析。必要时，可根据培训计划书上记录的评价方法进行评价。

评价分类：①学习成绩评价：为了测定参加教育的人员对所学内容的掌握和理解程度，对需要的科目进行测试评价。②态度评价：对参加教育人员的学习出勤率及听课认真情况等进行评价。

评价方法：按照教育课程的特点，事先确定主题，从笔试、报告书、观察及面谈等方法中选择适当的方法进行综合评价。对委托教育的评价可以用公司外部教育结果报告书、结业证等代替。

培训主管部门负责人认为评价结果未达到教育目的时，应按照相关程序实施再教育，直到达到教育目的为止。

各部门部长，根据有关教育记录，对部门相应的人员是否有能力执行必要任务进行判断，如认为有必要，可按照相应的规定实施再教育。

### 18.2.4 事后管理

**1.教育结果的运用**

参加外部委托教育者，必须在教育结束后5日内提交公司外部教育结果报告书，经培训责任部门负责人认可后，提交给公司培训主管部门确认。

由公司培训主管部门管理委托教育结业人员的教育履历表。

委托教育结业人员必须进行转达教育，并将结果记入教育结果报告书。

教育结果应记入个人教育档案加以管理，并作为以后人事考核、晋级、升职的依据。

教育资料应做好保存并作为下一期教育的参考。

各培训主管部门实施教育后，分析综合教育结果，根据此分析结果制订下期教育计划，并对资料进行补充、保存。

各培训责任部门在实施教育后，应将教育分析综合结果向公司培训主管部门通报。

公司培训主管部门综合分析当年度教育结果后，形成教育结果报告书，向副总经理报告。

**2.记录管理（见表18-1）**

表18-1 痕迹管理记录清单

| 序号 | 记录名称 | 记录部门 |
|---|---|---|
| 1 | 教育日志 | 培训主管部门 |
| 2 | 公司外部教育参加申请书 | 培训主管部门 |

续表

| 序号 | 记录名称 | 记录部门 |
|---|---|---|
| 3 | 自律学习计划、记录书 | 培训主管部门 |
| 4 | 文书教育识别表 | 培训主管部门 |
| 5 | 职级教育计划 | 培训主管部门 |
| 6 | ×××教育计划 | 培训主管部门 |
| 7 | 公司外部教育结果报告书 | 培训主管部门 |

## 18.3　培训方法与技巧

企业培训效果不好，尤其是针对性较差，主要原因之一是企业内部讲师没有经过很好的培训，在培训技巧与方法上有所欠缺，工作积极性不足。下面对内部讲师授课技巧做一些探讨，供参考。

首先做自我测试，看你是不是合格的讲师。以下是在培训中经常遇到的一些现象，依照以下标准做自我评价（若回答与每一题后的答案相符，得1分；若相反，得0分），如果评价结果不佳，请想办法改善自己：

（1）我认为超时上课没关系，因为目的在于多给学员知识。（否）

（2）我尽量让学员看出我因无法100%地把知识传授给他们而着急，以期增强培训效果。（是）

（3）即使下课铃响了，我也要力求把内容讲完，因为完成教学任务、善始善终是最重要的。（否）

（4）即使是不太明确的知识，我还是要讲给学员，因为抛砖引玉是讲师的重要职责。（是）

（5）我认为讲课不需要辅助资料，因为学员能消化当堂的内容已实属不易。（否）

（6）讲课没必要指出重点，因为学员应该自己归纳出重点和结论，这样的学习才有意义。（否）

（7）讲师应该有威严，地位要在学员之上。（否）

（8）我喜欢离开讲台到学员的桌前讲课，因为离学员越近，讲课效果就会越好。（是）

（9）我很少给学员发言的机会，因为与其听学员讲，不如听讲师讲。（否）

（10）我不喜欢用视听材料，因为这容易分散学员的注意力。（否）

（11）我经常说些与课堂无关的话题，因为这样有助于调节课堂气氛。（否）

（12）学员反应不好时，我就讲不下去，因为学员不想听，讲也没有用，不如不讲。（否）

(13) 为了活跃课堂气氛，我喜欢和学员开玩笑、逗大家乐。(是)

(14) 学员之间发生争论时，我不会去干涉，因为争论有助于培养学员解决问题的能力。(是)

(15) 如果学员对我讲的内容不感兴趣，我会想尽一切方法使学员笑起来。(是)

评价结果判定标准：

13~15分：优秀讲师。

10~12分：良好素质。

7~9分：一般素质。

4~6分：需要提高。

1~3分：素质较差。

总之，要想培训取得很好的效果，必须研究成人教育的特点，既要掌握成人学习的特性并加以运用，又要掌握基本的授课技巧及要领，还要掌握成人教育常用的教学方法与培训技巧。

### 18.3.1 影响培训效果的因素

影响培训效果的因素有很多，主要可以归纳为四个方面，即讲师、学员、教材、环境。其中最主要的因素还是讲师，讲师就像乐队的指挥一样，指挥的能力、水平决定乐队的水平，全体学员的学习情绪、心力全靠讲师掌握，一堂课下来让全体学员都感到轻松愉快、有所得是一件很不容易的事。因此，讲师必须很好地修炼自己的“内功”。

**1.讲师**

讲师就是利用自己丰富的经验和有效的方法帮助学员增强学习效果的人。现代企业的讲师，仅仅知道“传道、授业、解惑”是不够的，他应该是学员的助手、学习的促进者、课堂气氛的活跃者。讲师要对学员负责，对组织负责，对自身负责。一个优秀的讲师会受到学员的信赖、爱戴与尊重，会给学员以深刻的影响，对社会的贡献也很大，因为企业员工可以将所学立即运用于创造价值的经营管理中。因此，讲师责任重大，讲师的责任心、能力水平决定了培训的效果。

这里要强调一点，讲师为人师表，要特别注意以下事项：

①挫伤自尊心和人格的话不能说；

②有浓厚的宗教色彩的话不能说；

③预示暴力或轻视生命的话不能说；

⑤无视地方固有风俗的话不能说；

⑥对职业有偏见的话不能说；

⑦讽刺身体、精神缺陷的话不能说。

**2.学员**

成人学员一般都有较为广阔的知识面以及丰富的经验，或者因为工作繁忙，对新知识、新技术、新技能的了解和掌握不全面，或者因为换岗位面对一个不太熟悉的领域而需要研修。他们的学习时间是有限的，因此特别希望通过参加培训有所收获，掌握新知识，提高自己的能力。成人有独立的思想，对事物有自己的理解，理论联系实际的能力很强，对所学的内容往往很容易拿过去的知识经验去衡量、比较，因而影响学习效果。因此，在培训时增强互动、促进相互交流，效果会更好，尤其是肯定学员的思想很重要，最好能使学员衔接以往经验，引发创造性思维，对新知识加深理解，激发新的创造动力。成人学习还有一个特点——往往学而时“忘”之，讲师要能够强化内部、外部的刺激，激发其学习动机，充分调动其学习的热情。成人学习往往欠缺耐心，坐不住，接电话、想其他事、走神是常有的事，因此培训宜采用封闭形式进行。

**3.环境**

培训应该在比较庄重的场合进行，一般来说企业都应建立专门的培训室，简洁雅致，灯光柔和，音响设备、白板、投影设备一应俱全，座椅舒适。从培训的效果来看，上大课效果差，上小课效果好，一般以20~30人为佳，场地的大小最好为2平方米/人，分组讨论时场地的大小为3平方米/人比较合适。教室的设置以正方形为佳，座位安排少于30人时，“U”形为佳，超过30人时，可循传统方式。座位安排宽度为白板的3倍、长度为白板的4倍较好。报告型座位安排方式，若人员很多，拥挤不堪，一般说完就忘，基本上没有效果，因此应该避免这种没有交互的方式。

**4.教材**

教材也是影响培训效果的一个因素，培训教材的文字一般不应特别多，内容的重点必须突出、条理清晰，是学员真正想知道的新知识，即使是常用知识，如果理解更深刻、范围更大，能看到平常人看不到或者不清楚的地方，而且通俗易懂，效果一样好。教案应力求图文并茂，文字简洁，多以图表、案例显示，这样容易使人印象深刻，效果良好。

### 18.3.2 授课基本技巧

**1.目光交流**

培训时讲师与学员的目光交流是十分重要的。前面讲到学员为20~30人时效果好，其中一个原因就是讲师能够全面“照顾”到每个学员，能够与学员保持近距离的目光交流，从学员的眼光中可以看出自己讲的内容学员是否懂了，讲得是否快了，是否深了……总之，能够很好地通过目光交流来把握课堂是讲师应具备的一项基本功。如果对学员的表情视而不见，只顾自己讲，那肯定是不成功的。如图18-1所示，一个讲师在上课时应照顾到不同位置的每个学员，让对方都感到你很重视他，这样效果会很好。

**2.站立的姿势与习惯**

站立的姿势很重要，讲师一般不应坐着讲，坐着肯定“看”不到每个人的举动，

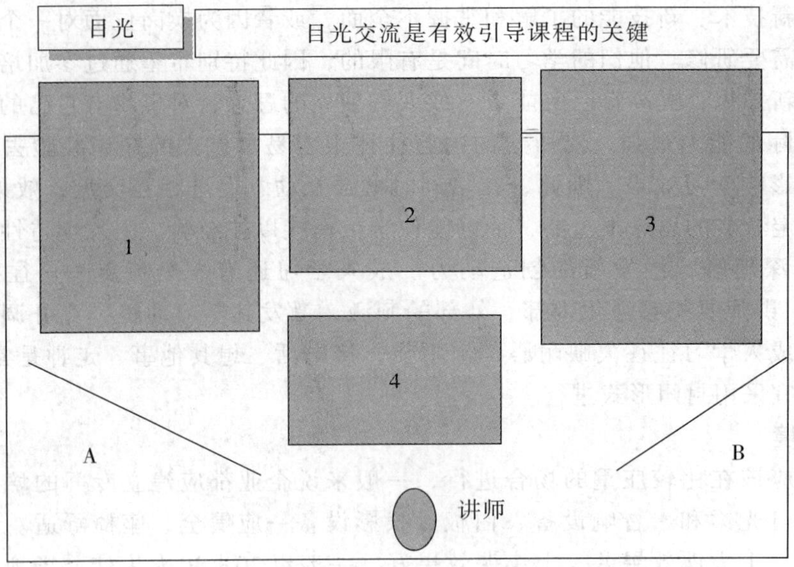


图18-1　培训室模式图

掌握不了学员的听课状态，也是准备不充分的表现。因此，正规的培训，讲师宜站着讲课，站在台上可以根据内容的需要配以手势，有投影时也应面对学员，不宜总看着投影。

讲师在培训中应避免出现一些不好的姿势：自大的态度，如把手背在身后、身体向后仰、把手放在口袋里、把胳膊交叉在胸前等；心虚的态度，如搓手、耸肩、回避学员视线、把手撑在桌上等；轻浮的态度，如摇晃身子、拉手关节发出响声、视线不稳定、手东摸西摸等。这些都是不雅、不合适的姿势。

**3.认真备课**

认真备课是上好课的关键，不做好准备不要上台讲课，否则可能会出现以下现象：紧张冒汗、嘴发干、看不见教案、忘记讲课顺序、想快点结束、看不清学员的反应、后颈部疼痛、腿抽筋、讲话缺乏逻辑、重复说过的话等。避免出现以上情况的对策就是彻底备课、事先练习讲课、准备详细的教案。

**4.时间管理**

讲课时原则上必须在规定的时间内完成，时间不够时应省略非重点内容或者稍加快语速，也可以留一部分内容下次课再讲，或者请学员回去自学，否则，拖延时间容易令学员产生反感情绪，影响效果。当时间富余时，可以举例说明重点、提问所学内容、做简单的测验，也可以让学员发表感想，这样就达到了巩固所学内容的效果。

**5.板书（如图18-2所示）**

**6.使学员增强记忆的技巧（见图18-3和表18-2）**

实验心理学家赤瑞特拉（Treicher）做过两个著名的心理实验：一是关于人类获取信息的来源。他通过大量的实验证实：人类获取的信息83%来自视觉、11%来

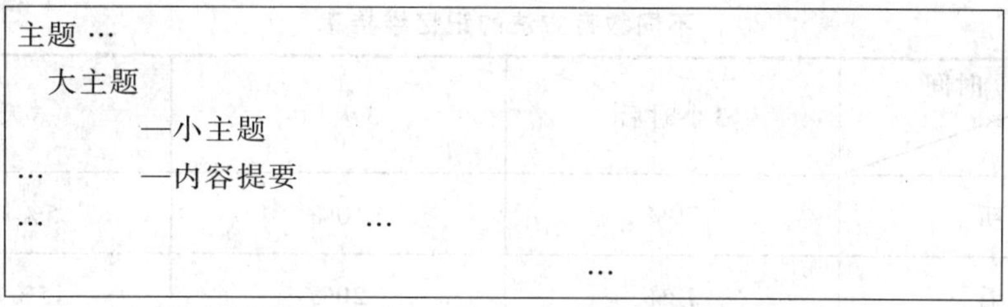


图18-2　板书模式

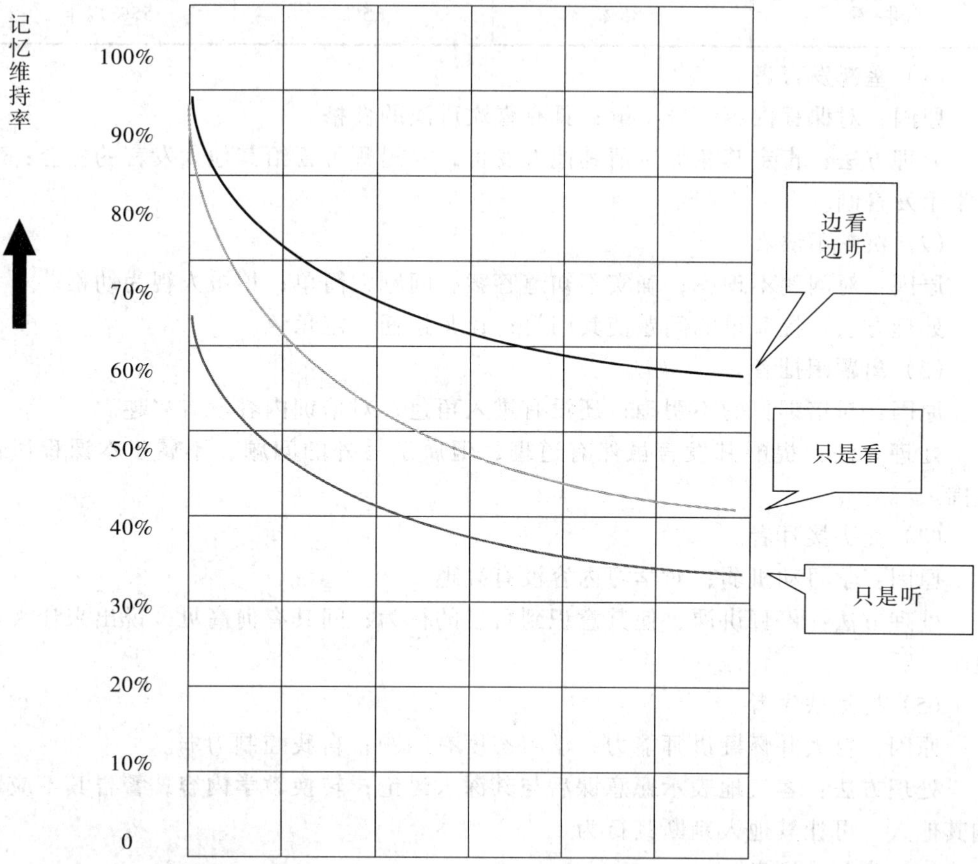


图18-3　不同教育方法的记忆维持率

自听觉、3.5%来自嗅觉、1.5%来自触觉、1%来自味觉。二是关于知识保持即记忆持久性的实验。结果是：人们一般通过阅读所得内容可记住10%，而通过交流所得内容可记住70%。

**7.如何对付不好相处的学员**

在培训中常出现以下几种学员：垄断发言者、沉默不语者、离题闲扯者、交头接耳者、扰乱秩序者、尖刻挑剔者、打盹睡觉者等。具体对策如下：

表 18-2 不同教育方法的记忆维持率

| 方法＼时间 | 3 小时后 | 3 天后 | 6 天后 |
|---|---|---|---|
| 只听 | 70% | 10% | 5% 以下 |
| 只看 | 72% | 20% | 15% 以下 |
| 讲+看 | 85% | 65% | 55% 以下 |

（1）垄断发言者。

原因：对课程内容十分了解；具有喜欢讲演的性格。

处理方法：肯定其意见后请其他人发言，并提醒可否给其他人发言的机会；实行举手发言制。

（2）沉默不语者。

原因：对问题不理解；确实不知道答案；问题太简单；怕被人视为幼稚。

处理方法：提简单的问题使其回答；让其担任一定角色。

（3）离题闲扯者。

原因：对培训目的不明确；还没有进入角色；对培训内容没有兴趣。

处理方法：提醒其发言虽然有道理，但属于另外的问题，不属于本课程讨论范围。

（4）交头接耳者。

原因：学习动机弱；对学习内容没有兴趣。

处理方法：停顿讲课，使其意识到自己的行为；问其有何高见，说出来让大家也听一听。

（5）扰乱秩序者。

原因：自大并怀疑讲师能力；学习态度有问题；自我控制力弱。

处理方法：客气地表示愿意课后与其深入讨论；转换教学内容；警告其不应影响其他人，可让其他人判断其行为。

（6）尖刻挑剔者。

原因：对内容很了解；对讲师或内容不满意；自大并看低讲师；被讲师无意伤了自尊心。

处理方法：诚恳地征求意见；提议课后深入探讨；表示歉意。

（7）打盹睡觉者。

原因：疲劳；学习动机弱；对内容没有兴趣。

处理方法：做适当的放松活动；强调学习目的，增加学员的活动；可让其身边的人发言以示提醒。

**8. 发动学员参与的技巧**

（1）提出问题：开放式提问。

（2）进行体验性活动：角色扮演、体验游戏等。

（3）给学员更多的提问时间：可请其他学员回答、征求评论、不回避、不评价提问质量。

（4）让学员担当一部分教学任务。

（5）请学员示范。

（6）做书面练习：直接在教材上做。

（7）签订学习合同：可在开课时做。

（8）进行测验。

**9.SPOT技巧**

SPOT 指团队引导的四要素：空间（Space）、过程（Process）、产出（Outcome）、时间（Time）。

（1）破冰。培训活动开始前，为打破尴尬的气氛，使学员活跃起来，可以安排学员轮流上台自我介绍、画自画像、建立学习小组、拼图、写出对培训的建议、握手相互夸奖等活动。

（2）充能。学员学习一段时间后可能会感到疲劳，因此需要在培训过程中调整节奏，保持活跃气氛，可以安排以下活动：拍手、反手变正手、相互按摩、即席运动、巧装过封锁线等。

（3）建立学习小组。通过共同完成一些活动来融洽小组成员之间的关系，增强团队协作。可以安排以下活动：制作“降落伞”、钻“电网”、过“雷区”等。

# 第19章 业绩评价与经营革新

经营革新是一项长期、艰巨的任务，很多企业都半途而废，成败的关键是领导层的革新决心与管理方法。企业往往在开始时把革新工作当成经营之外的负担，而不是日常的经营管理工作本身，革新工作推进不下去或者效果不好是理所当然的。没有考核评价就没有管理，要想大家跟着企业的方向往前走，就必须将这一要求作为关键业绩予以考核评价。因此，要推进经营革新，必须将业绩考核纳入企业的评价体系，并且改变企业评价、提拔干部的做法，如没有课题的干部不能评优秀，不能晋升，只有这样才能改变人们的观念与行为，推进经营革新工作深入发展，融入公司体制。

## 19.1 考核体系以正激励为主

很多企业的考核体系都是以负激励为主，罚多奖少，结果是干得越多的人出错越多、受罚越多，坐着不干事的人反而分数高，因为干得少出错少。这种极不公平的制度影响员工改善工作的积极性。而推进经营革新，无论是提案改善、个别改善还是跨部门的大改善，都需要改变原来不合理的业务流程与做事方式，会受到很多人的怀疑与阻拦，因此，如果不改变评价体系、价值观念，就不可能调动员工的积极性。首次导入经营革新工作的企业，在初期因为没有经验也容易出错，如果不能宽容失误，营造鼓励改善的文化氛围，也会阻碍员工的改善热情。因此，企业应怀有感激之心，对员工一点一滴的改善都应给予奖励，无论是精神上还是物质上都应让积极改善工作的员工得到更多的奖赏，这样也可以引导更多的员工参与到改善工作中来。

因此，企业应该建立以经营业绩导向为主线、正激励为原则，能调动员工工作的积极性，为整体业绩提升做出贡献的考核体系。

## 19.2 适用范围

考核体系应该是全体员工遵守的，是对总部所有管理人员，包括总经理、副总经理、中层干部、主管、工段长、工作室主任，以及职能部门一般管理人员的评价体系。为了保证革新工作的推进，应该从上到下一个声音、一个要求，不应有特殊，尤其对副总级别以上的经营者更应严格考核，因为他们是推进革新的核心人物，对中层级别的员工也必须建立好评价指标与重点，将经营革新工作作为关键业绩进行考核。

## 19.3 考核的主要形式与内容

对革新工作的考核时间不宜太短，一般应该一个季度考核一次，一个年度评价一次，同时每个月度必须监控。监控可以通过月度发表会的形式进行，即由经营革新部组织召开中层干部月度发表会，发表的内容为本月工作情况、下月的计划，所有工作都应该围绕年度和月度目标展开，确保重点改善课题在月度工作中得到保证。中层干部发表后由总经理以及分管副总进行把关点评，指出做得不好的地方，奖励优秀事例。

## 19.4 具体评价项目

### 19.4.1 月度监控项目

月度监控项目见表19-1。

表19-1 月度监控项目

| 级别 | 考核对象 | 评价项目 |
|---|---|---|
| 经营层 | 副总经理 | 经营业绩、职能业绩、革新评价、责任事故 |
| 中层 | 部门经理 | 经营业绩、职能业绩、革新评价、责任事故 |
| 职能管理层 | 主管级（工段长） | 经营业绩、职能业绩、革新评价、责任事故 |
| | 管理人员 | 经营业绩、职能业绩、革新评价、责任事故 |

### 19.4.2 季度综合评价项目

**1.评价项目（见表19-2）**

表19-2 评价项目

| 级别 | 考核对象 | 评价项目 |
|---|---|---|
| 经营层 | 副总经理 | 经营业绩、职能业绩、革新评价、责任事故、奖励加分、协作精神、工作能力、工作态度 |
| 中层 | 部门经理 | 经营业绩、职能业绩、革新评价、责任事故、奖励加分、协作精神、工作能力、工作态度 |
| 职能管理层 | 主管级（工段长） | 经营业绩、职能业绩、革新评价、责任事故、奖励加分、协作精神、工作能力、工作态度 |
| | 管理人员 | 经营业绩、职能业绩、革新评价、责任事故、奖励加分、协作精神、工作能力、工作态度 |

### 2. 评价依据（见表19-3）

表19-3 评价依据

| 评价项目 | | 评价内容 | 评价标准制定部门 | 评价时间 | 评价部门 | 备注 |
|---|---|---|---|---|---|---|
| 经营业绩 | 公司业绩 | 公司利润 | 经营革新部 | 月度 | 财务部 | |
| | TPI | TPI以及部门效率指标的完成情况 | 经营革新部 | 月度 | 经营革新部 | |
| | 职能业绩 | 岗位职责规定的业务内容 | 经营革新部 | 月度 | 上级领导 | |
| 革新评价 | 两整三清 | 5S标准 | 经营革新部 | 月度 | 经营革新部组织跨部门课题，各部门组织本部门评价 | |
| | 提案改善 | 参与率、实施率 | | 月度 | | |
| | 课题改善 | 公司TFT、部门课题、个别改善课题 | | 月度 | | |
| 考勤 | | 按照人力资源部制定的标准 | 人力资源部 | 月度 | 人力资源部 | |
| 奖励加分 | | 见本章附录 | 经营革新部 | 季度 | 相关部门 | |
| 协作精神 | | 部门内各岗位分工合作精神，跨部门工作中体现出来的协作精神 | 考核体系制定者 | 季度 | 上级、同级、下级 | |
| 能力评价 | 工作能力 | 员工从事本岗位工作的基本素质与专业技能的符合性，以及改善业务、革新业务，提升业绩的能力 | 考核体系制定者 | 季度 | 上级、同级、下级 | |
| | 工作态度 | 员工对待本职工作的主动性、严谨性、勤勉性、责任心 | 考核体系制定者 | 季度 | | |

### 19.4.3 年度综合考评

年度综合考评由4个季度的考核结果累计汇总决定。

## 19.5 详细评价内容及分值

### 19.5.1 月度考核构成比例

月度考核构成比例见表19-4。

表19-4 月度考核构成比例（%）

| 评价项目 | | 评价部门 | 经营层 | 中层 | | | | 职能管理层 | | | |
|---|---|---|---|---|---|---|---|---|---|---|---|
| | | | 副总经理 | 生产 | 生产支援 | 销售公司 | 行政 | 生产 | 生产支援 | 销售公司 | 行政 |
| 经营业绩 | 公司利润 | 财务部 | 10 | 10 | 10 | 10 | 10 | 10 | 10 | 10 | 10 |
| | TPI及部门效率指标 | 经营革新部 | 30 | 40 | 30 | 40 | 20 | 30 | 20 | 20 | 20 |
| | 职能业绩 | 主管领导 | 30 | 10 | 20 | 20 | 40 | 20 | 30 | 40 | 40 |
| 革新评价 | 两整三清 | 经营革新部<br>专家组<br>评价委员会 | 10 | 20 | 10 | 10 | 10 | 20 | 10 | 10 | 10 |
| | 提案改善 | | 10 | 10 | 20 | 10 | 10 | 10 | 20 | 10 | 10 |
| | 课题改善 | | 10 | 10 | 10 | 10 | 10 | 10 | 10 | 10 | 10 |
| 合计 | | | 100 | 100 | 100 | 100 | 100 | 100 | 100 | 100 | 100 |

注：（1）经营业绩中所有部门都与公司利润挂钩，指标权重为10分。

（2）TPI是指公司确立的关键业绩指标；不同部门的效率指标应有区别。

（3）职能业绩就是岗位职责规定的日常管理业务，以月度报告的形式交主管领导，由主管领导按照标准进行评价。

（4）革新评价分为5S、业务改善计划、TFT课题以及各种主题活动，是由公司、部门以及个人根据业务改善需要进行的各项改善活动，目的是拉开评价分数的差距，并鼓励改善。

### 19.5.2 季度综合考核构成比例

季度综合考核构成比例见表19-5。

表19-5 季度综合考核构成比例（%）

| 考核项目 | 上级评价 | 同级评价 | 下级评价 | 合计 |
|---|---|---|---|---|
| 累计工作业绩 | 70（各月度得分平均数的70%） | | | 70 |
| 协作精神 | 2 | 4 | 2 | 8 |
| 工作能力 | 8 | 4 | 2 | 14 |
| 工作态度 | 4 | 2 | 2 | 8 |
| 合计 | | | | 100 |

## 19.6 组织分工与评价方法

### 19.6.1 考核与评价工作组织分工

(1) 人力资源部负责考核与评价的组织与实施以及奖金的兑现工作。

(2) 经营革新部负责考核体系的调整以及TPI、部门革新业务的评价工作。

(3) 各级主管负责属下员工的业绩考核与评价工作。

(4) 财务部负责公司业绩核算以及奖金的发放工作。

(5) 总经理办公室负责组织考核工作会议以及编制考核通报工作。

### 19.6.2 考核评价的方法

**1.月度监控**

①建立员工考评卡，由主管领导以及相关部门按照月度考核指标与评价标准进行评价。

②每月28日前将下一个月或下一个季度的业务改善计划交给主管领导审阅，各级主管领导每月8日前对部门或个人上月的业绩做好评价记入考评卡，并按季度汇总交给人力资源部。

③中层以上业务改善计划经各级领导审批后作为评价依据，并报经营革新部存档，同时上级领导要对其进度及完成情况进行监控和管理。

④财务部、经营革新部于每月6日前将上月考核结果交给相关考核人员。

⑤副总经理（包括助理）由总经理直接考核，中层干部（包括助理）由主管领导考核。主管领导负责职能业绩、部门业务改善计划的考核，经营革新部负责5S、提案以及主题活动、经理级课题、TFT课题的考核，然后汇总交主管领导。

⑥部门员工业务改善计划由部门经理负责审阅，由考核兼职人员负责保管。

**2.季度考评**

①季度考评由人力资源部统一组织，各部门设立兼职人员负责汇总工作，负责考核的主管人员将月度累计业绩考核结果取平均值，经主管领导审核后报人力资源部。

②其他考核项由人力资源部以及各部门兼职考核人员负责，汇总后交人力资源部。人力资源部根据考核项结果进行分类定级，形成考核报告，报办公会审核，审核以后由主管领导分级与员工进行沟通，沟通后在网上公示考核结果，对优秀者进行表彰。

③季度考核必须在下一个季度的第一个月的前10天之内完成。

④考评结束后人力资源部、财务部兑现奖金。

**3.年终综合考评**

①年度评价：年度评价结果由4个季度的考核结果累计汇总决定。人力资源部

汇总4个季度的评价等级来确认年度等级并形成公司员工年度考评以及升降级建议报告，经各部门核实后报办公会批准，实施年度调整。

②全年获得3个以上同一等级的则评为该等级，如SABC、ABBC、AABC、SBBC、BBBC、BBBB等，其中任何一种情况都可评为B级，以此类推。全年被评为优秀级别以上的人员，可晋升职级与职务，评为良好级别的人员，不能进职加薪，评为一般级别的人员，可按照减薪10%、调整岗位、降职及岗位淘汰等处理。

③年度考评必须在下一年1月的前10天内完成。

④年度考核结束后兑现最后一个季度以及年度的奖金。

⑤中层干部年终考评业绩部分以该考核结果为准，其他述职照常进行。

**4.评价等级**

在季度、年度评价结束后，按表19-6中的等级进行分类。

表19-6 考核分级表

| 等级 | | 考评分数 | 所占比例 |
|---|---|---|---|
| S级 | 非常优秀 | 95分以上 | 10% |
| A级 | 优秀 | 85～95分 | 20% |
| B级 | 良好 | 70～85分 | 60% |
| C级 | 一般 | 0～70分 | 10% |

如果按照标准进行评价后，分数达不到设定值或不成正态分布，则由办公会调整后再评等级。

## 19.7 加分及减分考核

**1.考勤考核**

由人力资源部按标准进行，不纳入奖金考核中。

**2.责任事故考核**

对一般违反标准的责任事故，由相关部门按照部门标准进行考核，并报主管领导把关，不重复考核。对严重违反标准、造成较大影响的责任事故，由办公会决定给予何种处罚。决定罚现金的则不在考核结果中体现；如无现金罚款，则办公会给予批评，并且每次减10分，将减分项记入季度综合评价中，部门相关人员根据情况负连带责任、减5分。

**3.季度考评奖励加分**

奖励加分标准见表19-7。

表 19-7 奖励加分标准

<table>
<tr><th>获奖级别</th><th colspan="2">奖项</th><th>加分</th><th>备注</th></tr>
<tr><td>国家级</td><td colspan="2">国家级质量奖、创新奖等</td><td>7</td><td rowspan="20">由相关部门报给人力资源部，纳入季度综合考评，作为考评后加分</td></tr>
<tr><td>省部级</td><td colspan="2">省部级质量奖、创新奖等</td><td>5</td></tr>
<tr><td>集团级</td><td colspan="2">集团级奖励</td><td>2</td></tr>
<tr><td rowspan="15">公司级</td><td rowspan="5">TFT奖</td><td>特别奖</td><td>7</td></tr>
<tr><td>金奖</td><td>6</td></tr>
<tr><td>银奖</td><td>5</td></tr>
<tr><td>铜奖</td><td>4</td></tr>
<tr><td>鼓励奖</td><td>3</td></tr>
<tr><td rowspan="10">提案奖</td><td>一等奖</td><td>5.5</td></tr>
<tr><td>二等奖</td><td>5</td></tr>
<tr><td>三等奖</td><td>4.5</td></tr>
<tr><td>四等奖</td><td>4</td></tr>
<tr><td>五等奖</td><td>3.5</td></tr>
<tr><td>六等奖</td><td>3</td></tr>
<tr><td>七等奖</td><td>2.5</td></tr>
<tr><td>八等奖</td><td>2</td></tr>
<tr><td>九等奖</td><td>1.5</td></tr>
<tr><td>十等奖</td><td>1</td></tr>
<tr><td></td><td colspan="2">办公会表扬、嘉奖</td><td>5、10、20</td><td></td></tr>
</table>

## 19.8 评价结果利用

(1) 在每一季度的奖金中分等级反映。

(2) 根据一年累计下来的考核结果分等级支付年终奖。

(3) 每年调整工资时，作为重要资料使用。

(4) 晋升或淘汰员工时使用。

(5) 劳动合同期满时，依据此资料判断合同续签与否。

# 附录　考核项目与评价办法

## 一、中层以上领导考核项目

中层以上领导月度和季度评价项目及权重见表19-8、表19-9、表19-10。

表19-8　　副总经理月度评价项目及权重表

| 序号 | 评价项目 | 评价项目内容 | 销售副总 | 行政副总 | 质量副总 | 财务总监 | 生产副总 | 技术副总 | 管理副总 |
|---|---|---|---|---|---|---|---|---|---|
| 一 | 经营业绩 | 1.与公司利润挂钩 | 10% | 10% | 10% | 10% | 10% | 10% | 10% |
| | | 2.承担的TPI | 30% | 10% | 30% | 20% | 30% | 30% | 10% |
| 二 | 职能业绩 | 日常管理工作业绩 | 20% | 40% | 20% | 40% | 20% | 20% | 10% |
| 三 | 革新业绩 | 1.5S成果评价 | 10% | 10% | 10% | 10% | 10% | 10% | 10% |
| | | 2.提案成果评价 | 10% | 10% | 10% | 5% | 10% | 10% | 20% |
| | | 3.小组成果评价 | 10% | 10% | 10% | 5% | 10% | 10% | 20% |
| | | 4.课题改善成果评价 | 10% | 10% | 10% | 10% | 10% | 10% | 20% |
| 合计 | | | 100% | 100% | 100% | 100% | 100% | 100% | 100% |

表19-9　　部门经理月度评价项目及权重表

| 序号 | 评价项目 | 评价项目内容 | 制造二部 | 制造一部 | 生产计划部 | 设备动力部 | 人力资源部 | 物资管理部 | 张磊 |
|---|---|---|---|---|---|---|---|---|---|
| 一 | 经营业绩 | 1.与公司利润挂钩 | 10% | 10% | 10% | 10% | 10% | 10% | 10% |
| | | 2.承担的TPI | 30% | 30% | 10% | 20% | 10% | 30% | 10% |
| 二 | 职能业绩 | 日常管理工作业绩 | 20% | 20% | 50% | 30% | 50% | 20% | 40% |
| 三 | 革新业绩 | 1.5S成果评价 | 10% | 10% | 5% | 10% | 5% | 10% | 5% |
| | | 2.提案成果评价 | 10% | 10% | 5% | 10% | 5% | 10% | 5% |
| | | 3.小组成果评价 | 10% | 10% | 5% | 10% | 5% | 10% | 5% |
| | | 4.课题改善成果评价 | 10% | 10% | 15% | 10% | 15% | 10% | 25% |
| 合计 | | | 100% | 100% | 100% | 100% | 100% | 100% | 100% |

续表

| 序号 | 评价项目 | 评价项目内容 | 物资采购部 | 总经理办公室 | 技术质量部 | 品质保证部 | 后勤保障部 | 工会 | 隋建刚 |
|---|---|---|---|---|---|---|---|---|---|
| 一 | 经营业绩 | 1.与公司利润挂钩 | 10% | 10% | 10% | 10% | 10% | 10% | 10% |
| | | 2.承担的TPI | 30% | 20% | 20% | 20% | 20% | 10% | 20% |
| 二 | 职能业绩 | 日常管理工作业绩 | 35% | 40% | 40% | 30% | 40% | 50% | 50% |
| 三 | 革新业绩 | 1.5S成果评价 | 5% | 10% | 5% | 10% | 10% | 10% | 5% |
| | | 2.提案成果评价 | 5% | 5% | 5% | 5% | 5% | 5% | 5% |
| | | 3.小组成果评价 | 5% | 5% | 5% | 5% | 5% | 5% | 5% |
| | | 4.课题改善成果评价 | 10% | 10% | 15% | 20% | 10% | 10% | 5% |
| | | 合计 | 100% | 100% | 100% | 100% | 100% | 100% | 100% |
| 序号 | 评价项目 | 评价项目内容 | 经营革新部 | 财务部 | 产品开发部 | 国外产品部 | 销售办公室 | 业务部 | 宋文昌 |
| 一 | 经营业绩 | 1.与公司利润挂钩 | 10% | 10% | 10% | 10% | 10% | 10% | 10% |
| | | 2.承担的TPI | 5% | 10% | 30% | 30% | 10% | 30% | 10% |
| 二 | 职能业绩 | 日常管理工作业绩 | 15% | 40% | 20% | 20% | 20% | 30% | 40% |
| 三 | 革新业绩 | 1.5S成果评价 | 20% | 10% | 10% | 10% | 20% | 5% | 10% |
| | | 2.提案成果评价 | 15% | 5% | 5% | 5% | 10% | 5% | 5% |
| | | 3.小组成果评价 | 15% | 5% | 5% | 5% | 10% | 5% | 5% |
| | | 4.课题改善成果评价 | 20% | 20% | 20% | 20% | 20% | 15% | 20% |
| | | 合计 | 100% | 100% | 100% | 100% | 100% | 100% | 100% |

| 序号 | 评价项目 | 评价项目内容 | 市场部 | 信息中心 | 售后服务中心 | 国际业务部 |
|---|---|---|---|---|---|---|
| 一 | 经营业绩 | 1.与公司利润挂钩 | 10% | 10% | 10% | 10% |
| | | 2.承担的TPI | 30% | 10% | 30% | 10% |
| 二 | 职能业绩 | 日常管理工作业绩 | 30% | 40% | 20% | 30% |
| 三 | 革新业绩 | 1.5S成果评价 | 5% | 10% | 10% | 10% |
| | | 2.提案成果评价 | 5% | 5% | 5% | 10% |
| | | 3.小组成果评价 | 5% | 5% | 5% | 10% |
| | | 4.课题改善成果评价 | 15% | 20% | 20% | 20% |
| | | 合计 | 100% | 100% | 100% | 100% |

表19-10　　季度业绩评价表

评价人：

| 序号 | 评价项目 | 评价内容 | 评价权重 | 第一月成绩 | 第二月成绩 | 第三月成绩 | 季度结果 |
|---|---|---|---|---|---|---|---|
| 一 | 经营业绩 | 1.公司业绩 | | | | | |
| | | 2.TPI | | | | | |
| 二 | 职能业绩 | 职能业绩 | | | | | |
| 三 | 革新业绩 | 1.5S评价 | | | | | |
| | | 2.小组成果评价 | | | | | |
| | | 3.提案评价 | | | | | |
| | | 4.课题改善评价 | | | | | |
| 小计 | | | 100% | 100% | 100% | 100% | 100% |
| 三 | 责任考核记录 | 1.安全 | | | | | |
| | | 2.考勤 | | | | | |
| | | 3.品质 | | | | | |
| | | 4.集团批评 | | | | | |
| | | 5.公司批评 | | | | | |
| 四 | 奖励记录 | 1.国家级 | | | | | |
| | | 2.省部级 | | | | | |
| | | 3.集团级 | | | | | |
| | | 4.公司级 | | | | | |
| 合计 | | | | | | | |

被评价人：　　　　　　　　　　人力资源部：

## 二、具体评价办法

### 1.经营业绩评价办法

（1）评价标准

①利润指标，得分为指标完成比例与相应分值相乘的结果。如：7月份利润指标完成了200%，某岗位利润指标原设定分值为10分，则本月该岗位利润指标项的实际得分为20分。

②TPI，计分方式为：

第一，完成了TPI革新目标的，该项目可得满分。如：7月份销售收入革新目标为700万元，该项目设定分值为10分，该月实际实现销售收入700万元，则该项实际得分为10分。

第二，超额完成该项指标革新目标的，该项目可得相应比例的加分。如：7月份销售收入革新目标为700万元，该项目设定分值为10分，该月实际实现销售收入910万元，则该项实际得分为13分。

（2）评价流程

①财务部每月6日前以书面形式正式向各部门以及公司领导提供公司利润指标完成情况。

②经营革新部每月8日前完成经营指标完成情况汇总工作，报给公司领导以及各部门。

③各主管领导在业绩考评卡上记录个人经营业绩得分。

**2.职能业绩评价办法**

（1）评价内容

对公司每个岗位在职责与业务范围内须完成的工作事项，从工作质量、工作进度、工作成果等方面进行评价（可从定量和定性两个方面进行评价）。

（2）评价方式与要求

①评价方式：上级对下级进行评价，以下级提交月度岗位职责完成情况报告的形式进行。

②评价要求：

第一，每个岗位的工作人员当月最后一天前完成本月的工作报告并做自评，报上一级领导；

第二，主管领导每月在10日前根据下级工作报告对上月本岗位工作完成情况进行评价，并将填写完毕的评价表于10日前报人力资源部。

（3）评价标准

①分值设定说明：

第一，分管副总的工作评价内容、对应的评价标准由总经理、其他副总、经营革新部、人力资源部讨论设定（按工作分析标准核定）；

第二，公司总部各职能部门经理的工作评价内容、对应的评价标准由该部门分管副总、部门经理、经营革新部、人力资源部讨论设定；

第三，各部门主管及部门一线员工的工作评价内容、对应的评价标准由该部门内部自行设定，报经营革新部、人力资源部审核、备案。

注：对于发生频次较低、时间间隔较长的工作项目也需列入业绩评价卡中，待该项工作在某月发生时再进行评价。

②评分方法：

第一，岗位工作按要求保质保量完成，可得到设定分值的100%。

第二，岗位工作完成且质量较好，可得到设定分值的80%。

第三，岗位工作完成但质量一般，可得到设定分值的60%。

第四，岗位工作没有完成，得0分。

（4）岗位工作量化指标的项目

可按照时间进度、正确率、出错率、工作成果（报告、报表）等项目进行评价，见表19-11。

表19-11 ____年____岗位业绩评价卡

| 序号 | 工作项目名称 | 工作成果标准 | 设定分值 | ____月<br>得分 | ____月<br>得分 | ____月<br>得分 | 平均分 |
|---|---|---|---|---|---|---|---|
| 一 | | | | | | | |
| 二 | | | | | | | |
| 三 | | | | | | | |
| 四 | | | | | | | |
| 五 | | | | | | | |
| 六 | | | | | | | |
| 七 | | | | | | | |
| 八 | | | | | | | |
| 九 | | | | | | | |
| 十 | | | | | | | |
| 合计 | | | 100分 | | | | |

评价人： 被评价人：

注：此表由该岗位的上一级领导填写，并报人力资源部备案。

**3.革新业绩评价办法**

（1）评价内容

对公司规定的革新工作内容进行评价，具体内容涵盖5S、提案改善、小组运营、课题改善等的情况。

（2）评价方式

①经营革新部负责统计各部门每月开展经营革新工作的状况，包括TPM活动状况、小组活动状况、课题改善状况等。

②分管副总、经理层的革新工作成绩可参照经营革新部的评价结果进行兑现；部门主管、一般管理人员的革新业务成果由本部门根据经营革新部对部门的评价结果与本部门对每个人员的革新业绩记录状况进行评价。

（3）评价标准

①5S评价办法：

• 没有不符合项，可得100%的分值；

• 存在1条以上、3条以下的不符合项，可得80%的分值；

• 存在3条以上、5条以下的不符合项，可得60%的分值；

• 存在5条以上的不符合项，得0分。

②小组活动状况评价办法：

按照小组评价规则进行评分，并与项目设定分值相乘得出总分。如：当月评价为80%，该项目设定分值为10分，则最终得分为8分。

③提案情况评价办法：

将参与率、实施率与对应项目设定的分值相乘的结果作为最终评价得分（参与率与实施率各占50%的分值比例）。

④课题改善状况评价：

按照课题负责人或部门在月初提出的课题分月计划进行评价，参照计划的时间、预期的工作要求，完成了预期工作的得满分，没有完成的得零分。

（4）说明事项

革新业绩评价的目的在于推动各项革新基础工作的开展，因此在革新活动开展的前期需对TPM、5S、小组活动等细分项目进行评价。对经营革新工作的评价在基础革新活动已达到一定水平并标准化、习惯化后，最终集中到对“业务改善”的评价上来。

**4.态度、能力、协作精神考核办法**

（1）评价基准（见表19-12）

表19-12 **评价基准**

| 序号 | 分类 | 评价项目 | 评价标准 | 评价部门 |
|---|---|---|---|---|
| 1 | 对态度的评价 | 本职工作的主动性（2） | 不需要监督，自觉完成工作，时有意想不到的成果 | 上级 |
| | | 本职工作的勤勉性（2） | 工作从不拖期，按时完成 | |
| | | 本职工作的严谨性（2） | 按照规范从事工作 | |
| | | 本职工作的责任心（2） | 追求工作质量、主动承担责任 | |
| 2 | 对能力的评价 | 从事本岗位的基本素质（2） | 知识的全面性 | 上级、同级 |
| | | 专业技能的符合性（2） | 工作质量 | |
| | | 业务改善能力（4） | 业务改善结果 | |
| | | 业务革新能力（4） | 革新业绩 | |
| | | 业绩提升能力（2） | 岗位业绩 | |
| 3 | 对协作精神的评价 | 本部门分工合作精神（4） | 分工合作，经常帮助其他人完成工作 | 上级、同级 |
| | | 部门之间的相互协作（4） | 对协作开展的工作确保质量与时间 | |

（2）评价方法

第一，按照100%、80%、60%、0四个档次参照评价标准进行评价工作。

第二，由人力资源部组织各岗位的上级、同级人员按上述评价要求，于每季度第一个月前10日完成评价，并将评价表报人力资源部。人力资源部对结果汇总取平均值，作为综合考核分数。

（3）态度、能力、协作精神评价表（见表19-13）

表19-13 态度、能力、协作精神评价表

| 序号 | 部门 | 工作态度评价 | | | | 能力评价 | | | | | 协作精神评价 | | 合计 |
|---|---|---|---|---|---|---|---|---|---|---|---|---|---|
| | | 主动性（2） | 勤勉性（2） | 严谨性（2） | 责任心（2） | 基本素质（2） | 符合性（2） | 业务改善能力（4） | 业务革新能力（4） | 业绩提升能力（2） | 本部门（4） | 部门间（4） | |
| 1 | 生产计划部 | | | | | | | | | | | | |
| 2 | 物资管理部 | | | | | | | | | | | | |
| 3 | 物资采购部 | | | | | | | | | | | | |
| 4 | 设备动力部 | | | | | | | | | | | | |
| 5 | 制造一部 | | | | | | | | | | | | |
| 6 | 制造二部 | | | | | | | | | | | | |
| 7 | 技术质量部 | | | | | | | | | | | | |
| 8 | 后勤保障部 | | | | | | | | | | | | |
| 9 | 品质保证部 | | | | | | | | | | | | |
| 10 | 产品研发部 | | | | | | | | | | | | |
| 11 | 财务部 | | | | | | | | | | | | |
| 12 | 经营革新部 | | | | | | | | | | | | |
| 13 | 总经理办公室 | | | | | | | | | | | | |
| 14 | 人力资源部 | | | | | | | | | | | | |
| 15 | 国外产品部 | | | | | | | | | | | | |
| 16 | 工会 | | | | | | | | | | | | |
| 17 | 信息中心 | | | | | | | | | | | | |
| 18 | 业务部 | | | | | | | | | | | | |
| 19 | 销售办公室 | | | | | | | | | | | | |
| 20 | 市场部 | | | | | | | | | | | | |
| 21 | 客户服务中心 | | | | | | | | | | | | |

# 主要参考文献


［1］徐思彦，李正风．公众参与创新的社会网络：创客运动与创客空间［J］．科学学研究，2014（12）．

［2］安德森．创客：新工业革命［M］．萧潇，译.北京：中信出版社，2012.

［3］列维．黑客［M］．赵俐，刁海鹏，田俊静，译．北京：机械工业出版社，2011.

［4］MAXIGAS. Hacklabs and hackerspaces：tracing two genealogies［J］．Journal of Peer Production，2012，（2）．

［5］MCCALL L. What is maker culture？DIY［EB/OL］．［2019-11-25］．http：//voices.yahoo.com/what-maker-culture-diy-roots-2810966.html.

［6］福奇．工匠精神：缔造伟大传奇的重要力量［M］．陈劲，译．杭州：浙江人民出版社，2014.

［7］宋刚，邬伦．创新2.0视野下的智慧城市［J］．城市发展研究，2012（9）．

［8］STEPHEN A. Makerspaces in libraries，education，and beyond［J］．Internet@Schools，2013，20（2）：18-20.

［9］GARCIA-LOPEZ P. 6 strategies for funding a makerspace［EB/OL］．［2019-11-25］．https：//www.edutopia.org/blog/6-strategies-funding-makerspace-paloma-garcia-lopez.

［10］陶蕾．创客空间：创客运动下的图书馆新模式探索及规划研究［J］．现代情报，2014（2）．

［11］王佑镁，叶爱敏．从创客空间到众创空间：基于创新2.0的功能模型与服务路径［J］．电化教育研究，2015（11）．

［12］刘志迎，陈青祥，徐毅．众创的概念模型及其理论解析［J］．科学学与科学技术管理，2015（2）．

［13］BELBIN N，NEWCOMBE P. Fab Labs at the library：community ‘Makerspaces’ give access to cutting-edge tools［J］．Government Technology，2013，（3）：65-68.

［14］BENKLER Y. The wealth of networks：how social production transforms markets and freedom［M］．New Haven：Yale University Press，2006.

［15］范海霞．各地众创空间发展政策比较及启示［J］．杭州科技，2015（3）．

[16] 陈夙，项丽瑶，俞荣建. 众创空间创业生态系统：特征、结构、机制与策略——以杭州梦想小镇为例 [J]. 商业经济与管理，2015（11）.

[17] MOOREFIELD-LANG H M. Makers in the library：case studies of 3D printers and maker spaces in library settings [J]. Library Hi Tech，2014，32（4）：583-593.

[18] CHAN D L H，SPODICK E. Space development [J]. New Library World，2014，115（5/6）：250-262.

[19] CRUMPTON M A. Fines，fees and funding：makerspaces standing apart [J]. Bottom Line，2015，28（3）：90-94.

[20] MOOREFIELD-LANG H M. User agreements and makerspaces：a content analysis [J]. New Library World，2015，116（7/8）：358-368.

[21] CRADDOCK I M L. Makers on the move：a mobile makerspace at a comprehensive public high school [J]. Library Hi Tech，2015，33（4）：497-504.

[22] 李恺. 美国公共图书馆的"新图书馆学"转向 [EB/OL]. [2019-12-30]. http：//sscp.cssn.cn/xkpd/xszx/201207/t20120725_1092856.html.

[23] 杜瑾，杨志萍. 国外图书馆IC空间建设研究新进展 [J]. 图书馆学研究，2013（2）.

[24] 王敏，徐宽. 美国图书馆创客空间实践对我国的借鉴研究 [J]. 图书情报工作，2013（12）.

[25] 吕亚娟，张兴. 创客空间：高校图书馆服务新动向 [J]. 图书馆学刊，2014（1）.

[26] MEI. 2012-2013 Program Report [EB / OL]. [2019-11-25]. http：//makered.org/about-us/reports/.

[27] DOUGHERTY D. We are makers TED talk [EB / OL]. [2019-11-25]. http：//www.ted.com/speakers /dale_Dougherty.

[28] 祝智庭，雒亮. 从创客运动到创客教育：培植众创文化 [J]. 电化教育研究，2015（7）.

[29] 郑燕林，李卢一. 技术支持的基于创造的学习——美国中小学创客教育的内涵、特征与实施途径 [J]. 开放教育研究，2014（6）.

[30] 杨现民，李冀红. 创客教育的价值潜能及其争议 [J]. 现代远程教育研究，2015（2）.

[31] 刘军. 我国大学生创业政策体系研究 [D]. 济南：山东大学，2015.

[32] 段浩，陈颖. 中国创客空间地图与发展模式 [J]. 中国工业评论，2015（7）.

[33] ANON. Building a library lab for emerging technology [EB/OL]. [2019-11-25]. http：//ala12.Scheduler.ala.org/node/912.

[34] DOUGHERTY D. The making of make [J]. Make Magazine，2005，（1）：7-8.

[35] GARCIA-LOPEZ P. Strategies for funding a makerspace [EB/OL]. [2019-11-25]. http://www.edutopia.org/blog/6-strategies-funding-makerspace-paloma-garcia-lopez.

[36] GRENZFURTHNER J，SCHNEIDER F A. Hackingthe the spaces [EB/OL]. [2019-11-25]. http://www.monochrom.at/hacking-the-spaces.

[37] 王晋. 基础教育改革话语的社会学分析 [J]. 教育学术月刊，2011（4）.

[38] 李志义. 创新创业教育之我见 [J]. 中国大学教学，2014（4）.

[39] 朱燕空，郑炳章，王伟. 我国创业环境研究综述 [J]. 石家庄经济学院学报，2008（2）.

[40] NMC. New horizon report：2014 higher education edition [EB/OL]. [2019-11-25]. http://cdn.nmc.org/media/2014-nmc-horizon-report-he-EN-SC.pdf.

[41] 池仁勇. 美日创业环境比较研究 [J]. 外国经济与管理，2002（9）.

[42] 蔡莉，费宇鹏，朱秀梅. 基于流程视角的创业研究框架构建 [J]. 管理科学学报，2006（1）.

[43] 周丽. GEM框架下珠三角欠发达城市创业环境研究——以广东省肇庆市为例 [J]. 特区经济，2006（11）.

[44] 杨晔. 长三角创业环境GEM分析及政策建议 [J]. 上海经济研究，2007（7）.

[45] 马建珍. 打造高效政府，优化创业环境——南京地方服务型政府建设的实践与思考 [J]. 南京社会科学，2004（s2）.

[46] TURNER V. From counterculture to cyberculture：Stewart Brand，the whole earth network，and the rise of Digital Utopianism [M]. Chicago：University of Chicago Press，2006：78-84.

[47] 张二震，张为付. 优化投资创业环境 促进南京产业集聚 [J]. 南京社会科学，2004（S2）.

[48] SCHUMPETER J A. The economy as a whole - seventh chapter of the theory of economic development [J]. Industry & Innovation，2002（Apr/Aug）.

[49] SCHUMPETER J A. The instability of capitalism [J]. Economic，1928.

[50] SCHUMPETER J A. Business cycles，a theoretical，historical and statistical analysis of the capitalist process [M]. New York：McGraw-Hill，1939.

[51] FREEMAN C. The economics of industrial innovation [M]. 2nd ed. The MIT Press，1982.

[52] MUESER R. Identifying technical innovations [J]. IEEE Transactions on Engineering Management，1985，32（4）：158-176.

[53] 孙喜保. 国家电网公司积极探索建设充满活力的“生命体”班组 [N]. 工人日报，2017-12-22（4）.

[54] 吴海中，李昕，张爱娣. 工会在增强职工技术创新活力中的作用——以上海航天工会的实践为例 [J]. 中国劳动关系学院学报，2017（6）.

[55] 吴陆生，等. 科技创新生态系统论视角研究 [J]. 科技管理研究，2007 (3).

[56] 王娜，王毅. 产业创新生态系统组成要素及内部一致模型研究 [J]. 中国科技论坛，2013 (5).

[57] 梁强，邹立凯，宋丽红，等. 组织印记、生态位与新创企业成长——基于组织生态学视角的质性研究 [J]. 管理世界，2017 (6).